KB053638

新選明文東洋古典大系

漢文講座

新完譯

十八史略

上

太古・三皇・五帝・夏・殷
周・春秋・戰國・秦篇

張 基 槿 講述

서주 상문궤(西周 象紋簋)

明文堂

▲ 복희여와(伏羲女媧) 중국 돈왕 석굴 제 28호

▲ 복희여와도(伏羲女媧圖)

▲ 소호의 능(少昊의 陵)

▲ 소호 금천씨(少昊 金天氏)

夏桀

▲ 하왕조 걸왕(夏王朝 桀王)

▲ 하왕조 하우씨(夏王朝 夏后氏)

▲ 은왕조 탕왕(殷王朝 湯王)

▲ 초(楚)나라의
굴원(屈原)

▼ 주왕조 무왕(周王朝 武王)

▲ 연(燕)나라의 형가(荊軻)

▲ 공자(孔子)

▲ 한(漢)고조(高祖)의 유방(劉邦)

▲ 맹자(孟子)

▲ 진시황의 무덤에 있는 병사

◀ 진시황제(秦始皇帝)

일러두기

「십팔사략신석(十八史略新釋)」은 「한문강좌총서(漢文講座叢書)」
의 일환으로 간행한다.

이 책은 증선지(曾先之)의 「십팔사략(十八史略)」의 한문 원문을
상세하게 풀이한 학습 참고서다.

이 책에서 취급한 시대는 다음과 같다.

태고(太古), 삼황(三皇), 오제(五帝),

하(夏), 은(殷), 주(周),

춘추(春秋) · 전국(戰國) 및 진(秦)

원본에는 「편(篇) · 과(課) · 단락(段落)」의 구분이 없다. 그러나 이
책에서는 학습의 편리를 위해 「편 · 과 · 단락」을 나누었고 또 과명
(課名)도 필자가 적당히 붙였다.

학습은 이 책의 체제를 따라, 「한문 원문」, 「한글 풀이」, 「어구 설
명」 및 「백문(白文)」의 순으로 하는 것이 효과적일 것이다. 특히 과
(課)의 말미에 붙인 「백문」을 숙독(熟讀)하고 그 뜻을 숙지(熟知)해
야 비로소 학습이 완성된다.

이 책은 「한문 해독」을 일차 목표로 삼고 있다. 그러므로 여러 가
지 「참고 설명」을 붙이지 않았다. 〈필자의 다른 여러 가지 저서를
참고하기 바란다.〉

원전 「십팔사략」의 원저자, 증선지(曾先之)는 송말 원초(宋末 元
初)의 사람이며, 여능(廬陵 : 江蘇省) 사람이다. 기타 자세한 경력은
알 수가 없다. 당시는 이민족이 다스리는 원대(元代)였으므로 고의
로 몸을 숨기고 나타나지 않았을 것이다.

　그러나 한민족(漢民族)의 지식인으로써 중국역사의 정통(正統)과 민족의 주체의식을 높이기 위하여「십팔사략」을 저술하였을 것이다. 흡사 우리나라의 일연(一然)이「삼국유사(三國遺事)」를 저술한 의도와 같다고 하겠다.

　「십팔사략(十八史略)」은 중국의 18대에 걸친 정사(正史)를 간략하게 추린 역사 기록이다. 중국의 많은 지식인이나 젊은 학생에게 읽히기 위하여 역사의「핵심」을 추린 책이다. 그「핵심」속에「민족의 주체성과 역사의식과 아울러 정치의 도덕성」이 잘 나타나 있다. 그러므로「십팔사략」은 대략 다음과 같은 특색이 있다.

　① 역대의 흥망성쇠(興亡盛衰)를 통치자의 도덕성과 결부시켰다. 즉 왕도덕치(王道德治)는 흥하고, 포학무도(暴虐無道)는 망한다는 진리를 역사적으로 보여주려고 애를 썼다.

　② 역사무대에 등장하는「천자(天子) · 군왕(君王) · 제후(諸侯) · 재상(宰相) · 장군(將軍) · 경사대부(卿士大夫) · 세객(說客) · 의사(義士) · 자객(刺客) · 영웅호걸(英雄豪傑)」및「현명한 학자(學者) · 성인(聖人) · 현인(賢人) · 군자(君子)」등 모든 사람들에 대해서도 암암리에 도덕적인 척도로 평가를 가했다.

　그러므로「십팔사략」을 공부하면 윤리 도덕은 물론 대의명분(大義名分)도 바르게 설 수 있다. 곧 역사를 통해 바른 인생관과 도덕 정치의식을 배양할 수 있다. 역사를 바르게 알아야 오늘이나 내일을 바르게 살 수 있다. 또 중국의 모든 것을 알기 위해서도, 역사를 알아야 한다.

차 례

제1편 太古篇

    태고(太古)는 그 연대가 막연하고 애매하다. 그러나 우리는 신화를 통해 인류의 초창기를 다음과 같이 추측할 수 있다.

    아득한 태고 때에, 우주 천지가 개벽하고 또 오랜 세월에 걸쳐 하늘과 땅이 굳어졌을 것이다.

    그리고 다시 한참 후에 지상에 인류가 나타나 동물과 흡사한 원시생활을 했을 것이다. 그러다가 점차로 나무 위에 둥지를 틀고 살면서 위험을 피했고 또 한참 후에는 불을 피워 화식을 함으로써 동물과는 차원이 다른 문화생활을 영위하게 되었을 것이다.

    이와 같은 태고 때에, 인류에게 생활의 지혜를 전수하고 또 지도한 뛰어난 영도자가 있었을 것이다.

    십팔사략(十八史略)은 이들을 역사적으로 실재했던 신으로 인격화 했다. 즉 하늘을 다스리는 실재를 천황씨(天皇氏), 땅을 다스리는 실재를 지황씨(地皇氏), 인류를 낳고 보살펴 주는 실재를 인황씨(人皇氏)라고 높였다.

    그런 다음에 유소씨(有巢氏)와 수인씨(燧人氏)가 나타나 집을 짓고 또 화식(火食)하는 법을 알게 함으로써 인류가 동물과는 차원이 다른 문화생활을 영위하게 되었다고 기술했다. 「1. 태고편」은 「한 과」 뿐이다.

제1과 天地人 · 有巢 · 燧人

⑴ [天皇氏] 以木德王. 歲起攝提. 無爲而化. 兄弟
十二人, 各一萬八千歲.

⑴ 천황씨(天皇氏)가 목덕(木德)으로 왕이 되고 세성(歲星)
즉 목성(木星)이 동북(東北), 인(寅)의 자리에 왔을 때를 기
원(紀元) 원년(元年)으로 삼고, 무위자연(無爲自然)의 도를
따라 다스리고 교화했다. 형제가 12명이고 저마다 1만 8천
년을 살았다.

어구 설명 ⑴ ○天皇氏(천황씨) : 하늘을 다스리는 황제(皇帝), 皇(임
금 황), 帝(임금 제). ○木德(목덕) : 봄철에 만물을 낳고, 동
쪽에서 태양이 떠올라, 빛과 열로 만물에게 광명과 생명을
주고 또 저마다 스스로 번성하게 하는 인덕(仁德)이 곧 목
덕(木德)이다. ○歲起攝提(세기섭제) : 세성(歲星)인 목성
(木星)이 섭제(攝提)의 격위(格位) 즉 동북쪽 인(寅)에 왔을
때를 기원(紀元) 원년(元年)으로 삼았다는 뜻. 歲(해 세), 攝
(당길 섭), 提(끌 제). ○無爲而化(무위이화) : 무위자연(無
爲自然)의 도를 따라 천지 만물을 다스리고 교화해서, 만물
이 저마다 스스로 삶을 누리고 또 번식하게 한다는 뜻이다.
이와 반대되는 것이 인간적인 조작이다. 즉 악덕하고 이기
적 욕심을 채우기 위하여 멋대로 법을 만들거나 간악한 권
모술수를 농하는「인위적 정치」다.「무위자연의 덕치」는 곧
우주의 이법(理法)인 절대선(絶對善)의 하늘의 도리 즉 천

도(天道)를 따르고 실천한다는 뜻이기도 하다. ㅇ兄弟十二
人(형제십이인) : 형제가 12명이다. ㅇ各一萬八千歲(각일만
팔천세) : 저마다 1만 8천 년의 수명을 누렸다.

(2) [地皇氏] 以火德王. 兄弟十二人, 各一萬八千歲.

(2) 지황씨(地皇氏)는 화덕(火德)으로 왕 노릇을 했고, 형제
가 12명이며 저마다 1만 8천 년을 살았다.

어구 설명 (2) ㅇ地皇氏(지황씨) : 땅을 다스리는 황제, ㅇ以火德王(이
화덕왕) : 화덕으로 왕 노릇을 하다. 화(火)는 목(木) 다음이
다. 방향으로는 남쪽, 계절로는 여름이다. 빛과 열로 나무
를 무성하게 키우고 동시에 문화를 이룩하게 하는 덕이「화
덕」이다. ㅇ兄弟十二人(형제십일인) : 형제가 12명 있었다.
ㅇ各一萬八千歲(각일만팔천세) : 각 1만 8천 년을 살았다.
*「천지의 실체」를 논하면,「천(天)은 양(陽), 지(地)는 음
(陰)」이다. 여기서「천황씨를 목덕, 지황씨를 화덕」이라고
한 것은 천지가 운행하여 만물을 생성하는「오행(五行)의
덕(德)」을 말한 것이다.

(3) [人皇氏] 兄弟九人, 分長九州. 凡一百五十世, 合四萬五千六百年.

(3) 인황씨(人皇氏)는 형제가 9명 있었고, 각기 구주(九州)의
장이 되어 대를 잇기를 약 150세대(世代)를 다스렸으며 합하
면 4만 5천 6백 년에 이른다.

어구 설명 (3) ㅇ人皇氏(인황씨) : 사람을 다스리는 황제를 뜻한다. 이
상의 삼황씨(三皇氏)는 「천지인(天地人)」을 저마다 통괄하
는 상징적인 임금이다. ㅇ兄弟九人(형제구인) : 형제가 9
명. ㅇ分長九州(분장구주) : 아홉 개의 나라로 나누어 저마
다 장(長)이 되었다. ㅇ凡一百五十世(범일백오십세) : 대략
150세대(世代)를 계승했다. ㅇ合四萬五千六百年(합사만오
천육백년) : 합하면 4만 5천 6백 년이 된다.

(4) 人皇以後, 有曰 [有巢氏]. 構木爲巢, 食木實.

(4) 인황씨 이후에 유소씨(有巢氏)가 나타났으며 나무 위에
집을 엮어서 살고 또 나무열매를 따먹는 법을 깨우쳐 주었
다.

어구 설명 (4) ㅇ有曰(유왈) : --라고 하는 사람이 있었다. ㅇ有巢氏
(유소씨) : 나무 위에 집을 짓고 살게 했음으로 「유소씨」라
고 호칭했다. ㅇ食木實(식목실) : 열매를 먹는 법을 가르쳤
다.

(5) 至 [燧人氏], 始鑽燧, 敎人火食. 在書契以前, 年代 · 國都不可攷.

(5) 수인씨에 이르러 처음으로 찬목(鑽木)이나 부싯돌로 불을
피워 사람들에게 화식의 법을 알게 했다. 서계(書契) 문자가
나오기 전의 일이며 그 연대나 도읍에 대해서는 알 수가 없다.

어구 설명 (5) ㅇ燧人氏(수인씨) : 수인씨라 불렀다. 燧(부싯돌 수). ㅇ始鑽燧(시찬수) : 처음으로 찬목(鑽木)이나 부싯돌로 불을 피웠다. 찬목은 둥근 나무 막대기를 움푹 파진 나무 홈 속에 넣고 심하게 마찰을 하거나 비벼서 불을 피우는 도구. 鑽(끌 찬). ㅇ敎人火食(교인화식) : 사람에게 화식을 알려주었다. ㅇ書契(서계) : 고대문자, 계약이나 약속을 표기하는 부호에 가까운 글자일 것이다. 契(맺을 계). ㅇ年代國都不可攷(연대국도불가고) : 그 연대나 도읍을 고찰할 수 없다. 「攷=考(상고할 고)」

| 백문 | 제1과 天地人 · 有巢氏 · 燧人氏

(1) [天皇氏] 以木德王. 歲起攝提. 無爲而化. 兄弟十二人, 各一萬八千歲.

(2) [地皇氏] 以火德王. 兄弟十二人, 各一萬八千歲.

(3) [人皇氏] 兄弟九人, 分長九州. 凡一百五十世, 合四萬五千六百年.

(4) 人皇以後, 有日 [有巢氏]. 構木爲巢, 食木實.

(5) 至 [燧人氏], 始鑽燧, 敎人火食. 在書契以前, 年代 · 國都不可攷.

인황씨(人皇氏)

제2편 三皇篇

십팔사략 원본은 삼황을 다음과 같이 추렸다.

(1) 태호 복희씨(太昊 伏羲氏) + 여와씨(女媧氏)

(2) 염제 신농씨(炎帝 神農氏)

(3) 황제 헌원씨(黃帝 軒轅氏)

그러나 이 책에서는 「여와씨(女媧氏)」를 독립시켜서 다음과 같이 나누었다.

제1과 태호 복희씨(太昊 伏羲氏)

제2과 여와씨(女媧氏)

제3과 염제 신농씨(炎帝 神農氏)

제4과 황제 헌원씨(黃帝 軒轅氏)

이들 중 「복희와 여와」는 인류의 시조가 되는 부부신(夫婦神)이다. 동시에 복희는 인류문화를 창시한 남신(男神), 여와는 대지를 보수한 자비로운 여신(女神)이다. 그들의 덕택으로 인류가 탄생하고 대지 위에 살게 되었다.

그 후 신농씨의 교도(敎導)로 농경생활을 하게 되었고, 특히 황제의 덕택으로 황하 유역에 민족의 공동체를 형성하게 되었다.

제1과 太昊伏羲氏

(1) ［太昊伏羲氏］風姓. 代燧人氏而王. 蛇身人首,
始畫八卦. 造書契, 以代結繩之政. 制嫁娶, 以儷皮
爲禮.

(1) 태호 복희씨는 성이 풍이다. 수인씨 다음에 자리에 올랐
다. 그는 뱀의 몸통과 사람의 머리를 가졌다. 처음으로 팔괘
를 창안하고 서계(書契) 문자를 만들어 옛날의 결승(結繩)의
다스림을 대신하게 했다. 여자가 시집가고 남자가 아내를 취
하는 결혼제도를 만들고 한 쌍의 사슴 가죽을 납채(納采)의
예물로 삼았다.

어구 설명 (1) ○太昊(태호) : 크고 밝다는 뜻이다. 「太昊」는 자(字)다.
○代燧人氏而王(대수인씨이왕) : 수인씨 다음에 왕 노릇을
했다. ○蛇身人首(사신인수) : 몸은 뱀과 같고 머리가 사람
같다. 사람과 파충류가 잡거(雜居)했던 태고 때의 잔영(殘
影)이다. ○팔괘(八卦) : 음효(陰爻:--)와 양효(陽爻:―)를
천지인(天地人) 삼재(三才)를 본받아 세 개씩 결합해서 천지
간의 현상과 변화를 상징하는 여덟 개의 부호로 다음과 같
다. 「건(乾☰)・태(兌☱)・이(離☲)・진(震☳)・손(巽☴)・
감(坎☵)・간(艮☶)・곤(坤☷)」〈주(周) 문왕(文王)이 팔괘
(八卦)를 거듭하여 육십사괘(六十四卦)를 만들고 괘사(卦辭)
를 달았다고 전한다.〉 ○서계(書契) : 주로 계약 할 때 사용
한 고대의 부호 같은 문자일 것이다. ○結繩之政(결승지정)

: 문자가 없던 때에 새끼매듭으로 뜻을 전달하고 다스렸다. 복희가 「서계 문자」를 만들어 결승의 의미 전달 방식을 대신했다. 結(맺을 결), 繩(줄 승). ㅇ制嫁娶(제가취) : 결혼의 제도와 의식 절차를 제정했다. 制(제정할 제), 嫁(시집갈 가), 娶(장가들 취). ㅇ以儷皮爲禮(이려피위례) : 짝이 되는 사슴의 털가죽으로 납채(納采)의 예물로 삼게 했다.

(2) 結網罟, 敎佃漁. 養犧牲, 以庖廚. 故曰庖犧. 有龍瑞. 以龍紀官, 號龍師. 木德王. 都於陳.

(2) 그물이나 어망을 만들고 사람에게 사냥과 어로하는 법을 알게 했다. 또 제사에 바칠 소·양·돼지 등의 희생을 양육하고 포주에서 요리해서 하늘과 조상 제사에 바쳤다. 그래서 포희(庖犧)라고 일컬었다. 황하에서 용마(龍馬)가 등에 하도(河圖)를 지고 나타나는 길조가 있었다. 그래서 벼슬 이름에 용(龍) 자를 붙여 용사(龍師)라고 불렀다. 목덕(木德)으로 왕 노릇을 했다. 진(陳)에 도읍을 두었다.

어구 설명 (2) ㅇ結網罟(결망고) : 크고 작은 그물을 엮어, 罟(그물 고). ㅇ佃(전) : 밭갈이 혹은 사냥, 전렵(佃獵). 여기서는 주로 사냥의 뜻이다. ㅇ漁(어) : 어업(漁業), 어로(漁撈). ㅇ養犧牲(양희생) : 희생을 특별히 양육하다. 희생은 천신(天神), 지기(地祇), 종묘(宗廟)에 제사를 지낼 때 바치는 동물로 주로 「소, 양, 돼지」를 쓴다. ㅇ以庖廚(이포주) : 부엌에서 요리를 해서 바치다. ㅇ故曰庖犧(고왈포희) : 그러므로

포희(庖犠)라고 불렀다. 후세에는 「복희(伏羲)」라고 점잖게
고쳐 불렀다. ㅇ有龍瑞(유용서) : 황하(黃河)에서 용마(龍
馬)가 등의 하도(河圖)를 지고 나타나는 상서(祥瑞)가 있었
다. 복희씨가 그 하도를 보고 팔괘를 그렸다고 한다. 祥(상
서로울 상), 瑞(상서 서, 경사 서). ㅇ以龍紀官(이룡기관) :
용(龍) 자를 관명에 붙였다. 紀(벼리 기). ㅇ號龍師(호용사)
: 용사라고 호칭했다. 사(師)는 장관의 뜻. ㅇ木德王(목덕
왕) : 목덕(木德)으로 임금 노릇을 하다. 목덕은 양육하는
덕성이다. ㅇ都於陳(도어진) : 진에 도읍을 두었다. 진(陳)
은 하남성(河南省)에 있다.

| 백문 | 제1과 伏羲氏

(1) [太昊伏羲氏] 風姓. 代燧人氏而王. 蛇身人首, 始畫八卦. 造書
  契, 以代結繩之政. 制嫁娶, 以儷皮爲禮.

(2) 結網罟, 敎佃漁. 養犧牲, 以庖廚. 故曰庖犠. 有龍瑞. 以龍紀官,
  號龍師. 木德王. 都於陳.

제2과 女媧氏

(1) 庖犠崩. [女媧氏]立. 亦風姓, 木德王. 始作笙簧.

(1) 복희씨가 죽은 다음 여와씨가 임금이 되었다. 역시 풍
(風)씨 성이며 목덕(木德)으로 왕 노릇을 했다. 생황이란 악

기를 만들어 음악을 알렸다.

어구설명 (1) ㅇ[女媧氏]立(여와씨입) : 여와(복희씨의 누이동생)가 임금 자리에 올랐다. 媧(왜)라고도 읽음. ㅇ亦風姓(역풍성) : 복희씨의 성도 역시 풍(風)이다. ㅇ始作笙簧(시작생황) : 처음으로 생황을 만들어 음악을 알게 했다. 생황(笙簧)은 관(대롱·구멍)악기로 열세 개의 관이 있고 입을 대고 부는 한쪽 끝에 얇은 금속판을 붙여 소리를 내게 한 것이다.

(2) 諸侯有共工氏. 與祝融戰, 不勝而怒. 乃頭觸不周山.崩. 天柱折, 地維缺.

(2) 제후 공공씨가 축융과 싸워 패하자, 화를 내고 자기 머리로 불주산을 받아 무너지게 했다. 이에 하늘을 바치고 있던 기둥이 꺾어지고 땅을 매달고 있던 줄이 끊어졌다.

어구설명 (2) ㅇ諸侯有共工氏(제후유공공씨) : 공공씨라는 제후가 있었다. 제후(諸侯)는 지방의 나라를 다스리는 임금. ㅇ與祝融戰(여축융전) : 축융[전욱(顓頊)의 아들]이라는 임금과 싸우다. ㅇ乃頭觸不周山崩(내두촉불주산붕) : 자기 머리를 불주산에 부닥뜨리고 산을 무너지게 했다. ㅇ天柱折(천주절) : 그래서, 하늘을 바치고 있던 기둥이 꺾어지고, ㅇ地維缺(지유결) : 땅을 매달고 있던 줄이 끊어졌다.

(3) 女媧乃鍊五色石以補天, 斷鰲足以立四極, 聚蘆

灰以止滔水. 於是地平天成, 不改舊物.

(3) 여와가 오색의 돌을 빚어 하늘을 보수하고 자라의 발을 잘라 네 기둥을 세우고 갈대를 태운 재를 모아서 넘치는 물을 틀어막았다. 그래서 하늘과 땅이 원상대로 평탄하게 되었다.

어구 설명 (3) ㅇ鍊五色石以補天(연오색석이보천) : 오색[푸른색 · 붉은색 · 누런색 · 흰색 · 검은색(靑 · 赤 · 黃 · 白 · 黑)]의 돌을 불에 달구거나 물을 붓고 반죽하여 하늘을 보수하다. ㅇ斷鼇足(단별족) : 자라의 다리를 잘라서, 자라 별(鼇) 鼇는 자라 오(鼇 ; 바다의 큰 자라, 큰 바다거북.)의 속자. 여기서는 鼇(자라 별)자를 쓴다. 세 글자 어느 것을 써도 됨. ㅇ以立四極(이립사극) : 사방 끝의 기둥을 세우다. ㅇ聚蘆灰(취로회) : 갈대를 태운 재를 모아서, ㅇ以止滔水(이지도수) : 넘치는 물을 막았다. 滔(물 넘칠 도). ㅇ於是地平天成(어시지평천성) : 이에 땅이 평탄하게 되고 하늘도 바로잡히고, ㅇ不改舊物(부개구물) : 이전과 같이 온전하게 되었다.

(4) 女媧氏歿. 有[共工氏] [太庭氏] [柏皇氏] [中央氏] [歷陸氏] [驪連氏] [赫胥氏] [尊盧氏] [混沌氏] [昊英氏] [朱襄氏] [葛天氏] [陰康氏] [無懷氏]. 風姓相承者十五世.

(4) 여와씨가 죽고, 그 뒤를 공공씨 태정씨 백황씨 중앙씨 역

룩씨 여련씨 혁서씨 존로씨 혼돈씨 호영씨 주양씨 갈천씨 음 강씨 무회씨가 이었으며 이들 풍(風) 성이 15대를 계승했다.

어구설명 (4) 임금의 이름들이다. 별로 설명할 게 없다.

| 백문 | 제2과 女媧氏

⑴ 庖犧崩. [女媧氏]立. 亦風姓, 木德王. 始作笙簧.

⑵ 諸侯有共工氏. 與祝融戰, 不勝而怒. 乃頭觸不周山. 崩. 天柱折, 地維缺.

⑶ 女媧乃鍊五色石以補天, 斷鼇足以立四極. 聚蘆灰以止滔水. 於 是地平天成, 不改舊物.

⑷ 女媧氏歿, 有[共工氏] [太庭氏] [柏皇氏] [中央氏] [歷陸氏] [驪 連氏] [赫胥氏] [尊盧氏] [混沌氏] [昊英氏] [朱襄氏] [葛天氏] [陰康氏] [無懷氏]. 風姓相承者十五世.

제3과 炎帝神農氏

(1) [炎帝神農氏] 姜姓. 人身牛首, 繼風姓而立. 火德王.

⑴ 염제 신농씨의 성은 강씨다. 몸은 사람이고 머리는 소머 리다. 풍씨 다음에 자리에 올랐으며 화덕으로 왕 노릇을 했 다.

어구 설명 (1) ㅇ[炎帝神農氏]姜姓(염제신농씨강성) : 신농씨는 인류에
게 농사짓는 법과, 건강하게 사는 의약치료(醫藥治療)의 기
술을 지도했다. 또 낮에 장을 세우고, 서로 물건을 교역하
는 법을 고안한 성인(聖人)이다. 그를 「염제(炎帝) 즉 태양
의 제왕」이라고도 했다. ㅇ人身牛首(인신우수) : 몸은 사람
이지만 머리는 소의 머리와 같았다. ㅇ繼風姓而立(계풍성
이립) : 풍씨 뒤를 이어 임금이 되었다. 「풍(風)」은 「복희나
여와」의 성이다. 신농의 성은 「강씨(姜氏)」다. ㅇ火德王(화
덕왕) : 「화덕」은 「태양의 덕성」이다. 만물을 키우는 에너
지의 근원이 태양, 건강과 문화를 상징하는 것도 화(火)다.

(2) 斲木爲耜, 楺木爲耒, 始教畊, 作蜡祭. 以赭鞭鞭草木, 嘗百草, 始有醫藥. 教人日中爲市, 交易而退.

(2) 나무를 깎아서 보습을 만들고 나무를 휘어 쟁기를 만들
고 처음으로 경작하는 법을 가르쳤다. 납일 제사를 드리고
붉은 채찍으로 초목을 쳐보고 모든 풀의 맛을 보고, 의약을
알리고 또 낮 정오에 시장을 열고 산물을 교역하고 끝나면
닫게 했다.

어구 설명 (2) ㅇ斲木爲耜(착목위사) : 나무를 깎아서 보습 같은 농기
구를 만들다. 斲(깎을 착), 耜(보습 사). ㅇ楺木爲耒(유목위
뢰) : 나무를 휘어서 쟁기 같은 농기구를 만들다. 楺(휠 유),
耒(쟁기 뢰). ㅇ始教畊(시교경) : 처음으로 경작하는 법을 가
르쳤다. 畊=耕(밭갈 경). ㅇ作蜡祭(작사제) : 사제의 제도를
만들다. 「사제(蜡祭)」는 연말의 모든 신에게 지내는 제사.

蜡(납향 사). ㅇ以赭鞭鞭草木(이자편편초목) : 붉은 빛의 나무 자로 초목을 쳐본다. 赭(붉은 자), 鞭(채찍 편). ㅇ嘗百草(상백초) : 모든 약초를 입으로 핥아보고 〈약효가 있는지 알아본다.〉 ㅇ始有醫藥(시유의약) : 처음으로 의약(醫藥)의 치료법을 알게 했다. ㅇ教人日中爲市(교인일중위시) : 낮 정오에는 사람들로 하여금 시장에서 교역을 하게 하다. ㅇ交易而退(교역이퇴) : 물품 교역을 마치면 물러나게 하다.

(3) 都於陳, 徙曲阜. 傳 [帝承] [帝臨] [帝則] [帝百] [帝來] [帝襄] [帝楡]. 姜姓, 凡八世, 五百二十年.

(3) 진에 도읍을 정했으나, 곡부(曲阜)로 이사를 했다. 자리를 제승, 제림, 제측, 제백, 제래, 제양, 제유에게 전했으며, 강성이 6대, 520년 이어가며 다스렸다.

어구 설명 (3) ㅇ都於陳(도어진) : 처음에는 도읍을 진에 두었다. 진(陳)은 하남성(河南省) 부근, ㅇ徙曲阜(사곡부) : 곡부로 옮겼다. 곡부는 산동성(山東省)에 있다. ㅇ傳帝承(전제승) : 임금 자리를 제승에게 물려주다, ㅇ姜姓 凡八世 五百二十年 : 강씨 성이 8세에 걸쳐 520년간을 다스렸다.

| 백문 | 제3과 炎帝神農氏

(1) [炎帝神農氏]姜姓. 人身牛首, 繼風姓而立. 火德王.

(2) 斲木爲耜, 揉木爲耒, 始敎畊, 作蜡祭. 以赭鞭鞭草木, 嘗百草, 始有醫藥. 敎人日中爲市, 交易而退.

(3) 都於陳, 徙曲阜. 傳 [帝承] [帝臨] [帝則] [帝百] [帝來] [帝襄]

[帝楡], 姜姓, 凡八世, 五百二十年.

제4과 黃帝 軒轅氏

(1) [黃帝] 公孫姓, 又曰, 姬姓. 名軒轅, 有熊國君 少典子也. 母見大電繞北斗樞星, 感而生帝.

⑴ 황제는 성이 공손이다. 혹은 희성이라고 한다. 이름이 헌 원이다. 유웅국의 임금 소전의 아들이다. 어머니가 큰 번개 불이 북두성을 휘감는 것을 보고 감응되어 잉태하고 황제를 출산했다.

어구 설명 제4과 ㅇ黃帝軒轅氏(황제헌원씨) : 황제는 삼황(三皇)의 한 사람, 중국민족의 시조로 높인다. 그의 이름이 헌원(軒轅)이 다. ⑴ ㅇ[黃帝] 公孫姓, 又曰, 姬姓(황제 공손성 우왈 희성) : 성은 공손(公孫), 혹은 희(姬)라고도 한다. ㅇ有熊國君(유웅 국군) : 유웅국의 임금. ㅇ少典子也(소전자야) : 소전의 아들 이다. ㅇ母見(모견) : 어머니가 보다, ㅇ大電繞北斗樞星(대전 요북두추성) : 큰 번개가 북극성을 휘감는 것을 〈보고〉, ㅇ感 而生帝(감이생제) : 감응되어 〈황제〉를 잉태하고 낳았다.

(2) 炎帝世衰, 諸侯相侵伐. 軒轅乃習用干戈, 以征 不享. 諸侯咸歸之. 與炎帝戰于阪泉之野克之.

(2) 염제 신농의 후손이 다스리던 세상이 쇠퇴하자 제후들이 서로 무력으로 침략하고 싸웠다. 이에 헌원이 몸소 간과(干 戈) 같은 무기 쓰는 법을 익히고, 〈자기를〉 따르고 받들지 않는 자들을 무력으로 토벌했다. 그래서 제후들이 모두 그에 게 귀순하게 되었다. 그 다음 염제와 판천의 들에서 싸워 승 리했다.

어구설명 (2) ○炎帝世衰(염제세쇠) : 염제 신농씨의 후손이 다스리 는 세상이 쇠퇴하고, ○諸侯相侵伐(제후상침벌) : 제후들 이 서로 무력으로 싸우고 침략했다. ○軒轅乃習用干戈(헌 원내습용간과) : 헌원이 몸소 무기 쓰는 법을 익히다, 干 (방패 간), 戈(창 과). ○以征不享(이정불향) : 따르고 받들 지 않는 자들을 무력으로 토벌했다. 享(누릴 향). ○諸侯咸 歸之(제후함귀지) : 제후들이 다 그에게 귀순했다. 咸(다 함). ○與炎帝戰于阪泉之野(여염제전우판천지야) : 염제와 판천의 들에서 싸우다. ○克之(극지) : 이기다.

(3) 蚩尤作亂. 其人銅鐵額, 能作大霧. 軒轅作指南 車, 與蚩尤戰於涿鹿之野禽之.

(3) 치우가 반란을 일으켰다. 치우는 구리쇠 같은 이마를 가 졌으며, 능히 큰 안개를 피우게 했다. 헌원은 지남차를 발명 하여 방향을 잡고 달렸으며, 치우와 탁록의 들판에서 일대 결전을 전개하고 마침내 치우를 사로잡아 처형했다.

어구 설명 (3) ㅇ蚩尤作亂(치우작란) : 악덕한 치우가 반란했다. ㅇ其
人銅鐵額(기인동철액) : 치우는 이마 전체가 동이나 쇠로
만들어졌다. 혹은 동이나 쇠 같은 굳은 이마를 가지고 있
다. ㅇ能作大霧(능작대무) : 능히 큰 안개를 피우는 재주가
있다. ㅇ軒轅作指南車(헌원작지남차) : 헌원 황제가 지남차
를 발명했다. ㅇ與蚩尤(여치우) : 치우를 상대하고, 치우(蚩
尤)는 신화에 나오는 하늘의 악신, ㅇ戰於涿鹿之野(전어탁
록지야) : 탁록이라는 들판에서 싸우다, 탁록(涿鹿)은 하남
성(河南省)의 지명. ㅇ禽之(금지) : 황제가 치우를 잡아 처
형했다. 황제가 민족공동체를 형성하려는 것을 치우가 반
대했음으로 무력으로 친 것이다.

(4) 遂代炎帝爲天子. 土德王. 以雲紀官, 爲雲師. 作舟車以濟不通. 得風后爲相, 力牧爲將.

(4) 드디어 염제 신농씨의 후손을 대신하여 천자가 되고 흙
의 덕으로 왕 노릇을 했다. 〈그때에 상스러운 구름이 나타났
음으로〉「운(雲)」자를 관직 이름에 붙여, 운사(雲師)라고 호
칭했다. 헌원 황제는 배나 수레를 만들어 교통하지 못하던
곳을 왕래하게 했다. 풍후(風后)라는 현인을 재상으로 삼고,
또 역목(力牧)이라는 무사를 장군으로 삼았다.

어구 설명 (4) ㅇ遂代炎帝爲天子(수대염제위천자) : 마침내 염제 신농
씨의 후손을 대신해서 천자가 되고 나라를 다스렸다. ㅇ土
德王(토덕왕) : 흙의 덕으로 왕 노릇을 하다. 즉 중앙에서

제후들을 통솔하고 전국을 다스리다. 「토(土)」는 중앙에서
사방의 기(氣 : 木 火 金 水)를 통합한다. ㅇ以雲紀官(이운
기관) : 「구름 운(雲)」을 관직명에 붙였다. ㅇ爲雲師(위운
사) : 「운사」라고 했다. ㅇ作舟車以濟不通(작주거이제불통)
: 배나 수레를 만들어 사방으로 통행할 수 있게 했다. ㅇ濟
不通(제불통) : 통하지 못하던 곳을 갈 수 있게 했다는 뜻.
濟(건널 제). ㅇ得風后爲相(득풍후위상) : 풍후(風后)라는
현명한 사람을 등용해서 재상으로 삼았다. ㅇ力牧爲將(역
목위장) : 역목(力牧)이라는 무사를 장군으로 삼았다.

(5) 受河圖. 見日月星辰之象, 始有星官之書. 師大撓 占斗建作甲子, 容成造曆, 隷首作算數.

(5) 황제는 황하의 물고기가 바치는 지도를 받고 또 일월성
신(日月星辰)의 천문 현상을 보고 비로소 천문의 책을 지어
냈다. 대요라는 장관은 북두칠성의 이동하는 방향을 관찰하
고 갑자(甲子) 이하 60간지(干支)를 정했다. 용성이라고 하
는 신하가 달력을 제작했다. 예수라는 신하는 산수의 법을
제정했다.

어구 설명 (5) ㅇ受河圖(수하도) : 황하의 큰 물고기가 그림을 황제에
게 주었다. 앞에서 말한 복희씨(伏羲氏)의 경우와 다른 그림
혹은 지도일 것이다. ㅇ見日月星辰之象(견일월성신지상) :
해와 달 및 별들의 천문 현상을 보고, ㅇ始有星官之書(시유
성관지서) : 처음으로 성관(星官)이 천문에 관한 책을 저술

했다. 「성관」은 천문을 관측하는 관리. ㅇ師大撓(사대요) : 대요라는 이름의 「천문의 장관(長官)」, ㅇ占斗建(점두건) : 북두칠성의 방향을 관찰하고 점을 치다. 「건(建)」은 〈회전하는 북두칠성의〉 방향이라는 뜻. 그 방향은 계절이나 시간마다 다르다. ㅇ作甲子(작갑자) : 십간(十干)과 십이지(十二支)의 결합을 정했다. 「갑(甲)」은 십간의 으뜸, 「자(子)」는 십이지의 으뜸이다. ㅇ容成造曆(용성조력) : 용성이라는 사람이 달력을 만들었다. 曆(책력 력). ㅇ隷首作算數(예수작산수) : 예수라는 사람이 산수(算數)의 법을 제정했다.

(6) 伶倫取嶰谷之竹, 制十二律箭, 以聽鳳鳴. 雄鳴六, 雌鳴六. 以黃鐘之宮, 生六律六呂, 以候氣應, 鑄十二鐘, 以和五音.

(6) 음악을 잘 아는 신하, 영륜이 해곡에 자란 대나무를 취해서 열두 음률의 피리를 만들었고, 봉황새의 울음소리를 바탕으로 양성(陽聲) 6음률, 음성(陰聲) 6음률을 정했다. 또 모든 음악소리의 기초가 되는 「황종의 궁」을 기준으로 하고 육률(六律)과 육려(六呂)를 제정했다. 또 계절과 기후에 맞게 12개의 음계의 종을 만들고 오음(五音)을 부드럽게 조화했다.

어구 설명 (6) ㅇ伶倫(영륜) : 황제의 신하로 음악의 여러 가지 궁조 및 율려를 창제(創製)했다. ㅇ取嶰谷之竹(취해곡지죽) : 해곡의 대를 취해서, 「해곡(嶰谷)」은 곤륜산(崑崙山)에 있다고 전한다. ㅇ制十二律筒(제십이율용) : 열두 가지 음률에 맞는 피리 통을 만들었다. 筒(전동 용, 대통 통). ㅇ以聽鳳鳴(이청봉명) : 봉황새 울음소리를 듣고서, ㅇ雄鳴六(웅명륙) : 숫 봉황새의 울음소리를 바탕으로 6개의 음률을 정하다. ㅇ雌鳴六(자명륙) : 암 봉황새의 울음소리를 바탕으로 6개의 음률을 정하다. 즉 양성(陽聲) 6개의 음률과 음계, 음성(陰聲) 6개의 음률과 음계를 정했다. ㅇ以黃鐘之宮(이황종지궁) :「황종의 궁조(宮調)」를 모든 음악의 기본 곡조로 한다. 황종(黃鐘)은 음률의 으뜸이 되는 궁조, 궁조(宮調)는 오음(五音)의 으뜸이 되는 곡조, 즉 음률과 오음의 바탕으로 하고, ㅇ生六律六呂(생육률육려) : 양성(陽聲) 6률, 음성(陰性) 6률을 정했다. 呂(음률 려). ㅇ以候氣應(이후기응) : 계절이나 기후에 맞게 음률과 음계를 정하고, ㅇ鑄十二鐘(주십이종) : 12개의 음률과 음계에 맞게 12개의 악종(樂鐘)을 만들었다. 鑄(주조 주). ㅇ以和五音(이화오음) : 오음에 맞게 했다. 오음(五音)은「궁(宮), 상(商), 각(角), 치(徵), 우(羽)」, 다섯 가지 음색과 곡조를 합친 용어.

(7) 嘗晝寢. 夢遊華胥之國, 怡然自得. 其後天下大治 幾若華胥.

(7) 황제가 전에 낮잠을 잤으며, 꿈속에서 화서의 나라에 가서 놀았다. 〈화서의 나라는〉 모든 것이 즐겁고 만족스러웠다. 그로부터 황제의 나라도 크게 잘 다스려졌고 거의 화서의 나라와 같게 되었다.

어구 설명 (7) ㅇ嘗晝寢(상주침) : 황제가 전에 낮잠을 잤으며, ㅇ夢遊
華胥之國(몽유화서지국) : 화서의 나라에 가서 노는 꿈을
꾸었다. 「화서의 나라」는 열자(列子)에 나오는 가공적인 하
늘나라. ㅇ怡然自得(이연자득) : 즐겁고 만족했다. 怡(기쁠
이). ㅇ其後天下大治(기후천하대치) : 황제가 꿈에 화서의
나라에 가서, 놀고 온 다음에 천하가 크게 잘 다스려졌다.
ㅇ幾若華胥(기약화서) : 거의 화서의 나라처럼 화락(和樂)
하게 되었다.

(8) 世傳, 黃帝采銅鑄鼎. 鼎成. 有龍垂胡髥下迎.
帝騎龍上天. 羣臣後宮, 從者七十餘人. 小臣不得
上, 悉持龍髥, 髥拔. 墮弓. 抱其弓而號. 後世名其
處曰鼎湖, 其弓曰烏號.

(8) 세상에 다음과 같은 말이 전한다. 황제가 전국의 구리를
거두어 솥을 만들었다. 그 동정(銅鼎)이 완성되자 하늘에서
용이 내려와 수염을 드리우고 황제를 맞이했다. 이에 황제는
용을 타고 하늘로 올라갔으며 함께 따라간 신하와 후궁들이
70여명이었다. 그러나 신분이 낮은 신하는 함께 〈용을 타지
못하고〉 용의 수염을 잡고 매달렸다. 그러자 수염이 빠지는
바람에 〈신하들이 떨어졌으며, 이를 보고 황제가 놀라〉 활
을 떨어뜨렸다. 신하들은 그 활을 잡고 호곡(號哭)했다. 후
세에 그 활이 떨어진 곳을 정호(鼎湖)라 이름지었으며, 그
활을 오호(烏號)라 불렀다.

어구 설명 (8) ○世傳(세전) : 세상에 전한다. ○采銅(채동) : 구리를 채취해서, 「采＝採(캘 채)」. ○鑄鼎(주정) : 솥을 주조하다. 동정(銅鼎)을 만들다. ○有龍垂胡髥下迎(유룡수호염하영) : 용이 턱수염을 드리우고 내려와 황제를 영접했다. 「胡髥(호염)」은 턱수염. 胡(턱밑살 호), 髥(구레나룻 염). ○帝騎龍上天(제기룡상천) : 황제가 용을 타고 하늘에 올라갔다. ○小臣不得上(소신부득상) : 말단의 신하들을 용을 탈 수가 없었으며, ○悉持龍髥(실지용염) : 모두 용의 수염을 잡고 매달렸다. 悉(다 실). ○髥拔(염발) : 수염이 빠졌다. ○墮弓(타궁) : 〈황제가 놀라서〉 활을 떨어뜨렸다. 墮(떨어질 타). ○抱其弓而號(포기궁이호) : 사람들이 그 활을 잡고 호곡(號哭)했다. ○後世名其處曰鼎湖(후세명기처왈정호) : 후세에 그곳을 정호(鼎湖)라고 이름 지었다. ○其弓曰烏號(기궁왈오호) : 그 활을 오호(烏號)라고 불렀다.

(9) 黃帝二十五子. 其得姓者十四.

(9) 황제의 아들은 25명 있었으며, 그 중에 나라를 세우고 다스려 성을 얻은 자는 14명이었다.

어구 설명 (9) ○黃帝二十五子(황제이십오자) : 황제에게는 25명의 아들이 있었다. ○其得姓者十四(기득성자십사) : 나라를 세우고 성씨(姓氏)를 얻은 아들은 14명이었다. 옛날에는 나라를 세우고 임금 노릇한 사람만이 그 나라와 같은 성(姓)을 가질 수 있었다.

| 백문 | 제4과 黃帝軒轅氏

(1) [黃帝] 公孫姓, 又曰, 姬姓. 名軒轅, 有熊
國君少典子也. 母見大電繞北斗樞星, 感
而生帝.

(2) 炎帝世衰, 諸侯相侵伐. 軒轅乃習用干戈,
以征不享. 諸侯咸歸之. 與炎帝戰于阪泉
之野克之.

(3) 蚩尤作亂. 其人銅鐵額, 能作大霧. 軒轅
作指南車, 與蚩尤戰於涿鹿之野禽之.

복희여와도(伏羲女媧圖)

(4) 遂代炎帝爲天子. 土德王. 以雲紀官, 爲
雲師. 作舟車以濟不通. 得風后爲相力牧爲將.

(5) 受河圖. 見日月星辰之象, 始有星官之書. 師大撓占斗建作甲子,
容成造曆, 隷首作算數.

(6) 伶倫取嶰谷之竹, 制十二律簫, 以聽鳳鳴. 雄鳴六, 雌鳴六. 以黃
鐘之宮, 生六律六呂, 以候氣應, 鑄十二鐘, 以和五音.

(7) 嘗晝寢. 夢遊華胥之國, 怡然自得. 其後天下大治, 幾若華胥.

(8) 世傳, 黃帝采銅鑄鼎. 鼎成. 有
龍, 垂胡髥下迎. 帝騎龍上天.
羣臣後宮, 從者七十餘人. 小臣
不得上, 悉持龍髥. 髥拔. 墮弓.
抱其弓而號. 後世名其處曰鼎
湖, 其弓曰烏號.

(9) 黃帝二十五子. 其得姓者十四.

염제 신농씨(炎帝 神農氏)

제3편 五帝篇

오제(五帝)는 부족이나 민족의 공동체를 잘 다스리고 또 모든 백성들을 잘 살게 해준 덕치(德治)의 영도자다. 이들을 사략(史略)은 다음과 같이 추렸다.

1. 소호 금천씨(少昊 金天氏) : 황제의 아들로 봉황새의 덕을 바탕으로 다스렸다.

2. 전욱 고양씨(顓頊 高陽氏) : 황제의 손자로 하늘을 받들고 하늘의 도리의 존엄함을 사람에게 알렸다.

3. 제곡 고신씨(帝嚳 高辛氏) : 황제의 증손으로 은(殷)나라의 터를 세운 먼 조상이다.

4. 제요 도당씨(帝堯 陶唐氏) : 덕치(德治)를 펴고, 천하를 선양(禪讓)한 요임금.

5. 제순 유우씨(帝舜 有虞氏) : 역시 덕치(德治)를 펴고, 천하를 선양(禪讓)한 순임금.

「요임금과 순임금」도 황제의 후손이다. 즉 황제 일가다. 이들이 천자의 정통(正統)을 계승하고 무위자연(無爲自然)의 덕치와 천하위공(天下爲公)의 선양(禪讓)을 실천한 것이다. 다음에서 나누어 풀이하겠다.

제1과 少昊金天氏

(1) [少昊金天氏], 名玄囂, 黃帝之子也. 亦曰靑陽. 其立也, 鳳鳥適至. 以鳥紀官.

(1) 소호 금천씨는 이름이 현효이며 황제의 아들이다. 이름을 청양이라고도 했다. 그가 임금이 되자 봉황새가 날아왔다. 그래서 벼슬에 「조(鳥)」 자를 붙였다.

어구 설명 ㅇ오제(五帝) : 다섯 명의 성스러운 황제, 사략에서는 「소호(少昊)‧전욱(顓頊)‧제곡(帝嚳)‧제요(帝堯)‧제순(帝舜)」이라고 했다. 그러나 사기(史記)는 오제(五帝)를 「황제(黃帝)‧전욱(顓頊)‧제곡(帝嚳)‧제요(帝堯)‧제순(帝舜)」이라고 했다. 이 책은 사략(史略)을 따랐다. (1) ㅇ少昊金天氏(소호 금천씨) : 소호는 호(號), 금천 씨는 성이다. ㅇ名玄囂(명현효) : 이름이 현효다. ㅇ亦曰靑陽(역왈청양) : 또한 이름을 청양이라 했다. ㅇ其立也(기립야) : 그가 임금에 오르자, ㅇ鳳鳥適至(봉조적지) : 마침 봉황(鳳凰)새들이 모여들었다. ㅇ以鳥紀官(이조기관) : 「조(鳥)」자를 벼슬 이름에 붙였다.

| 백문 | 제1과 少昊金天氏

(1) [少昊金天氏], 名玄囂, 黃帝之子也. 亦曰靑陽. 其立也, 鳳鳥適至. 以鳥紀官.

제2과 顓頊高陽氏

(1) [顓頊高陽氏], 昌意之子, 黃帝孫也. 代少昊而立.

(1) 전욱 고양씨는 창의의 아들로 황제의 손자다. 소호의 뒤를 이어 자리에 올랐다.

어구 설명 (1) ㅇ顓頊 高陽氏(전욱 고양씨) : 호가 전욱, 성이 고양씨. 顓(별이름 전), 頊(옥 욱). ㅇ昌意之子(창의지자) : 창의(昌意)의 아들이고, ㅇ黃帝孫也(황제손야) : 황제의 손자다. ㅇ代少昊而立(대소호이입) : 소호 다음에 자리에 올랐다

(2) 少昊之衰, 九黎亂德, 民神雜糅, 不可方物.

(2) 소호가 쇠하자 구주(九州)의 백성들의 도덕이 문란하게 되고 사람과 천신이 엉기고 혼잡해졌으며 모든 사물을 바르게 분별할 수 없었다.

어구 설명 (2) ㅇ九黎亂德(구려란덕) : 여씨(黎氏)족의 아홉 사람의 제후로 덕을 잃고 도를 어지럽혔으며 더욱이 구주(九州)에 있는 모든 사람들이 덕을 문란하게 했다. ㅇ民神雜糅(민신잡유) : 사람과 신이 서로 혼잡하게 엉키었음으로, ㅇ不可方物(불가방물) : 모든 사물을 방정하게 처리할 수 없었다.

(3) 顓頊受之, 乃命南正重司天, 以屬神, 火正黎司

地 以屬民, 使無相侵瀆. 始作曆, 以孟春爲元.

(3) 전욱이 자리를 이어받자 남정 중으로 하여금 하늘을 관장하고 천신들을 다스리게 하고, 화정 여로 하여금 땅을 관장하고 백성들을 다스리게 했으며, 서로 침범하고 모독하는 일이 없게 했다. 처음 달력을 만들고 봄의 첫날을 설이라 했다.

어구 설명 (3) ㅇ乃命南正重司天(내명남정중사천) : 「남정(南正)」은 벼슬 이름. 「중(重)」은 인명, 「남정 중」에게 명하여 하늘을 관장하게 했다. ㅇ以屬神(이속신) : 신의 관한 일을 다스리다. ㅇ火正黎司地(화정려사지) : 「화정」이란 벼슬자리에 있는 「여(黎)」로 하여금 땅을 다스리게 하다. ㅇ以屬民(이속민) : 모든 사람들을 바르게 다스리고, ㅇ使無相侵瀆(사무상침독) : 하늘과 사람이 서로 침범하고 서로 모독하지 않게 했다. ㅇ以孟春爲元(이맹춘위원) : 맹춘(孟春 ; 孟은 처음 봄의 첫달.)을 일월(一月)로 원(元 ; 해의 처음으로, 곧 정월)을 원단(元旦 ; 설날, 설날 아침)으로 삼다.

| 백문 | 제2과 顓頊高陽氏

(1) [顓頊高陽氏], 昌意之子, 黃帝孫也. 代少昊而立.

(2) 少昊之衰, 九黎亂德, 民神雜糅, 不可方物.

(3) 顓頊受之, 乃命南正重司天, 以屬神, 火正黎司地, 以屬民, 使無相侵瀆. 始作曆, 以孟春爲元.

전욱 고양씨(顓頊 高陽氏)

제3과 帝嚳高辛氏

(1) [帝嚳高辛氏], 玄囂之, 子
黃帝曾孫也. 生而神靈. 自言
其名. 代顓頊而立. 居於亳.

제곡 고신씨(帝嚳 高辛氏)

(1) 제곡 고신씨는 현효의 아들로 황
제의 증손이다. 태어나면서 신령했
으며 스스로 자기 이름을 말했다.
전욱 뒤를 이어 자리에 오르고 박에
도읍을 정했다.

여구설명 (1) ㅇ帝嚳(제곡) : 성제(聖帝) 곡(嚳), 도덕을 높인 임금이
다. ㅇ高辛氏(고신씨) : 「고신(高辛)」은 지명, 「고신」을 다
스린 임금이었음으로 「고신씨(高辛氏)」라고 했다. ㅇ玄囂
之子(현효지자) : 현효의 자손이다. 「황제-현효-교극(嶠
極)-제곡」이므로 현효의 손자로, 황제의 증손이다. ㅇ生而
神靈(생이신령) : 태어나면서 신령했다. ㅇ自言其名(자언기
명) : 스스로 이름을 외었다. ㅇ代顓頊而立(대전욱이입) :
전욱 다음에 자리에 올랐다. ㅇ居於亳(거어박) : 도읍을 박
(亳)에 두었다.

| 백문 | 제3과 帝嚳高辛氏

(1) [帝嚳高辛氏], 玄囂之子, 黃帝曾孫也. 生而神靈. 自言其名. 代
顓頊而立. 居於亳.

제4과 帝堯陶唐氏

(1) [帝堯陶唐氏] 伊祁姓. 或曰, 名放勳. 帝嚳子也.

(1) 요임금 도당씨(陶唐氏)는 성이 이기(伊祁)다. 다른 이름을 방훈(放勳)이라고도 하며, 제곡(帝嚳)의 아들이다.

[어구 설명] (1)ㅇ帝堯 陶唐氏(제요도당씨) : 요임금은 먼저 도(陶)라는 곳을 다스렸고 후에 당(唐)이라는 곳으로 옮겼음으로 그를 「도당씨(陶唐氏)」라고 부른다. ㅇ伊祁姓. 或曰, 名放勳.(이기성 혹왈명방훈) : 요임금의 성(姓)은 이기(伊祁)이고 다른 이름을 방훈(放勳)이라 불렀다. 방훈(放勳)의 방(放)은 대(大), 훈(勳=勳)은 공덕(功德)의 뜻이다. ㅇ帝嚳子也(제곡자야) : 그는 제곡(帝嚳)의 아들이다. 제곡은 황제(黃帝)의 증손(曾孫)이며 은(殷)나라를 세운 탕왕(湯王)의 먼 조상이다.

(2) 其仁如天, 其知如神, 就之如日, 望之如雲.

(2) 요임금의 인덕(仁德)은 하늘과 같고 그의 슬기(지혜)는 신 같이 전지전능했다. 그를 가까이 대하면 흡사 태양처럼 밝고 포근하며 멀리서 우러러보면 흡사 구름처럼 높고 부드러웠다.

제요 도당씨(帝堯 陶唐氏)

어구 설명 (2) ㅇ其仁如天(기인여천) : 요임금의 인덕(仁德)은 하늘처럼 높고 또 넓었다. 「인덕(仁德)」은 「남을 사랑하고 교화하고 잘살게 하는 덕」이다. ㅇ其知如神(기지여신) : 그의 지능은 신(神) 같이 전지전능(全知全能)했으며, 어디에나 통하고 나타났다. ㅇ就之如日(취지여일) : 요임금을 가까이 대하면 태양같이 밝고 포근하고 따뜻했다. ㅇ望之如雲(망지여운) : 멀리서 우러러보면 하늘의 구름처럼 높게 보인다. 혹은 가뭄에 구름을 본 듯하다.

(3) 都平陽. 茆茨不剪, 土階三等. 有草生庭. 十五日以前, 日生一葉, 以後日落一葉. 月小盡, 則 一葉厭而不落. 名曰蓂莢. 觀之以知旬朔.

(3) 평양을 도읍으로 삼았다. 그는 궁전을 소박하게 짓고 지붕을 덮은 띠 풀이나 가시나무의 끝도 가지런히 자르지 않았다. 또 궁전의 층계도 흙으로 삼단을 돋아 올렸을 뿐이었다. 궁전의 정원에 특이한 풀이 자랐으며 매달 보름 이전에는 잎이 하나씩 더 나오고, 보름 이후에는 잎이 하나씩 떨어졌다. 적은 달에는 마지막 잎 하나가 시들기만 하고 떨어지지 않았다. 그 풀을 「명협」이라 불렀으며, 그 풀잎을 보고 열흘〈순(旬)〉과 초하루〈삭(朔)〉를 알았다.

어구 설명 (3) ㅇ都平陽(도평양) : 평양에 도읍을 두었다. 「평양」은 산서성(山西省)의 지명. ㅇ茆茨不剪(묘자부전) : 궁전의 지붕을 띠나 가시나무로 덮고, 그 끝을 가지런히 자르지 않았

다. 茆= 茅(띠 모), 茨(가시나무 자). 剪=翦(자를 전). ㅇ土
階三等(토계삼등) : 궁전의 층계를 흙으로 세 단만 돋아 올
렸다. 궁전을 소박하게 세우고 꾸몄다는 뜻. ㅇ有草生庭(유
초생정) : 궁전의 뜰에 풀이 자랐다. ㅇ十五日以前(십오일
이전) : 보름 이전에는, ㅇ日生一葉(일생일엽) : 하루의 잎
이 하나씩 새로 자라나고, ㅇ以後日落一葉(이후일락일엽) :
보름 이후에는 잎이 하루에 하나씩 지고 떨어졌다. ㅇ月小
盡(월소진) : 달이 작게 끝난다. 즉 29일, 28일로 끝나는 작
은 달에는, ㅇ一葉厭而不落(일엽염이불락) : 잎 하나가 시
들기만 하고 떨어지지 않았다. 厭(싫을 염). ㅇ名曰蓂莢(명
왈명협) : 그 풀을 명협〈역초(曆草)라고 불렀다고도 한다.〉
이라 부른다. 蓂(명협 명) 莢(풀 열매 협). ㅇ觀之以知旬朔
(관지이지순삭) : 풀잎을 보고 날짜를 알다. 朔(초하루 삭).

(4) 治天下五十年. 不知天下治歟, 不治歟, 億兆願
戴己歟, 不願戴己歟. 問左右不知. 問外朝不知. 問
在野不知. 乃微服游於康衢.

(4) 요임금이 천하를 다스린 지 50년이 되었다. 그러나 「천
하가 잘 다스려지는지? 잘 다스려지지 않는지? 억조 만민이
자기를 추대하기를 원하는지? 추대하기를 원하지 않는지?」
잘 알지 못했다. 좌우 신하에게 물어도 알지 못하고 조정 밖
에 있는 사람에게 물어도 알지 못하고 야에 있는 사람에게
물어도 모른다고 하더라. 그래서 미복하고 길거리에 나가서
돌아다니며 〈살펴보았다.〉

어구 설명 (4) ㅇ治天下五十年(치천하오십년) : 천하를 다스린 지 50년이 되었다. ㅇ不知(부지) : 알지 못한다. 다음의 4가지 구절이 목적어. ㅇ天下治歟(천하치여) : 천하가 잘 다스려지는지? ㅇ不治歟(불치여) : 잘 다스려지지 않는지? ㅇ億兆願戴己歟(억조원대기여) : 억조 만민이 자기를 추대하기를 원하는지? ㅇ不願戴己歟(불원대기여) : 추대하기를 원하지 않는지? ㅇ問左右不知(문좌우부지) : 〈대궐 안에 있는〉 좌우 신하에 물어도 알지 못하며, ㅇ問外朝不知(문외조부지) : 대궐 밖에 있는 관원(官員)에게 물어도 알지 못하며, ㅇ問在野不知(문재야부지) : 야에 있는 사람에게 물어도 모른다고 하더라. ㅇ乃微服游於康衢(내미복유어강구) : 그래서 미복하고 번화한 거리에 가서 두루 살펴보았다. 「康(강)」은 오방(五方)으로 통하는 거리, 「衢(구)」는 사방으로 통하는 거리.

(5) 聞童謠. 曰, 立我烝民, 莫匪爾極. 不識不知, 順帝之則.

(5) 아이들이 다음과 같이 노래를 했다. 『우리들 백성들이 잘 사는 것은 모두가 임금의 덕이 아닌 게 없다. 그러므로 우리 백성들은 부지부식 간에 임금의 법도를 따르고 있는 것이다.』

어구 설명 (5) ㅇ立我烝民(입아증민) : 우리 모든 백성들이 잘 사는 것은, 「立(입)」은 원래 「손발을 벌리고 대지 위에 서 있는 사람의 모양을 본 딴 글자」다. 「우뚝 서서, 살다」의 뜻. 「烝民

(증민)」은 서민, 「烝(증)」은 많다, 중(衆)과 같은 뜻. ㅇ莫匪
爾極(막비이극) : 그대의 지극한 덕이 아닌 게 없다. 모두가
그대의 덕이다. ㅇ不識不知(부식부지) : 자신들이 알지 못하
게, ㅇ順帝之則(순제지칙) : 임금의 법도나 규범을 따르다.

(6) 有老人含哺鼓腹, 擊壤而歌曰, 日出而作, 日入 而息. 鑿井而飮, 畊田而食. 帝力何有於我哉.

(6) 〈또 요임금이 농촌에 가자〉 노인들이 입에 음식을 물고
배를 두드리며 노래를 부르고 있었다. 『해가 뜨면 나가서 일
하고, 해가 지면 들어와 쉬노라, 우물을 파서 물 마시고, 밭
을 갈아서 배부르게 먹노라, 임금의 힘이 나에게 무슨 상관
이 있느냐?』

어구 설명 (6) ㅇ含哺鼓腹(함포고복) : 입 안에 음식을 물고, 배를 북
같이 두드리며, ㅇ擊壤而歌曰(격양이가왈) : 땅을 치며 박
자를 맞추고 노래를 하다. 「擊壤(격양)」을 「나무로 땅을 치
는 유희」라고도 풀이한다. ㅇ日出而作(일출이작) : 해가 뜨
면 나가서 일하고, ㅇ日入而息(일입이식) : 해가 지면 쉬고
잠잔다. ㅇ鑿井而飮(착정이음) : 우물을 파서 물을 마시고,
鑿(뚫을 착) ㅇ畊田而食(경전이식) : 밭을 갈아서 먹는다.
畊은 耕(밭갈 경)의 고자(古字). ㅇ帝力何有於我哉(제력하
유어아재) : 임금의 압력이나 구속이 없다. 무위자연의 덕
치(德治)의 경지다.

(7) 觀于華. 華封人曰, 嘻, 請祝聖人. 使聖人壽富
多男子. 堯曰, 辭. 多男子則多懼. 富則多事. 壽則
多辱.

(7) 요임금이 화산에 올라가 사방을 둘러보자, 화산의 관리
인이 말했다. 「아! 성인을 위해 하늘에 축원합니다. 성인 요
임금으로 하여금 수를 누리고 부유하고 또 많은 아들을 두게
해주십시오.」 그러자 요임금이 말했다. 「사양하겠소. 아들이
많으면 두려운 일이 많고 재물이 많으면 번거로운 일이 많고
수를 누리고 오래 살면 욕도 많은 법이오.」

어구 설명 (7) ㅇ觀于華(관우화) : 요임금이 섬서성(陝西省)에 있는 화
산(華山)에 올라가 사방을 둘러보았다. ㅇ華封人曰(화봉인
왈) : 화산의 관리인(管理人)이 말했다. ㅇ嘻(희) : 아! 嘻(아
희), ㅇ請祝聖人(청축성인) : 성인을 위해 축원합니다. ㅇ使
聖人(사성인) : 성인 요임금으로 하여금, ㅇ壽富多男子(수
부다남자) : 수를 누리고 부유하고 또 많은 아들을 두게 해
주십시오. ㅇ堯曰(요왈) : 요임금이 말했다. ㅇ辭(사) : 사퇴
하겠소, 고만두시오. ㅇ多男子則多懼(다남자칙다구) : 아들
이 많으면 두려운 일이 많고, ㅇ富則多事(부칙다사) : 재물
이 많으면 번거로운 일이 많고, ㅇ壽則多辱(수칙다욕) : 오
래 살면 욕도 많은 법이오.

(8) 封人曰, 天生萬民, 必授之職. 多男子而授之職,
何懼之有. 富而使人分之, 何事之有. 天下有道, 與

物皆昌, 天下無道, 修德就閒, 千歲厭世, 去而上僊,
乘彼白雲, 至于帝鄕, 何辱之有.

(8) 봉인이 말했다. 「하늘은 만민을 낳고 반드시 저마다의
직분을 내려주시노라. 아들이 많아도 각자 저마다의 직분이
있을 것이니 무슨 두려울 일이 있겠습니까? 또 제물이 많아
도 사람들로 하여금 나눠 갖게 하면 무슨 번거로운 일이 있
겠습니까? 천하에 도가 행해지면 백성이나 만물과 함께 흥
성하게 되고 천하에 도가 행해지지 않으면 나 홀로 덕을 수
양하고 한가하게 살면 될 것이며, 천년의 수를 누리고 살다
가 이 세상이 싫증나면 이 세상을 떠나 하늘에 올라가 신선
이 되어 하늘의 흰 구름을 타고 하늘나라에 가면 될 것이니
무슨 욕될 일이 있겠습니까?」

어구 설명 (8) ㅇ封人曰(봉인왈) : 국경을 지키는 봉인이 말했다. ㅇ天
生萬民(천생만민) : 하늘은 만민을 낳고, 많은 사람을 낳게
하고, ㅇ必授之職(필수지직) : 반드시 저마다의 직분을 내
려준다. ㅇ多男子而授之職(다남자이수지직) : 아들이 많아
도 각자 저마다의 직분이 있을 것이니, ㅇ何懼之有(하구지
유) : 무슨 두려울 일이 있겠습니까? ㅇ富而使人分之(부이
사인분지) : 제물이 많아도 사람들로 하여금 나눠 갖게 하
면. ㅇ何事之有(하사지유) : 무슨 번거로운 일이 있겠느냐?
ㅇ天下有道(천하유도) : 천하에 도가 행해지면, ㅇ與物皆昌
(여물개창) : 백성이나 만물과 함께 흥성하게 되고, ㅇ天下
無道(천하무도) : 천하에 도가 행해지지 않으면, ㅇ修德就
閒(수덕취한) : 나 홀로 덕을 수양하고 한가하게 살면 될 것

이다. ㅇ千歲厭世(천세염세) : 천년의 수를 누리고 살다가
이 세상이 싫증나면, ㅇ去而上儒(거이상선) : 이 세상을 버
리고 하늘에 올라가 신선이 되어, ㅇ乘彼白雲(승피백운) :
하늘의 흰 구름을 타고, ㅇ至于帝鄉(지우제향) : 하늘나라
에 가면 될 것이다. ㅇ何辱之有(하욕지유) : 그러나 무슨 욕
될 일이 있겠습니까?

(9) 堯立七十年, 有九年之水. 使鯀治之. 九載弗績.
堯老倦于勤. 四嶽舉舜. 攝行天下事. 堯子丹朱不
肖. 乃薦舜於天. 堯崩 舜卽位.

(9) 요임금이 자리에 오른 지 70년이 되었을 때에 9년간이
나 홍수에 시달렸으며 곤(鯀)으로 하여금 홍수를 다스리게
했다. 그러나 9년이 되어도 공적을 세우지 못했다. 한편 요
임금도 늙고 나라 다스리기에 권태를 느끼게 되었으며 이에
사악들이 순을 천거하여 그로 하여금 다스리는 일을 대리로
보게 했다. 요임금의 아들 단주가 불초했음으로 순을 하늘에
천거하였다. 요임금이 죽자 순이 뒤를 이어 자리에 올랐다.

어구 설명 (9) ㅇ堯立七十年(요립칠십년) : 요임금이 자리에 오른 지
70년이 되었을 때에, ㅇ有九年之水(유구년지수) : 9년간이
나 홍수가 났으며, ㅇ使鯀治之(사곤치지) : 곤으로 하여금
이를 다스리게 했다. ㅇ九載弗績(구재불적) : 그러나 9년이
되어도 공적을 세우지 못했다. ㅇ堯老倦于勤(요로권우근) :
요임금도 늙고 나라 다스리기에 권태를 느끼게 되었으며,

ㅇ四嶽擧舜(사악거순) : 사악들이 순을 천거하며, 사악(四
嶽)은 사방의 큰 산의 제사를 맡아 그 지방을 다스리는 관
원. ㅇ攝行天下事(섭행천하사) : 천하를 다스리는 일을 대리
로 보게 했다. ㅇ堯子丹朱不肖(요자단주불초) : 요임금의
아들 단주가 불초했음으로, ㅇ乃薦舜於天(내천순어천) : 순
을 하늘에 천거하였다. ㅇ堯崩舜卽位(요붕순즉위) : 요임금
이 죽자, 순이 뒤를 이어 자리에 올랐다.

| 백문 | 제4과 帝堯陶唐氏

(1) [帝堯陶唐氏], 伊祁姓. 或曰, 名放勳. 帝嚳子也.

(2) 其仁如天, 其知如神, 就之如日, 望之如雲.

(3) 都平陽. 茆茨不剪, 土階三等. 有草生庭. 十五日以前, 日生一
葉, 以後日落一葉. 月小盡, 則一葉厭而不落. 名曰蓂莢. 觀之以
知旬朔.

(4) 治天下五十年. 不知天下治歟, 不治歟, 億兆願戴己歟, 不願戴
己歟. 問左右不知. 問外朝不知. 問在野不知. 乃微服游於康衢.

(5) 聞童謠. 曰, 立我烝民, 莫匪爾極. 不識不知, 順帝之則.

(6) 有老人, 含哺鼓腹, 擊壤而歌曰, 日出而作, 日入而息. 鑿井而
飮, 畊田而食. 帝力何有於我哉.

(7) 觀于華. 華封人曰, 嘻, 請祝聖人. 使聖人壽富多男子. 堯曰, 辭.
多男子則多懼. 富則多事. 壽則多辱.

(8) 封人曰, 天生萬民, 必授之職. 多男子而授之職, 何懼之有. 富而
使人分之, 何事之有. 天下有道, 與物皆昌, 天下無道, 修德就
閒, 千歲厭世, 去而上僊, 乘彼白雲, 至于帝鄕, 何辱之有.

(9) 堯立七十年, 有九年之水. 使鯀治之. 九載弗績. 堯老倦于勤. 四
嶽擧舜. 攝行天下事. 堯子丹朱不肖. 乃薦舜於天. 堯崩, 舜卽位.

제5과 帝舜有虞氏

(1) [帝舜有虞氏] 姚姓. 或曰, 名重華. 瞽瞍之子, 顓頊六世孫也.

⑴ 순임금의 먼 선조는 유우씨이고 성은 요다. 다른 이름을 중화라고 했다. 고수의 아들이며 전욱의 6대 손이다.

어구 설명 ⑴ ㅇ帝舜(제순) : 순임금, ㅇ有虞氏(유우씨) : 먼 선조가 우(虞)라는 곳을 다스렸음으로 「유우씨」라고 했다. ㅇ姚姓 (요성) : 본래의 성은 요다. ㅇ或曰 名重華(혹왈 명중화) : 다른 이름을 중화(重華)라고도 했다. 「重華」는 거듭 문화의 꽃을 피게 한다는 뜻으로 요임금의 뒤를 이어 덕을 더욱 밝혔다는 뜻이 담겨져 있다. ㅇ瞽瞍之子(고수지자) : 순의 아버지를 고수(瞽瞍)라고 했다. 「瞽瞍」는 장님이라는 뜻이다. 사실 앞을 못 보는 장님이었는지, 사물의 도리를 분간 못한다는 뜻인지 애매하다. ㅇ顓頊六世孫也(전욱육세손야) : 전욱의 6대 손이다.

(2) 父惑於後妻, 愛小子象, 常欲殺舜. 舜盡孝悌之道, 烝烝乂不格姦.

⑵ 아버지 고수가 후처에게 미혹되어 둘째 아들 상을 사랑하고 큰아들 순을 항상 죽이려고 시도했다. 그러나 순은 부모에게 효성하고 동생에게 우애의 도리를 다하여, 점진적으

로 감화하고 〈그들로 하여금〉 간악한 경지에 이르지 않게 했
다. 〈끔직한 죄를 짓지 않게 했다.〉

(2) ㅇ父惑於後妻(부혹어후처) : 아버지가 후처에게 미혹되
어, ㅇ愛小子象(애소자상) : 후처가 난 작은 아들만을 사랑
하고, ㅇ常欲殺舜(상욕살순) : 항상 순을 죽이려고 여러 가
지로 시도했다. ㅇ舜盡孝悌之道(순진효제지도) : 그래도 순
은 부모에 대한 효성과 자기 동생에 대한 우애의 도리를 잘
지키고 실천해서, ㅇ烝烝乂不格姦(증증예불격간) : 점차적
으로 〈자기를 해치고 죽이려는 사람들을〉 잘 대하고 감화
해서, 〈그들이〉 간악한 경지에 이르지 않게 했다. ㅇ「烝烝
(증증)」 : 점차, 차근차근 좋은 방향으로 나가다, 감화하다.
ㅇ乂(예) : 다스리다, 바로잡다. ㅇ不格姦(불격간) : 간악한
지경에 이르지 않게 했다. 「格(격)」은 이르다, 도달하다. 즉
부모로 하여금 자식을 죽였다는 끔직한 죄를 짓지 않게 해
주었다는 뜻.

(3) 畊歷山民皆讓畔, 漁雷澤人皆讓居, 陶河濱器不苦窳. 所居成聚, 二年成邑, 三年成都.

(3) 순이 역산에서 경작하고 농사를 하면 그곳의 백성들이
순에게 감화되어 서로 밭두둑을 양보했고, 순이 뇌택이라는
곳에서 고기잡이를 하면, 사람들이 서로 터를 양보했고, 황
하 강가에서 도기(그릇)를 만들면 〈사람들이 성실하게 일함
으로써〉 그릇이 조잡하거나 비뚤어진 것이 없었다. 순이 사

는 곳에 그의 덕을 흠모하여 사람들이 모여들고 2년이 되면
읍이 형성되고 3년이 되면 도성으로 발전했다.

어구 설명 (3) ㅇ畊歷山(경력산) : 역산에서 경작하고 농사를 짓다. 畊
=耕(밭갈 경), ㅇ歷山(역산) : 지명, 신화에 나오는 지명이
라 정확하게 위치를 알 수 없다. ㅇ民皆讓畔(민개양반) : 그
곳의 백성들이 순의 인격에 감화되어 서로 밭두둑을 양보
한다. ㅇ漁雷澤(어뢰택) : 뇌택이라는 곳에서 고기잡이를
하면, ㅇ人皆讓居(인개양거) : 사람들이 서로 터를 양보한
다. ㅇ陶河濱(도하빈) : 황하(黃河) 강가에서 도자기를 만들
면, ㅇ器不苦窳(기불고유) : 〈사람들이 성실하게 도자기를
구우므로〉 그릇이 조잡하거나 비뚤어진 것이 없다. 窳(비뚤
유). ㅇ所居成聚(소거성취) : 순이 사는 곳에 그의 덕을 흠
모하여 사람들이 모여들고, ㅇ二年成邑(이년성읍) : 2년이
되면 읍이 형성되고, ㅇ三年成都(삼년성도) : 3년이 되면
도성으로 발전했다.

(4) 堯聞之聰明, 擧於畎畝, 妻以二女. 曰娥黃 · 女
英. 釐降于嬀汭.

(4) 요임금은 순이 총명하다는 말을 듣고 논밭에서 농사짓던
그를 등용하고 자기의 두 딸을 순에게 주어 처로 삼게 했다.
두 딸의 이름은 아황과 여영이며 〈요임금은〉 재물을 갖추어
주고 〈딸들을 순에게〉 시집보내 규(嬀)라는 강 북쪽에서 살
게 했다.

어구설명 (4) ㅇ堯聞之聰明(요문지총명) : 요임금은 순이 총명하다는 말을 듣고, ㅇ擧於畎畝(거어견무) : 논밭에서 농사짓던 그를 등용하고, 畎(밭도랑 견), 畝(이랑 무). ㅇ妻以二女(처이이녀) : 요임금이 자기의 두 딸을 순에게 주어 처로 삼게 했다. ㅇ日娥黃女英(왈아황여영) : 두 딸의 이름은 아황과 여영이었다. 娥(예쁠 아). ㅇ釐降于嬀汭(리강우규예) : 〈요임금이〉 재물을 갖추어 주고 〈딸들을 순에게〉 시집보냈으며, 규(嬀)라는 강북에서 살게 했다. 「嬀(규)」는 산서성(山西省)에 있는 강 이름, 「汭(예)」는 강북(江北)이라는 뜻. 釐(다스릴 리).

(5) 遂相堯攝政. 放驩兜, 流共工, 殛鯀, 竄三苗, 擧才子八元八愷, 命九官, 咨十二牧, 四海之內, 咸戴舜功.

(5) 마침내 순은 요임금의 재상이 되어 〈임금 대신〉 정사를 다스렸다. 환두라는 간악한 신하를 추방하고 포악한 공공을 멀리 유배하고 치수에 실패한 곤을 사형에 처하고 삼묘의 족속들을 멀리 쫓아 보냈다. 한편 재주 있는 사람을 등용하고 여덟 명의 착한 사람과 여덟 명의 온순한 사람을 뽑아서 아홉 명의 대신을 임명하고 12주(州)의 장관에게 자문하고 〈정치를 했다.〉 이에 사방의 백성들이 다 순의 공덕을 높이고 칭송했다.

어구설명 (5) ㅇ遂相堯攝政(수상요섭정) : 마침내 순은 요임금의 재상이 되어 〈임금 대신〉 정사를 다스렸다. 攝(당길 섭, 잡을 섭), ○放驩兜(방환두) : 환두라는 간악한 신하를 추방하고, ○流共工(유공공) : 포악한 공공을 멀리 유배하고, ○殛鯀 (극곤) : 치수에 실패한 곤을 사형에 처하고, ○竄三苗(찬삼 묘) : 삼묘의 족속들을 멀리 쫓아 보냈다. ○擧才子(거재자) : 재주 있는 사람을 등용하고, ○八元(팔원) : 여덟 명의 착 한 사람, 「원(元)」은 착한 사람. ○八愷(팔개) : 여덟 명의 온순한 사람, 愷(부드러울 개). ○命九官(명구관) : 아홉 명 의 대신을 임명하고, ○咨十二牧(자십이목) : 12주(州)의 장 관에게 자문하고 〈정치를 했다.〉 「목(牧)」은 목민관(牧民 官), 장관. ○四海之內(사해지내) : 사해 안의 모두가, 사방 의 백성들이, ○咸戴舜功(함대순공) : 다 순의 공덕을 높이 고 칭송했다.

(6) 彈五絃之琴, 歌南風之詩, 而天下治. 詩曰, 南 風之薰兮, 可以解吾民之慍兮. 南風之時兮, 可以阜 吾民之財兮.

(6) 다섯줄의 거문고를 퉁기며 남풍의 시를 노래로 불렀으 며, 이에 천하가 잘 다스려졌다. 시는 다음과 같다. 「훈훈히 남풍이 불어오니, 백성들의 노여움이 풀릴 수 있으리라. 남 풍이 때맞추어 불어오니 우리 백성들의 재물이 더욱 쌓일 수 있으리라.」

어구 설명 (6) ○彈五絃之琴(탄오현지금) : 다섯줄의 거문고를 퉁기

며, ○歌南風之詩(가남풍지시) : 남풍이라는 시를 노래로
불렀다. ○而天下治(이천하치) : 그리하여 천하가 잘 다스
려졌다. ○詩曰(시왈) : 시는 다음과 같다. ○南風之薰兮(남
풍지훈혜) : 훈훈히 남풍이 불어오니, ○可以解吾民之慍兮
(가이해오민지온혜) : 백성들의 노여움이 풀릴 수 있으리
라. ○南風之時兮(남풍지시혜) : 남풍이 때맞추어 불어올
때에, ○可以阜吾民之財兮(가이부오민지재혜) : 우리 백성
들의 재물도 쌓일 수 있으리라.

(7) 時景星出, 卿雲興. 百工相和而歌曰, 卿雲爛兮, 糺縵縵兮. 日月光華, 旦復旦兮.

(7) 바로 그때에, 상서로운 밝은 별이 나타나고 또 반가운 구
름이 뭉게뭉게 피어올랐으며, 이에 모든 악공들이 함께 어울
려 노래를 불렀다. 그 노래는 다음과 같다.「상스러운 구름
이 아름답게 빛나고 서로 어울려 아름다운 무늬를 기다랗게
그려내노라, 또 해와 달이 밝은 빛의 꽃을 피우고 아침이 되
고 또 아침이 되노라.」

어구 설명 (7) ○時景星出(시영성출) : 바로 그때에 상서로운 밝은 별
이 나타나고, ○卿雲興(경운흥) : 반가운 구름이 뭉게뭉게
피어올랐다. ○百工相和而歌曰(백공상화이가왈) : 모든 악
공들이 함께 어울려 노래를 불렀다.「백공(百工)」을 모든
관원(官員)으로 풀 수도 있다. ○卿雲爛兮(경운란혜) : 상스
러운 구름이 아름답게 빛나고, ○糺縵縵兮(규만만혜) : 어

울려 아름다운 무늬를 기다랗게 그려내노라, ㅇ日月光華
(일월광화) : 해와 달이 밝은 빛의 꽃을 피우고, ㅇ旦復旦兮
(단복단혜) : 아침이 되고 또 아침이 되노라.

(8) 舜子商均不肖. 乃薦禹於天. 舜南巡狩, 崩於蒼梧之野. 禹卽位.

(8) 순의 아들 상균(商均)은 총명하지 못 했다. 그래서 순은
〈치수의 공을 세운〉우(禹)를 하늘에 천거하고 선양(禪讓)했
다. 순임금은 남쪽으로 가서 순시하다가 창오라는 들에서 사
망했다. 이에 우가 뒤를 이어 자리에 올랐다.

어구 설명 (8) ㅇ舜子商均不肖(순자상균불초) : 순의 아들 상균(商均)
은 총명하지 못 했다. ㅇ乃薦禹於天(내천우어천) : 그래서
순은 〈치수의 공을 세운〉우(禹)를 하늘에 천거하고,〈임금
자리를 선양(禪讓)했다.〉ㅇ舜南巡狩(순남순수) : 순임금이
남쪽으로 순찰을 나갔다가, ㅇ崩於蒼梧之野(붕어창오지야)
: 창오라는 들에서 붕어(崩御)했다. ㅇ禹卽位(우즉위) : 우
가 뒤를 이어 자리에 올랐다. 이로써 순임금의 우(虞)나라
가 막을 내리고, 하나라가 섰으며, 그 후, 왕조를 세습(世
襲)하게 되었다.

| 백문 | 第5과 帝舜有虞氏

(1) [帝舜有虞氏] 姚姓. 或曰, 名重華. 瞽瞍之子, 顓頊六世孫也.
(2) 父惑於後妻, 愛小子象, 常欲殺舜. 舜盡孝悌之道, 烝烝乂不格姦.

⑶ 畊歷山民皆讓畔, 漁雷澤人皆讓居, 陶河濱器不苦窳. 所居成聚,
　 二年成邑, 三年成都.

⑷ 堯聞之聰明, 舉於畎畝, 妻以二女. 曰娥黃 · 女英. 釐降于嬀汭.

⑸ 遂相堯攝政. 放驩兜, 流共工, 殛鯀, 竄三苗, 舉才子八元八愷,
　 命九官, 咨十二牧, 四海之內, 咸戴舜功.

⑹ 彈五絃之琴, 歌南風之詩, 而天下治. 詩曰, 南風之薰兮, 可以解
　 吾民之慍兮. 南風之時兮, 可以阜吾民之財兮.

⑺ 時景星出, 卿雲興. 百工相和而歌曰, 卿雲爛兮, 糺縵縵兮. 日月
　 光華, 旦復旦兮.

⑻ 舜子商均不肖. 乃薦禹於天. 舜南巡狩, 崩於蒼梧之野. 禹卽位.

제순 유우씨(帝舜 有虞氏)

제4편 夏王朝篇

　삼황(三皇)이나 오제(五帝)는 신화를 바탕으로 꾸며진 황제들이다. 순(舜)의 선양(禪讓)을 받고 하(夏)왕조를 창건한 우(禹)도 신화적인 존재다. 하는 대략 기원전 21세기에 세워졌고 마지막 폭군 걸(桀)에 의해 멸망할 때까지 17대 5백 년간 지속했다고 전한다. 그러나 고고학 적으로 발굴된 유적이나 유물이 없고 또 고대의 사서(史書)의 기록도 확실하지 않다. 우선 시조(始祖) 우(禹)가 실재의 인물이 아니고 고대의 토지신(土地神) 혹은 용신(龍神)을 사람으로 탈바꿈한 이름일 것이다. 「우(禹)」는 「도마뱀의 형상」을 그린 글자이다. 그 도마뱀을 「용신」으로 믿던 부족이 내세운 신화적 임금이 「우임금」으로 화했을 것이다. 그러므로 「하왕조」의 기록도 신화를 바탕으로 꾸며진 사화(史話)일 것이다.

　인류의 집단생활은 점차로 확대되게 마련이다. 소수의 집단 공동체가 씨족 공동체로 발전하고 다시 씨족들이 결합하여 부족사회가 형성되고 다시 민족적 차원의 국가로 확대 발전한다. 서경(書經)의 우공(禹貢)을 보면, 우의 치수와 국토개발이 황하에서 장강(長江) 하류에까지 걸쳤고, 전국을 구주(九州)로 나눠 다스렸다고 했으니, 하나라는 민족국가 형성의 초기단계라 볼 수 있다. 연대는 대략 기원전 2200년경에서 1600년경으로 추산된다.

　제1과 : 하후씨 우(夏后氏 禹)
　제2과 : 세습 · 찬탈(世襲 · 簒奪)
　제3과 : 걸왕 · 말희(桀王 · 末喜)

제1과 夏后氏禹

(1) [夏后氏禹] 姒姓. 或曰, 名文命. 鯀之子, 顓頊
孫也.

(1) 하후씨 우는 성이 사(姒)다. 일명 문명이라고도 한다. 곤
의 아들이고, 전욱의 손자다.

어구 설명 (1) ○夏后氏 禹(하후씨 우) : 우(禹)가 하(夏)나라의 임금이
되었으므로 「하후씨」라고 했다. 요(堯)나 순(舜)을 제(帝)라
하고, 우(禹)를 후(后=王)이라고 한 것은 격차가 있다. ○姒
姓(사성) : 성이 사(姒)다. ○名文命(명문명) : 이름을 문명
이라고 한다. ○鯀之子(곤지자) : 곤의 아들, ○顓頊孫也(전
욱손야) : 전욱의 손자다.

(2) 鯀湮洪水. 舜擧禹代鯀. 勞身焦思, 居外十三年,
過家門不入. 陸行乘車, 水行乘船, 泥行乘橇, 山行
乘欙.

(2) 곤은 〈요임금 때에〉 홍수를 막으려고 했으나 성과를 내
지 못했다. 그래서 〈섭정으로 있던〉 순이 우를 등용해서 곤
을 대신해서 치수를 하게 했다. 이에 우는 노신초사하고 치
수에 전념했으며, 집을 비우고 밖에서 13년을 살았으며, 어
쩌다가 자기 집 앞을 지나도 문안에 들어가지 않고 지나쳤

다. 육지를 갈 때에는 수레를 타고, 강물을 건너갈 때에는 배를 타고, 진흙바닥을 갈 때에는 진흙 썰매를 타고, 산길을 갈 때에는 특수한 나무 신(樏)을 신고 갔다.

[어구 설명] (2) ○鯀湮洪水(곤인홍수) : 곤이 홍수를 막으려 했다. 즉 넘치는 강물을 제방을 쌓고 막으려 했다가 〈실패했다.〉 湮(막을 인). ○舜擧禹代鯀(순거우대곤) : 순이 우를 등용해서 곤을 대신해서 홍수를 다스리게 했다. ○勞身焦思(노신초사) : 몸을 고달프게 하며, 마음을 애타게 함. 즉 몸과 마음을 다하여 애쓰며 고생한다는 뜻. ○居外十三年(거외십삼년) : 집을 비우고 객지에서 13년을 보내면서 치수(治水)에 전념했다. ○過家門不入(과가문불입) : 집 앞을 지나가는 일이 있어도 집에 들어가 가족을 만나지 않았다. ○陸行乘車(육행승차) : 육지를 갈 때에는 수레를 타고, ○水行乘船(수행승선) : 강물은 배를 타다, ○泥行乘橇(니행승취) : 진흙 밭을 갈 때에는 썰매를 타다. 橇(썰매 취). ○山行乘樏(산행승국) : 산길을 갈 때에는 특수한 나무 신(樏)을 신고 갔다. 樏(덧신 국).

(3) 開九州, 通九道, 陂九澤, 度九山, 告厥成功. 舜嘉之, 使率百官行天下事. 舜崩, 乃踐位.

(3) 중국 전 국토를 개발하고, 중국의 모든 도로를 개통하고, 중국의 모든 소택지(沼澤地)를 수축하고, 전국의 모든 산을 넘어 갈 길을 뚫었다. 국토 개발과 치수를 성공하고, 순에게

보고하자, 순이 경하하고 우로 하여금 모든 관리를 통솔하고
나라 다스리는 일을 맡겼다. 순이 죽자 우가 자리를 이어 임
금이 되었다.

어구설명 (3) ○開九州(개구주) : 우(禹)임금이 전국을 아홉 개의 주
로 나누었다는 행정구획. 곧 기주(冀州)·연주(兗州)·청주
(靑州)·서주(徐州)·예주(豫州)·형주(荊州)·양주(揚
州)·옹주(雍州)·양주(梁州). 중국을 아홉 개의 주로 나누
어 전 국토를 개발하고, ○通九道(통구도) : 중국의 모든 도
로를 개통하고, ○陂九澤(피구택) : 중국의 모든 소택지(沼
澤地)를 수축했다. 陂(막을 피) ○度九山(도구산) : 모든 산
을 넘어 가다. 구(九)는 「모두」의 뜻이다. ○告厥成功(고궐
성공) : 성공(成功)을 보고하다. 厥(그 궐). ○舜嘉之(순가지)
: 순이 기쁘게 여기고, 혹은 경축하고, ○使率百官行天下事
(사솔백관행천하사) : 우(禹)로 하여금 모든 관리를 통솔하
고 나라 다스리는 일을 행하게 했다. ○舜崩乃踐位(순붕내
천위) : 순이 죽자, 우가 자리를 이어 임금이 되었다.

(4) 聲爲律, 身爲度, 左準繩, 右規矩. 一饋十起, 以 勞天下之民.

(4) 우의 음성이 그대로 음률이 되고 몸놀림이 그대로 법도
가 되었으며, 마치 왼손에 준승을 들고 있는 듯, 바른 손에
는 규구를 들고 있는 듯했다. 그는 한 번 식사할 동안에도
열 번이나 일어나서 〈정사를 돌보고 다스리고〉 천하 만민의

어려움을 풀어주고 위로해 주었다.

어구 설명 (4) ㅇ聲爲律(성위율) : 음성이 그대로 음률이 되다. 말의
내용은 하늘의 도리에 맞고, 말소리가 음악 같이 아름답다.
ㅇ身爲度(신위도) : 몸놀림이 그대로 법도가 된다. ㅇ左準
繩(좌준승) : 왼손에는 준승을 들고 있는 듯, 準(수준기 준),
수평을 재는 기구, 繩(먹줄 승), 직선을 그리는 기구, ㅇ右
規矩(우규구) : 바른 손에는 규구를 들고 있는 듯. 規(그림
쇠 규), 원형을 그리는 기구, 矩(곱자 구), 곡척(曲尺). 길이
를 재는 자. ㅇ一饋十起(일궤십기) : 한 번 식사할 동안에도
열 번이나 일어나다. ㅇ以勞天下之民(이로천하지민) : 천하
만민의 어려움을 풀고 위로해 주었다.

(5) 出見罪人, 下車問而泣曰, 堯舜之人, 以堯舜之心爲心. 寡人爲君, 百姓各自以其心爲心. 寡人痛之.

(5) 우임금은 밖에서 죄지은 사람을 보면 수레에서 내려 죄
를 짓게 된 연유를 묻고 울면서 말했다. 요임금, 순임금 때
의 백성들은, 요임금 순임금의 마음을 각자의 마음으로 삼고
행동했다. 그래서 죄짓는 사람이 없었다. 그러나 덕이 적은
내가 임금이 되자 백성들이 각자의 욕심인 이기심을 바탕으
로 행동하여 죄를 짓게 되었다. 이를 과인은 통탄한다.

어구 설명 (5) ㅇ出見罪人(출견죄인) : 궁궐 밖에서 죄지은 사람을 보
면, ㅇ下車問而泣曰(하차문이읍왈) : 수레에서 내려 죄인에
대한 연유를 묻고 울면서 말했다. ㅇ堯舜之人(요순지인) :

요임금, 순임금 때의 백성들은, ○以堯舜之心爲心(이요순지심위심) : 요임금, 순임금의 마음을 각자의 마음으로 삼고 행동했다. 〈그래서 죄짓는 사람이 없었다.〉 ○寡人爲君(과인위군) : 덕이 적은 내가 임금이 되자, ○百姓各自以其心爲心(백성각자이기심위심) : 백성들이 각자의 욕심인 이기심을 바탕으로 행동한다. 〈그래서 죄를 짓게 되었다.〉 ○寡人痛之(과인통지) : 과인은 그것을 통탄한다.

(6) 古有醴酪. 至禹時, 儀狄作酒. 禹飮而甘之日, 後世必有以酒亡國者. 遂疏儀狄.

(6) 옛날에도 단술과 타락은 있었다. 그러자 우임금 때에 의적이라는 사람이 술을 만들었다. 우임금은 그 술을 마시고 그 맛이 좋음으로 다음과 같이 말했다. 「후세에 반드시 이 술 때문에 나라를 망치게 될 것이다.」 그리고 드디어 의적을 멀리했다.

어구 설명 (6) ○古有醴酪(고유례락) : 옛날에도 단술과 타락(駝酪)이 있었다. 醴(단술 례), 酪(과즙 락), 유장(乳醬). ○至禹時(지우시) : 우임금 때에, ○儀狄作酒(의적작주) : 의적이라는 사람이 술을 만들었다. ○禹飮而甘之日(우음이감지왈) : 우임금이 술을 마시고 그 맛이 좋음으로 〈다음과 같이〉 말했다. ○後世必有以酒亡國者(후세필유이주망국자) : 후세에 반드시 이 술 때문에 나라를 망치게 될 것이다. ○遂疏儀狄(수소의적) : 드디어 의적을 멀리하게 되었다. 儀狄(의적) ; 의(儀)는 성(姓)이며, 적(狄)은 이름이다.

(7) 收九牧之金, 鑄九鼎. 三足象三德. 以享上帝鬼
神. 會諸侯於塗山. 執玉帛者萬國.

(7) 구주(九州, 즉 전 중국)를 다스리는 영주로 하여금 수집
한 쇠로써, 전 중국을 상징하는 구정(九鼎)을 주조했다. 솥
의 세 발은 삼덕(三德)을 상징한다. 그 솥에 제물을 고여 하
늘의 상제와 죽은 선조의 귀신에게 제사를 올렸다. 우임금이
제후들과 도산에서 회합을 하자, 손에 옥백을 들고 와서 알
현한 작은 나라의 임금들의 수가 만 명이나 되었다.

어구 설명 (7) ㅇ收九牧之金(수구목지금) : 전국의 영주(領主)들이 바치
는 쇠나 구리를 거두어서, 구목(九牧)은 구주(九州)를 다스
리는 영주(領主)나 제후(諸侯). ㅇ鑄九鼎(주구정) : 구주(九
州) 즉 전국을 상징하는 「구리 솥(銅鼎)」을 만들었다. ㅇ三足
象三德(삼족상삼덕) : 솥의 세 발은 곧 삼덕(三德)을 상징한
다. 즉 「정직(正直), 강건(剛健), 유순(柔順)」을 상징한다.
ㅇ以享上帝鬼神(이향상제귀신) : 그것에 제물을 고여 상제
(上帝)와 죽은 사람의 신령을 제사 지냈다. 「鬼」는 음신(陰
神), 「神」은 양신(陽神). ㅇ會諸侯於塗山(회제후어도산) :
도산에서 제후들과 회합했다. 「塗山」은 안휘성(安徽省)에
있다. ㅇ執玉帛者(집옥백자) : 손으로 옥백을 들고 와서 알
현하다. 「執玉帛」은 「옥돌을 비단 위에 받쳐 들다」의 뜻.
제후(諸侯) 밑에 있는 작은 나라의 임금이 천자를 알현할
때의 의식. ㅇ萬國(만국) : 옥백을 들고 와서 알현한 작은 나
라의 임금이 만 명이나 된다.

(8) 禹濟江. 黃龍負舟. 舟中人懼. 禹仰天歎曰, 吾受命於天, 竭力而勞萬民. 生寄也. 死歸也. 視龍猶蝘蜓. 顏色不變. 龍俛首低尾而逝. 南巡至會稽山而崩.

(8) 우임금이 장강을 건널 때에, 황룡이 나타나 배를 등에 업고 〈뒤집을 듯 했다.〉 이에 배 속에 신하들이 놀라 겁을 먹었다. 그러나 우임금은 하늘을 우러러 바라보고 한탄하듯 말했다. 「나는 하늘로부터 명을 받고 천자가 되어 힘을 다해 다스리고 만민을 위로했다. 삶은 잠시 이승에 머무르는 것이고, 죽음은 본연으로 돌아가는 것이다. 〈그러므로 두려울 바가 없다.〉」 우임금은 얼굴빛도 변하지 않고 태연했다. 그러자 황룡이 고개를 숙이고 꼬리를 내리고 멀리 사라졌다. 우임금은 남쪽으로 순시를 했고 회계산에 이르러 붕어했다.

어구 설명 (8) ㅇ禹濟江(우제강) : 우임금이 장강(長江)을 건너갈 때에, ㅇ黃龍負舟(황룡부주) : 물밑에서 황룡이 배를 등에 업고 나타났다. ㅇ舟中人懼(주중인구) : 배 속에 신하들이 겁을 냈다. ㅇ禹仰天歎曰(우앙천탄왈) : 우임금은 하늘을 우러러 탄식하듯이 말했다. ㅇ吾受命於天(오수명어천) : 나는 하늘의 명을 받고 천자가 되었으며, ㅇ竭力而勞萬民(갈력이로만민) : 전력을 기울여 만백성을 다스리고 있다. ㅇ生寄也(생기야) : 생은 잠시 이 세상에 몸을 의탁하고 있는 것이며, ㅇ死歸也(사귀야) : 죽음은 본연(本然)으로 되돌아감이다. ㅇ視龍猶蝘蜓(시룡유언정) : 용을 흡사 도마뱀을 보

는 듯 했다. 蝘(도마뱀 언), 蜓(수궁 전). ㅇ龍俛首低尾而逝
(용면수저미이서) : 용이 머리를 낮추고 꼬리를 늘어뜨리고
멀리 가버렸다. ㅇ南巡至會稽山而崩(남순지회계산이붕) :
남쪽을 순시하고 회계산(浙江省)에 이르러 죽었다.

| 백문 | 제1과 夏后氏禹

(1) [夏后氏禹] 姒姓. 或曰, 名文命. 鯀之子, 顓頊孫也.

(2) 鯀堙洪水. 舜擧禹代鯀. 勞身焦思, 居外十三年, 過家門不入. 陸
行乘車, 水行乘船, 泥行乘橇, 山行乘樏.

(3) 開九州, 通九道, 陂九澤, 度九山, 告厥成功. 舜嘉之, 使率百官
行天下事. 舜崩, 乃踐位.

(4) 聲爲律, 身爲度, 左準繩, 右規矩. 一饋十起, 以勞天下之民.

(5) 出見罪人, 下車問而泣曰, 堯舜之人, 以堯舜之心爲心. 寡人爲
君, 百姓各自以其心爲心. 寡人痛之.

(6) 古有醴酪. 至禹時, 儀狄作酒. 禹飮而甘之曰, 後世必有以酒亡
國者. 遂疏儀狄.

(7) 收九牧之金, 鑄九鼎. 三足象三德. 以享上帝鬼神. 會諸侯於塗
山. 執玉帛者萬國.

(8) 禹濟江, 黃龍負舟. 舟中人懼. 禹仰天歎曰, 吾受命於天, 竭力而
勞萬民, 生寄也. 死歸也. 視龍猶蝘蜓. 顔色不變. 龍俛首低尾而
逝. 南巡至會稽山而崩.

제2과 世襲 · 簒奪

(1) 子 [啓] 賢, 能繼禹道. 禹嘗薦益於天. 謳歌朝覲
者, 不之益而之啓. 曰, 吾君之子也. 啓遂立. 有扈
氏無道. 啓與戰于甘.

(1) 우임금의 아들 계는 현명했으며 우임금의 덕치(德治)의
도리와 방식을 계승할 수 있었다. 우임금은 전에 현명한 신
하 익을 하늘에 천거하고 선양하기로 결정했었다. 그러나
〈우임금이 죽은 다음〉 모든 제후나 대신들이 우임금의 덕을
칭송하고 조회를 보러 가되 익에게 가지 않고 도리어 계에게
로 가서 그를 임금으로 받들면서 일제히 말했다. 「이 분이
바로 우임금의 아드님이시다.」 그래서 결국 계가 임금 자리
에 올랐다. 그때에 유호씨라는 제후가 무도하게 난을 일으켰
다. 이에 계가 유호씨와 감이라는 곳에서 싸워 그를 토벌했
다.

어구 설명 (1) ㅇ子啓賢(자계현) : 우임금의 아들 계는 현명했으며,
ㅇ能繼禹道(능계우도) : 우의 치도(治道)를 계승할 수 있었
다. ㅇ禹嘗薦益於天(우상천익어천) : 우임금은 전에 익을
하늘에 천거했다. 즉 우임금도 임금 자리를 자기 아들에게
물려주지 않고 현명한 신하 익에게 선양하려고 생각했다.
익(益)은 현명한 신하 9명 중의 한 사람. ㅇ謳歌朝覲者(구
가조근자) : 덕을 칭송하는 노래를 부르고 조회 보러 오는

사람들, 즉 모든 제후(諸侯)나 대신(大臣)들이. ㅇ不之益(부
지익) : 익에게 가지 않고, 「之」는 「간다.」는 뜻. ㅇ而之啓
(이지계) : 도리어 계에게 가서 받들었다. ㅇ曰吾君之子也
(왈오군지자야) : 모든 사람들이 「계가 바로 우임금의 아드
님이다.」라고 말하고 받들었다. ㅇ啓遂立(계수립) : 그래서
마침내 계가 임금 자리에 올랐다. ㅇ有扈氏無道(유호씨무
도) : 유호씨라는 제후가 무도했다. ㅇ啓與戰于甘(계여전우
감) : 계가 유호씨와 감에서 싸워 그를 토벌했다. 「甘」은 섭
서성(陝西省)에 있는 지명.

(2) 啓崩. 子[太康]立 盤遊弗返. 有窮后羿, 立其弟 [仲康]而專其政. 羲和守義不服. 羿假王命, 命胤侯 征之. 仲康崩.

(2) 계가 죽고, 아들 태강(太康)이 제3대 왕이 되었다. 그러
나 태강은 사방으로 돌아다니면서 즐겁게 놀기만 하고 임금
의 바른 길로 돌아오지 않았다. 이에 궁(窮)이라는 작은 나
라의 군주 예(羿)가 무력으로 태강을 내쫓고 그의 동생 중강
(仲康)을 제4대 임금 자리에 앉혔다. 그러나 실권은 예가 쥐
고 정치를 제멋대로 했다. 이때에 희씨(羲氏)와 화씨(和氏)라
는 두 충신이 충의를 굳게 지키고 예에게 복종하지 않았다.
그러자 예는 가짜로 왕명이라 속이고, 윤후(胤侯)에게 명하
여 두 충신을 토벌하게 했다. 중강도 죽었다.

어구 설명 (2) ㅇ啓崩(계붕) : 계가 죽었다. ㅇ子太康立(자태강립) : 계

(啓)의 아들 태강이 임금에 올랐다. 즉 하 왕조의 제3대 왕
이다. ○盤遊弗返(반유불반) : 이리저리 돌아다니면서 즐기
고 놀기 만하고, 제 자리로 돌아오지 않았다. 즉 임금의 본
분을 망각하고 빗나간 채, 끝내 바르고 착한 길로 돌아오지
않았다. ○有窮后羿(유궁후예) : 궁(窮)이라는 나라의 임금
예(羿)가 있었다. 「예(羿)」는 옛날에 아홉 개의 태양을 쏘아
떨어뜨린 활의 명수 후예(后羿)의 후손이며, 역시 그도 활
을 잘 쏘는 무사였다. 그가 방탕하고 놀기만 하는 임금 태
강을 무력으로 추방하고, ○立其弟仲康(입기제중강) : 태강
의 동생 중강(仲康)을 임금으로 내세웠다. ○而專其政(이전
기정) : 그리고 예(羿)가 실권을 잡고 전횡(專橫)했다. ○羲
和守義不服(희화수의불복) : 희씨(羲氏)와 화씨(和氏)가 의
(義)를 지키고 예(羿)에게 복종하지 않았다. ○羿假王命(예
가왕명) : 예는 가짜로 왕명이라고 속이고, ○命胤侯征之
(명윤후정지) : 윤후(胤侯)에게 명령을 내리고 그로 하여금
희씨와 화씨를 토벌케 했다. ○仲康崩(중강붕) : 제4대 중
강이 죽었다.

(3) 子[相]立. 羿逐相自立. 嬖臣寒浞又殺羿自立.

(3) 〈중강이 죽자〉 아들 상(相)이 제5대 왕이 되었다. 그러나
예가 무력으로 상을 몰아내고 스스로 임금이 되었다. 〈그러
자 이번에는〉 예가 믿고 사랑하던 신하 한착(寒浞)이 자기
임금 예를 다시 죽이고, 한착 자신이 임금이 되었다.

어구 설명 (3) ○子相立(자상립) : 아들 상(相)이 제5대 왕의 자리에

올랐다. ㅇ羿逐相自立(예축상자립) : 예가 상(相)을 내쫓고
임금이 되었다. ㅇ嬖臣寒浞(폐신한착) : 예가 사랑하던 신
하 한착(寒浞)이, 嬖(사랑할 폐). ㅇ又殺羿自立(우살예자
립) : 다시 예를 죽이고 자기가 임금이 되었다.

(4) 相之后, 有仍國君女也. 方娠. 奔有仍而生[少康]. 其後少康有田一成, 有衆一旅. 因夏舊臣靡, 擧兵滅浞, 而復禹之績.

(4) 〈한착에게 살해된〉 제5대 왕 상의 왕비는 본시 유잉이라
는 나라의 임금의 딸이었다. 마침 잉태하고 있었음으로 유잉
국으로 피난을 가서 아들 소강을 낳았다. 소강은 성장하여
사방 10리 크기의 농토를 소유하고 5백 명의 병사 밖에 못
거느리게 되었지만, 하의 옛날의 신하 미(靡)를 중심으로 군
사를 일으켜 마침내 한착을 멸하고 우임금이 세운 하나라를
다시 일으켰다.

어구 설명 (4) ㅇ相之后(상지후) : 제5대 왕 상의 왕비는, ㅇ有仍國君
女也(유잉국군녀야) : 본래, 유잉국(有仍國)의 임금의 딸이
다. ㅇ方娠(방신) : 〈임금 상이 예에게 쫓기고 죽었을 때〉
마침 잉태하고 있었다. ㅇ奔有仍(분유잉) : 그래서 왕비가
자기 친정의 나라 유잉국으로 피신하고, ㅇ而生少康(이생
소강) : 〈상의 아들〉 소강을 출산했다. ㅇ其後少康(기후소
강) : 그 후 소강이 〈성장하여〉 ㅇ有田一成(유전일성) : 사
방 10리의 농토를 소유하게 되었다. 「一成」은 토지의 단위,

사방 10리를 1성이라 한다. ○有衆一旅(유중일려) : 5백 명
의 군대를 거느렸다. 「一旅」은 5백 명의 군대. 旅 ; 군사
려. 500명을 1대(隊)로 하는 군제(軍制). 여행. 나그네. ○因
夏舊臣靡(인하구신미) : 하나라의 옛날 신하 미(靡)를 내세
워서, ○擧兵滅浞(거병멸착) : 병력을 동원하고 한착을 멸
했다. ○而復禹之績(이복우지적) : 그리고 우임금이 세운
하나라를 다시 일으켰다.

(5) 自少康以來, 歷[王杼] [王槐] [王芒] [王泄] [王不降] [王扃] [王厪] 至[王孔甲]. 好鬼神, 事淫亂, 夏德衰.

(5) 소강 다음에 「왕저, 왕괴, 왕망, 왕설, 왕불강, 왕경, 왕
근」 등을 거쳐 왕공갑이 왕에 올랐다. 그는 〈하늘을 섬기지
않고〉 귀신 섬기기를 좋아했으며, 음탕하고 난잡한 놀이를
일삼았다. 〈그래서〉 하나라의 덕이 쇠퇴했다.

어구 설명 (5) ○自少康以來(자소강이래) : 소강 다음에, ○歷(역) : 거
쳐, 즉 다음의 여러 왕을 거쳐, 왕들은 즉 「저왕, 괴왕, 망
왕, 설왕, 불강왕, 경왕, 근왕」 등을 거쳐, ○至王孔甲(지왕
공갑) : 여덟 번째로 왕공갑이 왕이 되었다. ○好鬼神(호귀
신) : 귀신들을 믿고, ○事淫亂(사음란) : 여색에 빠져 음란
을 일삼았다. 즉 하늘의 도리를 따르고 덕치(德治)에 힘을
쓰지 않았다. ○夏德衰(하덕쇠) : 하왕조의 덕이 쇠퇴했다.
衰는 衰의 속자.

(6) 天降二龍. 有雌雄. 陶唐氏之後, 有劉累者. 學
擾龍以事孔甲. 賜之姓曰御龍氏. 龍一雌死. 潛醢以
食孔甲. 復求之, 累懼而逃.

(6) 하늘에서 암과 수, 두 마리의 용이 내려왔다. 도당씨 즉
요제의 후손, 유루가 용을 잘 다루었다. 그래서 신하가 되어
공갑을 섬겼다. 공갑은 그에게 「어룡씨」라는 성을 내려 주었
다. 그러자 한 마리 암용이 죽었다. 유루는 죽은 용을 소금
에 절여, 그 고기를 왕 공갑에게 바쳐 먹게 했다. 왕이 그 고
기를 다시 찾자, 유루는 탄로 날 것을 겁내고 멀리 도망갔
다.

어구 설명 (6) ㅇ天降二龍(천강이룡) : 하늘에서 두 마리의 용이 내려
왔다. 용(龍) 혹은 용마(龍馬)라고도 한다. ㅇ有雌雄(유자
웅) : 수와 암, 한 쌍이다. ㅇ陶唐氏之後(도당씨지후) : 도
당씨의 후손, 즉 요임금의 후손, ㅇ有劉累者(유유루자) :
유루라는 사람이 있었다. ㅇ學擾龍(학요룡) : 용을 길들이
는 기술을 배웠다. 擾(길들일 요). ㅇ以事孔甲(이사공갑) :
〈용을 다룰 줄 알기 때문에〉 공갑을 섬겼다. ㅇ賜之姓曰御
龍氏(사지성왈어룡씨) : 공갑은 그에게 「어룡씨」라는 성을
내려주었다. ㅇ龍一雌死(용일자사) : 두 마리 용 중, 한 마
리 암용이 죽었다. ㅇ潛醢以食孔甲(잠해이식공갑) : 은밀
히 죽은 용을 소금에 절여 공갑에게 바쳐 먹게 했다. ㅇ復
求之(부구지) : 다시 용 고기를 찾았음으로, ㅇ累懼而逃(누
구이도) : 그는 모든 것이 탄로 날까 겁을 내고 도망갔다.

| 백문 | 제2과 世襲 簒奪

(1) 子[啓]賢, 能繼禹道. 禹嘗薦益於天. 謳歌朝覲者, 不之益而之啓. 曰, 吾君之子也. 啓遂立. 有扈氏無道. 啓與戰于甘.

(2) 啓崩. 子[太康]立. 盤遊弗返. 有窮后羿, 立其弟[仲康], 而專其政. 羲和守義不服. 羿假王命, 命胤侯征之. 仲康崩.

(3) 子[相]立. 羿逐相自立. 嬖臣寒浞又殺羿自立.

(4) 相之后, 有仍國君女也. 方娠. 奔有仍而生[少康]. 其後少康有田一成, 有衆一旅. 因夏舊臣靡, 擧兵滅浞, 而復禹之績.

(5) 自少康以來, 歷[王杼] [王槐] [王芒] [王泄] [王不降] [王扃] [王厪], 至[王孔甲]. 好鬼神, 事淫亂, 夏德衰.

(6) 天降二龍. 有雌雄. 陶唐氏之後, 有劉累者. 學擾龍, 以事孔甲. 賜之姓曰御龍氏. 龍一雌死. 潛醢以食孔甲. 復求之累懼而逃.

제3과 桀王 · 末喜

(1) 孔甲之後, 歷[王皐] · [王發] · [王履癸], 號爲桀. 貪虐力能伸鐵鉤索. 伐有施氏. 有施以末喜女焉. 有寵, 所言皆從.

(1) 공갑 다음에 왕 고와 왕 발을 거쳐 왕 이계가 자리에 올랐으니, 그의 호가 걸이다. 걸은 완력이 세고, 맨손으로 굽은 쇠갈고리를 펼 수 있었다. 그가 유시씨라는 작은 나라를 치자,

그 나라 임금이 절세미인 말희를 걸의 여자 되게 바쳤으며, 걸은 말희를 총애하고, 그녀의 말을 모두 듣고 따랐다.

어구 설명 (1) ㅇ孔甲之後(공갑지후) : 공갑 다음에, ㅇ歷王皐 王發(역왕고 왕발) : 고와 발 〈두 임금을〉 거쳐, ㅇ王履癸(왕이계) : 이계가 임금이 되었다. ㅇ號爲桀(호위걸) : 호를 걸이라 했다. ㅇ貪虐(탐학) : 〈사람됨이〉 탐욕하고 잔인하며, ㅇ力能伸鐵鉤索(역능신철구삭) : 힘이 세어, 〈맨손으로〉 능히 굽은 쇄 갈고리를 펼 수 있었다. ㅇ伐有施氏(벌유시씨) : 「유시씨」라는 〈작은 나라를 무력으로〉 정벌했을 때, ㅇ有施以末喜女焉(유시이말희여언) : 〈그 나라의〉 임금 유시가 〈절세미인〉 말희를 궁녀로 바쳤다. 「以末喜女」는 「말희를 걸의 여자 되게 하다.」의 뜻. 「女」를 동사로 푼다. ㅇ有寵(유총) : 걸이 말희를 총애하고, ㅇ所言皆從(소언개종) : 그녀의 말을 다 듣고 따랐다.

(2) 爲傾宮瑤臺, 殫民財. 肉山脯林, 酒池可以運船, 糟堤可以望十里. 一鼓而牛飮者三千人. 末喜以爲樂 國人大崩.

(2) 〈걸왕은〉 붉고 아름다운 옥으로 장식한 궁전과 누각을 세우고, 백성들의 재물을 탕진했으며, 또 고기를 산더미처럼 쌓아놓고 육포를 숲처럼 걸어놓고 〈진탕 먹고 마시며 놀았다.〉 술을 가득 채운 못에는 배를 띄울 수 있었고 술지게미로 쌓은 제방은 십리 밖에서도 바라볼 수 있었다. 한 번 울

리는 북소리를 신호로 소 같이 엎드려 마시는 자가 삼천 명
이나 되었다. 〈그걸 보고〉 말희는 즐거워했다. 이와 같은 황
음무도한 짓을 본 하의 백성들은 산이 무너지듯이 흩어지고
하에서 이탈했다.

어구 설명　(2) ○爲傾宮瑤臺(위경궁요대) : 붉고 아름다운 옥으로 장
식한 궁전과 누각을 세우다. 「傾宮」=「瓊宮」 즉 「붉은 옥돌
로 장식한 궁전」, 「瑤臺」는 「아름다운 옥으로 장식한 누대
(樓臺)」 ○殫民財(탄민재) : 백성들의 재물을 다 탕진했다.
○肉山脯林(육산포림) : 고기를 산더미처럼 쌓아놓고, 육포
를 숲처럼 걸어놓고, ○酒池可以運船(주지가이운선) : 술로
채운 못에는 배를 띄울 만하다. ○糟堤可以望十里(조제가
이망십리) : 술지게미로 쌓아 올린 제방은 십리 밖에서도
바라볼 수 있다. ○一鼓而牛飮者三千人(일고이우음자삼천
인) : 한 번 울리는 북소리를 신호로, 소 같이 엎드려 마시
는 자가 삼천 명이나 되었다. ○國人大崩(국인대붕) : 백성
들은 산이 무너지듯이 분산되고 하나라에서 이탈했다.

(3) 湯伐夏. 桀走鳴條而死. 夏爲天子一十有七世, 凡四百三十二年.

(3) 은(殷)나라의 탕이 하나라의 걸을 쳤으며, 걸은 명조로
도망가 죽었다. 하나라는 17대의 천자가 432년간 다스렸
다.

어구 설명　(3) ○湯伐夏(탕벌하) : 은나라의 탕왕이 하를 토벌했다.

ㅇ桀走鳴條而死(걸주명조이사) : 걸왕은 명조로 도망가서 죽었다. 명조(鳴條)는 산서성(山西省)의 지명(地名), ㅇ夏爲天子一十有七世(하위천자일십유칠세) : 하나라는 천자 17대가, ㅇ凡四百三十二年(범사백삼십이년) : 약 432년간을 다스렸다.

| 백문 | **제3과 桀王 · 末喜**

(1) 孔甲之後, 歷[王皐] · [王發] · [王履癸], 號爲桀. 貪虐力能伸鐵鉤索. 伐有施氏. 有施以末喜女焉. 有寵, 所言皆從.

(2) 爲傾宮瑤臺, 殫民財. 肉山脯林, 酒池可以運船, 糟堤可以望十里. 一鼓而牛飮者 三千人. 末喜以爲樂. 國人大崩.

(3) 湯伐夏. 桀走鳴條而死. 夏爲天子一十有七世, 凡四百三十二年.

걸왕(桀王)

제5편 殷王朝篇

　왕조의 흥망성쇠와 정치의 선악을 결부시키는 것이 유교사상의 특색의 하나다. 즉 덕치(德治)는 흥하고 패도(覇道)는 망한다고 믿는다. 역사를 대국적으로 보면 중국이란 공동체가 왕조의 흥망을 거듭하면서 점차로 선(善) 방향으로 발전해 왔음을 알 수 있다. 즉 부패하고 낡은 왕조는 쇠망하고 반대로 착한 혁신세력이 나타나 새 나라를 창건하고 문화를 발전시켰던 것이다. 그러나 그 왕조도 오래가면 타락하고 악덕하게 된다. 그러면 또 새 인물과 착한 세력이 나타나 새 왕조를 창건한다. 그 실례를 하(夏)나라와 은(殷)나라의 교체에서 볼 수 있다.

　왕조의 교체를 역성혁명(易姓革命)이라고 한다. 혁명(革命)의 혁(革)은 바꾼다는 뜻이고, 명(命)은 하늘이 내리는 명령이다. 즉 하늘이 절대적인 명령으로써 악한 임금을 추방하고 선(善)한 임금을 새로 등장케 하는 것을 혁명이라고 한다. 그러나 새 민족이 천명(天命)을 내려 받고 새 나라를 수립하기까지의 과정은 용이하지 않다. 은(殷)은 실재했던 왕조라는 것이 실증되었다. 대략 기원전 1600-1050년으로 추정한다. 「제5편 은왕조편」은 다음과 같다.

　제1과 은왕성탕(殷王成湯)
　제2과 중종부흥(中宗復興)
　제3과 반경천도(盤庚遷都)
　제4과 무정·무을(武丁·武乙)
　제5과 주왕·달기(紂王·妲己)
　제6과 은주멸망(殷紂滅亡)

제1과 殷王成湯

(1) [殷王成湯] 子姓, 名履. 其先曰契. 帝嚳子也. 母簡狄, 有娀氏女, 見玄鳥墮卵, 呑之生契. 爲唐虞司徒, 封於商賜姓.

⑴ 은나라 왕 성탕은 성(姓)은 자(子)이고, 이름은 리(履)다. 그 선조는 설(契)이며 오제의 한 사람 제곡의 아들이다. 〈설의〉 모친은 간적이며, 유융씨의 딸이다. 그녀는 제비가 알을 떨어뜨리는 것을 보고 주워서 삼키고 설을 낳았다고 전한다. 설은 요임금과 순임금 때의 사도를 지냈으며 상(商)에 봉해졌고 자(子)라는 성을 받았다.

어구 설명 | ⑴ ㅇ殷王成湯(은왕성탕) : 은나라의 임금 성탕, 「成湯」은 「은나라를 세운 탕」이라는 뜻. ㅇ子姓(자성) : 자씨(子氏) 성이다. ㅇ名履(명리) : 이름은 「리」다. ㅇ其先曰契(기선왈계) : 그의 시조는 설(契)이다. ㅇ帝嚳子也(제곡자야) : 오제(五帝)의 한 사람 제곡(帝嚳)의 아들이다. ㅇ母簡狄(모간적) : 설의 모친은 간적이다. ㅇ有娀氏女(유융씨여) : 「유융씨」라는 나라의 임금의 딸이다. ㅇ見玄鳥墮卵(견현조타란) : 제비가 〈하늘에서〉 알을 떨어뜨리는 것을 보고, ㅇ呑之生契(탄지생계) : 그 알을 주워서 삼키고 〈잉태하고〉 설을 출산했다. ㅇ爲唐虞司徒(위당우사도) : 요임금과 순임금 때에 사도를 지냈다. 「唐」은 요임금, 「虞」는 순임금,

「司徒」는 백성을 교화하는 장관, ㅇ封於商賜姓(봉어상사
성) : 상을 봉지(封地)로 받고 또 임금으로부터 「자(子)」라
는 성을 내려 받았다. 「商」은 하남성(河南省) 일대,

(2) 傳昭明 · 相士 · 昌若 · 曹圉, 曰冥, 曰振, 曰微, 曰報丁 · 報乙 · 報丙 · 主壬 · 主癸. 主癸子天乙, 是爲湯. 始居亳從先王居.

(2) 설 다음에 「소명 · 상사 · 창약 · 조어」와 다시 「명, 진,
미, 보정 · 보을 · 보병 · 주임 · 주계」 등 12대에 이어졌다.
주계의 아들이 천을이며, 그가 바로 탕이다. 탕이 처음으로
박에 터를 잡았으니, 선조 설의 옛 도읍을 따라 터를 잡은
것이다.

어구설명 (2) ㅇ傳(전) : 전하다, 대를 잇다. ㅇ昭明 · 相士 · 昌若 ·
曹圉(소명 · 상사 · 창약 · 조어) : 설 다음에 「소명, 상사,
창약, 조어」로 전하다. ㅇ曰冥, 曰振, 曰微, 曰報丁 · 報
乙 · 報丙 · 主壬 · 主癸,(왈명, 왈진, 왈미, 왈보정 · 보을 ·
보병 · 주임 · 주계) : 「명, 진, 미, 보정 · 보을 · 보병 · 주
임 · 주계」 등으로 대를 이었다. 「曰」은 이름 앞에 붙이는
형식적인 허사(虛辭). ㅇ主癸子天乙(주계자천을) : 주계의
아들이 천을이다. ㅇ是爲湯(시위탕) : 그가 바로 탕이다.
ㅇ始居亳(시거박) : 탕이 비로소 〈자기 부족을 데리고〉 박
에 터를 잡았다. 도읍을 정했다. ㅇ從先王居(종선왕거) :
선왕 즉 설(契)을 따라 「박」에 가서 살았다.

(3) 使人以幣聘伊尹于莘, 進之夏桀. 不用尹復歸湯.

(3) 탕이 사람을 시켜 폐물을 가지고 가서 신에 있는 현인 이
윤을 초빙하고 그를 하나라의 걸에게 천거해 쓰게 했다. 그
러나 걸이 쓰지 않아, 이윤은 탕에게 되돌아 왔다.

어구 설명 (3) ㅇ使人以幣(사인이폐) : 사람을 시켜 폐물을 가지고 가
서, ㅇ聘伊尹于莘(빙이윤우신) : 이윤이라는 현명한 사람
을 신으로부터 초빙해서, 「莘」은 하남성(河南省)의 지명,
ㅇ進之夏桀(진지하걸) : 이윤을 하나라의 걸에게 추천했
다. ㅇ不用(불용) : 걸은 이윤을 등용해 쓰지 않았다. ㅇ尹
復歸湯(윤복귀탕) : 이윤이 탕에게 되돌아 왔다.

(4) 桀殺諫者關龍逢. 湯使人哭之. 桀怒召湯, 囚夏臺. 已而得釋.

(4) 걸이 간언(諫言)을 올린 관용봉을 처형하자 탕이 사람으
로 하여금 〈죽은 관용봉을 위해〉 통곡하게 했다. 그 소식을
들은 걸이 노하고 탕을 불러서 하대라고 하는 〈은나라의 감
옥에〉 탕을 가두었다. 허나 얼마 후에는 석방되었다.

어구 설명 (4) ㅇ桀殺諫者關龍逢(걸살간자관룡봉) : 걸이 간언을 올
린 관용봉을 처형했다. ㅇ湯使人哭之(탕사인곡지) : 탕이
사람으로 하여금 〈죽은 관용봉을 위해〉 통곡하게 했다.
ㅇ桀怒召湯(걸노소탕) : 그 소식을 들은 걸이 노하고 탕을
불러서, ㅇ囚夏臺(수하대) : 하대라고 하는 〈은나라의 감

옥에〉 탕을 가두었다. ㅇ已而得釋(이이득석) : 그러자, 얼마 후에는 석방되었다.

(5) 湯出, 見有張網四面而祝之. 曰, 從天降, 從地出, 從四方來者, 皆罹吾網. 湯曰, 嘻, 盡之矣. 乃解其三面, 改祝曰, 欲左左. 欲右右. 不用命者, 入吾網. 諸侯聞之曰, 湯德至矣. 及禽獸.

(5) 하루는 탕이 들에 나가서 보니 새를 잡으려는 사람이 그물을 사면에 꽉 쳐놓고 축원을 했다. 「하늘에서 내려오는 새나, 땅에서 하늘로 올라가는 새나, 동서남북 사방에서 오는 모든 새들은 다 내 그물에 걸려라.」 이에 탕이 말했다. 「아! 너무하다! 모두 다 잡겠다고 하는 구나.」 그리고 삼면을 터놓고 축원의 말을 바꾸었다. 「왼쪽으로 갈 놈은 왼쪽으로 가거라, 오른쪽으로 갈 놈은 오른쪽으로 가거라, 내 말을 듣지 않는 자는 나의 그물에 들어와라.」 그 소문을 듣고 제후들이 말했다. 탕의 덕이 지극하구나, 금수에까지 덕이 미쳤구나.

어구 설명 (5) ㅇ湯出(탕출) : 탕이 들에 나가서, ㅇ見有(견유) : --하는 사람을 보았다. ㅇ張網四面(장망사면) : 그물을 사면에 꽉 쳐놓고, ㅇ而祝之曰(이축지왈) : 축원을 하며 말한다, 빌면서 말한다. ㅇ從天降(종천강) : 하늘에서 내려오는 새나, ㅇ從地出(종지출) : 땅에서 하늘로 올라가는 새나, ㅇ從四方來者(종사방래자) : 동서남북 사방에서 오는 모든 새들

은, ○皆罹吾網(개리오망) : 다 내 그물에 걸려라. ○湯曰
(탕왈) : 탕이 말했다. ○噫, 盡之矣(희진지의) : 아! 너무하
다! 모두 다 잡겠다고 하는 구나. 아! 새의 씨가 마르겠구
나. ○乃解其三面(내해기삼면) : 그리고 탕이 삼면을 터놓
고, ○改祝曰(개축왈) : 축원의 말을 바꾸었다. ○欲左左
(욕좌좌) : 왼쪽으로 갈 놈은 왼쪽으로 가거라, ○欲右右
(욕우우) : 오른쪽으로 갈 놈은 오른쪽으로 가거라, ○不用
命者入吾網(불용명자입오망) : 내 말을 듣지 않는 자는 나
의 그물에 들어와라. ○諸侯聞之曰(제후문지왈) : 그 소문
을 듣고 제후들이 말했다. ○湯德至矣(탕덕지의) : 탕의 덕
이 지극하구나, ○及禽獸(급금수) : 금수에까지 미쳤구나.

(6) 伊尹相湯伐桀, 放之南巢. 諸侯尊湯爲天子.

(6) 이윤이 탕의 재상이 되어 걸을 토벌하고 걸을 남소로 추
방했다. 그러자, 제후가 탕을 높이고 천자로 받들었다.

| 어구 설명 | (6) ○伊尹相湯伐桀(이윤상탕벌걸) : 이윤이 탕의 재상이
되어, 걸을 토벌하고, ○放之南巢(방지남소) : 걸을 남소로
추방했다. 「南巢」는 안휘성(安徽省)에 있는 지명. ○諸侯尊
湯爲天子(제후존탕위천자) : 제후가 탕을 높이고 천자로 받
들었다.

(7) 大旱七年. 太史占之曰, 當以人禱. 湯曰, 吾所
爲請者民也. 若必以人禱, 吾請自當.

(7) 큰 가뭄이 칠 년 간 지속되자, 태사가 점을 치고 말했다. 「마땅히 사람을 제물로 바치고 기도를 드려야 합니다.」 그러자 탕이 말했다. 「내가 청하는 까닭은 백성을 위해서다. 만약에 반드시 사람을 제물로 바치고 기도를 드려야 한다면 내가 스스로 제물이 되리라.」

어구 설명 (7) ㅇ大旱七年(대한칠년) : 큰 가뭄이 칠 년 간 지속되었다. 칠 년 동안 크게 가물었다. ㅇ太史占之曰(태사점지왈) : 태사가 점을 치고 말했다. 「太史」는 천문을 관찰하고 국가의 앞일을 점치는 장관(長官). ㅇ當以人禱(당이인도) : 마땅히 사람을 제물로 바치고 기도를 드려야 한다고 〈말했다.〉 ㅇ湯曰(탕왈) : 탕이 말했다. ㅇ吾所爲請者民也(오소위청자민야) : 내가 청하는 까닭은 백성을 위해서다. 「吾所以請者爲民也」를 압축했다. ㅇ若必以人禱(약필이인도) : 만약에 반드시 사람을 제물로 바치고 기도를 드려야 한다면, ㅇ吾請自當(오청자당) : 내가 스스로 제물이 되기를 청하리라. 내가 스스로 제물이 되리라. 「請」은 가볍게 번역한다. --하겠다.

(8) 遂齋戒, 剪爪斷髮, 素車白馬, 身嬰白茅, 以身爲犧牲, 禱于桑林之野. 以六事自責曰, 政不節歟, 民失職歟, 宮室崇歟, 女謁盛歟, 苞苴行歟, 讒夫昌歟. 言未已, 大雨方數千里.

(8) 탕왕이 마침내 목욕재계 하고 손톱을 깎고 머리를 자르고 흰 바탕 나무로 만든 수레에 흰말을 메워서 〈그 위에 타

고〉 온 몸을 흰 띠로 얽어 묶고 자신을 희생으로 삼았다. 그리고 상림이란 벌판에서 기도를 드렸다. 〈그때에 탕왕은〉 여섯 가지 항목을 들어 자책하며 기도했다. 「제가 다스림에 있어 절도를 잃었기 때문인가요? 백성들이 저마다의 직업을 잃었기 때문인가요? 저의 궁전이나 거실이 지나치게 크고 화려하기 때문인가요? 대궐 안에서 여자들의 은밀한 청탁이 성행하기 때문인가요? 뇌물이 성행하기 때문인가요? 참소하는 자들이 많기 때문인가요?」 〈탕왕의 자책하는〉 말이 미처 끝나기 전에 큰비가 사방 천 리 땅에 쏟아져 내렸다.

어구 설명 (8) ㅇ遂齋戒(수재계) : 마침내 목욕재계 하고, ㅇ剪爪斷髮(전조단발) : 손톱을 깎고 머리를 자르고, ㅇ素車白馬(소거백마) : 흰 바탕 나무로 만든 수레에 흰 말을 메워서 〈그 위에 타고〉, ㅇ身嬰白茆(신영백묘) : 온 몸을 흰 띠로 얽어 묶고, 茆는 ① 순채 묘, 우거진 모양 띠(茅). ② 풀숲 모. 「嬰(얽을 영)」은 「纓(감을 영)」과 같다. ㅇ以身爲犧牲(이신위희생) : 자신을 희생으로 삼았다. ㅇ禱于桑林之野(도우상림지야) : 상림이란 벌판에서 기도를 드렸다. ㅇ以六事自責曰(이육사자책왈) : 여섯 가지 항목을 들어 자책하며 기도했다. ㅇ政不節歟(정부절여) : 제가 다스림에 있어 절도를 잃었기 때문인가요? ㅇ民失職歟(민실직여) : 백성들이 저마다의 직업을 잃었기 때문인가요? ㅇ宮室崇歟(궁실숭여) : 저의 궁전이나 거실이 지나치게 크고 화려하기 때문인가요? ㅇ女謁盛歟(여알성여) : 대궐 안에서 여자들의 은밀한 청탁이 성행하기 때문인가요? 「女謁」은 임금의 총애를 받는 여자가 은밀히 임금에게 청탁하는 일. ○苞苴行歟(포저행여) : 뇌물이 성행하기 때문인가요? ○讒夫昌歟(참부창여) : 참소하는 자들이 많기 때문인가요? ○言未已(언미이) : 〈탕의 자책하는〉 말이 미처 끝나기 전에, ○大雨方數千里(대우방수천리) : 큰비가 사방 천 리에 쏟아져 내렸다.

|백문| 제1과 殷王 成湯

(1) [殷王成湯] 子姓, 名履. 其先曰契. 帝嚳子也. 母簡狄, 有娀氏女. 見玄鳥墮卵, 呑之生契. 爲唐虞司徒, 封於商賜姓.

(2) 傳昭明 · 相士 · 昌若 · 曹圉, 曰冥, 曰振, 曰微, 曰報丁 · 報乙 · 報丙 · 主壬 · 主癸. 主癸子天乙, 是爲湯. 始居亳. 從先王居.

(3) 使人以幣聘伊尹于莘, 進之夏桀. 不用. 尹復歸湯.

(4) 桀殺諫者關龍逢. 湯使人哭之. 桀怒召湯, 囚夏臺. 已而得釋.

(5) 湯出, 見有張網四面而祝之. 曰, 從天降, 從地出, 從四方來者, 皆罹吾網. 湯曰, 嘻, 盡之矣. 乃解其三面, 改祝曰, 欲左左. 欲右右. 不用命者, 入吾網. 諸侯聞之曰, 湯德至矣. 及禽獸.

(6) 伊尹相湯伐桀, 放之南巢. 諸侯尊湯爲天子.

(7) 大旱七年. 太史占之曰, 當以人禱. 湯曰, 吾所爲請者民也. 若必以人禱, 吾請自當.

(8) 遂齋戒, 剪爪斷髮, 素車白馬, 身嬰白茅, 以身爲犧牲, 禱于桑林之野. 以六事自責曰, 政不節歟, 民失職歟, 宮室崇歟, 女謁盛歟, 苞苴行歟, 讒夫昌歟. 言未已, 大雨方數千里.

제2과 中宗復興

(1) 湯崩. 太子[太丁]早卒. 次子[外丙]立. 二年崩.
弟[仲壬]立. 四年崩.

⑴ 탕왕이 붕어하고 태자 태정도 일찍 죽었으며, 차자 외병
이 올랐다. 그도 임금이 된 지 이 년 만에 죽고, 동생 중임이
올랐다. 그도 사 년 만에 죽었다.

어구 설명 ⑴ ㅇ太子[太丁]早卒(태자태정조졸) : 태자 태정이 일찍 죽
었다. ㅇ次子[外丙]立(차자외병립) : 차자 외병이 자리에 올
랐다. ㅇ 二年崩(이년붕) : 이 년 만에 죽었다. ㅇ弟仲壬立
(제중임립) : 동생 중임이 올랐으나, ㅇ四年崩(사년붕) : 사
년 만에 죽었다.

(2) 太丁之子[太甲]立. 不明. 伊尹放之桐宮. 居憂
三年. 悔過自責. 尹乃奉歸亳修德. 諸侯歸之.

⑵ 태정의 아들 태갑이 자리에 올랐으나 총명하지 못했다.
그래서 재상 이윤이 태갑을 동궁으로 추방했다. 그곳에서 태
갑이 선왕 중임의 삼 년 상을 지내면서 잘못을 뉘우치고 자
책했음으로 이윤은 그를 다시 도읍 박으로 모셔 왔다. 그리
고 덕을 쌓게 했다. 이에 제후들이 태갑에게 귀순하고 따랐
다.

어구 설명 (2) ㅇ太丁之子太甲立(태정지자태갑립) : 태정의 아들 태갑이 자리에 올랐으나, ㅇ不明(불명) : 총명하지 못했다. ㅇ伊尹放之桐宮(이윤방지동궁) : 이윤이 태갑을 동궁으로 추방했다. 「桐宮」은 탕의 무덤이 있는 「동(桐)에 있는 별궁」. ㅇ居憂三年(거우삼년) : 태갑이 선왕 중임의 상을 삼 년간 지냈다. 「居憂」는 「거상(居喪)」이나 「복상(服喪)」의 뜻. ㅇ悔過自責(회과자책) : 잘못을 뉘우치고 자책했음으로, ㅇ尹乃奉歸亳(윤내봉귀박) : 이윤이 태갑을 다시 도읍 박으로 모셔 와서, ㅇ修德(수덕) : 태갑으로 하여금 덕을 쌓게 했다. ㅇ諸侯歸之(제후귀지) : 제후들이 태갑에게 귀순하고 따랐다.

(3) 自太甲歷[沃丁] [太康] [小甲] [雍己], 至[太戊].
亳有祥. 桑穀共生于朝. 一日暮大拱. 伊陟曰, 妖不
勝德. 君其修德. 太戊修先王之政. 二日而祥桑枯
死. 殷道復興. 號稱中宗.

(3) 태갑 다음에 옥정, 태강, 소갑, 옹기를 거쳐, 태무에 이르렀다. 그러나 도성 박에 이상한 징조가 나타났다. 아침에 대궐 뜰 안에서 뽕나무와 닥나무 줄기가 동시에 자라더니 그 날 저녁 무렵에는 기둥머리만큼 크게 자랐다. 이윤의 아들 이척이 말했다. 「요괴는 덕을 이길 수 없습니다. 그러므로 임금께서는 덕을 닦으셔야 하십니다.」 이에 왕 태무가 선왕의 덕치의 도(道)를 따르고 닦았다. 그러자, 이틀 만에 흉상의 뽕나무가 시들어 죽었으며, 탕왕이 세운 은나라의 덕치의

도가 부흥했다. 그를 중종이라 칭송한다.

어구설명 (3) ○自太甲歷(자태갑역) : 태갑 다음에, ○[沃丁] [太康] [小甲] [雍己] 至[太戊](옥정, 태강, 소갑, 옹기, 지태무) : 옥정, 태경, 소갑, 옹기를 거쳐, 태무에 이르렀다. ○毫有祥(박유상) : 박에 이상한 징조가 나타났다. ○桑穀共生于朝(상곡공생우조) : 〈대궐 뜰 안에〉 뽕나무와 닥나무가 한 그루에서 동시에 아침에 자라더니,「穀」을「楮(닥나무 저)」로 푼다. ○一日暮大拱(일일모대공) : 만 하루 저녁 무렵에는 기둥머리 만큼 크게 자랐다. 拱(기둥머리 공).「朝」를「아침과 조정의 뜰」을 겸한 뜻으로 풀 수 있다. ○伊陟曰(이척왈) : 〈이윤의 아들〉 이척이 말했다. ○妖不勝德(요불승덕) : 요괴는 덕을 이길 수 없다. 덕이 있으면 요괴도 괴상한 짓을 못한다. ○君其修德(군기수덕) : 그러므로 임금은 덕을 닦아야 한다, ○太戊修先王之政(태무수선왕지정) : 왕 태무는 선왕의 덕정(德政)을 따르고 닦았다. ○二日而祥桑枯死(이일이상상고사) : 이틀 만에 흉상의 뽕나무가 시들어 죽었다. ○殷道復興(은도부흥) : 〈탕왕이 세운〉 은나라의 덕치의 도(道)가 부흥했다. ○號稱中宗(호칭중종) : 그를 중종이라 호칭하고 〈덕을 높이고 칭송한다.〉

|백문| 제2과 中宗 復興

(1) 湯崩. 太子[太丁]早卒. 次子[外丙]立. 二年崩. 弟[仲壬]立. 四年崩.

(2) 太丁之子[太甲]立. 不明. 伊尹放之桐宮. 居憂三年. 悔過自責. 尹乃奉歸毫修德. 諸侯歸之.

(3) 自太甲歷[沃丁] [太康] [小甲] [雍己], 至[太戊]. 亳有祥. 桑穀共
生于朝. 一日暮大拱. 伊陟曰, 妖不勝德. 君其修德. 太戊修先王
之政. 二日而祥桑枯死. 殷道復興. 號稱中宗.

제3과 盤庚遷都

(1) 自太戊歷[仲丁] [外壬] 至[河亶甲] 避水患遷于
相. 至[祖乙] 居耿, 又圮于耿. 歷[祖辛] [沃甲] [祖
丁] [南庚] [陽甲] 至[盤庚], 自耿復遷于亳. 殷道復
興.

(1) 태무 왕으로부터 중정, 외임을 거쳐 하단갑에 이르러 홍
수를 피해 도읍을 상(相)에 옮겼다. 그 후 조을왕 때에는 경
(耿)에 도읍했다. 그러나 다시 경이 홍수로 파괴되었다. 왕
「조신, 옥갑, 조정, 남경, 양갑」 등을 거쳐 반경왕이 되자,
도읍을 경에서 다시 박으로 옮겼으며, 은나라의 정치와 운세
가 부흥했다.

어구 설명 (1) ㅇ自太戊(자태무) : 왕 태무부터, ㅇ歷仲丁, 外壬(역중
정, 외임) : 중정과 외임을 거쳐, ㅇ至河亶甲(지하단갑) : 하
단갑 왕에 이르러, ㅇ避水患遷于相(피수환천우상) : 홍수를
피해 도읍을 상으로 옮겼다. 「相」은 하북성(河北省)의 지

명, 지금의 창덕부(彰德府)이다. ㅇ至[祖乙]居耿(지조을거경) : 조을왕에 이르러 경에 도읍을 정했다. 「耿」은 산서성(山西省) 영제(永濟)에 있다. ㅇ又圮于耿(우비우경) : 다시 〈홍수 때문에〉 경이 파괴되었음으로, 圮(무너질 비). ㅇ歷[祖辛] [沃甲] [祖丁] [南庚] [陽甲](역조신 옥갑 조정 남경 양갑) : 다시 「조신, 옥갑, 조정, 남경, 양갑」 등의 임금을 거쳐, ㅇ至[盤庚](지반경) : 반경왕에 이르러, ㅇ自耿復遷于亳(자경부천우박) : 도읍을 경에서 박으로 다시 옮겼다. 이 때의 박(亳)은 「하남성 귀덕부 언사현(河南省 歸德府 偃師縣)」이다. 옛날에 탕(湯)이 도읍 한 「박(亳)」은 「상구현(商丘縣)」이다. 반경은 도읍을 옮긴 후, 국호를 「은(殷)」이라 고쳤다. ㅇ殷道復興(은도부흥) : 반경에 의해서 은의 운세와 정도(政道)가 다시 흥성했다. 정도(政道)는 정치의 방식과 세력을 다 포함한다.

| 백문 | 제3과 **盤庚遷都**

(1) 自太戊歷[仲丁] [外壬] 至[河亶甲], 避水患遷于相. 至[祖乙] 居耿, 又圮于耿. 歷[祖辛] [沃甲] [祖丁] [南庚] [陽甲] 至[盤庚], 自耿復遷于亳. 殷道復興.

제4과 武丁 · 武乙

(1) 自盤庚, 歷[小辛] [小乙] 至[武丁]. 夢得良弼.

曰說. 說爲胥靡, 築于傅巖. 求得之, 立爲相. 武丁
祭湯. 有飛雉, 升鼎而雊. 武丁懼而反己. 殷道復興.
號稱高宗.

⑴ 반경으로부터 소신, 소을 두 왕을 거쳐, 무정왕에 이르렀
다. 무정은 꿈속에서 좋은 보필을 만났는데, 이름을 열이라
고 했다. 열은 〈실재 인물로〉 중죄를 지고 부암이라는 곳에
서 토목공사에 복역하고 있었다. 무정은 각지로 수소문해서
열을 찾아내고, 그를 재상에 높이 세웠다. 무정이 탕왕의 제
사를 지낼 때에 들꿩이 날라 와서 솥 위에 앉아 울었다. 이
에 무정은 겁을 먹고 스스로 반성하고 바르게 다스렸다. 그
러므로 은나라의 정치의 도리가 다시 흥성했다. 무정을 고종
이라 높였다.

어구 설명 ⑴ ㅇ自盤庚(자반경) : 반경왕부터, ㅇ歷[小辛] [小乙](역
소신소을) : 소신과 소을을 거쳐, ㅇ至[武丁](지무정) : 무
정왕에 이르렀다. ㅇ夢得良弼(몽득양필) : 〈무정이〉 자다
가 좋은 보필을 얻는 꿈을 꾸었다. ㅇ曰說(왈열) : 꿈에서
본 사람은 이름을 열(說)이라고 했다. ㅇ說爲胥靡(열위서
미) : 열은 〈실재 인물로〉 중죄를 진 죄수였다. ㅇ胥靡(서
미) : 중죄를 지고, 두 명이 함께 묶여서 중노동에 복역하
는 죄인. ㅇ築于傅巖(축우부암) : 부암이라는 곳에서 토목
공사에 복역하고 있었다. 「부암(傅巖)」은 산서성(山西省)
의 지명, 「傅險(부험)」으로 쓰기도 한다. 일설에는 열(說)
이 가난했음으로 돈 때문에 다른 서미(胥靡)를 대신해서

복역했다고 전한다. ㅇ求得之(구득지) : 왕 무정은 〈꿈에
서 본 열을 각지로〉 수소문해서 찾아내고, ㅇ立爲相(입위
상) : 그를 재상에 올려 세웠다. ㅇ武丁祭湯(무정제탕) : 무
정이 탕왕의 제사를 지낼 때, ㅇ有飛雉(유비치) : 한 마리
의 들꿩이 날라 와서, ㅇ升鼎而雊(승정이구) : 솥 위에 올
라앉아 울었다. ㅇ武丁懼而反己(무정구이반기) : 무정왕이
두려운 마음으로 자신을 반성하고 〈잘못을 고쳤다.〉 ㅇ殷
道復興(은도부흥) : 은나라의 정치의 도가 다시 흥성했다.
ㅇ號稱高宗(호칭고종) : 무정을 높여서 고종이라 일컬었
다.

(2) 自武丁, 歷[祖庚] [祖甲] [廩辛] [庚丁] 至[武
乙]. 無道. 爲偶人謂之天神, 與之博, 令人爲行. 天
神不勝, 乃僇辱之, 爲革囊盛血, 仰射之. 命曰射天.
出獵, 爲暴雷震死.

(2) 무정으로부터 조경, 조갑, 늠신, 경정을 거쳐, 무을왕에
이르렀다. 무을왕은 무도한 짓을 했다. 즉 인형을 만들어 천
신(天神)이라 하고 또 천신과 놀음을 한다고 실제로는 인형
대신 사람을 내세워 놀음을 하게 하고, 그 사람이 이기지 못
하면 욕하고 창피를 주었다. 또 가죽으로 부대를 만들어, 그
속에 피를 가득 넣고 〈높이 매달아 놓고〉 위를 향해 활을 쏘
아 올리면서 하늘을 쏘아 맞춘다고 말했다. 무을은 사냥에
나갔다가 날벼락을 맞고 직사했다.

| 어구 설명 | (2) ○ 自武丁(자무정) : 무정으로부터, ○ 歷祖庚 祖甲 廩辛 庚丁(역조경 조갑 늠신 경정) : 조경, 조갑, 늠신, 경정을 거쳐, ○ 至武乙(지무을) : 무을왕에 이르렀다. ○ 無道(무도) : 무을왕은 무도한 짓을 했다, ○ 爲偶人謂之天神(위우인위지천신) : 인형을 만들어, 그것을 천신(天神)이라 말하고, ○ 與之博(여지박) : 무을이 인형 즉 천신과 놀음을 했다. ○ 令人爲行(영인위행) : 〈실제로는 인형 대신〉 사람을 내세워 놀음을 하게 하고, ○ 天神不勝(천신불승) : 천신 대신 놀음을 한 그 사람이 이기지 못하면, ○ 乃僇辱之(내륙욕지) : 욕하고 창피를 주었다. 僇(욕 륙). ○ 爲革囊盛血(위혁낭성혈) : 가죽으로 부대를 만들고, 그 속에 피를 가득 넣고 〈높이 매달아 놓고〉, ○ 仰射之(앙사지) : 위를 향해 활을 쏘아 올리고, ○ 命曰射天(명왈사천) : 하늘을 쏘아 맞춘다고 말했다, 「命」은 명명(命名). ○ 出獵(출렵) : 〈무을이〉 사냥에 나갔다가, ○ 爲暴雷震死(위폭뢰진사) : 날벼락을 맞고 직사했다.

| 백문 | 제4과 武丁·武乙

(1) 自盤庚, 歷[小辛] [小乙] 至[武丁]. 夢得良弼. 曰說. 說爲胥靡, 築于傅巖. 求得之, 立爲相. 武丁祭湯. 有飛雉, 升鼎而雊. 武丁懼而反己. 殷道復興. 號稱高宗.

(2) 自武丁, 歷[祖庚] [祖甲] [廩辛] [庚丁] 至[武乙]. 無道. 爲偶人謂之天神, 與之博, 令人爲行. 天神不勝, 乃僇辱之, 爲革囊盛血, 仰射之. 命曰射天. 出獵, 爲暴雷震死.

제5과 紂王 · 妲己

(1) 歷[太丁] [帝乙] 至[帝辛]. 名受, 號爲紂.

(1) 태정, 제을을 거쳐 제신에 이르렀다. 제신은 이름이 수, 호를 주라고 했다.

> **어구설명** (1) ㅇ歷太丁 帝乙(역태정 제을) : 태정과 제을을 거쳐, ㅇ至 帝辛(지제신) : 제신에 이르렀다. ㅇ名受(명수) : 〈제신〉의 이름은 수다, ㅇ號爲紂(호위주) : 그를 미워하고 주라고 불렀다.

(2) 資辯捷疾, 手挌猛獸. 智足以拒諫, 言足以飾非.

(2) 그는 천성으로 언변이 좋고 동작이 민첩했으며 맨 주먹으로 맹수를 때려 잡았다. 또 간교한 지혜가 넘쳐, 남의 간언을 반박하고 물리쳤으며 간교한 말솜씨로 자기의 잘못을 호도하고 변명했다.

> **어구설명** (2) ㅇ資辯捷疾(자변첩질) : 타고난 성품이 언변이 좋고 동작이 민첩했으며, ㅇ手挌猛獸(수격맹수) : 맨 주먹으로 맹수를 때려잡았다. 挌(칠 격). ㅇ智足以拒諫(지족이거간) : 간교한 지혜로 남의 말을 반박하고 물리쳤다. ㅇ言足以飾非 (언족이식비) : 간교한 말솜씨로 자기의 잘못을 호도했다.

(3) 始爲象箸. 箕子歎曰, 彼爲象箸. 必不盛以土簋. 將爲玉杯. 玉杯象箸, 必不羹藜藿, 衣短褐而舍茆茨之下. 則錦衣九重, 高臺廣室, 稱此以求, 天下不足矣.

(3) 주가 처음으로 상아로 젓갈을 만들어 쓰자 기자가 탄식하며 말했다. 「저렇게 상아저를 만들어 쓰고 있으면 필경 흙으로 만든 그릇에는 음식을 담아 먹지 않고 장차는 옥으로 술잔을 만들어 쓸 것이다. 옥 술잔과 상아저를 쓴다면 필경 채소나 콩잎의 국을 먹지 않을 것이며 또 짧은 베옷을 입거나 띠 지붕 밑에서는 살지 않을 것이다. 즉 비단 옷을 여러 겹으로 포개 입고 높은 대 위에 큰 궁전을 짓고 살 것이니 그 같은 사치를 충족하기 위해 재물을 모으면 천하의 재물을 다 거두어도 모자랄 것이다.」

어구 설명 (3) ○始爲象箸(시위상저) : 〈주(紂)가 사치스럽게〉 처음으로 상아로 젓갈을 만들어 쓰자, ○箕子歎曰(기자탄왈) : 기자가 탄식하고 말했다. 기자는 주왕의 서형(庶兄)이다. ○彼爲象箸(피위상저) : 주왕이 상아저를 만들어 쓰고 있으면, 〈그 사치가 발전하고 장차는〉 ○必不盛以土簋(필불성이토궤) : 필경 흙으로 만든 그릇에는 음식을 담아 먹지 않고, 盛(고일 성), ○土簋(토궤) : 토기(土器), 흙으로 만든 그릇, 簋(제기 궤). ○將爲玉杯(장위옥배) : 장차는 옥으로 술잔을 만들어 쓸 것이다. ○玉杯象箸(옥배상저) : 옥 술잔과 상아저를 쓴다면, ○必不羹藜藿(필불갱려곽) : 필경 채소나 콩잎의 국을 먹지 않을 것이다, 藜(명아주 려), 藿(콩잎 곽). ○衣短褐(의단갈) : 또 짧은 베옷을 입거나, ○而舍節茨 之下(이사묘자지하) : 띠 지붕 밑에서는 살지도 않을 것이 다. 필불(必不)은 여기에도 걸린다. 茆(띠 묘), 茨(가시나무 자). ○則錦衣九重(즉금의구중) : 즉 비단 옷을 여러 겹으로 포개 입고, ○高臺廣室(고대광실) : 높은 대 위에 큰 궁전을 짓고 살 것이며, ○稱此以求(칭차이구) : 그와 같은 사치를 충족하기 위해 재물을 모으면, ○天下不足矣(천하부족의) : 천하의 재물을 거두어도 모자랄 것이다.

(4) 紂伐有蘇氏. 有蘇以妲己女焉. 有寵. 其言皆從. 厚賦稅, 以實鹿臺之財, 盈鉅橋之粟. 廣沙丘苑臺, 以酒爲池, 懸肉爲林, 爲長夜之飮.

(4) 주왕이 유소씨의 나라를 정벌하자 그 나라 임금 유소씨 가 달기라는 미녀를 주왕에게 바쳤다. 주왕은 그녀를 총애하 고 그녀의 말을 다 들어주고 따랐다. 백성들로부터 조세를 엄청 많이 거두어들이고 녹대에 있는 보물 창고를 가득 채우 고 또 거교라고 일컫는 곡물 창고에 곡물을 가득 채웠다. 아 울러 사구라는 곳에 거창한 정원과 누각을 축조하고 못에는 술을 가득히 채우고 둘레에는 고기를 주렁주렁 숲처럼 매달 았다. 그리고 밤을 새워가며 마시고 놀았다.

어구 설명 (4) ○紂伐有蘇氏(주벌유소씨) : 주왕이 유소씨의 나라를 정벌하자, ○有蘇以妲己女焉(유소이달기여언) : 그 나라 임금 유소씨가 달기라는 미녀를 〈주왕에게〉 바쳤다. 「以妲己女」는 「달기를 궁녀로 바치다.」의 뜻. ㅇ有寵(유총) : 주왕이 〈달기를〉 총애하고, ㅇ其言皆從(기언개종) : 달기의 말을 다 들어주고 따랐다. ㅇ厚賦稅(후부세) : 조세를 과도하게 거두어들이다. 즉 백성들로부터 재물을 약탈하고, ㅇ以實鹿臺之財(이실록대지재) : 녹대라고 일컫는 보물 창고를 가득 채웠다. ㅇ盈鉅橋之粟(영거교지속) : 거교라고 일컫는 곡물 창고를 가득 채웠다. ㅇ廣沙丘苑臺(광사구원대) : 사구라는 곳에 정원과 누각을 광대하게 꾸미고, ㅇ以酒爲池(이주위지) : 못에 술을 가득 채우고, ㅇ懸肉爲林(현육위림) : 고기를 주렁주렁 숲처럼 매달고, ㅇ爲長夜之飮(위장야지음) : 밤을 새워가며 마시고 놀았다.

(5) 百姓怨望, 諸侯有畔者. 紂乃重刑辟. 爲銅柱, 以膏塗之, 加於炭火之上, 使有罪者緣之. 足滑跌墜火中. 與妲己觀之大樂. 名曰炮烙之刑. 淫虐甚.

(5) 이에 백성들이 원망하고 제후들이 등을 돌렸다. 주왕은 원망하고 반대하는 사람에게 무거운 형벌을 가했다. 즉 구리로 만든 둥근 기둥에 기름을 바르고, 그 기둥을 이글이글 타는 숯불 위에 걸쳐놓고 죄인으로 하여금 그 위를 가게 했다. 죄인들이 발이 미끄러워 실족하고 불 속으로 떨어져 타 죽는 것을 주와 달기는 함께 보면서 크게 즐거워했다. 그 형벌을 「포락의 형벌」이라 불렀다. 그들의 음탕한 수작과 잔인한 형벌은 도를 넘고 혹독했다.

어구 설명 (5) ○百姓怨望(백성원망) : 백성들이 원망했으며, ○諸侯有畔者(제후유반자) : 제후들이 반대하고 등을 돌렸다. 「畔(밭두둑 반)」을 「叛(반역할 반)」으로 해석함. ○紂乃重刑辟(주내중형벽) : 주는 〈원망하고 반대하는 사람에게〉 무거운 형벌을 가했다. 辟(법 벽). ○爲銅柱以膏塗之(위동주이고도지) : 구리로 만든 둥근 기둥에 기름을 바르고, ○加於炭火之上(가어탄화지상) : 그 기둥을 〈이글이글 타는〉 숯불 위에 걸쳐놓고, ○使有罪者緣之(사유죄자연지) : 죄인으로 하여금 그 위를 타고 가게 했다. ○足滑跌墜火中(족활질추화중) : 발이 미끄러워 실족하고 불 속으로 떨어져 〈타 죽었다.〉 ○與妲己觀之大樂(여달기관지대락) : 주(紂)는 달기와 함께 보면서 크게 즐거워했다. ○名曰炮烙之刑(명왈포락지형) : 그 형벌을 「포락의 형벌」이라 불렀다. ○淫虐甚(음학심) : 〈그들의〉 음탕한 놀이와 잔인한 형벌이 도를 넘고 혹독했다.

(6) 庶兄微子數諫不從. 去之. 比干諫三日不去. 紂怒曰, 吾聞聖人之心, 有七竅. 剖而觀其心. 箕子佯狂爲奴. 紂囚之. 殷大師持其樂器祭器奔周.

(6) 서형 미자가 여러 번 간했지만 주가 듣지 않자, 미자는 멀리 떠나버렸다. 주왕의 숙부 비간이 간하고 사흘을 떠나지 않자, 주가 성을 내고 「내가 들은 바 성인의 심장에는 구멍이 일곱 개 있다고 하더라」 하고 그 자리에서 비간의 가슴을 도려내고 심장을 보았다. 역시 숙부인 기자는 일부러 미친

척 하고 남의 종노릇을 했다. 그러자 주왕은 기자를 잡아 가
두었다. 은나라의 음악을 관장하는 대사는 악기와 제기를 들
고 주(周)나라로 망명했다.

어구 설명 (6) ○庶兄微子(서형미자) : 서형 미자, ○數諫不從去之(수
간부종거지) : 〈미자가 주에게〉 여러 번 간했지만, 주가 듣
지 않자, 미자는 멀리 떠나버렸다. 「수(數)」를 「삭」으로도
읽는다. ○比干諫三日不去(비간간삼일불거) : 〈주왕의 숙
부〉 비간이 간하고 사흘을 떠나지 않자, ○紂怒曰(주노왈)
: 주가 성을 내고 말했다. ○吾聞聖人之心有七竅(오문성인
지심유칠규) : 내가 들은 바 「성인의 심장에는 구멍이 일곱
개 있다」고 하더라, ○剖而觀其心(부이관기심) : 그리고 비
간의 가슴을 도려내고 심장을 보았다. ○箕子佯狂爲奴(기
자양광위노) : 〈역시 숙부인〉 기자는 일부러 미친 척 하고
남의 종노릇을 했다. ○紂囚之(주수지) : 주왕은 기자를 잡
아 가두었다. ○殷大師(은대사) : 은나라의 음악을 관장하
는 장관, ○持其樂器祭器奔周(지기악기제기분주) : 악기와
제기를 들고 주(周)나라로 망명했다.

| 백문 | 제5과 紂王 · 妲己

⑴ 歷[太丁] [帝乙] 至[帝辛]. 名受, 號爲紂.

⑵ 資辯捷疾, 手搏猛獸. 智足以拒諫, 言足以飾非.

⑶ 始爲象箸. 箕子歎曰, 彼爲象箸. 必不盛以土簋. 將爲玉杯. 玉杯
　象箸, 必不羹藜藿, 衣短褐而舍茆茨之下. 則錦衣九重, 高臺廣
　室, 稱此以求, 天下不足矣.

⑷ 紂伐有蘇氏. 有蘇以妲己女焉. 有寵. 其言皆從. 厚賦稅, 以實鹿

臺之財, 盈鉅橋之粟. 廣沙丘苑臺, 以酒爲池, 懸肉爲林, 爲長夜之飮.

(5) 百姓怨望, 諸侯有畔者. 紂乃重刑辟. 爲銅柱, 以膏塗之, 加於炭火之上, 使有罪者緣之. 足滑跌墜火中. 與妲己觀之大樂. 名曰炮烙之刑. 淫虐甚.

(6) 庶兄微子數諫不從. 去之. 比干諫三日不去. 紂怒曰, 吾聞, 聖人之心, 有七竅. 剖而觀其心. 箕子佯狂爲奴. 紂囚之. 殷大師持其樂器祭器奔周.

제6과 殷紂滅亡

(1) 周侯昌及九侯・鄂侯, 爲紂三公. 紂殺九侯. 鄂侯爭. 幷脯之. 昌聞而歎息. 紂囚昌羑里. 昌之臣散宜生, 求美女珍寶進. 紂大悅, 乃釋昌. 昌退而修德. 諸侯多叛紂歸之.

⑴ 주나라의 임금 문왕과 구(九) 라는 나라의 임금 및 악이라는 나라의 임금 세 사람이 주를 보필하는 벼슬「삼공」이었다. 주는 구의 임금을 죽였으며, 〈이를 부당하다고〉 간을 올린 악의 임금도 죽이고, 두 사람의 시체를 포로 떴다. 그 말을 듣고 문왕이 탄식을 했다. 그러자 주가 성을 내고 문왕을 잡아, 유리라는 감옥에 가두었다. 문왕의 신하 산의생이 미

녀와 진귀한 보물을 구해서 주에게 바쳤으며, 주는 크게 기뻐하고 문왕을 즉시 석방했다. 그 후 문왕은 은퇴하고 덕을 쌓았다. 그러자 전국의 제후들이 대부분 주(紂)에 등을 돌리고 문왕에게 귀순하고 따랐다.

어구 설명 (1) ○周侯昌(주후창) : 주나라의 임금 창(昌), 즉 문왕(文王), 무왕(武王)의 아버지. ○九侯(구후) : 구(九)라고 하는 나라의 임금, ○鄂侯(악후) : 악(鄂)이라는 나라의 임금. 「侯」는 지방 국가를 다스리는 영주(領主), 임금, 천자(天子)에게 공물을 바치는 임금, ○爲紂三公(위주삼공) : 〈이들 세 사람이〉 은나라 주(紂)를 돕는 최고의 벼슬, 공(公)을 공경(公卿)으로 풀이해도 된다. 주(周)의 삼공(三公)은 「태사(太師)·태부(太傅)·태보(太保)」. ○紂殺九侯(주살구후) : 주가 구의 임금을 죽이자, ○鄂侯爭(악후쟁) : 악의 임금이 주에게 쟁간(爭諫)했다. ○幷脯之(병포지) : 그러자, 주가 두 사람의 시체를 포(脯)로 떴다. ○昌聞而歎息(창문이탄식) : 문왕이 그 말을 듣고 탄식을 하자, ○紂囚昌羑里(주수창유리) : 주가 문왕을 유리에 감금했다. 유리(羑里)는 하남성(河南省)에 있는 감옥의 이름. ○昌之臣散宜生(창지신산의생) : 문왕의 신하 산의생이, ○求美女珍寶進(구미녀진보진) : 미녀와 진귀한 보물을 구해서 주에게 바쳤다. ○紂大悅(주대열) : 주가 크게 기뻐하고, ○乃釋昌(내석창) : 즉시 문왕을 석방했다. ○昌退而修德(창퇴이수덕) : 문왕은 은퇴하고 덕을 닦았다. ○諸侯多畔紂歸之(제후다반주귀지) : 제후들이 대부분 주에 반대하고 무왕에게 귀속했다.

(2) 昌卒. 子發立. 率諸侯伐紂. 紂敗于牧野, 衣寶
玉自焚死. 殷亡.

(2) 문왕이 죽고, 아들 무왕이 자리에 올랐다. 제후들을 통솔
하고 주를 토벌했다. 주(紂)는 목야에서 크게 패하고 도망가
자기 궁전에 불을 지르고, 보물에 묻혀 불에 타죽었다. 이로
써 은나라가 망했다.

여구설명 (2) ㅇ昌卒(창졸) : 문왕이 죽고, ㅇ子發立(자발립) : 〈문왕
의〉 아들 발(發 : 즉 무왕)이 뒤를 이어 임금이 되고, ㅇ率
諸侯伐紂(솔제후벌주) : 제후들을 통솔하고 주(紂)를 토벌
했다. ㅇ紂敗于牧野(주패우목야) : 주는 목야의 결전에서
패하고, 목야(牧野)는 하남성(河南省)의 지명, ㅇ衣寶玉自
焚死(의보옥자분사) : 〈주가 자기 궁전에 불을 지르고〉 보
물에 묻혀 불에 타죽었다. ㅇ殷亡(은망) : 은나라가 망했다.

(3) 箕子後朝周, 過故殷墟, 傷宮室毀壞生禾黍. 欲
哭不可, 欲泣則爲近婦人. 乃作麥秀之歌曰, 麥秀漸
漸兮, 禾黍油油兮. 彼狡童兮, 不與我好兮. 殷民聞
之皆流涕. 殷爲天子三十一世, 六百二十九年.

(3) 기자가 그 후 주나라로 가면서 폐허가 된 은의 도읍을 지
나가면서, 궁전과 가옥이 파괴되고 허물어져 밭으로 변하고
벼와 기장이 자란 것을 보고 상심했다. 소리 높여 통곡하고
싶으나, 그럴 수도 없고 또 소리 죽여 흐느껴 울자니 아녀자

의 짓에 가까운 지라 그렇게 하지도 못하고 결국 「맥수가」를
지어 다음과 같이 읊었다. 「보리가 무럭무럭 자라는구나, 벼
와 기장이 기름져 탐스럽구나, 그 포악하고 간교한 주왕이,
나와 함께 나라를 잘 다스리지 못하고, 결국 나라를 망쳤구
나.」 은나라 유민들이 기자의 노래를 듣고, 모두 눈물을 흘
리고 흐느껴 울었다. 은나라는 천자 자리를 31대 이었으며,
629년 다스리다가 망했다.

여구 설명 (3) ㅇ箕子後朝周(기자후조주) : 기자가 그 후 주나라로 가
면서, 「朝」는 「그 쪽을 바라고 가다.」의 뜻. ㅇ過故殷墟(과
고은허) : 은의 옛 도읍의 폐허를 지나가면서, ㅇ傷宮室毀
壞生禾黍(상궁실훼괴생화서) : 궁전과 가옥이 파괴되고 허
물어져 〈밭으로 변하고〉 벼와 기장이 자란 것을 보고 상심
했으며, ㅇ欲哭不可(욕곡불가) : 소리 높여 통곡하고 싶으
나 그럴 수가 없었다. 〈은을 친 주를 원망하거나 탓하는 꼴
이 되기 때문에 자제했다.〉 ㅇ欲泣則爲近婦人(욕읍즉위근
부인) : 소리 죽여 흐느껴 울고자 했으나, 그것은 연약한 부
인에 가까운 짓이라 〈그럴 수도 없었다.〉 ㅇ乃作麥秀之歌
曰(내작맥수지가왈) : 그래서 「맥수가」를 지어 다음과 같이
읊었다. 「麥秀」는 「보리 이삭이 돋아 자란다.」는 뜻. ㅇ麥
秀漸漸兮(맥수점점혜) : 보리가 무럭무럭 자라난다. ㅇ禾黍
油油兮(화서유유혜) : 벼와 기장이 기름져 탐스럽다. ㅇ彼
狡童兮(피교동혜) : 그 놈, 포악하고 간교한 주왕이, ㅇ不與
我好兮(부여아호혜) : 나와 함께 나라를 잘 다스리지 못하
고 〈결국 나라를 망쳤구나.〉 ㅇ殷民聞之(은민문지) : 은나
라 유민들이 기자의 노래를 듣고, ㅇ皆流涕(개류체) : 모두

눈물을 흘리고 흐느껴 울었다. ㅇ殷爲天子三十一世(은위천
자삼십일세) : 은나라 천자 자리를 31대 이었으며, ㅇ六百
二十九年(육백이십구년) : 629년 다스리다가 망했다.

| 백문 | 제6과 殷紂 滅亡

(1) 周侯昌及九侯·鄂侯, 爲紂三公. 紂殺九侯. 鄂侯爭. 幷脯之. 昌
聞而歎息. 紂囚昌羑里. 昌之臣散宜生, 求美女珍寶進. 紂大悅,
乃釋昌. 昌退而修德. 諸侯多叛紂歸之.

(2) 昌卒. 子發立. 率諸侯伐紂. 紂敗于牧野, 衣寶玉自焚死, 殷亡.

(3) 箕子後朝周, 過故殷墟, 傷宮室毀壞生禾黍. 欲哭不可, 欲泣則
爲近婦人. 乃作麥秀之歌曰, 麥秀漸漸兮, 禾黍油油兮. 彼狡童
兮, 不與我好兮. 殷民聞之皆流涕. 殷爲天子三十一世, 六百二
十九年.

은왕조 탕왕 (殷王朝 湯王)

제6편 周王朝篇

　주나라의 시조는 후직(后稷)이다. 그는 요(堯), 순(舜) 때에 농업으로 공을 세워, 후직이란 관직과 희(姬)라는 성을 내려 받았다. 그의 손자 공류(公劉)는 빈(豳)에서 농업을 진흥하고 덕을 베풀었다. 그의 아들 고공단보(古公亶父)도 적덕행의(積德行義)하여 백성들로부터 숭앙을 받았다. 그러나 오랑캐의 침입을 피해 도읍을 기(岐)로 옮기고 나라 이름을 주(周)라고 일컫었다.

　고공의 셋째 아들이 왕계(王季)고, 왕계의 아들이 문왕(文王)이다. 문왕은 서백(西伯)이 되어, 제후들의 영도자가 되었다. 마침내 문왕의 아들 무왕(武王)이 무력으로 은(殷)의 주(紂)를 토벌하고, 천명을 받고 새나라 주(周)를 창건했으며, 그의 동생 주공(周公)이 종법(宗法), 봉건(封建) 및 정전(井田) 등의 새로운 문물제도를 확립했다.

　그 후, 점차로 주왕실이 쇠미하게 되었고 마침내 여왕(厲王)이 추방되고 유왕(幽王)이 견융(犬戎)에게 피살되었다. 그 뒤를 이은 평왕(平王)은 도읍을 동쪽 낙읍(洛邑 : 洛陽)으로 옮겼다. 이로써 서주(西周) 시대가 막을 내리고, 춘추(春秋)와 전국(戰國)의 혼란기가 뒤를 이었다.

「제6편 주왕조편(周王朝篇)」을 다음과 같이 총 15과로 나누어 풀이를 했다.

제1과 시조 후직(始祖 后稷)

제2과 공류 · 고공단보(公劉 · 古公亶父)

제3과 태백 · 우중(太白 · 虞仲)

제4과 서백 문왕(西伯 文王)

제5과 태공망 여상(太公望 呂尙)

제6과 무왕벌주(武王伐紂)

제7과 백이 · 숙제(伯夷 · 叔齊)

제8과 성왕 · 주공 · 소공(成王 · 周公 · 召公)

제9과 월상헌백치(越裳獻白雉)

제10과 강왕 · 소왕(康王 · 昭王)

제11과 목왕순수(穆王巡狩)

제12과 여왕(厲王)

제13과 선왕중흥(宣王中興)

제14과 유왕 · 포사 · 평왕(幽王 · 褒姒 · 平王)

제15과 주지쇠퇴(周之衰退)

제1과 始祖 后稷

(1) [周武王] 姬姓, 名發, 后稷之十六世孫也.

(1) 주나라 무왕의 성은 희, 이름은 발, 후직의 16대 후손이
다.

어구 설명 제1과 后稷(후직) : 주(周)나라의 시조, 후(后)는 임금 혹은
토지 신, 일반적인 존칭으로도 쓴다. 「후직(后稷)」은 농업
을 관장하는 장관이란 뜻. (1) ㅇ周武王(주무왕) : 무력으로
은(殷)의 주(紂)를 정벌하고 주나라를 세웠다. 그리고 이미
돌아가신 아버지를 문왕(文王)이라 추존(追尊)했다. 무왕의
동생 주공단(周公旦)이 곁에서 도왔고 특히 주나라의 문물
제도를 제정했다. ㅇ姬姓(희성) : 성은 희다. ㅇ名發(명발) :
이름은 발이다. ㅇ后稷之十六世孫也(후직지십륙세손야) :
〈주무왕은〉 후직의 16대 손이다.

(2) 后稷名棄. 棄母曰姜嫄, 爲帝嚳元妃. 出野見巨
人跡, 心欣然踐之, 生棄. 以爲不祥, 棄之隘巷. 馬
牛避不踐. 徙置山林. 適會林中多人. 遷之氷上. 鳥
覆翼之. 以爲神逐收之.

(2) 후직의 이름은 기다. 기의 어머니는 강원이며 제곡의 원
비다. 그녀가 들에 나가서 거인의 발자국을 보고 마음이 즐

거워져, 그 발자국을 밟았다. 그리고 기를 출산했으며, 이를 상스럽지 않다고 생각하고 아이를 좁은 길거리에 내다버렸다. 그러나 말과 소가 그 아이를 피하고 밟지 않았다. 이에 그 아이를 다시 산림 속으로 옮기자 그 숲 속으로 많은 사람들이 모여들었다. 〈그래서 버리지 않고〉 얼음 위에 옮겼다. 〈즉 얼어 죽게 하려고 했다.〉 그러자 새들이 날개로 그 아이를 덮고 보호해주었다. 이에 비로소 신령한 아이라 생각하고 거두어 키웠다.

어구 설명 (2) ㅇ后稷名棄(후직명기) : 후직의 원래의 이름은 기(棄)다. 棄(버릴 기). ㅇ棄母曰姜嫄(기모왈강원) : 기의 어머니는 강원이다. ㅇ爲帝嚳元妃(위제곡원비) : 제곡의 첫째 부인, 황후(皇后). 제곡(帝嚳)은 오제(五帝)의 셋째 번의 성제(聖帝)로 황제(黃帝)의 증손. ㅇ出野見巨人跡(출야견거인적) : 들에 나가서 거인의 발자국을 보고 ㅇ心欣然踐之(심흔연천지) : 마음이 즐거워져 그 발자국을 밟았다. ㅇ生棄(생기) : 그리고 기를 출산했다. ㅇ以爲不祥(이위불상) : 상스럽지 않다고 생각하고, 불길하게 여기고. ㅇ棄之隘巷(기지애항) : 아이를 좁은 길거리에 내다버렸다. 隘(좁을 애). ㅇ馬牛避不踐(마우피불천) : 말이나 소가 그 아이를 피하고 밟지 않았다. ㅇ徙置山林(사치산림) : 그 아이를 다시 산림 속으로 옮겨 놓았다. ㅇ適會林中多人(적회림중다인) : 그러자 숲속에 많은 사람들이 모여들었다, 〈신령한 그 아이를 보려고 모였다는 뜻, 그래서 버리지 않고, ㅇ遷之氷上(천지빙상) : 얼음 위에 옮겼다. ㅇ鳥覆翼之(조복익지) : 그러자 새들이 날개로 그 아이를 덮고 보호해주었다. ㅇ以爲神遂

收之(이위신수수지) : 신령한 아이라고 생각하고 드디어 거두어 키웠다.

(3) 兒時屹如巨人之志. 其遊戲好種樹. 及成人, 能相地之宜, 敎民稼穡. 興於陶唐虞夏之際, 爲農師, 封于邰. 別其姓, 號后稷.

(3) 그 아이는 어려서부터 거인의 뜻을 품은 듯이 〈남다르게〉 뛰어났으며 장난하고 놀 때에도 나무를 심고 재배하는 것을 좋아했다. 어른이 되자 땅을 보고 농사에 적합한지 아닌지를 가릴 수 있었으며, 사람들에게 경작하고 추수하는 법을 가르쳐 주었다. 요임금, 순임금, 우임금 때에 〈농업을〉 흥성하게 했으며, 농업을 관장하는 장관이 되고 또 태라는 곳에 봉지를 받고 영주가 되었다. 그리고 본래의 성, 공손(公孫)을 희(姬)라고 고치고 호를 후직이라 했다.

어구 설명 (3) ○兒時(아시) : 어려서부터, ○屹如巨人之志(흘여거인지지) : 거인의 뜻을 품은 듯이 〈남다르게〉 뛰어났다. 屹(산 솟을 흘) ○其遊戲好種樹(기유희호종수) : 장난하고 놀 때에도 나무를 심고 재배하는 것을 좋아했다. ○及成人(급성인) : 어른이 되면서, ○能相地之宜(능상지지의) : 지질(地質)이나 지세(地勢)의 좋고 나쁨을 살피고, 이용할 줄 알았다. 「宜(마땅할 의)=義(옳을 의)」땅이 농사에 적합한가 아닌가를 보고 알았다. ○敎民稼穡(교민가색) : 사람들에게 경작하고 추수하는 법을 가르쳐주었다. 稼(심을 가),

穡(거둘 색). ㅇ興於陶唐虞夏之際(흥어도당우하지제) :
「요, 순, 우」세 임금 때에 〈농업을〉흥성하게 진작했으며,
도당(陶唐)은 요임금 때, 우(虞)는 순임금 때, 하(夏)는 우
임금 때의 나라 이름, ㅇ爲農師(위농사) : 농업을 관장하는
장관이 되었다. ㅇ封于邰(봉우태) : 태라는 곳에 봉지(封
地)를 받고 영주(領主)가 되었다. 태(邰)는 섬서성(陝西省)
의 지명. ㅇ別其姓(별기성) : 후직의 아버지 제곡(帝嚳)의
성은 공손(公孫)이다. 후직이 성을 희(姬)라고 고쳤다. 그
래서 성을 달리했다고 한 것이다. ㅇ號后稷(호후직) : 호를
후직이라 했다.

| 백문 | 제1과 始祖 后稷

(1) [周武王] 姬姓, 名發, 后稷之十六世孫也.

(2) 后稷名棄. 棄母曰姜嫄, 爲帝嚳元妃. 出野見巨人跡, 心欣然踐
之, 生棄. 以爲不祥, 棄之隘巷. 馬牛避不踐. 徙置山林. 適會林
中多人. 遷之氷上. 鳥覆翼之. 以爲神遂收之.

(3) 兒時屹如巨人之志. 其遊戲好種樹. 及成人, 能相地之宜, 敎民
稼穡. 興於陶唐虞夏之際, 爲農師, 封于邰. 別其姓, 號后稷.

제2과 公劉 · 古公亶父

(1) 卒. 子不窋立. 夏后氏政衰, 不窋失其官, 奔戎狄
之閒. 不窋卒, 子鞠立.

(1) 후직이 죽고 그의 아들 불줄(不窋)이 뒤를 이었다. 하나라 임금이 도를 잃고 정치가 쇠퇴하자 불줄은 벼슬을 버리고 몸을 서북쪽 오랑캐 땅으로 피했다. 불줄이 죽은 다음에는 그의 아들 국(鞠)이 자리에 올랐다.

어구 설명 제2과 ㅇ公劉(공류) : 후직(后稷)의 손자로, 주(周)나라의 먼 선조다. ㅇ古公亶父(고공단보) : 역시 주나라의 먼 선조다. 오랑캐의 침략을 피해 일족을 이끌고 기산(岐山) 밑에 가서 터를 잡았다. (1) ㅇ卒(졸) : 후직이 죽고, ㅇ子不窋立(자부줄립) : 그의 아들 불줄이 뒤를 이었다. ㅇ夏后氏政衰(하후씨정쇠) : 하임금의 다스림이 문란하고 나라가 쇠퇴하자, ㅇ不窋失其官(부줄실기관) : 불줄이 하나라의 관직을 잃고, ㅇ奔戎狄之閒(분융적지간) : 오랑캐 땅으로 몸을 피했다. 戎(서쪽 오랑캐 융), 狄(북방 오랑캐 적). ㅇ不窋卒(부줄졸) : 불줄이 죽고, ㅇ子鞠立(자국립) : 아들 국이 뒤를 이었다.

(2) 鞠卒, 子公劉立. 復修后稷之業, 務耕種. 百姓懷之. 公劉卒, 子慶節立. 國於豳.

(2) 국이 죽고 아들 공류(公劉)가 뒤를 이었다. 그리고 후직의 유업을 계승하고 다시 농업을 흥성케 했다. 이에 백성들이 그를 따르고 높였다. 공류가 죽자 아들 경절(慶節)이 뒤를 이었으며 나라를 빈(豳)에 세웠다.

어구 설명 (2) ㅇ鞠卒(국졸) : 국이 죽고, ㅇ子公劉立(자공유립) : 국의 아들 공유가 뒤를 이었다. ㅇ復修后稷之業(복수후직지업) : 다시 후직의 업, 즉 농업을 부흥시키고, ㅇ務畊種(무경종) : 농업 경작에 힘을 썼다. 畊=耕(밭갈 경), ㅇ百姓懷之(백성회지) : 백성들이 공유를 따르고 높였다. ㅇ公劉卒(공류졸) : 공유가 죽고, ㅇ子慶節立(자경절립) : 그의 아들 경절이 뒤를 이었다. ㅇ國於豳(국어빈) : 나라를 빈에 세웠다. 빈(豳)은 섬서성(陝西省)의 지명.

(3) 歷皇僕·參弗·毁隃·公非·高圉·亞圉·公叔祖, 至古公亶父.

(3) 황복(皇僕) · 참불(參弗) · 훼유(毁隃) · 공비(公非) · 고어(高圉) · 아어(亞圉) · 공숙서(公叔祖) 등 칠 대를 지나 마침내 고공단보(古公亶父)의 대가 되었다.

어구 설명 (3) ㅇ歷(역) : 여러 사람들을 거쳐, ㅇ皇僕(황복) · 參弗(참불) · 毁隃(훼유) · 公非(공비) · 高圉(고어) · 亞圉(아어) · 公叔祖(공숙서) : 이들은 다 주(周)의 선조이며 영주(領主)였다. ㅇ至古公亶父(지고공단보) : 고공단보에 이르렀다. 고공(古公)은 호, 단보(亶父)는 이름.

(4) 獯鬻攻之. 去豳, 渡漆沮, 踰梁山, 邑於岐山下居焉. 豳人曰, 仁人也, 不可失. 扶老携幼以從. 他旁國

皆歸之.

(4) 훈육(獯鬻)이 빈(豳)으로 쳐 들어 왔음으로 고공은 빈을 떠났으며 칠수(漆水)·저수(沮水)를 건너 양산을 넘어 기산(岐山) 밑에 터를 잡고 살았다. 그러자 빈에 살던 사람들이 「고공은 어진 분이다. 그를 잃으면 안 된다」고 말하고 서로 노인을 부축하고 어린아이를 손으로 끌고 고공을 뒤따라 왔다. 부근에 있는 다른 나라 사람들도 다 고공에게 귀속했다.

| 어구 설명 | (4) ㅇ獯鬻攻之(훈육공지) : 훈육(獯鬻)이 주(周) 민족이 사는 빈(豳)으로 쳐 들어 왔다. 훈육(獯鬻)은 몽고족(蒙古族)의 일부, 獯(오랑캐 이름 훈) 鬻(오랑캐 육). 북쪽의 야만인으로 후에 흉노라고 함. ㅇ去豳(거빈) : 빈의 땅을 떠났다. ㅇ渡漆沮(도칠저) : 칠수(漆水)·저수(沮水)를 건너가다, ㅇ踰梁山(유량산) : 양산을 넘어가다, ㅇ邑於岐山下居焉(읍어기산하거언) : 기산(岐山) 밑에 터를 잡고 살았다, 邑(고을 읍), 기산(岐山)은 섬서성(陝西省)에 있는 산, 주(周) 민족은 기산 산록(山麓) 주원(周源)에 나라를 세웠음으로 나라 이름을 주(周)라고 했다. ㅇ豳人曰(빈인왈) : 빈에 살던 사람들이 말했다. ㅇ仁人也不可失(인인야부가실) : 고공은 인인(仁人)이다. 그를 잃을 수 없다. ㅇ扶老携幼以從(부로휴유이종) : 노인을 부축하고 어린아이를 손으로 잡아끌고 고공을 따라 왔다. ㅇ他旁國皆歸之(타방국개귀지) : 다른 나라 사람들도 귀속했다.

| 백문 | 제2과 公劉 · 古公亶父

(1) 卒. 子不窋立. 夏后氏政衰, 不窋失其官, 奔戎狄之間. 不窋卒, 子鞠立.

(2) 鞠卒, 子公劉立. 復修后稷之業, 務畊種. 百姓懷之. 公劉卒, 子慶節立. 國於豳.

(3) 歷皇僕 · 參弗 · 毀隃 · 公非 · 高圉 · 亞圉 · 公叔鉏, 至古公亶父.

(4) 獯鬻攻之. 去豳, 渡漆沮, 踰梁山, 邑於岐山下居焉. 豳人曰, 仁人也, 不可失. 扶老携幼以從. 他旁國皆歸之.

제3과 太白 · 虞仲

(1) 古公長子太白. 次虞仲. 其妃太姜生少子季歷. 季歷娶太任生昌. 有聖瑞. 太伯 · 虞仲, 知古公欲立季歷以傳昌, 乃如荊蠻, 斷髮文身, 以讓季歷.

(1) 고공의 장자는 태백이고 차자는 우중이다. 그 후 고공의 비 태강이 막내아들 계력을 낳았다. 계력은 태임을 부인으로 취하고 아들 창을 낳았다. 〈태공의 손자〉 창은 어려서부터 성왕(聖王)의 기상이 보였다. 첫째아들 태백과 둘째아들 우중은 〈아버지〉 고공이 자리를 셋째아들 창에게 물려주고 다시 〈손자〉 창에게 전하려는 뜻을 미리 살피고 즉시 남쪽 오랑캐 땅으로 가서 〈오랑캐 풍습을 따라〉 머리를 깎고 몸에

문신(文身)을 그리고 〈자리를〉 계력에게 양보했다.

(2) 古公卒, 公季立. 公季卒, 昌立. 爲西伯.

(2) 고공이 죽고 계력이 뒤를 이었고 계력이 죽자 창이 뒤를 이었다. 창은 후에 서백(文王)이 되었다.

어구 설명 제3과 ○太白(태백)·虞仲(우중) : 고공(古公)의 장자가 태백, 차자가 우중, 셋째가 문왕의 아버지 계력(季歷)이다. ⑴ ○古公長子太白(고공장자태백) : 고공의 장자는 태백이고, ○次虞仲(차우중) : 차자는 우중이다. ○其妃太姜生少子季歷(기비태강생소자계력) : 고공의 비 태강(太姜)이 막내아들 계력을 낳았다. ○季歷娶太任生昌(계력취태임생창) : 계력이 태임(太任)을 취하고 창(昌)을 낳았다. ○有聖瑞(유성서) : 창은 성왕이 될 징조가 보였다. ○太伯·虞仲(태백·우중) : 첫째 태백과 둘째 우중이, ○知古公欲立季歷(지고공욕립계력) : 아버지 고공이 계력을 임금에 올리고, ○以傳昌(이전창) : 다시 그 뒤를 창에게 물려주려는 뜻을 알고, ○乃如荊蠻(내여형만) : 즉시 남쪽 오랑캐 땅 형만으로 가버렸다. 형(荊)은 오(吳), 만(蠻)은 오랑캐. ○斷髮文身(단발문신) : 오랑캐의 풍습을 따라 머리를 깎고 몸에 문신(文身)을 하고, ○以讓季歷(이양계력) : 〈자리를〉 셋째 계력에게 양보했다. ⑵ ○古公卒(고공졸) : 고공이 죽자, ○公季立(공계립) : 계력이 뒤를 이었다. 계력은 공(公)의 신분이다. ○公季卒(공계졸) : 계력이 죽고, ○昌立(창립) : 계력의 아들 창이 뒤를 이었다. ○爲西伯(위서백)

: 창은 나중에 서백(西伯)이 되었다. 서백은 서쪽의 수령
(首領)이다. 창(昌)은 곧「주문왕(周文王)」이다.

| 백문 | 제3과 太白 · 虞仲

(1) 古公長子太白. 次虞仲. 其妃太姜生少子季歷. 季歷娶太任生
昌. 有聖瑞. 太伯 · 虞仲, 知古公欲立季歷以傳昌, 乃如荊蠻,
斷髮文身, 以讓季歷.

(2) 古公卒, 公季立. 公季卒, 昌立. 爲西伯.

참고 보충 **태왕(太王)의 아들과 손자**

고공단보(古公亶父)는 후세에「태왕(太王)」이라고 존칭한다. 태왕
의 비(妃)는 태강(太姜)이며, 세 아들을 낳았다. 큰아들이 태백(太
伯), 둘째가 우중(虞仲), 셋째가 계력(季歷)이다. 이 셋째 계력의 비
가 태임(太姙)이다. 그들 사이에서 나온 아들이 창(昌)이다. 창은 곧
태왕의 손자다. 이 창이 바로「주문왕(周文王)」이다. 알기 쉽게 도시
하겠다.

```
          ┌─ 太伯
大王 ──────┼─ 虞仲
          └─ 季歷(王季) ── 昌(文王) ┬─ 武王
                                    └─ 周公
```

제4과 西伯 文王

(1) 西伯修德. 諸侯歸之. 虞芮爭田, 不能決. 乃如

周. 入界見畊者, 皆遜畔, 民俗皆讓長. 二人慙, 相
謂曰, 吾所爭, 周人所恥. 乃不見西伯而還, 俱讓其
田不取.

(1) 〈은나라 주왕(紂王)의 임명을 받고〉 서백이 된 창(昌)은
더욱 어진 덕을 쌓고 베풀었다. 이에 많은 제후들이 그를 따
르고 귀순했다. 우와 예 두 나라가 전답의 경계를 놓고 서로
다투고 〈자기들의 힘으로 해결 못하게 되자〉 주나라에 가서
〈서백의 결판을 얻으려고 했다.〉 그리고 두 나라의 대표자
가 주나라의 경내에 들어가 경작하는 사람들을 보니 주나라
사람들은 겸손하고 서로 밭두둑을 양보하고 있었으며 또 백
성들의 풍속이나 기풍이 윗사람에게 공손하고 양보하고 있
었다. 이를 본 두 사람은 속으로부터 부끄럽게 느끼고 서로
상대에게 말했다. 「우리가 욕심을 내고 서로 싸우는 일을 주
나라 사람들은 창피하게 여기고 있구나.」 그리고 서백을 만
나보지도 않고 되돌아가 서로 밭두둑을 양보하고 욕심스럽
게 취하지 않았다.

어구 설명 제4과 ㅇ西伯 文王(서백 문왕) : 주무왕(周武王)이 무력으
로 은(殷)의 주(紂)를 치고 주(周)나라를 세우기 전에는 아
버지 창(昌) 즉 문왕은 서백(西伯)이었다. (1) ㅇ西伯修德
(서백수덕) : 서백이 된 창(昌)은 더욱 덕을 닦고 쌓았다.
당시는 은(殷)의 주왕(紂王)이 학정을 펴고 있을 때였다.
서백도 주왕이 임명한 것이다. ㅇ諸侯歸之(제후귀지) : 제
후들이 서백에게 복귀했다. ㅇ虞芮爭田(우예쟁전) : 우와

예 두 나라가 전답을 놓고 서로 다투었다. 「우·예(虞芮)」는 산서성(山西省)에 있는 작은 두 나라. ㅇ不能決(부능결) : 서로 다투고 싸울 뿐, 해결할 수가 없어서, ㅇ乃如周(내여주) : 즉시 주나라에 가서 〈서백의 결판을 얻으려고 했다.〉 ㅇ入界見畊者(입계견경자) : 주나라의 경내에 들어가 경작하는 사람들을 보니, ㅇ皆遜畔(개손반) : 주나라 사람들은 겸손하고 서로 밭두둑을 양보하고 있었다. ㅇ民俗皆讓長(민속개양장) : 백성들의 풍속이나 기풍이 다 윗사람에게 양보하고 있었다. ㅇ二人慙(이인참) : 두 사람은 속으로부터 부끄럽게 느끼고, ㅇ相謂曰(상위왈) : 서로 상대에게 말했다. ㅇ吾所爭(오소쟁) : 우리가 욕심을 내고 다투는 바를, ㅇ周人所恥(주인소치) : 주나라 사람들은 창피하게 여긴다. ㅇ乃不見西伯而還(내부견서백이환) : 그리고 서백을 만나보지 않고 되돌아갔다. ㅇ俱讓其田不取(구양기전부취) : 서로 밭두둑을 양보하고 욕심스럽게 취하지 않았다.

(2) 漢南歸西伯者四十國. 皆以爲受命之君. 三分天下有其二.

(2) 〈이와 같이 그에게 감화력이 있었음으로〉 한수(漢水) 이남에 있는 여러 나라 중에서, 사십 개 나라가 서백에게 귀순했으며 그들은 모두 창(昌)을 천명을 받고 임금 될 사람으로 생각했다. 이렇게 하여 사실상 주(周)나라가 천하의 삼분의 이를 〈덕의 힘으로〉 귀순시키고 있었다.

| 어구 설명 | (2) ㅇ漢南歸西伯者(한남귀서백자) : 한수(漢水) 이남에 있는 여러 나라 중에 서백 창(昌)에게 귀순한 나라가, ㅇ四十國(사십국) : 사십 개나 된다. ㅇ皆以爲受命之君(개이위수명지군) : 그들은 모두 창(昌)을 천명을 받고 임금 될 사람으로 생각했다. ㅇ三分天下有其二(삼분천하유기이) : 사실상 주(周)나라가 천하의 삼분의 이를 덕으로 귀순시키고 있었다.

| 백문 | 제4과 西伯 文王

(1) 西伯修德. 諸侯歸之. 虞芮爭田, 不能決. 乃如周. 入界見畊者, 皆遜畔, 民俗皆讓長. 二人慙, 相謂曰, 吾所爭, 周人所恥. 乃不見西伯而還, 俱讓其田不取.

(2) 漢南歸西伯者四十國. 皆以爲受命之君. 三分天下, 有其二.

제5과 太公望 呂尙

(1) 有呂尙者. 東海上人. 窮困年老, 漁釣至周. 西伯將獵, 卜之. 曰, 非龍, 非彲, 非熊, 非羆, 非虎, 非貔, 所獲覇王之輔.

(1) 여상이라는 사람이 있었다. 동해 가의 사람이며 빈곤하고 연로한 몸으로 낚시질을 하며 방랑하다가 주나라에 왔다. 서백이 사냥을 하려고 점을 치자 점괘가 다음과 같이 나왔

다. 〈잡히는 것은〉용도 아니고 이무기도 아니고 곰도 아니고 큰곰도 아니고 호랑이도 아니고 비휴도 아니다. 잡히는 것은 임금을 패왕되게 하는 데 도울 사람이다.

어구 설명 제5과 ㅇ太公望 呂尙(태공망 여상) : 주나라 문왕과 무왕을 보좌한 뛰어난 군사(軍師)다. 강가에서 낚시질 하다가 문왕에게 발견되었다. 성(姓)이 강(姜)이므로, 강태공(姜太公)이라고도 한다. ⑴ ㅇ有呂尙者(유여상자) : 여상이라는 사람이 있었다. ㅇ東海上人(동해상인) : 동쪽 바닷가의 사람이다. ㅇ窮困年老(궁곤년로) : 곤궁에 쪼들리고 연로하여, ㅇ漁釣至周(어조지주) : 낚시질을 하면서 〈각지를 방랑하다가〉주나라에 왔다. ㅇ西伯將獵卜之(서백장렵복지) : 서백이 사냥을 하려고 점을 쳤다. ㅇ曰(왈) : 점괘가 다음과 같이 나왔다. ㅇ非龍 非彲 非熊(비룡 비리 비웅) : 〈잡히는 것은〉용도 아니고, 이무기도 아니고, 곰도 아니고, 彲(이무기 리) ㅇ非羆 非虎 非貔(비비 비호 비비) : 큰곰도 아니고, 호랑이도 아니고, 비휴도 아니다. 羆(큰곰 비), 貔(비휴 비). ㅇ所獲霸王之輔(소획패왕지보) : 잡히는 것은 임금을 패왕되게 보필할 사람이다.

⑵ 果遇呂尙於渭水之陽. 與語大悅曰, 自吾先君太公曰, 當有聖人適周, 周因以興. 子眞是耶. 吾太公望子久矣.

⑵ 〈사냥에 나간 서백은〉과연 위수 북쪽에서 여상을 만났

다. 서백은 여상과 함께 말을 나누고 크게 기뻐하며 다음과
같이 말했다. 「전부터 돌아가신 나의 조부 태공께서 친히
"성인이 주나라에 오는 날에는 그로 인해 주나라가 흥성한
다"고 말씀하셨거늘 바로 선생이 참으로 그 분이시구려. 우
리 조부 태공께서 선생을 대망하신 지가 오래됩니다.」

어구 설명 (2) ㅇ果遇呂尙(과우여상) : 과연 여상을 만났다. ㅇ於渭水
之陽(어위수지양) : 위수 강북에서, 강(江) 북쪽을 양(陽), 남
쪽을 음(陰)이라고 함. ㅇ與語大悅曰(여어대열왈) : 〈서백이
여상과〉 함께 말을 나누고 크게 기뻐하며 다음과 같이 말했
다. ㅇ自吾先君太公曰(자오선군태공왈) : 돌아가신 나의 조
부 태공께서 친히 말씀하셨다. 「선군(先君)」을 「부친 왕계
(王季)」라고 볼 수도 있다. 여기서는 「조부 태공」으로 풀이
했다. ㅇ當有聖人適周(당유성인적주) : 성인이 주나라에 오
는 날에는, 「當」은 「그때에는」의 뜻. ㅇ周因以興(주인이흥)
: 그로 인해 주나라가 흥한다. ㅇ子眞是耶(자진시야) : 선생
이 참으로 그 분이시구려. ㅇ吾太公望子久矣(오태공망자구
의) : 우리 태공께서 선생을 기다리신 지 오래됩니다.

(3) 故號之曰太公望. 載與俱歸, 立爲師, 謂之師尙父.

(3) 그래서 호를 「태공망」이라 하고 함께 수레를 타고 돌아왔
으며 태사(太師)로 높이 받들고 「스승 상보」라고 존칭했다.

어구 설명 (3) ㅇ故號之(고호지) : 그래서 호를 ㅇ曰太公望(왈태공망)

: 「태공망」이라 하고, ㅇ載與俱歸(재여구귀) : 함께 수레를 타고 돌아왔으며, ㅇ立爲師(입위사) : 태사(太師)로 높이 받들고, ㅇ謂之師尙父(위지사상보) : 「사상보」라고 존칭했다. 「父」를 「보」로 읽는다.

| 백문 | 제5과 太公望 呂尙

(1) 有呂尙者. 東海上人. 窮困年老, 漁釣至周. 西伯將獵, 卜之. 曰, 非龍, 非彲, 非熊, 非羆, 非虎, 非貔, 所獲覇王之輔.

(2) 果遇呂尙於渭水之陽. 與語大悅曰, 自吾先君太公曰, 當有聖人適周, 周因以興. 子眞是耶. 吾太公望子久矣.

(3) 故號之曰太公望. 載與俱歸, 立爲師, 謂之師尙父.

제6과 武王伐紂

(1) 西伯卒, 子發立. 是爲武王. 東觀兵至於盟津. 白魚入王舟中. 王俯取, 以祭. 旣渡. 有火, 自上復于下, 至于王屋, 流爲烏. 其色赤, 其聲魄.

(1) 서백이 죽고 아들 발이 뒤를 이었다. 이가 바로 무왕이다. 무왕이 동쪽으로 가서 〈자기에게 가담할〉 무력을 점검하면서 맹진에 이르자 〈은나라의 병사를 상징하는〉 흰 물고기가 제물로 무왕의 배 안으로 뛰어 들었다. 〈이는 장차 은나라 병사가 귀순하겠다는 징조라.〉 무왕은 몸을 숙여 그 물

고기를 손에 들고 제사를 지냈다. 맹진의 나루를 건너가니 이상한 불덩이가 위로 치솟다가 다시 아래로 내려와 무왕의 군막 지붕에 이르자 옆으로 나는 듯 하면서 까마귀로 변했다. 그 빛은 〈주나라를 상징하는〉 적색(붉은색)이며 그 울음 소리가 차분하면서도 엄숙했다.

어구 설명 제6과 ㅇ武王伐紂(무왕벌주) : 아버지 문왕(文王)이 덕(德)으로써, 대부분의 제후(諸侯)들을 감화시킨 바탕 위에서, 아들 무왕(武王)이 무력으로 포학무도한 주(紂)를 토벌하고「주왕조(周王朝)」를 창건했다. 문왕은 생존 시에는 서백(西伯)이었다. 나라를 세운 다음에, 아들 무왕이 아버지를「문왕」이라 추시(追諡)했다. (1) ㅇ西伯卒(서백졸) : 서백이 죽자, 무왕의 부친 창(昌)은 은(殷) 주왕(紂王) 때에 서백(西伯)에 임명되었다. ㅇ子發立(자발립) : 아들 발이 뒤를 이었다. ㅇ是爲武王(시위무왕) : 그가 바로 나중에 주왕조(周王朝)를 세운 무왕이다. ㅇ東觀兵(동관병) : 동쪽으로 가서 〈자기에 가담할〉 무력을 점검하다. ㅇ至於盟津(지어맹진) : 맹진에 이르렀다. 맹진(盟津)은 황하(黃河)의 나루터로 하남성(河南省)에 있다. ㅇ白魚入王舟中(백어입왕주중) : 흰 물고기가 무왕이 탄 배에 뛰어 들었다. 백어(白魚)는 은(殷)나라의 병사를 상징한다. 즉 은나라 군대가 무왕에게 귀순한다는 징조다. ㅇ王俯取以祭(왕부취이제) : 무왕이 몸을 숙여 백어를 들고 제사를 지냈다. ㅇ旣渡(기도) : 황하를 다 건너가자, ㅇ有火自上(유화자상) : 이상한 불이 하늘로 치솟았다가, ㅇ復于下(부우하) : 다시 아래로 내려와서, ㅇ至于王屋(지우왕옥) : 무왕의 군막(軍幕) 지붕

에 와서, 왕옥(王屋)을 산(山)의 이름이라고도 한다. ㅇ流
爲烏(유위오) : 불빛이 옆으로 나는 듯이 까마귀 모양으로
변했다. ㅇ其色赤(기색적) : 그 새의 빛이 적색이다. 적색
(赤色)은 주(周)를 상징하는 색이다. 「까마귀」는 효조(孝
鳥)다. 「붉은 까마귀」는 「효성이 지극한 무왕」을 상징한
다. ㅇ其聲魄(기성백) : 새의 울음소리가 차분하고 엄숙하
다. 마융(馬融)은 사기(史記)에 「안정의야(安定意也)」라고
주를 달았다. 무왕이 주(紂)를 토벌하려는 결연한 의지가
새소리에 나타난 것이다. 자연 현상을 보고 길흉을 미리
판단했다.

(2) 是時諸侯不期而會者八百. 皆曰, 紂可伐矣. 王 不可引歸. 紂不悛. 王乃伐紂. 載西伯木主以行.

(2) 그때에 사전에 기약하지도 않았는데, 그곳에 모인 제후
들의 수가 팔백 명이나 되었으며, 모든 제후들이 포악한 주
를 쳐야 한다고 말했다. 그러나 무왕은 〈아직은 때가 아니라
말하고〉 군대를 인솔하고 돌아왔다. 그래도 은나라의 주가
반성하고 회계하지 않았음으로 마침내 무왕이 주를 치기로
작정하고 선친 문왕의 신주를 전차에 모시고 토벌에 나갔다.

어구 설명 (2) ㅇ是時諸侯(시시제후) : 그때에, 모든 제후들이, ㅇ不期
而會者八百(부기이회자팔백) : 사전에 기약하지 않았는데
도, 스스로 와서 합류한 제후가 팔백 명이나 되었다. ㅇ皆曰
紂可伐矣(개왈주가벌의) : 제후들이 모두 주를 토벌해야 한

다고 말했다. ㅇ王不可 引歸(왕부가 인귀) : 무왕은 아직은
안 된다고 말하고 군대를 돌렸다. 사기에는 다음과 같이 있
다.「무왕이 말했다. 아직은 천명을 모르니 칠 수 없다 하
고 군대를 돌렸다.(武王曰 女未知天命 未可也 乃還師歸)」
ㅇ紂不悛(주부전) : 그래도 주가 반성하고 고치지 않았다.
悛(고칠 전). ㅇ王乃伐紂(왕내벌주) : 마침내 주를 토벌했다.
ㅇ載西伯木主以行(재서백목주이행) : 무왕이 무왕의 나무
로 만든 신주(神主)를 모시고 출정(出征)했다.

| 백문 | 제6과 武王伐紂

(1) 西伯卒, 子發立. 是爲武王. 東觀兵至於盟津. 白魚入王舟中. 王
俯取, 以祭. 旣渡. 有火, 自上復于下, 至于王屋, 流爲烏. 其色
赤, 其聲魄.

(2) 是時諸侯不期而會者八百. 皆曰, 紂可伐矣. 王不可引歸. 紂不
悛. 王乃伐紂. 載西伯木主以行.

제7과 伯夷 · 叔齊

(1) 伯夷 · 叔齊叩馬諫曰, 父死不葬, 爰及干戈, 可
謂孝乎. 以臣弑君, 可謂仁乎. 左右欲兵之. 太公曰,
義士也. 扶而去之.

(1) 백이와 숙제가 출동하는 무왕의 말고삐를 잡고 간언을 했

다. 「선친이 돌아가시고 미처 삼 년 상도 안 마쳤는데, 이렇게 전쟁을 하는 것을 효라 말할 수 있습니까? 또 신하된 몸으로 임금을 시해하는 것을 충이라 말할 수 있습니까?」 그러자 좌우의 무사들이 병기를 들고 그들을 죽이려 했다. 이에 군사 태공망이 말리며 말했다. 「그들은 의로운 사람이다.」 그리고 그들 백이·숙제를 부축해서 그 자리를 떠나게 했다.

어구 설명 제7과 ㅇ伯夷·叔齊(백이·숙제) : 다음에 있다. (1) ㅇ伯夷 叔齊叩馬諫曰(백이숙제고마간왈) : 백이(伯夷)와 숙제(叔齊)가 〈출동하는 무왕의〉 말고삐를 잡고 간언을 했다. 백(伯)은 형, 이름이 이(夷), 숙(叔)은 동생, 이름이 제(齊). 원래는 고죽국(孤竹國)의 왕자다. 부왕(父王)이 둘째아들 숙제에게 자리를 물려주려고 했다. 부왕이 죽자 큰아들이 동생에게 자리를 양보했다. 그러나 동생은 그럴 수 없다 하고 국외로 몸을 피했다. 이에 형 백이도 뒤따라 행방을 감추었다. 그래서 원로들이 셋째를 임금에 앉혔다. 여러 나라를 방랑하던 백이·숙제는 주나라 문왕의 덕을 흠모하고 주나라로 왔다. 그러나 문왕이 죽고 무왕이 무력으로 은나라를 치려고 하자 반대한 것이다. 그들은 끝내 수양산(首陽山)에 숨어 고사리로 연명하다가 아사했다. ㅇ父死不葬(부사불장) : 부친이 돌아가시고 미처 삼 년 상도 치르기 전에, ㅇ爰及干戈(원급간과) : 전쟁을 하려고 하니, 爰(이에 원). ㅇ可謂孝乎(가위효호) : 효라고 말할 수 있느냐? ㅇ以臣弑君(이신시군) : 신하의 신분으로 임금을 죽이려고 하니, ㅇ可謂仁乎(가위인호) : 인이라 말할 수 있느냐? ㅇ左右欲兵之(좌우욕병지) : 좌우의 병사들이 칼로 그들을 베려고 하자, ㅇ太公

曰(태공왈) : 태공망(太公望)의 약칭, 강태공(姜太公)이라고
도 한다. 강(姜)은 본래의 성, 여상(呂尙)은 군사(軍師)로 무
왕과 함께 출동하고 있었다. ㅇ義士也(의사야) : 〈여상이 죽
이지 못하게 말리고 말했다.〉 그분들은 의사다. 의로운 선
비다. ㅇ扶而去之(부이거지) : 백이 · 숙제를 부축해서 떠나
게 했다. 扶(도울 부 ; 떠받치다. 붙들다. 의지하다. 곁. 옆.)

(2) 王旣滅殷爲天子. 追尊古公爲太王, 公季爲王季, 西伯爲文王. 天下宗周.

(2) 무왕이 은나라를 멸하고 천자가 된 다음에, 증조부 고공
단보를 태왕이라고 추시(追諡)하고 높였다. 또 조부 공계를
왕계로 높였다. 또 부친 서백을 문왕이라 추시하고 높였다.
이로써, 천하 만민이나 제후가 주나라를 종주국으로 삼았다.

어구 설명 (2) ㅇ王旣滅殷爲天子(왕기멸은위천자) : 무왕이 은나라를
멸하고 천자가 된 다음에, 기(旣)는 「먼저, 그 다음에」. ㅇ追
尊古公爲太王(추존고공위태왕) : 〈무왕이〉 증조부 고공단
보(古公亶父)를 태왕(太王)이라고 추시(追諡)하고 높였다.
ㅇ公季爲王季(공계위왕계) : 조부 공계를 왕계(王季)로 높
였다. ㅇ西伯爲文王(서백위문왕) : 부친 서백을 문왕이라
추시하고 높였다. ㅇ天下宗周(천하종주) : 천하 만민이나
제후가 다 주나라를 종주국으로 삼았다.

(3) 伯夷 · 叔齊恥之, 不食周粟, 隱於首陽山. 作歌

日, 登彼西山兮, 采其薇矣. 以暴易暴兮, 不知其非
矣. 神農虞夏, 忽焉沒兮. 我安適歸矣. 于嗟徂兮,
命之衰矣. 遂餓而死.

(3) 그러나 백이와 숙제 두 사람은 주(周)나라가 천하의 종주
국이 된 것을 창피하게 여기고, 주나라의 곡식을 먹지 않겠
다 하고, 수양산에 숨었다. 그리고 다음과 같은 노래를 지었
다. 「저 서산에 올라가 고사리를 따서 먹노라, 폭력으로 폭
력을 대신하고도 그 잘못을 모르는 군아. 옛날의 신농, 순임
금, 우임금의 세계가 아득하게 사라졌으니, 우리는 어디로
돌아가나? 갈 곳이 없으니, 아아 죽으리라! 참으로 운세가
쇠퇴했구나!」 그리고 드디어 굶어 죽었다.

어구 설명 (3) ○伯夷叔齊恥之(백이숙제치지) : 백이와 숙제 두 사람
은 주(周)나라가 천하의 종주국이 된 것을 창피하게 여기
고, ○不食周粟(부식주속) : 주나라의 곡식을 먹지 않겠다
고 결심하고, ○隱於首陽山(은어수양산) : 수양산에 숨었
다. 산서성(山西省)에 있는 서산(西山). ○作歌曰(작가왈) :
다음과 같은 노래를 지었다. ○登彼西山兮 采其薇矣(등피
서산혜 채기미의) : 저 서산에 올라가 고사리를 따서 먹노
라, ○以暴易暴兮 不知其非矣(이폭역폭혜 불지기비의) : 폭
력으로 폭력을 대신하고도 그 잘못을 모르는 군아. ○神農
虞夏忽焉沒兮(신농우하홀언몰혜) : 옛날의 신농, 순임금,
우임금의 이상세계가 아득하게 사라졌으니, ○我安適歸矣
于嗟徂兮(아안적귀의 우차조혜) : 우리는 어디로 돌아가야

하나? 〈갈 곳이 없구나. 아아, 절망이로다, 죽으리로다! 徂
(갈 조). ㅇ命之衰矣(명지쇠의) : 운세가 쇠퇴했구나! ㅇ遂
餓而死(수아이사) : 드디어 굶어 죽었다.

| **백문** | 第7과 伯夷 · 叔齊

(1) 伯夷 · 叔齊叩馬諫曰, 父死不葬, 爰及干戈, 可謂孝乎. 以臣弑
君, 可謂仁乎. 左右欲兵之. 太公曰, 義士也. 扶而去之.

(2) 王旣滅殷爲天子. 追尊古公爲太王, 公季爲王季, 西伯爲文王.
天下宗周.

(3) 伯夷 · 叔齊恥之, 不食周粟, 隱於首陽山. 作歌曰, 登彼西山兮,
采其薇矣. 以暴易暴兮, 不知其非矣. 神農虞夏, 忽焉沒兮. 我安
適歸矣. 于嗟徂兮, 命之衰矣. 遂餓而死.

第8과 成王 · 周公 · 召公

(1) 武王崩, 太子誦立. 是爲[成王]. 成王幼. 周公位
冢宰攝政. 管叔 · 蔡叔流言曰, 公將不利於孺子. 與
武庚作亂.

(1) 무왕이 죽고 태자 송이 뒤를 이어 임금이 되었다. 그가
곧 성왕이다. 성왕은 나이가 어렸음으로 주공이 총재의 자리
에서, 정사를 대신 맡아 다스렸다. 그러나 관숙과 채숙이 유

언을 퍼뜨려 말했다. 「주공이 장차는 어린 임금에게 해를 끼칠 것이다.」 그리고 무경과 함께 난을 일으켰다.

어구설명 제8과 ㅇ成王·周公·김公(성왕·주공·소공) : 다음에 개별적으로 나온다. (1) ㅇ武王崩(무왕붕) : 무왕이 죽고, ㅇ太子誦立(태자송립) : 태자 송이 뒤를 이었다. ㅇ是爲成王(시위성왕) : 그가 곧 성왕이다. ㅇ成王幼(성왕유) : 성왕은 나이가 어렸음으로, ㅇ周公位冢宰(주공위총재) : 주공이 총재의 자리에서,「총재」는 모든 것을 주재하는 재상(宰相)과 같다. ㅇ攝政(섭정) : 정사를 대신 맡아 다스리다. ㅇ管叔(관숙) : 관(管)은 지명, 관숙(管叔)은 「하남성 개봉부(河南省開封府)를 다스리는 동생」이라는 뜻. 이름은 선(鮮), ㅇ蔡叔(채숙) : 채(蔡 : 河南省 汝州府)를 다스리는 동생, 이름은 도(度), ㅇ流言曰(유언왈) : 말을 퍼뜨렸다. ㅇ公將不利於孺子(공장불리어유자) : 주공이 장차는 어린 왕에게 해를 끼칠 것이다. ㅇ與武庚作亂(여무경작란) : 무경과 함께 난을 일으켰다.

(2) 武庚者, 武王所立紂子祿父, 爲殷後者也. 周公東征, 誅武庚·管叔, 放蔡叔. 王長周公歸政.

(2) 무경은 무왕이 내세운 주의 아들 녹보로 은나라의 후손이다.〈망한 은나라의 제사를 지내라고 내세운 후계자다.〉주공이 동쪽으로 출정하여〈난동을 일으킨 그들을 쳤으며〉무경과 관숙을 주멸하고 채숙을 멀리 추방했다. 그 후에 어

린 성왕이 장성하자 주공은 정치의 대권을 다시 돌려주었
다.

어구 설명 (2) ○武庚者(무경자) : 무경은, ○武王所立紂子祿父(무왕
소립주자녹보) : 무왕이 내세운 주의 아들 녹보다. 「父」를
「보」로도 발음한다. ○爲殷後者也(위은후자야) : 은나라 후
손이다. 〈망한 은나라의 제사를 지내라고 내세운 후계자라
는 뜻.〉 ○周公東征(주공동정) : 주공이 동쪽으로 출정하여
〈난동을 일으킨 그들을 쳤다.〉 ○誅武庚 · 管叔(주무경 · 관
숙) : 무경과 관숙을 주멸하고, ○放蔡叔(방채숙) : 채숙을
멀리 추방했다. ○王長 周公歸政(왕장 주공귀정) : 어린 왕
성왕이 장성하자 주공이 정치의 대권을 다시 돌려주었다.

---

(3) 初武王作鎬京. 謂之宗周. 是爲西都. 將營洛邑.
未果. 王欲如武王之志. 召公遂相宅. 周公至洛築王
城. 是爲東都. 以洛爲天下中, 四方入貢道里均也.

(3) 전에 무왕이 생존 시에 호경을 건설하고 종주라고 이름
을 붙였다. 무왕은 호경을 서쪽 국도로 삼고 장차 낙양을 건
설하려다가 뜻을 이루지 못하고 〈죽었다.〉 어린 성왕이 무
왕의 뜻과 같이 〈낙양을 건설하려고 했으며〉 소공이 〈도읍
을 건설할〉 터를 살피고 주공이 낙양에 가서 왕성을 지었으
며 이를 동도라고 불렀다. 낙양은 천하의 중심지가 되며 사
방의 제후국들이 들어와 공물을 바치는데 그 노정과 거리가
균등한 곳이었다.

어구 설명 (3) ㅇ初武王作鎬京(초무왕작호경) : 〈무왕 생존 시 그는〉
처음에 호경을 건설했다. 「鎬京」은 섬서성(陝西省) 장안현
(長安縣) 서쪽. ㅇ謂之宗周(위지종주) : 종주라고 이름을 붙
였다. 주나라의 중심이라는 뜻. ㅇ是爲西都(시위서도) : 호
경을 서도로 삼고, ㅇ將營洛邑(장영락읍) : 장차 낙양을 건
설하려다가, ㅇ未果(미과) : 완성하지 못하고 〈무왕이 죽었
다.〉 ㅇ王欲如武王之志(왕욕여무왕지지) : 어린 성왕이 무
왕의 뜻과 같이 〈낙양을 건설하려고 했다.〉 ㅇ召公遂相宅
(소공수상택) : 소공이 드디어 〈도읍을 건설할〉 터를 살피고
정했으며, 「召公」은 주공의 동생, 이름은 석(奭). ㅇ周公至
洛築王城(주공지락축왕성) : 주공이 낙양에 가서 왕성을 건
축했다. ㅇ是爲東都(시위동도) : 그것을 동도라 했다. ㅇ以
洛爲天下中(이락위천하중) : 낙양은 천하의 중심지가 되며,
ㅇ四方入貢(사방입공) : 사방의 제후국들이 들어와 공물을
바치는데, ㅇ道里均也(도리균야) : 노정(路程)과 그 거리가
균등하기 〈때문에 낙양을 건설한 것이다.〉

(4) 王居西都, 而朝會諸侯於東都. 周公·召公相成王, 爲左右人. 自陝以西, 召公主之, 自陝以東, 周公主之.

(4) 성왕은 평소에는 서도 호경에 있었고 제후들과 회견할
때에는 동도에서 했다. 주공과 그의 동생 소공이 다 왕을 도
왔으며, 좌우의 보좌인이 되었다. 섬주(陝州) 서쪽은 소공이
주관하고 섬주 동쪽은 주공이 주관했다.

어구 설명 (4) ○ 王居西都(왕거서도) : 왕은 평소에는 서도 호경에 있으면서, ○ 而朝會諸侯於東都(이조회제후어동도) : 그러나 제후들과 회견할 때에는 동도에서 했다. ○ 周公召公相成王(주공소공상성왕) : 주공과 그의 동생 소공이 다 왕을 도왔다. ○ 爲左右人(위좌우인) : 좌우에서 보좌하는 사람이 되었다. ○ 自陝以西(자섬이서) : 섬주(陝州) 서쪽은, ○ 召公主之(소공주지) : 소공이 주관하고, ○ 自陝以東(자섬이동) : 섬주 동쪽은, ○ 周公主之(주공주지) : 주공이 주관했다.

| 백문 | 제8과 成王 周公 召公

(1) 武王崩, 太子誦立. 是爲[成王]. 成王幼. 周公位冢宰攝政. 管叔 · 蔡叔流言曰, 公將不利於孺子. 與武庚作亂.

(2) 武庚者, 武王所立紂子祿父, 爲殷後者也. 周公東征, 誅武庚 · 管叔, 放蔡叔. 王長周公歸政.

(3) 初武王作鎬京. 謂之宗周. 是爲西都. 將營洛邑. 未果. 王欲如武王之志. 召公遂相宅. 周公至洛築王城. 是爲東都. 以洛爲天下中, 四方入貢道里均也.

(4) 王居西都, 而朝會諸侯於東都. 周公 · 召公相成王, 爲左右人. 自陝以西, 召公主之, 自陝以東, 周公主之.

제9과 越裳獻白雉

(1) 交趾南有越裳氏. 重三譯而來, 獻白雉. 曰, 吾受

命國之黃耇, 天無烈風淫雨, 海不揚波三年矣. 意者 中國有聖人乎.

(1) 교지 남쪽에 월상씨라는 나라가 있었다. 〈그 나라의 사신 이〉 이중 삼중으로 통역을 바꿔가면서 주나라를 찾아와서 흰 꿩을 바쳐 올리며 아뢰었다. 「저는 우리나라의 늙은 임금 으로부터 명을 받고 왔습니다. 하늘에는 열풍과 폭우도 없고 바다에는 높은 파도가 일지 않은지 삼 년이나 되었습니다. 〈우 리나라의 임금께서는〉 중국에 성인이 나타나 다스리기 때문 에 이렇게 천하가 태평할 거라고 생각하고 계십니다.」

어구 설명 제9과 ○越裳獻白雉(월상헌백치) :「월상(越裳)」은 지금의 월남에 해당한다. 그 나라가 주(周)에, 「흰 꿩(百雉)」을 바 쳤다. (1) ○交趾南(교지남) : 교지 남쪽에, 「交趾」는 한(漢) 나라 때의 군명(郡名), 지금의 월남 북부. ○有越裳氏(유월 상씨) : 월상씨라는 나라가 있었다. ○重三譯而來(중삼역이 래) : 〈그 나라의 사신이〉 이중 삼중으로 통역을 바꿔가면 서 주나라를 찾아와서, ○獻白雉(헌백치) : 흰 꿩을 바쳐 올 렸다. ○曰(왈) : 그리고 말했다. ○吾受命國之黃耇(오수명 국지황구) : 저는 명을 우리나라의 늙은 임금으로부터 받고 왔습니다. 「黃耇」는 「백발을 지나 노란 머리가 된 늙은 임 금」이란 뜻. ○天無烈風淫雨(천무열풍음우) : 하늘에는 사 나운 바람도 폭우도 없고, ○海不揚波(해불양파) : 바다에 는 높은 파도가 일지 않는지, ○三年矣(삼년의) : 삼 년이나 되었습니다. ○意者中國有聖人乎(의자중국유성인호) : 〈우 리 임금께서〉 「중국에 성인이 나타나 다스리기 때문에 이

렇게 천하가 태평할 것이라고 생각하고 계십니다.」〈하고 사신이 아뢰었다.〉

(2) 周公歸之王, 薦于宗廟. 使者迷歸路. 周公錫以
軿車五乘. 皆爲指南之制. 使者載之, 由扶南·林邑
海際, 期年而至國. 故指南車常爲先導. 示服遠人而
正四方.

(2) 주공이 성왕의 덕으로 돌리고 흰 꿩을 선조를 모신 종묘에 바치고 제사를 지냈다. 사신이 돌아갈 길을 잃고 헤매자 주공이 〈사신에게〉 포장을 두른 수레 다섯 량을 내려주었다. 모두 남쪽을 가리키는 기계장치가 있는 지남차(指南車)였다. 사자는 그 수레를 타고 부남과 임읍의 해안을 따라서 일 년 만에 자기나라에 도달했다. 그러므로 〈후세에도 임금 행차에〉 지남차를 항상 선도로 내세운다. 〈그 이유는〉 먼 나라 사람들을 귀순하게 하고 또 사방을 바르게 다스린다는 뜻을 나타내기 위해서다.

어구 설명 (2)ㅇ周公歸之王(주공귀지왕) : 주공이 성왕의 덕으로 돌리고, 「歸之王」을 「하늘과 바다가 평정한 것을 임금의 덕으로 돌린다.」로 풀이한다. 그러나 「之」를 「白雉」로 보고, 「주공이 백치를 임금에게 바친다.」는 뜻으로도 풀 수 있다. ㅇ薦于宗廟(천우종묘) : 흰 꿩을 선조를 모신 종묘에 바치고 제사를 지냈다. ㅇ使者迷歸路(사자미귀로) : 사신이 돌아갈 길을 잃고 헤매자, ㅇ周公錫(주공석) : 주공이 〈사신에게〉

내려주었다. ㅇ以軿車五乘(이병차오승) : 포장을 두른 수레 다섯 량을 〈주었다.〉ㅇ皆爲指南之制(개위지남지제) : 모두 남쪽을 가리키는 기계장치가 있었다. 〈즉 그 수레는 지남차(指南車)였다.〉ㅇ使者載之(사자재지) : 사자는 그 수레를 타고, ㅇ由扶南·林邑海際(유부남·임읍해제) : 부남과 임읍의 해안을 따라서, 「扶南 林邑」은 다 남만(南蠻)의 나라 이름. ㅇ期年而至國(기년이지국) : 일 년 만에 자기나라에 도달했다. ㅇ故指南車常爲先導(고지남차상위선도) : 고로 〈후세에도 임금 행차에〉지남차가 항상 선도를 했다. ㅇ示服遠人而正四方(시복원인이정사방) : 먼 나라도 따르게 하고 사방을 바르게 하려는 뜻이다.

| 백문 | 제9과 **越裳獻白雉**

(1) 交趾南有越裳氏. 重三譯而來, 獻白雉. 曰, 吾受命國之黃耉, 天無烈風淫雨, 海不揚波三年矣. 意者中國有聖人乎.

(2) 周公歸之王, 薦于宗廟. 使者迷歸路. 周公錫以軿車五乘. 皆爲指南之制. 使者載之, 由扶南·林邑海際, 期年而至國. 故指南車常爲先導. 示服遠人而正四方.

제10과 康王 · 昭王

(1) 成王崩 子[康王釗]立. 成·康之際, 天下安寧, 刑錯四十餘年不用. 康王崩, 子[昭王瑕]立. 昭王南

巡狩之楚. 以膠舟載之. 溺不返.

(1) 성왕이 죽고 아들 강왕, 쇠가 뒤를 이었다. 성왕과 강왕 두 임금 때에는 천하가 잘 다스려지고 평화로워 형벌을 놓아 두고 쓰지 않은 지가 사십 년이나 되었다. 강왕이 죽고 아들 소왕 하가 자리에 올랐다. 소왕은 남쪽을 돌며 사냥을 하다가 초나라에 갔으며 아교로 붙인 배를 타고 강을 건너가다가 익사하고 다시 돌아오지 못했다.

| 어구 설명 | 제10과 ㅇ康王·昭王(강왕·소왕) : 강왕은 3대, 소왕은 4대 왕. (1) ㅇ成王崩(성왕붕) : 2대 성왕이 죽고, ㅇ子康王釗立(자강왕쇠립) : 아들 강왕, 쇠가 뒤를 이었다. ㅇ成康之際(성강지제) : 성왕과 강왕 두 임금 때에는 ㅇ天下安寧(천하안녕) : 천하가 잘 다스려져 평화로웠음으로, ㅇ刑錯四十餘年不用(형착사십여년불용) : 형벌을 놓아두고 40년간이나 쓰지 않았다. ㅇ康王崩(강왕붕) : 강왕이 죽고, ㅇ子昭王瑕立(자소왕하립) : 아들 소왕, 하가 자리에 올랐다. ㅇ昭王南巡狩之楚(소왕남순수지초) : 소왕은 남쪽을 돌며 사냥을 하다가 초나라에 갔으며, ㅇ以膠舟載之(이교주재지) : 아교로 붙인 배를 타고 강을 건너가다가, ㅇ溺不返(익불반) : 익사하고 다시 돌아오지 못했다.

| 백문 | 제10과 康王·昭王

(1) 成王崩, 子[康王釗]立. 成·康之際, 天下安寧, 刑錯四十餘年不用. 康王崩, 子[昭王瑕]立. 昭王南巡狩之楚. 以膠舟載之. 溺不返.

제11과 穆王巡狩

(1) 子[穆王滿]立. 有造父者. 以善御幸於王. 得八駿馬, 遊行天下, 將皆有車轍馬跡. 王西巡. 世傳, 王以此時觴西王母瑤池上, 樂而忘歸.

(1) 아들 목왕 만(滿)이 임금이 되었다. 조보라는 사람이 있었으며 말과 수레를 잘 몰아서 왕의 사랑을 받았다. 여덟 마리 준마를 얻어 가지고 천하를 두루 돌아다녔으며 장차 천하 각지에 수레 바퀴자국과 말 발자국을 남기려고 했다. 목왕이 서쪽을 여행했을 때 요지에서 서왕모와 함께 술을 마시고 즐거워서 돌아가기를 잊었다고 전한다.

어구 설명 제11과 ㅇ穆王巡狩(목왕순수) :「목왕(穆王)」은 5대 왕,「순수(巡狩)」는 여러 나라를 시찰하고 사냥한다, 혹은 무력으로 정벌한다는 뜻도 있다. (1) ㅇ子穆王滿立(자목왕만립) : 아들 목왕 만이 임금이 되었다. ㅇ有造父者(유조보자) : 조보라는 사람이 있었으며, ㅇ以善御幸於王(이선어행어왕) : 말과 수레를 잘 몰아서 왕의 사랑을 받았다. ㅇ得八駿馬(득팔준마) : 여덟 마리 준마를 얻어 가지고, ㅇ遊行天下(유행천하) : 천하를 두루 돌아다녔다. ㅇ將皆有車轍馬跡(장개유차철마적) : 장차 천하 각지에 수레 바퀴자국과 말 발자국을 남기려고 했다. ㅇ王西巡(왕서순) : 왕이 서쪽을 여행했다. ㅇ世傳(세전) : 세상에 전하는 말로는 ㅇ王以此時(왕이차시) : 왕이 이때에, ㅇ觴西王母瑤池上(상서왕모요지상) :

왕이 요지에서 서왕모와 함께 술을 마시고, 觴(잔 상). 요지
(瑤池)는 곤륜산(崑崙山)에 있는 호수의 이름, ○樂而忘歸
(낙이망귀) : 즐거워서 돌아가기를 잊었다고 한다.

(2) 徐偃王作亂. 造父御王, 長驅歸救亂, 告楚伐徐. 徐敗.

(2) 서(徐)나라의 언(偃)왕이 반란했다. 조보가 왕의 수레를
몰고, 장거리를 달려서 〈무사히〉 돌아옴으로써 왕을 난에서
구했다. 그 다음 왕은 초나라에 명하여 서를 치게 했으며,
서나라가 패했다.

어구 설명 (2) ○徐偃王作亂(서언왕작란) : 서(徐)나라의 언(偃)왕이
반란했다. ○造父御王(조보어왕) : 조보가 왕의 수레를 몰
고, ○長驅歸救亂(장구귀구란) : 장거리를 달려서 〈무사히〉
돌아옴으로써 목왕을 난에서 구했다. ○告楚伐徐(고초벌
서) : 초나라에 명하여 서를 치게 했으며, ○徐敗(서패) :
서나라가 패했다.

(3) 王將征犬戎. 祭公謀父諫曰, 先王耀德不觀兵. 王不聽征之, 得四白狼 · 四白鹿, 以歸. 自是荒服不至. 諸侯不睦.

(3) 목왕이 견융을 정벌하려고 하자, 채나라의 공(公), 모보가
간하여 말했다. 선왕들은 덕을 밝히시고 무력을 과시하지 않

았습니다. 그러나 왕은 듣지 않고 서쪽으로 출정했다. 〈아무런 전과도 올리지 못하고〉 다만 네 마리의 흰 이리와 흰 사슴을 얻고 돌아왔다. 그때부터 변경의 오랑캐들로 귀순하는 자들이 없게 되었으며, 제후들도 화목하지 않게 되었다.

|어구 설명| (3) ㅇ王將征犬戎(왕장정견융) : 목왕이 견융을 정벌하려고 하자, 견융(犬戎)은 서방의 오랑캐, ㅇ祭公謀父諫曰(채공모보간왈) : 채(祭)나라의 공(公), 모보(謀父)가 간하여 말했다. 祭(제사 제, 나라이름 채). ㅇ先王耀德不觀兵(선왕요덕불관병) : 선왕들은 덕을 밝히시고 무력을 과시하지 않았다, ㅇ王不聽征之(왕불청정지) : 왕은 듣지 않고 서쪽으로 출정했다. ㅇ得四白狼四白鹿以歸(득사백랑사백록이귀) : 〈아무런 전과도 올리지 못하고〉 다만 네 마리의 흰 이리[白狼]와 흰 사슴[白鹿]을 얻고 돌아왔다. ㅇ自是荒服不至(자시황복부지) : 그 후 변경의 오랑캐들 중에도 귀순하는 자들이 없게 되었으며, ㅇ諸侯不睦(제후불목) : 제후들도 화목하지 않게 되었다. 원래 주나라는 문왕의 인덕(仁德)을 바탕으로 천명을 내려 받고 천하를 다스리게 된 것이다. 그런데, 목왕은 준마(駿馬)를 타고 다니면서 무력을 과시했다.

| 백문 | 제11과 **穆王巡狩**

(1) 子[穆王滿]立. 有造父者. 以善御幸於王. 得八駿馬, 遊行天下, 將皆有車轍馬跡. 王西巡. 世傳, 王以此時觴西王母瑤池上, 樂而忘歸.

(2) 徐偃王作亂. 造父御王, 長驅歸救亂, 告楚伐徐. 徐敗.

(3) 王將征犬戎. 祭公謀父諫曰, 先王耀德不觀兵. 王不聽征之, 得

四白狼·四白鹿, 以歸. 自是荒服不至. 諸侯不睦.

제12과 厲王

(1) 崩. 子[共王繄扈]立. 崩. 子[懿王囏]立. 崩. 弟[孝
王辟方]立. 崩. 子[夷王燮]立. 下堂而見諸侯. 楚始僭
稱王. 夷王崩.

⑴ 목왕이 죽고 아들 공왕 예호(繄扈)가 자리에 올랐다. 공
왕이 죽고, 아들 의왕 간(囏)이 자리에 올랐다. 의왕이 죽고
동생 효왕 벽방(辟方)이 임금이 되었다. 효왕이 죽고 아들
이왕 섭(燮)이 자리에 올랐다. 〈주나라의 세력이 약해졌으
로〉 이왕은 당에서 내려와 몸을 숙이고 제후를 만났다. 이때
에 초나라가 처음으로 신분에 넘나게 임금이라 호칭했다. 이
왕이 죽었다.

어구 설명 제12과 ㅇ厲王(여왕) : 주(周)의 10대 왕, 심하게 언론을
탄압하다가 결국은 쫓겨났다. ⑴ ㅇ崩(붕) : 목왕이 죽고,
ㅇ子共王繄扈立(자공왕예호립) : 아들 공왕 예호가 임금이
되었다. ㅇ崩(붕) : 공왕이 죽고, ㅇ子懿王囏立(자의왕간
립) : 아들 의왕 간이 임금이 되었다. 囏은 艱(어려울 간)으
로 읽음. ㅇ崩(붕) : 의왕이 죽고, ㅇ弟孝王辟方立(제효왕
벽방립) : 동생 효왕 벽방이 임금이 되었다. ㅇ崩(붕) : 효

왕이 죽고, ㅇ子夷王燮立(자이왕섭립) : 아들 이왕 섭이 올
랐다. 燮(섭)은 燮(불꽃 섭)의 속자. ㅇ下堂而見諸侯(하당
이견제후) : 〈주나라의 세력이 약해졌음으로〉 이왕은 당에
서 내려와 몸을 숙이고 제후를 만났다. ㅇ楚始僭稱王(초시
참칭왕) : 초나라가 처음으로 신분에 넘나게 임금이라 호
칭했다. ㅇ夷王崩(이왕붕) : 이왕이 죽었다.

(2) 子[厲王胡]立. 無道, 暴虐侈傲. 得衞巫, 使監國
人之謗者, 以告則殺之. 道路以目. 王喜曰, 吾能弭
謗矣. 或曰, 是障也. 防民之口, 甚於防川. 水壅而
潰, 傷人必多. 王弗聽. 於是國人相與畔. 王出奔彘.

(2) 아들 여왕 호(胡)가 임금이 되었으나 여왕은 무도하고 포
학하고 사치 낭비하고 오만 무례했다. 위(衞)나라 태생 무녀
(巫女)인 위무(衞巫)라는 여자 무당을 내세워 정치를 비방하
는 국민들을 감시케 했으며, 그녀가 고발하면 즉각 살해했
다. 〈사람들은 말을 못하고〉 도로에서 눈짓만 했다. 그러자
왕은 좋아하고 「내가 비로소 비방을 못하게 했다」고 말했다.
이를 보고 어떤 사람이 말했다. 「그것은 틀어막는 짓이다.
백성의 입을 막으면 흐르는 물을 막는 것보다 더 심한 해독
을 볼 것이다. 물을 막음으로써 둑을 무너지게 하면 반드시
많은 사람이 다칠 것이다.」 그래도 왕은 말을 듣지 않았다.
이에 국민들이 서로 편들고 한패가 되어 임금에게 반대했으
며 결국 임금은 나라에서 쫓겨나 체로 도망갔다.

어구 설명 (2) ㅇ子厲王胡立(자려왕호립) : 아들 여왕 호가 임금이 되었으나, ㅇ無道暴虐侈傲(무도포학치오) : 무도하고, 포학하고 또 사치 낭비하고 오만 무례했다. ㅇ得衛巫(득위무) : 위무라는 여자 무당을 내세워, 衞(지킬 위)의 속자는 衛다. ㅇ使監國人之謗者(사감국인지방자) : 〈임금의 나쁜 정치를〉 비방하는 국민들을 감시케 했다. ㅇ以告則殺之(이고칙살지) : 그 여자 무당이 고발하면 즉각 살해했다. ㅇ道路以目(도로이목) : 〈그래서 국민들은 말을 못하고〉 도로에서 서로 눈짓만 했다. ㅇ吾能弭謗矣(오능미방의) : 내가 비로소 비방을 못하게 했다. 弭(그치게 할 미). ㅇ是障也(시장야) : 그것은 틀어막는 짓이다. 障(막을 장 ; 저지하다. 틀어막다.) ㅇ防民之口(방민지구) : 백성의 입을 막으면, ㅇ甚於防川(심어방천) : 흐르는 물을 막는 것보다 더 심한 〈해독을 본다.〉 ㅇ水壅而潰(수옹이궤) : 물을 막음으로써 둑을 무너지게 하면, 壅(막을 옹), 潰(무너질 궤). ㅇ傷人必多(상인필다) : 반드시 많은 사람이 다칠 것이다. ㅇ於是國人相與畔(어시국인상여반) : 이에 국민들이 서로 편들고 한패가 되고, 임금에게 반대했다. 畔(두둑 반 ; 경계(境界), 배반하다. 위반하다.) ㅇ王出奔彘(왕출분체) : 결국 임금은 나라에서 쫓겨나 체나라로 도망갔다. 彘(체)는 山書省 平陽.

| 백문 | 제12과 厲王

(1) 崩. 子[共王繄扈]立. 崩. 子[懿王囏]立. 崩. 弟[孝王辟方]立. 崩. 子[夷王燮]立. 下堂而見諸侯. 楚始僭稱王. 夷王崩.

(2) 子[厲王胡]立. 無道, 暴虐侈傲. 得衛巫, 使監國人之謗者, 以告則殺之. 道路以目. 王喜曰, 吾能弭謗矣. 或曰, 是障也. 防民之

口, 甚於防川. 水壅而潰, 傷人必多. 王弗聽. 於是國人相與畔.
王出奔彘.

제13과 宣王中興

(1) 二相周·召共理國事. 日共和者十四年, 而王
崩于彘.

⑴ 두 명의 재상 즉 주공과 소공의 후손들이 공동으로 국사
를 처리했으며, 그 시기를 공화시대라 하고, 14년간 지속되
었다. 그러자 여왕(厲王)이 망명했던 체(彘)에서 죽었다.

어구 설명 제13과 宣王中興(선왕중흥) : 주(周) 11대 왕, 선왕(宣王)이
나라를 잘 다스려, 다시 흥성케 했다. ⑴ ○二相周·召(이
상주·소) : 두 명의 재상, 즉 주공(周公)과 소공(召公)의 후
손. ○共理國事(공리국사) : 공동으로 나라를 다스렸다. ○日
共和者(왈공화자) : 그 시기를 공화시대라 하고, ○十四年
(십사년) : 〈공화 정치가〉 14년간 지속되었다. ○而王崩于
彘(이왕붕우체) : 그러자 여왕(厲王)이 체(彘)에서 죽었다.
*「공화(共和)」에 대한 다른 설이 많다.

(2) 子[宣王靜]立. 任賢使能. 有召穆公·方叔·尹

吉甫 · 仲山甫等. 爲政於內外. 王化復行, 周室中興焉.

(2) 아들 선왕 정이 뒤를 이어 자리에 올랐다. 〈선왕은〉 현명한 사람을 임용하고 능력있는 사람을 썼다. 이에 소목공을 위시하여 방숙, 윤길보, 중산보 등 현명한 신하가 안과 밖으로 잘 다스렸음으로, 왕의 교화가 다시 부흥하고 주나라 황실의 위세가 중흥했다.

 어구 설명   (2) ○子宣王靜立(자선왕정립) : 아들 선왕 정이 뒤를 이었다. ○任賢使能(임현사능) : 현명한 사람을 임용하고 능력있는 사람을 썼다. ○有召穆公(유소목공) : 〈그 중에는〉 소목공을 위시하여 ○方叔 · 尹吉甫 · 仲山甫等(방숙 · 윤길보 · 중산보 등) : 방숙, 윤길보, 중산보 등 현명한 신하가 있었다. ○爲政於內外(위정어내외) : 그들이 내외로 잘 다스려, ○王化復行(왕화부행) : 왕의 교화가 다시 부흥하고, ○周室中興焉(주실중흥언) : 주실이 중흥했다.

| 백문 | 제13과 宣王中興

(1) 二相周 · 召共理國事. 曰共和者十四年, 而王崩于彘.

(2) 子[宣王靜]立. 任賢使能. 有召穆公 · 方叔 · 尹吉甫 · 仲山甫等. 爲政於內外. 王化復行, 周室中興焉.

제14과 幽王 · 褒姒 · 平王

(1) 崩. 子[幽王宮涅]立. 初夏后氏之世, 有二龍降于
庭. 曰, 予褒之二君. 卜藏其㳂. 歷夏 · 殷, 莫敢發.
周人發之. 㳂化爲黿. 童妾遇之而孕, 生女棄之.

(1) 제11대 선왕이 죽고 아들 유왕(이름 궁녈)이 뒤를 이었다.
옛날에, 하나라 말기에 두 마리의 용이 궁중 뜰에 내려와서
「우리는 포나라의 옛 임금과 왕비다.」라고 말하고, 〈액체를
흘리고 갔다.〉 하나라의 임금이 그 액체를 점치는 태사로
하여금 점을 치게 하고, 나무 함 속에 밀폐하고 보관했으
며, 그 후「하 · 은」두 왕조에 감히 그 함을 열어보지 않았
다. 주나라 여왕이 그것을 열어보자, 그 액체가 도마뱀으로
변하고 기어가서 어린 궁녀의 몸으로 들어갔으며, 그 궁녀
가 잉태하고 얼마 후에 여자아이를 출산했다. 궁녀는 그 아
이를 내다 버렸다.

> **어구 설명** 제14과 ㅇ幽王 · 褒姒 · 平王(유왕 · 포사 · 평왕) : 서주(西
> 周)의 마지막 왕 유왕(幽王)이 요녀(妖女) 포사(褒姒)에게
> 홀려, 나라를 망치고 자신도 오랑캐에게 피살되었다. 「포
> 사」는 출생이 이상한 요녀(妖女)다. 「평왕」은 원래의 태자
> 로, 제후가 옹립한 제13대 왕이다. 그가 도읍을 낙양(洛陽)
> 으로 옮겼다. 그때까지를 서주(西周)라 하고, 그때부터를
> 동주(東周)라 한다. 「동주」를 다시 「춘추(春秋)와 전국(戰
> 國)」으로 나눈다. (1) ㅇ崩(붕) : 제11대 선왕(宣王)이 죽고,

ㅇ子幽王宮涅立(자유왕궁녈립) : 그 아들 유왕, 이름 궁녈
이 뒤를 이었다. ㅇ初(초) : 옛날, ㅇ夏后氏之世(하후씨지
세) : 하나라 말기에, 어느 임금인지 확실치 않다. ㅇ有二龍
降于庭(유이룡강우정) : 두 마리에 용이 궁중의 뜰에 내려
와서, ㅇ曰 子褒之二君(왈 여포지이군) : 말했다. 「우리는
포(褒)나라의 옛날의 임금과 왕비다.」 포(褒) ; 하(夏)나라와
같은 섬서성(陝西省)에 있었다. 〈그리고 액체를 흘렸다.〉
ㅇ卜藏其漦(복장기시) : 하나라의 임금이 그 액체를 태사
(太史)로 하여금 점을 치게 하고, 나무로 만든 함 속에 밀폐
하고 보관했으며, ㅇ歷夏·殷(역하·은) :「하·은」두 왕조
에 걸쳐, ㅇ莫敢發(막감발) : 감히 그 함을 열어보지 못했
다. ㅇ周人發之(주인발지) : 주나라 여왕이 그것을 열어보
았다. ㅇ漦化爲黿(시화위원) : 그 액체가 도마뱀으로 변하
고 기어가서, ㅇ童妾遇之(동첩우지) : 어린 궁녀 몸속으로
기여 들어갔다. ㅇ而孕(이잉) : 그러자 그 어린 궁녀가 잉태
하고, ㅇ生女(생녀) : 여자아이를 출산했다. ㅇ棄之(기지) :
그 아이를 내다 버렸다. 漦(흐를 시, 용의 침 시) 漦(시) 와
同. 黿(자라 원, 도롱뇽 목). 영원(蠑蚖)과에 딸린 양서류(兩
棲類) 동물의 총칭.

(2) 宣王時有童謠. 曰, 檿弧箕服, 實亡周國. 適有
鬻是器者. 宣王使執之. 其人逃. 於道見棄女, 哀其
夜號而收之, 逸於褒.

(2) 선왕 때에 아이들이 다음과 같은 동요를 불렀다. 「산뽕

나무로 만든 활과 기초나무로 만든 화살 통이, 실로 주나라
를 망치게 할 것이다.」 마침 그때에 염호와 기복을 팔러 다
니는 부부가 있었다. 선왕이 그들을 잡아들이게 하자, 그들
은 도망가고, 길에서 버려진 아이를 발견하고 밤에 우는 아
이를 불쌍히 여기고 〈또 그 부부는 아이가 없었음으로〉 아이
를 거두어, 포나라로 도피했다.

어구설명 (2) ㅇ宣王時(선왕시) : 선왕 때에, ㅇ有童謠曰(유동요왈) :
아이들이 다음과 같은 동요를 불렀다. ㅇ檿弧箕服(염호기
복) : 산뽕나무로 만든 활과 기초나무로 만든 화살 통. 檿
(산뽕나무 염), 弧(활 호), 箕(기초 기), 服(화살 통 복). ㅇ實
亡周國(실망주국) : 사실로 주나라를 망치게 한다. ㅇ適有
鬻是器者(적유육시기자) : 마침 그때에 염호(檿弧)와 기복
(箕服)을 팔러 다니는 부부가 있었다. 鬻(팔 육). ㅇ宣王使
執之(선왕사집지) : 선왕이 그들을 잡아들이게 했다. ㅇ其
人逃(기인도) : 그들이 도망갔으며, ㅇ於道見棄女(어도견
기녀) : 길에서 버려진 아이를 발견하고, ㅇ哀其夜號而收
之(애기야호이수지) : 밤에 우는 아이를 불쌍히 여기고 그
아이를 거두어 가지고, 〈마침 그 부부는 아이가 없었다.〉
ㅇ逸於褒(일어포) : 포나라로 도피했다.

(3) 至幽王之時, 褒人有罪. 入是女於王. 是爲褒姒.
王嬖之. 褒姒不好笑. 王欲其笑, 萬方不笑. 故王與
諸侯約, 有寇至, 則擧烽火, 召其兵來援. 乃無故擧

火. 諸侯悉至. 而無寇. 褒姒大笑.

(3) 유왕 때에 이르러 포나라 사람이 죄를 범했으며 〈면죄 받으려고〉 아름다운 여자를 유왕에게 바쳐 올렸다. 그 여자가 바로 포사다. 〈활과 화살 통을 팔던 부부가 아기를 주워 가지고 포나라로 가서 기른 여자가 바로 이 포사다.〉 유왕은 그 미인 포사를 몹시 총애했다. 그런데 포사는 좀처럼 웃지 않았다. 유왕은 그녀를 웃게 하려고, 만방으로 〈애를 쓰고 노력을 했으나〉 그래도 그녀는 웃지 않았다.

〈한편〉 이전에 유왕이 제후들과 약속을 했다. 즉 「적군이 침공해 오면 즉시 봉화를 올리고 제후의 군대들을 소집할 것이니 와서 구원해라」 하는 것이었다. 〈그런데 유왕은 포사를 웃게 하기 위하여〉 아무 일도 없는 데 봉화를 올렸으며, 이에 모든 제후들이 〈적이 쳐들어온 줄 알고〉 군대를 이끌고 일제히 달려왔다. 그러나 적군이 없었다. 이에 〈제후들이 당황하는 꼴을 보고〉 포사가 크게 깔깔대고 웃었다.

여구 설명 (3) ㅇ至幽王之時(지유왕지시) : 유왕 때에 이르러, ㅇ褒人有罪(포인유죄) : 포나라 사람이 죄를 범했으며, ㅇ入是女於王(입시여어왕) : 〈면죄 받으려고〉 아름다운 여자를 임금 유왕에게 바쳐 올렸다. ㅇ是爲褒姒(시위포사) : 그 여자가 바로 포사다, 〈활과 화살 통을 팔던 부부가 쫓겨 가다가 길에서 주워서 기른 여자가 바로 이 포사다.〉 ㅇ王嬖之(왕폐지) : 유왕은 그 미인 포사를 몹시 총애했다. ㅇ褒姒不好笑(포사불호소) : 그런데, 포사는 웃기를 좋아하지 않았다. ㅇ王欲其笑(왕욕기소) : 유왕은 그녀를 웃게 하려고, ㅇ萬方不笑(만방불소) : 만방으로 〈애를 쓰고 노력을 했으나〉 그래도 그녀는 좀처럼 웃지를 않았다. ㅇ故王與諸侯約(고왕여제후약) : 이전에 유왕은 제후들과 약속을 했다. ㅇ有寇至(유구지) : 적군이 침공해 오면, ㅇ則擧烽火(즉거봉화) : 즉시 봉화를 올리고, ㅇ김其兵來援(소기병래원) : 제후의 군대들을 소집할 것이니 와서 구원해라. ㅇ乃無故擧火(내무고거화) : 〈그런데 유왕은 포사를 웃게 하기 위하여〉 아무 일도 없는 데 봉화를 올리게 했다. ㅇ諸侯悉至(제후실지) : 이에 모든 제후들이 〈적이 쳐들어온 줄 알고〉 군대를 이끌고 일제히 달려왔다. ㅇ而無寇(이무구) : 그러나 적군이 없었으며, 〈제후들이 당황하는 꼴을 보고〉 ㅇ褒姒大笑(포사대소) : 포사가 크게 웃었다.

(4) 王廢申后及太子宜臼, 以褒姒爲后, 其子伯服爲太子. 宜臼奔申. 王求殺之. 弗得. 伐申. 申后召犬戎攻王. 王擧烽火徵兵. 不至. 犬戎殺王驪山下.

(4) 유왕은 신씨(申氏) 황후와 그녀의 소생아들로 태자인 의구(宜臼)를 폐하고, 포사를 황후에 앉히고 그녀의 소생 백복(伯服)을 태자로 삼았다. 이에 의구가 어머니의 고국 신(申)나라로 망명했으며, 유왕이 의구를 잡아 죽이려 했다. 그러나 의구를 죽이지 못하자 신나라를 토벌하려고 했다. 그러자 도리어 신의 임금이 서쪽 오랑캐 견융의 힘을 빌려 유왕

을 공격했다. 유왕은 봉화를 올리고 제후의 구원병을 소집
했으나 〈제후들은 또 거짓 봉화인줄 알고〉 달려오지 않았
다. 마침내 유왕은 여산 밑에서 견융의 군대에게 살해되었
다.

어구 설명 (4) ㅇ王廢申后及太子宜臼(왕폐신후급태자의구) : 유왕이
신 황후와 그녀의 소생아들로 태자인 의구를 폐했다. ㅇ以
褒姒爲后(이포사위후) : 그리고 포사를 황후에 앉히고, ㅇ其
子伯服爲太子(기자백복위태자) : 포사의 소생인 백복을 태
자로 삼았다. ㅇ宜臼奔申(의구분신) : 태자 의구는 어머니의
고국 신(申)으로 도망갔다. ㅇ王求殺之(왕구살지) : 유왕이
의구를 잡아 죽이려 했으며, ㅇ弗得(불득) : 의구를 죽이지
못하자, ㅇ伐申(벌신) : 신나라를 토벌하려고 했다. ㅇ申后
召犬戎攻王(신후소견융공왕) : 신의 임금이 서쪽 오랑캐 견
융의 힘을 빌려 유왕을 쳤다. ㅇ王擧烽火徵兵(왕거봉화징
병) : 유왕이 봉화를 올리고 제후의 구원병을 소집했으나,
ㅇ不至(부지) : 〈제후들은 또 거짓 봉화인줄 알고〉 달려오지
않았다. ㅇ犬戎殺王驪山下(견융살왕여산하) : 견융의 군대
는 유왕을 여산 밑에서 죽였다. 「여산」은 섬서성(陝西省)에
있다. 殺은 殺(죽일 살, 생략할 쇄 ; 쇠하다)의 속자.

(5) 諸侯立宜臼. 是爲[平王]. 以西都逼於戎, 徙居
東都王城. 時周室衰微, 諸侯强幷弱, 齊·楚·秦·
晉, 始大. 平王之四十九年, 卽魯隱公之元年. 其後

孔子修春秋始此.

(5) 제후가 의구를 왕에 옹립했으니, 그가 곧 평왕이다. 서도(西都) 호경(鎬京)은 견융(犬戎)에 너무 접근하였음으로 평왕은 도읍을 동도(東都) 낙양(洛陽)으로 옮겨서 살았다. 당시 주나라의 세력이 쇠미했으며 제후들이 서로 침략하고 강한 자가 약한 자를 집어 삼켰다. 〈제후들 중에서도〉「제(齊), 초(楚), 진(秦), 진(晉)」 등이 강대하기 시작했다. 평왕 49년은 곧 노(魯) 은공(隱公) 원년에 해당하며 그때부터 공자가 춘추(春秋)를 찬수(글을 쓰다)하기 시작했다.

어구 설명 (5) ㅇ諸侯立宜臼(제후립의구) : 제후는 의구를 왕에 옹립했다. ㅇ是爲平王(시위평왕) : 그가 곧 평왕이다. ㅇ以西都逼於戎(이서도핍어융) : 서도(西都) 호경(鎬京)이 견융(犬戎)에 너무 접근하였음으로, ㅇ徙居東都王城(사거동도왕성) : 〈임금이 도읍을〉 동도(東都) 왕성(王城 : 당시는 낙읍(洛邑) 후에 洛陽)으로 옮겨 살았다. ㅇ時周室衰微(시주실쇠미) : 당시 주나라의 세력이 쇠미했다. ㅇ諸侯强幷弱(제후강병약) : 제후들이 서로 강한 자가 약한 자를 병탄했다. ㅇ齊·楚·秦·晉, 始大(제·초·진·진, 시대) :「제, 초, 진, 진」 등이 강대하기 시작했다. ㅇ平王之四十九年(평왕지사십구년) : 평왕 49년은, ㅇ卽魯隱公之元年(즉노은공지원년) : 즉 노(魯) 은공(隱公) 원년에 해당하며, ㅇ其後(그후) : 그때부터 ㅇ孔子修春秋始此(공자수춘추시차) : 공자가 춘추(春秋)를 찬수하기 시작했다. 춘추는 원래 노나라의 역사 기록이다. 이를 공자가 도덕적으로 비판하면서 재정리했

다. 즉 노 은공(隱公) 원년(주평왕 49년)에서 노 애공 14년
(주경왕 39년)까지 12대 242년간의 노나라의 역사를 공자
가 이른 바「춘추필법(春秋筆法)」으로 비판을 가했다.

|백문| **제14과 幽王 褒姒 平王**

(1) 崩. 子[幽王宮涅]立. 初夏后氏之世, 有二龍降于庭. 曰, 予褒之
　　二君. 卜藏其漦. 歷夏·殷, 莫敢發. 周人發之. 漦化爲黿. 童妾
　　遇之而孕, 生女. 棄之.

(2) 宣王時有童謠. 曰, 檿弧箕服, 實亡周國. 適有鬻是器者. 宣王使
　　執之. 其人逃. 於道見棄女, 哀其夜號而收之, 逸於褒.

(3) 至幽王之時, 褒人有罪. 入是女於王. 是爲褒姒. 王嬖之. 褒姒不
　　好笑. 王欲其笑, 萬方不笑. 故王與諸侯約, 有寇至, 則擧烽火,
　　召其兵來援. 乃無故擧火. 諸侯悉至. 而無寇. 褒姒大笑.

(4) 王廢申后及太子宜臼, 以褒姒爲后, 其子伯服爲太子. 宜臼奔申.
　　王求殺之. 弗得. 伐申. 申后召犬戎攻王. 王擧烽火徵兵. 不至.
　　犬戎殺王驪山下.

(5) 諸侯立宜臼. 是爲[平王]. 以西都逼於戎, 徙居東都王城. 時周室
　　衰微, 諸侯强幷弱, 齊·楚·秦·晉, 始大. 平王之四十九年, 卽
　　魯隱公之元年. 其後孔子修春秋始此.

제15과 周之衰退

(1) 平王崩. 太子之子, [桓王林]立. 崩. 子[莊王佗]

立. 崩. 子[釐王胡齊]立. 齊桓公始覇. 釐王崩. 子
[惠王閬]立. 崩. 子[襄王鄭]立. 晉文公始覇. 襄王
崩. 子[頃王壬臣]立. 崩. 子[匡王班]立. 崩.

(1) 평왕이 죽고 태자의 아들 환왕 임이 올랐다. 그가 죽자
아들 장왕 타가 올랐으나, 그도 죽고, 아들 이왕 호제가 올
랐다. 그때에 제나라의 환공이 처음으로 패자가 되었다. 이
왕이 죽고, 아들 혜왕 랑이 올랐다가 죽고, 아들 양왕 정이
자리에 올랐다. 그때에 진나라 문공이 패자가 되었다. 양왕
이 죽고, 아들 경왕 임광이 올랐다가 죽었으며, 아들 광왕
반이 올랐다가 죽었다.

어구 설명 제15과 ㅇ周之衰退(주지쇠퇴) : 주나라가 쇠퇴하다. (1) ㅇ平
王崩(평왕붕) : 평왕이 죽고, ㅇ太子之子[桓王林]立 崩(태
자지자환왕림입 붕) : 태자의 아들 환왕 임이 올랐다. 그가
죽자, ㅇ子[莊王佗]立 崩(자장왕타립 붕) : 아들 장왕 타가
올랐으나, 그도 죽고, ㅇ子[釐王胡齊]立(자리왕호제립) :
아들 이왕 호제가 올랐다. ㅇ齊桓公始覇(제환공시패) : 그
때에 제나라의 환공이 처음으로 패자가 되었다. ㅇ釐王崩
(이왕붕) : 이왕이 죽고, ㅇ子[惠王閬]立 崩(자혜왕랑립 붕)
: 아들 혜왕 랑이 올랐다가, 죽고, ㅇ子[襄王鄭]立(자양왕정
립) : 아들 양왕 정이 자리에 올랐다. ㅇ晉文公始覇(진문공
시패) : 이때에 진나라 문공이 패자가 되었다. ㅇ襄王崩(양
왕붕) : 양왕이 죽고, ㅇ子[頃王壬臣]立. 崩(자경왕임광립
붕) : 아들 경왕 임광이 올랐다가 죽었으며, ㅇ子[匡王班]
立. 崩(자광왕반립 붕) : 아들 광왕 반이 올랐다가 죽었다.

(2) 弟[定王瑜]立. 楚莊王使人問鼎輕重. 王孫滿卻
之. 定王崩. 子[簡王夷]立. 吳始僭稱王. 簡王崩. 子
[靈王泄心]立. 孔子生於其時. 靈王崩. 子[景王貴]
立. 崩. 子[悼王猛]立. 庶弟子朝弑之. 晉人攻子朝,
而立[敬王丐]. 孔子歿於其時. 敬王崩.

(2) 동생 정왕 유가 올랐다. 그때에 초나라 장왕이 사신으로
하여금 주나라에 있는 「아홉 개의 구리 솥[九鼎]」의 무게를
물었다. 이를 주나라의 대부(大夫) 왕손만이 반박하고 물리
쳤다. 정왕이 죽고, 아들 간왕 이(夷)가 올랐다. 이때에 오나
라가 처음으로 임금을 참칭했다. 간왕이 죽고, 아들 영왕 설
심이 올랐다. 이때에 공자가 출생했다. 영왕이 죽고, 아들
경왕 귀가 올랐으나, 그도 죽고, 아들 도왕 맹이 올랐다. 서
제(庶弟)인 자조가 도왕 맹을 죽이자, 진나라 사람이 자조를
공격해 그를 죽이고 〈도왕의 동생〉 경왕 면을 자리에 올렸
다. 이때에 공자가 사망했다. 경왕이 죽었다.

어구 설명 (2) ㅇ弟定王瑜立(제정왕유립) : 동생 정왕 유가 올랐다.
ㅇ楚莊王使人問鼎輕重(초장왕사인문정경중) : 초나라 장
왕이 사신으로 하여금 주나라에 있는 「아홉 개의 구리 솥
[九鼎]」의 무게를 물었다. ㅇ王孫滿卻之(왕손만각지) : 주
나라의 대부(大夫) 왕손만이 반박하고 물리쳤다. ㅇ定王崩
(정왕붕) : 정왕이 죽고, ㅇ子簡王夷立(자간왕이립) : 아들
간왕 이가 올랐다. 簡은 簡과 동자(同字). ㅇ吳始僭稱王(오
시참칭왕) : 이때에 오나라의 수몽(壽夢)이 처음으로 임금

을 참칭했다. ㅇ簡王崩(간왕붕) : 간왕이 죽고, ㅇ子靈王泄心立(자령왕설심립) : 아들 영왕 설심이 올랐다. ㅇ孔子生於其時(공자생어기시) : 이때에 공자가 출생했다.(기원전 552년) ㅇ靈王崩(영왕붕) : 영왕이 죽고, ㅇ子景王貴立崩(자경왕귀립붕) : 아들 경왕 귀가 올랐으나 그도 죽고, ㅇ子悼王猛立(자도왕맹립) : 아들 도왕 맹이 올랐다. ㅇ庶弟子朝弒之(서제자조시지) : 서제인 자조가 도왕 맹을 죽이자, ㅇ晉人攻子朝(진인공자조) : 진나라 사람이 자조를 공격하고 그를 죽였다. ㅇ而立敬王丐(이립경왕면) : 그리고 〈도왕의 동생〉 경왕 면을 자리에 올렸다. ㅇ孔子歿於其時(공자몰어기시) : 이때에 공자가 사망했다.(기원전 479년) 歿(죽을 몰) ; 沒(몰) 통자, 殁(몰) 속자. 歾(몰) 동자. ㅇ敬王崩(경왕붕) : 경왕이 죽었다.

(3) 子[元王仁]立. 崩. 子[貞定王介]立. 崩. 子[哀王去疾]立. 弟[思王叔帶]襲弒之而自立. 少弟[考王嵬]又攻殺思王而自立. 崩. 子[威烈王午]立. 晉趙氏·魏氏·韓氏始侯. 周自東遷以來, 及是二十世, 而愈微. 諸侯用兵爭强. 號爲戰國.

(3) 아들 원왕 인이 올랐다가 죽었다. 아들 정정왕 개가 올랐다가 죽었다. 아들 애왕 거질이 올랐으나, 동생 사왕 숙대가 〈애왕을〉 습격해 죽이고 자기가 올랐다. 또 작은 동생 고왕 외가 다시 사왕을 죽이고 자기가 왕이 되었다가 죽었다. 아

들 위열왕 오가 올랐다. 그때에 진나라의 조씨, 위씨, 한씨
가 처음으로 제후가 되었다. 주나라는 도읍을 동쪽 낙읍(洛
邑)으로 옮긴 후, 그때까지 20세(世=代)가 되었으며, 세력이
더욱 쇠미해졌다. 제후들이 무력으로 서로 세력다툼을 했으
며, 그때부터 전국시대라고 불렀다.

어구 설명 (3) ㅇ子元王仁立. 崩(자원왕인립붕) : 아들 원왕 인이 올
랐다가 죽었다. ㅇ子貞定王介立. 崩(자정정왕개립 붕) : 아
들 정왕 개가 올랐다가 죽었다. ㅇ子哀王去疾立(자애왕거
질립) : 아들 애왕 거질이 올랐으나, ㅇ弟思王叔帶襲弑之
而自立(제사왕숙대습시지이자립) : 동생 사왕 숙대가 〈애
왕을〉 습격해 죽이고 자기가 올랐다. ㅇ少弟考王嵬(소제고
왕외) : 또 작은 동생 고왕 외가, ㅇ又攻殺思王而自立. 崩
(우공살사왕이자립 붕) : 다시 사왕을 죽이고, 자기가 왕이
되었다가 죽었다. ㅇ子威烈王午立(자위열왕오립) : 아들
위열왕 오가 올랐다. ㅇ晉趙氏·魏氏·韓氏始侯(진조씨·
위씨·한씨시후) : 그때에 진나라의 조씨, 위씨, 한씨가 처
음으로 제후가 되었다. ㅇ周自東遷以來(주자동천이래) :
주나라는 도읍을 동쪽 낙읍(洛邑)으로 옮긴 후, ㅇ及是二
十世而愈微(급시이십세이유미) : 그때까지 20세가 되었으
며, 세력이 더욱 쇠미해졌다. ㅇ諸侯用兵爭强(제후용병쟁
강) : 제후들이 무력으로 서로 세력다툼을 했으며, ㅇ號爲
戰國(호위전국) : 그때부터 전국시대라고 불렀다.

(4) 威烈王崩. 子[安王驕]立. 齊田氏始侯. 安王崩.

子[烈王喜]立. 崩. 弟[顯王扁]立. 諸侯皆僭稱王. 顯
王崩. 子[愼靚王定]立. 崩. 子[赧王延]立. 五十九
年, 與諸侯約從攻秦. 秦昭王攻周. 赧王奔秦, 頓首
受罪, 盡獻其邑. 秦受獻而歸赧王於周. 以卒. 周爲
天子三十七世.

(4) 위열왕이 죽고 아들 안왕 교가 섰다. 제나라 전씨가 처음
으로 제후가 되었다. 안왕이 죽고 아들 열왕 희가 섰다. 열왕
이 죽고, 동생 현왕 편이 올랐다. 그때에 제후들이 저마다 왕
을 참칭했다. 현왕이 죽고 아들 신정왕 정이 올랐으나 죽었
다. 아들 난왕 연이 올랐다. 난왕 59년에 제후들과 합종(合
從)하고 진나라를 공격했다. 진나라의 소왕이 주나라를 공격
했으며, 난왕이 〈굴복하고〉 진나라로 달려가서 머리를 땅에
대고 사죄하고 주나라의 영토를 다 바쳤다. 진나라는 주의
영토를 받아들였으며 난왕을 돌려보냈다. 난왕은 주(周)에서
죽었다. 주는 천자가 되어 37대나 자리를 계승했다.

어구 설명 (4) ㅇ[威烈王]崩(위열왕붕) : 위열왕이 죽고, ㅇ子安王驕
立(자안왕교립) : 아들 안왕 교가 섰다. ㅇ齊田氏始侯(제전
씨시후) : 제나라 전씨가 처음으로 제후가 되었다. ㅇ安王
崩(안왕붕) : 안왕이 죽고, ㅇ子烈王喜立(자열왕희립) : 아
들 열왕 희가 섰다, ㅇ崩(붕) : 그가 죽고, ㅇ弟顯王扁立(제
현왕편립) : 동생 현왕 편이 올랐다. ㅇ諸侯皆僭稱王(제후
개참칭왕) : 그때에 제후들이 저마다 왕을 참칭했다. ㅇ顯
王崩(현왕붕) : 현왕이 죽고, ㅇ子[愼靚王定]立崩(자신정왕

정립붕) : 아들 신정왕 정이 올랐으나 죽었다. ㅇ子[赧王延]立(자난왕연립) : 아들 난왕 연이 올랐다. ㅇ五十九年(오십구년) : 난왕 59년에, ㅇ與諸侯約從攻秦(여제후약종공진) : 제후들과 합종⟨동맹(同盟)⟩하고 진나라를 공격했다. 「약종(約從)」은 「합종(合縱)」과 같다. 여러 나라가 남북으로 동맹하고 서쪽 진(秦)과 대항했다. ㅇ秦昭王攻周(진소왕공주) : 진나라의 소왕이 주나라를 공격했다. ㅇ赧王奔秦(난왕분진) : 난왕이 ⟨굴복하고⟩ 진나라로 달려가서, ㅇ頓首受罪(돈수수죄) : 머리를 땅에 대고 사죄(謝罪)하고, ㅇ盡獻其邑(진헌기읍) : 주나라의 영토를 다 바쳤다. ㅇ秦受獻(진수헌) : 진나라는 주의 영토를 받아들였으며, ㅇ而歸赧王於周以卒(이귀난왕어주이졸) : 난왕을 돌려보냈고 난왕은 주에서 죽었다. ㅇ周爲天子三十七世(주위천자삼십칠세) : 주나라는 천자가 되어 37대를 계승했다.

(5) 初夏亡, 九鼎遷殷. 殷亡遷周. 成王定鼎於郟鄏. 卜日, 傳世三十, 歷年七百. 至是乃過其歷. 凡八百六十七年.

(5) 전에 하나라가 망하자 아홉 개의 솥을 은나라로 옮겼고 은나라가 망하자 다시 주나라로 옮겼다. 성왕이 솥을 겹욕(郟鄏)에 안치할 때에, 점을 쳤더니 30세, 700년은 갈 거라 점이 나왔다. 사실 주가 멸망한 때는 점보다도 긴 867년이었다.

어구 설명 (5) ㅇ初夏亡(초하망) : 전에 하나라가 망하자, ㅇ九鼎遷殷
(구정천은) : 아홉 개의 솥을 은나라로 옮겼고, ㅇ殷亡遷周
(은망천주) : 은나라가 망하자 다시 주나라로 옮겼다. ㅇ成
王定鼎於郟鄏(성왕정정어겹욕) : 성왕이 솥은 겹욕에 안치
할 때에, 「겹욕(郟鄏)」은 곧 동도 낙읍(洛邑). 郟(고을 이름
겹) ; 本 협. 지금의 하남성(河南省) 낙양현(洛陽縣) 서쪽에
있었던 주대(周代)의 구도(舊都). ㅇ卜日(복왈) : 점을 쳤더
니, ㅇ傳世三十歷年七百(전세삼십역년칠백) : 30세, 700년
은 갈 거라고 〈점이 나왔다.〉 ㅇ至是乃過其歷(지시내과기
력) : 〈주가 망한〉 때는 〈점보다도〉 연수가 더 지난, ㅇ凡
八百六十七年(범팔백육십칠년) : 도합 867년이다.

| 백문 | 第15과 周之衰退

(1) 平王崩. 太子之子, [桓王林]立. 崩. 子[莊王佗]立. 崩. 子[釐王
胡齊]立. 齊桓公始霸. 釐王崩. 子[惠王閬]立. 崩. 子[襄王鄭]立.
晉文公始霸. 襄王崩. 子[頃王壬臣]立. 崩. 子[匡王班]立. 崩.

(2) 弟[定王瑜]立. 楚莊王使人問鼎輕重. 王孫滿卻之. 定王崩. 子
[簡王夷]立. 吳始僭稱王. 簡王崩. 子[靈王泄心]立. 孔子生於其
時. 靈王崩. 子[景王貴]立. 崩. 子[悼王猛]立. 庶弟子朝弑之. 晉
人攻子朝, 而立[敬王丐]. 孔子歿於其時. 敬王崩.

(3) 子[元王仁]立. 崩. 子[貞定王介]立. 崩. 子[哀王去疾]立. 弟[思
王叔帶]襲弑之而自立. 少弟[考王嵬]又攻殺思王而自立. 崩. 子
[威烈王午]立. 晉趙氏·魏氏·韓氏始侯. 周自東遷以來, 及是
二十世, 而愈微. 諸侯用兵爭强. 號爲戰國.

(4) 威烈王崩. 子[安王驕]立. 齊田氏始侯. 安王崩. 子[烈王喜]立.

崩. 弟[顯王扁]立. 諸侯皆僭稱王. 顯王崩. 子[愼靚王定]立. 崩.
子[赧王延]立. 五十九年, 與諸侯約從攻秦. 秦昭王攻周. 赧王奔
秦, 頓首受罪, 盡獻其邑. 秦受獻而歸赧王於周. 以卒. 周爲天子
三十七世.

(5) 初夏亡, 九鼎遷殷. 殷亡遷周. 成王定鼎於郟鄏. 卜日, 傳世三
十, 歷年七百. 至是乃過其歷. 凡八百六十七年.

중국 주왕조(周王朝) 지도

제7편 春秋·戰國篇

  사략(史略) 원본은 「제7편 춘추·전국편」 전체를 하나로 길게
묶어 기술했다. 그러므로 지나치게 길고 또 복잡하여 독자들이
분간하기 어렵다. 그래서 이 책에서는 전체를 「17장(章)」으로 나
누어 풀이했다. 즉 다음과 같다.

「제1장 서설(序說), 제2장 오(吳)
 제3장 채(蔡), 제4장 조(曹)
 제5장 송(宋), 제6장 노(魯)
 제7장 위(衞), 제8장 정(鄭)
 제9장 진(晉), 제10장 진(陳)
 제11장 제(齊), 제12장 조(趙)
 제13장 위(魏), 제14장 한(韓)
 제15장 초(楚), 제16장 연(燕)
 제17장 진(秦)이다.」

참고보충 時代區分과 年代

서주(西周) · 동주(東周) · 춘추(春秋) · 전국(戰國)의 시대구분과 연대는 대략 다음과 같다.

① 서주시대(西周時代) : BC. 1050 - BC. 770경 : 주(周) 무왕(武王)이 은(殷)의 주왕(紂王)을 토벌하고 주왕조(周王朝)를 세운 때부터, 13대 왕 평왕(平王)이 서쪽의 도성 호경(鎬京)에서, 동쪽 낙읍(洛邑)으로 천도한 때까지를 서주(西周) 시대라고 한다.

② 동주시대(東周時代) : BC. 770 - BC. 249 : 평왕(平王)이 낙읍(洛邑)으로 옮긴 때부터, 주의 마지막 왕, 난왕(赧王)이 진(秦)에게 멸망당할 때까지를 동주시대라 한다. 동주시대를 다시 춘추시대(春秋時代)와 전국시대(戰國時代)로 나눈다.

③ 춘추시대(春秋時代) : BC. 770 - BC. 453 : 동천(東遷)한 때부터, 전국시대(戰國時代) 전까지를 춘추시대라고 한다. 공자(孔子)가 찬수(撰修)한 노(魯)의 역사책, 「춘추(春秋)」의 연대는 「BC. 722(魯 隱公 원년)」부터 「BC. 481(魯 定公 14년)」까지다.

④ 전국시대(戰國時代) : BC. 453 - BC. 221 : 진(晉)나라의 「조씨(趙氏) · 위씨(魏氏) · 한씨(韓氏)」 세 대부(大夫)가 진(晉)나라의 상경(上卿) 지씨(知氏)를 몰아내고, 진나라 영토를 셋으로 나눠 가진 때부터, 동주(東周)가 멸망할 때까지를 전국시대라 한다.

다른 설도 있다. 주(周) 위열왕(威烈王)이 「조씨(趙氏) · 위씨(魏氏) · 한씨(韓氏)」를 제후(諸侯)로 인정한 「BC. 403년」을 전국시대의 시작으로 보는 설도 있다. 단 필자는 앞의 설을 따랐다.

제1장 序説

「편(篇) · 장(章) · 과(課) 및 단락(段落)」은 학습의 편리를 위해서 필자가 임의로 나눈 것이다. 「제1장 序說(서설)」이라는 장명(章名)도 필자가 붙인 것이다. 다음의 「과 이름」도 필자가 붙인 것이다.

제1과 春秋 · 戰國

(1) 周平王以後, 爲春秋之世. 其列國與周同姓者, 日魯, 日衞, 日晉, 日鄭, 日曹, 日蔡, 日燕, 日吳.

⑴ 주(周)나라 평왕 이후 〈약 240여 년간을〉 춘추시대라고 한다. 그때의 여러 나라 중에서 주와 같은 성을 가진 나라는 「노(魯), 위(衞), 진(晉), 정(鄭), 조(曹), 채(蔡), 연(燕), 오(吳)」 등이다.

(2) 其與周異姓者, 日齊, 日宋, 日陳, 日楚, 日秦. 此其大者.

⑵ 주와 성이 다른 나라는 「제(齊), 송(宋), 진(陳), 초(楚), 진(秦)」 등이다. 이들은 큰 나라들이다.

(3) 餘小國若春秋所書, 杞·許·滕·薛·邾· 莒·江·黃之屬 不可盡述.

(3) 기타 작은 나라는 춘추에 쓰인 나라 같이 「기(杞)·허 (許)·등(滕)·설(薛)·주(邾)·거(莒)·강(江)·황(黃)」 등이 다. 기타는 일일이 다 적을 수 없다.

어구 설명 제1과 ㅇ春秋戰國序說(춘추전국서설) :「과의 이름(課名)」 도 필자가 방편 상, 붙인 것이다. 본문은 원작자 증선지(曾 先之)가 쓴 것이다. 춘추전국 시대의 여러 나라들을 요약한 글이다. (1) ㅇ周平王以後(주평왕이후) : 주나라 평왕 이후, 약 240여 년간을, ㅇ爲春秋之世(위춘추지세) : 춘추시대라 고 한다. ㅇ其列國與周同姓者(기열국여주동성자) : 그때 의 여러 나라 중에서 주(周)와 같은 성(姓)을 가진 나라는, ㅇ日魯(왈로) : 노나라이다. 여기서는 「왈(日)」을 「--이다」 로 풀었다. 기타도 같다. 「日衞·日晉·日鄭·日曹·日 蔡·日燕·日吳」는 「위·진·정·조·채·연·오」 등이 다. 衛는 衞의 속자다. (2) ㅇ其與周異姓者(기여주이성자) : 주와 성이 다른 나라는, ㅇ日齊·日宋·日陳·日楚·日 秦(왈제·왈송· 왈진·왈초·왈진) :「제·송·진·초· 진」 등이다. ㅇ此其大者(차기대자) : 이들은 큰 나라들이 고, (3) ㅇ餘小國(여소국) : 기타 작은 나라는 ㅇ若春秋所書 (약춘추소서) : 춘추에 쓰인 거와 같이, ㅇ杞·許·滕· 薛·邾·莒·江· 黃之屬(기·허·등·설·주·거·강· 황지속) :「기·허·등·설·주·거·강·황」 등이 있으 며, ㅇ不可盡述(불가진술) : 일일이 다 말할 수 없다.

(4) 於十二列國之中, 有齊桓公·宋襄公·晉文
公· 秦穆公·楚莊王五霸事跡.

(4) 12개 나라 중에서 「제나라의 환공, 송나라의 양공, 진나
라의 문공, 진나라의 목공, 초나라의 장왕」 등 다섯 명이 저
마다 패권을 잡았던 업적이 있다.

(5) 若論春秋諸國之終始, 有未及戰國而先亡者. 有
旣及戰國而後亡者. 各擧其槩.

(5) 다른 춘추 제국의 흥망을 논하면, 전국 이전에 먼저 망한
나라도 있고, 전국 이후에 망한 나라도 있다. 그 개략을 기
술했다.

어구 설명 (4) ○於十二列國之中(어십이열국지중) : 12개 나라 중에서,
앞에는 13개 나라를 들었다. 즉 같은 성의 나라 「노·위·
진·정·조·채·연·오」 등 8개국과 다른 성의 나라
「제·송·진·초·진」 등 5개국을 합한 13개 나라다. 그
중에서 오(吳)를 제외하고 12개 나라라고 한 것이다. 사기
(史記)에도 「오」를 제외했다. ○有齊桓公·宋襄公·晉文
公·秦穆公· 楚莊王(유제환공·송양공·진문공·진목
공·초장왕) : 제나라의 환공, 송나라의 양공, 진나라의 문
공, 진나라의 목공, 초나라의 장왕 등, ○五霸事跡(오패사
적) : 다섯 명이 저마다 패권을 잡았던 업적이 있었다. (5)
○若論春秋諸國之終始(약론춘추제국지종시) : 만약에 춘

추 제국의 흥망을 논하면, ○有未及而戰國而先亡者(유미
급이전국이선망자) : 전국 이전에 먼저 망한 나라도 있고,
○有旣及戰國而後亡者(유기급전국이후망자) : 전국이 되
자 망한 나라도 있으며, ○各擧其槩(각거기개) : 그 나라들
의 개략을 기술했다.

(6) 周威烈王以後, 爲戰國之世. 則秦·楚·燕·
齊·趙·魏·韓七大國而已.

(6) 주나라의 위열왕 이후를 전국시대라고 한다. 전국시대에
는 「진·초·연·제·조·위·한」 일곱 개의 강대국이 판을
치고 있었다.

(7) 秦·楚·燕猶爲春秋之舊國. 田齊·趙·魏·韓
則爲戰國之新國.

(7) 「진·초·연」 세 나라는 춘추시대로부터 있었던 오래 된
대국이다. 「전씨의 제·조·위·한」 네 나라는 즉 신흥국가
다.

(8) 凡春秋戰國之國, 雖繫周之諸侯, 而國異政, 實
不繫於周, 難於盡載. 附見周之下方. 其時各有先
後, 則觀者詳之.

(8) 모든 춘추 혹은 전국시대의 나라들은 〈명목상으로는〉 비록 주왕실에 매여 있는 제후국이지만, 저마다 정치를 다르게 했음으로 사실적으로는 주나라에 매여 있지 않았다. 〈그래서 주나라 역사 속에〉 기록하기도 어려워 〈별도로 나라 별로〉 기술했다. 시대의 선후가 서로 엉켰음으로 독자들이 자세히 시대의 전후를 판단해야 한다.

> [어구 설명] (6) ㅇ周威烈王以後(주위열왕이후) : 주나라의 위열왕 이후를, ㅇ爲戰國之世(위전국지세) : 전국시대라고 한다. ㅇ則秦·楚·燕·齊·趙·魏·韓七大國而已(즉진·초·연·제·조·위·한칠대국이이) : 전국시대에는 「진·초·연·제·조·위·한」 일곱 개의 강대국만이 판을 치고 있었다. (7) ㅇ秦·楚·燕猶爲春秋之舊國(진·초·연유위춘추지구국) : 「진·초·연」 세 나라는 춘추시대로부터 있었던 오래 된 대국이다. ㅇ田齊·趙·魏·韓(전제·조·위·한) : 「전제(田齊)·조·위·한」 네 나라는, ㅇ田齊(전제) : 제(齊)나라는 본래 강태공(姜太公)의 영지로 그 후손이 다스리던 나라였다. 그 후에 전씨(田氏)가 찬탈하고 제후가 되었음으로 「전제(田齊)」라고 했다. 그러나 다시 「조, 위, 한」으로 갈라졌다. ㅇ則爲戰國之新國(즉위전국지신국) : 이들 나라는 신흥의 나라다. (8) ㅇ凡春秋戰國之國(범춘추전국지국) : 모든 춘추 혹은 전국시대의 나라들은 〈명목상으로는〉, ㅇ雖繫周之諸侯(수계주지제후) : 비록 주왕실에 매여 있는 제후국이지만, ㅇ而國異政(이국이정) : 그러나 저마다 정치를 다르게 했음으로, ㅇ實不繫於周(실불계어주) : 사실적으로

는 주나라에 매여 있지 않았음으로, ㅇ難於盡載(난어진재) : 〈주나라 역사 속에 넣고〉 기록하기도 어렵다. ㅇ附見周之下方(부견주지하방) : 그래서 〈별도로 나라 별로〉 다음에 기술했다. ㅇ其時各有先後(기시각유선후) : 그 시대의 선후가 서로 엉켰음으로, ㅇ則觀者詳之(즉관자상지) : 독자들이 자세히 시대의 전후를 판단해야 한다. 〈「時代 區分과 年代」 참조〉

| 백문 | **제1과 春秋戰國**

(1) 周平王以後, 爲春秋之世. 其列國與周同姓者, 曰魯, 曰衞, 曰晉, 曰鄭, 曰曹, 曰蔡, 曰燕, 曰吳.

(2) 其與周異姓者, 曰齊, 曰宋, 曰陳, 曰楚, 曰秦, 此其大者.

(3) 餘小國若春秋所書, 杞·許·滕·薛·邾·莒·江·黃之屬, 不可盡述.

(4) 於十二列國之中, 有齊桓公·宋襄公·晉文公·秦穆公·楚莊王五覇事跡.

(5) 若論春秋諸國之終始, 有未及戰國而先亡者. 有旣及戰國而後亡者. 各擧其槩.

(6) 周威烈王以後, 爲戰國之世. 則秦·楚·燕·齊·趙·魏·韓七大國而已.

(7) 秦·楚·燕猶爲春秋之舊國, 田齊·趙·魏·韓則爲戰國之新國.

(8) 凡春秋戰國之國, 雖繫周之諸侯, 而國異政, 實不繫於周, 難於盡載. 附見周之下方. 其時各有先後, 則觀者詳之.

참고 보충 「序說의 역사관」

유교(儒敎)의 창시자 공자(孔子)는 주(周)의 건국과 주공단(周公

旦)에 의해서 제정된 문물제도와 특히 예악(禮樂)을 바탕으로 한 제
정일치(祭政一致)의 도덕정치를 이상적인 국가 통치로 보았다. 이는
곧 유교사상의 정치관(政治觀) 및 역사발전관(歷史發展觀)에 이어진
다. 우왕(禹王)이 치수의 공으로 세운 하(夏)나라가, 걸(桀)에 의해서
도덕적으로 타락하자, 덕(德)이 높은 탕왕(湯王)이 걸(桀)을 무력으
로 토벌하고, 새로 은(殷)나라를 건설했다.

　그러나 은나라 마지막 왕 주(紂)가 또 타락하자, 인덕(仁德)이 높
은 문왕(文王)의 뜻을 계승한 아들 무왕(武王)이 군사(軍師) 여상(呂
尙 : 太公望)과 더불어 무력으로 주(紂)를 치고, 새 나라를 창건했다.
동시에, 무왕의 동생, 주공단(周公旦)이 예악(禮樂)의 문물제도를 확
립했다. 이와 같은 역사변천에서 우리는 다음과 같은「하늘의 도리」
와「하늘의 뜻」을 읽어야 한다. 유덕자(有德者)는 반드시 천명(天命)
을 받고 천자(天子)가 되어 천하를 다스린다. 그러나 그 후손이 타락
하고 실덕(失德)하면, 하늘은「내렸던 천명을 거두어 들이고, 새 사
람에게 명을 내려, 새 나라를 세우게 한다.」이것을 혁명(革命)이라
한다.「타락하고 악덕한 폭군」은「천도(天道)나 천명(天命)을 모르
고, 포악한 무력을 휘둘러, 자신의 탐욕을 채우고, 관능적 쾌락에 몰
두한다.」그러므로 폭군은 반드시 무력으로 토벌하게 마련이다. 주
왕조(周王朝)도 초창기에는 융성했다. 그러나 시간의 흐름에 따라,
사람과 만물이 교체하고, 사회제도와 생산양식이 바뀜에 따라, 초기
의 통일이 해체되고 분열되어 많은 나라, 많은 임금이 나타났던 것
이다. 한때에는 수 백 개의 나라가 나타나 서로 다투고 싸웠으며, 점
차로 정리되어, 춘추시대에는 12열국(列國), 전국시대에는 전국칠국
(戰國七國)이 남아서 싸우다가, 진시황(秦始皇)에게 무력적으로 통
합되었다.

제2장 吳

　　역사는 국가적 차원의 사실을 연대를 따라 기술하는 것이 원칙이다. 그러나 중국역사의 경우, 같은 시기에 수없이 많은 나라들이 서로 얽히고 흥망성쇠를 거듭했음으로 복잡다단하기 짝이 없다. 그래서 사마천(司馬遷)은 사기(史記)를 저술함에 있어, 「본기(本紀), 세가(世家), 열전(列傳)」으로 나누어 기술했다. 그러나 사략(史略)은 중요사항 만을 기술했으며, 연대의 전후 및 사건의 인과관계를 대담하게 생략했다. 증선지(曾先之)도 서설에서 「그 시대의 선후가 서로 엉켰음으로 독자들이 자세히 시대의 전후를 판단해야 한다.」고 말했다. 「오(吳)나라」를 앞에 내세운 것은 사기를 따른 것이다. 아울러 그 선조가 주문왕(周文王)의 백부(伯父)이며, 주(周)와 같은 성(姓)의 나라이기 때문일 것이다.

　　「제2장 오(吳)」는 다음과 같이 총 「4과」다.

　제1과 연릉계자(延陵季子)

　제2과 부차 · 구천 · 오자서(夫差 · 句踐 · 伍子胥)

　제3과 오자서분사(伍子胥憤死)

　제4과 월왕 · 범려(越王 · 范蠡)

제1과 延陵季子

(1) [吳]姬姓, 太伯 · 仲雍之所封也. 十九世至壽夢, 始稱王. 壽夢四子, 幼曰季札. 札賢. 欲使三子相繼

立, 以及札. 札, 義不可. 封延陵. 號曰延陵季子.

(1) 오나라는 〈주와 같은〉 희(姬) 성이다. 〈주문왕의 백부〉 태백과 중옹이 봉해졌던 곳이다. 19대 수몽에 이르러 비로소 왕이라 칭했다. 수몽에게는 네 아들이 있었으며 막내아들이 계찰이다. 계찰이 현명했음으로 아버지 수몽왕은 왕의 자리를 위의 세 아들을 차례로 거쳐, 끝으로 계찰에게 물려주려고 했다. 그러나 계찰은 〈부자 상속의〉 예의를 굳게 지키고 〈형제 계승을〉 승낙하지 않았다. 결국 수몽왕은 계찰을 연릉에 봉했다. 그래서 호를 「연릉계자」라고 했다.

어구 설명 제1과 ㅇ延陵季子(연릉계자) : 「延陵(연릉)」은 지명, 강소성(江蘇省)에 있다. 「계찰(季札)」은 오(吳)나라 수몽(壽夢)의 아들로 왕의 자리를 사퇴하고 학문과 인덕을 높인 군자 중의 군자다. (1) ㅇ吳姬姓(오희성) : 오나라는 〈주와 같은〉 희(姬) 성이다. 오(吳)는 강소성(江蘇省)과 절강성(浙江省)에 걸쳐 있었던 나라. ㅇ太伯·仲雍之所封也(태백·중옹지소봉야) : 태백과 중옹이 봉해졌던 곳이다. 태백(太伯)과 중옹(仲雍)은 다 주문왕(周文王)의 백부다. 주문왕의 아버지 계력(季歷)에게는 두 형이 있었다. 즉 「태백(太伯)과 중옹(仲雍)」이다. 이들은 동생 계력(季歷)에게 자리를 양보하기 위해서 자진해서, 남쪽 형만(荊蠻) 땅으로 몸을 피했다. 그래서 동생 계력(季歷)이 뒤를 이었고, 이어서 계력의 아들 창(昌 : 文王)이 집안을 계승하고 서백(西伯)이 될 수 있었다. ㅇ十九世至壽夢(십구세지수몽) : 〈태백이 세운 오나라가〉 19대 수몽에 이르러, ㅇ始稱王(시칭왕) : 비로소 왕

이라 칭했다. ㅇ壽夢四子(수몽사자) : 수몽은 네 아들이 있
었다. ㅇ幼曰季札(유왈계찰) : 막내아들은 계찰이다. ㅇ札
賢(찰현) : 계찰은 현명했다. ㅇ欲使三子相繼立(욕사삼자상
계립) : 수몽은 위의 세 아들을 차례로 임금 자리에 앉히
고, ㅇ以及札(이급찰) : 끝으로 계찰에게 자리를 물려주려
고 했다. ㅇ札義不可(찰의불가) : 그러나 계찰은 〈부자상속
의〉 예의를 굳게 지키고 〈형제상속을〉 승낙하지 않았다.
ㅇ封延陵(봉연릉) : 결국 계찰을 연릉에 봉했다. 연릉(延陵)
은 강소성의 지명, ㅇ號曰延陵季子(호왈연릉계자) : 그의
호를 「연릉계자」라고 했다.

(2) 聘上國過徐. 徐君愛其寶劍. 季子心知之. 使還, 徐君已歿. 遂解劍, 懸其墓而去.

(2) 계찰이 상국으로 문안인사를 드리러 가는 길에 서(徐) 라
는 나라를 지나갔다. 서나라 임금이 계찰의 보검을 좋아하고
탐을 냈으며, 계찰도 눈치를 채고, 마음속으로 허락했다. 사
명을 다 마치고 〈돌아오는 길에 와서 보니〉 서나라 임금이
이미 작고했다. 이에 계찰은 자기의 보검을 풀어서 서나라
임금 무덤에 걸어두고 돌아왔다.

어구 설명 (2) ㅇ聘上國(빙상국) : 계찰이 상국으로 문안인사를 드리
러 가는 길에, 빙(聘)은 제후(諸侯)가 대부(大夫)를 보내서
다른 나라 제후에게 문안인사를 올리는 예절. 상국(上國)은
변두리의 작은 나라가 중원에 있는 큰 나라를 높여 부른

말. ○過徐(과서) : 서(徐) 라는 나라를 지나갔다. 서(徐)는 안휘성(安徽省) 사현(泗縣)에 있는 작은 나라. ○徐君愛其寶劍(서군애기보검) : 서나라 임금이 계찰의 보검을 좋아하고 탐을 냈다. 劒, 劍은 동자, 剑은 속자, 剑는 간체자이다. ○季子心知之(계자심지지) : 계찰이 눈치를 채고 마음으로 허락했었다. 〈그러나 사신으로 가는 길이라, 그 자리에서 보검을 그에게 주지 못했다.〉○使還(사환) : 사명을 다 마치고 〈돌아오는 길에 와서 보니〉, ○徐君已歿(서군이몰) : 서나라 임금이 이미 작고했다. ○遂解劍(수해검) : 계찰은 마침내 자기의 보검을 풀어서, ○懸其墓而去(현기묘이거) : 서나라 임금 무덤에 걸어두고 돌아왔다.

| 백문 | 제1과 延陵季子

(1) [吳]姬姓, 太伯·仲雍之所封也. 十九世至壽夢, 始稱王. 壽夢四子, 幼日季札. 札賢. 欲使三子相繼立, 以及札. 札, 義不可. 封延陵. 號日延陵季子.

(2) 聘上國過徐. 徐君愛其寶劍. 季子心知之. 使還, 徐君已歿. 遂解劍, 懸其墓而去.

제2과 夫差·句踐·伍子胥

(1) 壽夢後, 四君而至闔廬. 舉伍員謀國事. 員, 字子胥, 楚人伍奢之子. 奢, 誅而奔吳, 以吳兵入郢.

⑴ 수몽 다음에 4대를 거쳐, 합려에 이르렀다. 〈합려는〉 오원을 등용하고 함께 국사를 도모했다. 오원은 자를 자서라고 했으며, 초나라 사람, 오사의 아들이다. 〈아버지〉 오사가 〈초나라 평왕에게〉 살해되었음으로 아들 오자서가 오나라로 도망해 왔다. 마침내 오자서는 오나라 군대를 이끌고 초나라를 치고 수도 영에 들어가 〈자기 아버지의 원수를 갚았다.〉

어구 설명 | 제2과 ㅇ夫差·句踐·伍子胥(부차·구천·오자서) : 부차(夫差)는 오왕(吳王) 합려(闔閭)의 아들이다. 구천(句踐)은 월(越)나라의 왕이다. 이들이 서로 엎치락뒤치락 싸웠다. 오자서(伍子胥)는 원래 초나라 사람이며, 오나라에 망명해 와서, 합려와 그의 아들 부차를 섬기고 공을 세웠다. 그러나 간신에 참언으로 억울하게 죽었다. ⑴ ㅇ壽夢後(수몽후) : 오나라의 임금, 수몽 다음에, ㅇ四君而至闔廬(사군이지합려) : 사 대의 임금을 거쳐 합려에 이르렀다. ㅇ擧伍員(거오원) : 〈합려는〉 오원을 등용하고, ㅇ謀國事(모국사) : 함께 국사를 도모했다. ㅇ員, 字子胥(원 자자서) : 오원은 자를 자서라고 했으며, ㅇ楚人伍奢之子(초인오사지자) : 초나라 사람, 오사의 아들이다. ㅇ奢誅而奔吳(사주이분오) : 오사는 〈초나라 평왕에게〉 살해되었으며, 이에 아들 오자서가 오나라로 도망해 왔다. ㅇ以吳兵入郢(이오병입영) : 오자서는 오의 군대를 이끌고 초의 수도 영(郢)에 들어가 복수했다.

⑵ 吳伐越. 闔廬傷而死. 子夫差立. 子胥復事之. 夫差志復讎. 朝夕臥薪中, 出入使人呼曰, 夫差而忘

越人之殺而父邪.

(2) 오나라가 월나라를 무력으로 침공했으며, 그때에 오나라 왕 합려가 부상을 입고, 마침내 죽었다. 뒤를 아들 부차가 이어 임금이 되었다. 오자서는 다시 부차를 섬겼다. 부차는 죽은 아버지의 원수를 갚으려고 뜻을 세우고 조석으로 섶 속에 누워 잠을 자며 〈스스로 몸 고생을 하면서〉 출입할 때마다 측근의 시종으로 하여금 「부차야, 그대의 아버지가 월나라 사람에게 살해된 것을 잊었는가?」라고 외치게 했다.

어구 설명 (2) ㅇ吳伐越(오벌월) : 오나라가 월나라 무력으로 침공했다. ㅇ闔廬傷而死(합려상이사) : 그때에 오나라 왕 합려가 부상을 입고 죽었다. ㅇ子夫差立(자부차립) : 아들 부차가 임금이 되었다. ㅇ子胥復事之(자서부사지) : 오자서는 다시 부차를 섬겼다. ㅇ夫差志復讎(부차지복수) : 부차는 죽은 아버지의 원수를 갚으려고 뜻을 세우고, ㅇ朝夕臥薪中(조석와신중) : 조석으로 섶 속에 누워 잠을 자며, 〈스스로 몸 고생을 하면서〉 ㅇ出入使人呼曰(출입사인호왈) : 출입할 때마다 측근의 시종으로 하여금 〈다음과 같은 말을〉 외치게 했다. ㅇ夫差而忘越人之殺而父邪(부차이망월인지살이부사) : 「부차야! 그대는 월나라가 그대의 아버지를 죽인 것을 잊었는가?」「이(而)」=「汝(너 여)」

(3) 周敬王二十六年, 夫差敗越于夫椒. 越王句踐, 以餘兵棲會稽山, 請爲臣妻爲妾. 子胥言, 不可. 太

宰伯嚭受越賂, 說夫差赦越.

(3) 주경왕 26년(BC. 494)에 오나라 부차가 무력으로 월나라를 치고 부초라는 곳에서 대승을 거두었다. 〈싸움에 패한〉월나라 왕, 구천이 남은 병력을 이끌고 회계산에 들어가 〈오왕 부차에게 항복하고 애원했다.〉 자신은 부차의 신하가 되고, 자기 부인은 부차의 여종이 되겠으니 〈살려달라고 애걸했다.〉 오자서는 「안 된다」고 말했다. 그러나 재상 백비가 월나라의 뇌물을 받고, 부차에게 월나라 임금을 용서해 주라고 설득했다.

어구 설명 (3) ㅇ周敬王二十六年(주경왕이십육년) : 주경왕 26년(BC. 494)에, ㅇ夫差敗越于夫椒(부차패월우부초) : 부차가 부초라는 곳에서 월나라를 패배시켰다. 부초(夫椒)는 강소성(江蘇省)에 있다. ㅇ以餘兵棲會稽山(이여병서회계산) : 〈싸움에 패한〉 월나라 왕 구천은 남은 병력을 이끌고 〈월의 수도〉 회계산에 들어가 〈오왕 부차에게 항복하고 애원했다.〉 ㅇ請爲臣妻爲妾(청위신처위첩) : 자신은 부차의 신하가 되고 자기 처는 「노예 신분의 첩」이 되겠으니 〈살려달라고 애걸했다.〉 ㅇ子胥言不可(자서언불가) : 오자서는 「안 된다」고 말했다. ㅇ太宰伯嚭受越賂(태재백비수월뢰) : 그러나 재상 백비가 월나라 뇌물을 받고, ㅇ說夫差赦越(설부차사월) : 부차에게 월나라 임금을 용서해 주라고 설득했다.

---

(4) 句踐返國, 懸膽於坐臥, 卽仰膽嘗之日, 女忘會

稽之恥邪. 擧國政屬大夫種, 而與范蠡治兵, 事謀吳.

(4) 월나라 임금 구천은 자기 나라로 돌아갔으며, 동물의 쓸 개를 〈앉거나 잠자는〉 자리 위에 걸어두고, 항상 쓸개를 입 으로 핥으면서 말했다. 「그대는 회계의 창피를 잊었는가?」 그리고 나라의 정치를 전부 대부 종에게 맡기고, 자기는 범 려와 함께 오나라를 무력으로 토벌할 계략에만 몰두했다.

어구 설명 (4) ㅇ句踐返國(구천반국) : 월나라 구천이 〈오나라 부차 왕 밑에서 오랫동안 굴욕적인 노예 생활을 하고, 드디어, 석방되어〉 자기나라로 돌아갔으며, ㅇ懸膽於坐臥(현담어 좌와) : 동물의 쓸개를 앉거나 잠자는 자리 위에 걸어두고, ㅇ卽仰膽嘗之曰(즉앙담상지왈) : 항상 쓸개를 입으로 핥으 면서 말했다. ㅇ女忘會稽之恥邪(여망회계지치사) : 그대는 회계의 창피를 잊었는가? ㅇ擧國政屬大夫種(거국정속대부 종) : 나라의 정치를 전부 대부 종에게 맡기고, ㅇ而與范蠡 (이여범려) : 그리고, 자기는 범려와 함께, ㅇ事謀吳(사모 오) : 오나라 칠 계략을 세웠다.

|백문| 제2과 夫差 · 句踐 · 伍子胥

(1) 壽夢後, 四君而至闔廬. 擧伍員謀國事. 員, 字子胥, 楚人伍奢之 子. 奢, 誅而奔吳, 以吳兵入郢.

(2) 吳伐越. 闔廬傷而死. 子夫差立. 子胥復事之. 夫差志復讎. 朝夕 臥薪中, 出入使人呼曰, 夫差而忘越人之殺而父邪.

(3) 周敬王二十六年, 夫差敗越于夫椒. 越王句踐, 以餘兵棲會稽山, 請爲臣妻爲妾. 子胥言, 不可. 太宰伯嚭受越略, 說夫差赦越.

(4) 句踐返國, 懸膽於坐臥, 卽仰膽嘗之日, 女忘會稽之恥邪. 舉國政屬大夫種, 而與范蠡治兵, 事謀吳.

제3과 伍子胥憤死

(1) 太宰嚭, 譖子胥恥謀不用怨望. 夫差乃賜子胥屬鏤之劍.

(1) 오나라의 재상 백비가 임금 부차에게 「오자서가 자기의 계략이 쓰이지 않는 것을 수치로 여기고 전하를 원망하고 있다」고 터무니없는 참언을 올렸다. 이에 부차는 즉시 오자서에게 속루의 검을 하사했다. 〈즉 자결하라는 뜻이다.〉

어구 설명 제3과 ㅇ伍子胥憤死(오자서분사) : 오자서가 분하게 죽다. (1) ㅇ太宰嚭譖子胥(태재비참자서) : 재상, 백비가 오자서를 참소했다. 「太宰」 총리에 해당한다. ㅇ恥謀不用怨望(치모불용원망) : 〈오자서가〉 자기의 계략이 쓰이지 않는 것을 수치로 여기고 임금을 원망하고 있다. ㅇ夫差乃賜子胥屬鏤之劍(부차내사자서속루지검) : 임금 부차가 즉시 오자서에게 속루의 검을 하사했다. 속루(屬鏤)의 칼 ; 자살(자결)하라는 명령으로 준 칼(검).

(2) 子胥告其家人曰, 必樹吾墓檟. 檟可材也. 抉吾目懸東門. 以觀越兵之滅吳. 乃自刎. 夫差取其尸, 盛以鴟夷, 投之江. 吳人憐之, 立祠江上, 名曰胥山.

(2) 오자서는 〈분만하고〉 자기 가족에게 말했다. 「반드시 나의 무덤에, 가(檟) 나무를 심어라. 가 나무는 관재(棺材)로 쓸 수 있다. 〈즉 부차의 관을 만들라는 뜻〉 또 나의 눈을 도려서 동쪽 성문에 걸어놓아라. 그러면 〈그 눈으로〉 월의 군대가 쳐와서 오를 멸하는 것을 보리라.」 이렇게 말하고 스스로 〈목을 따고〉 자결했다. 부차는 오자서의 시체를 거두어 말가죽으로 만든 부대에 넣어 강물에 내다 버렸다. 오나라 사람들이 오자서를 연민하고 강가에 사당을 세우고 서산이라고 불렀다.

어구 설명 (2) ㅇ子胥告其家人曰(자서고기가인왈) : 오자서는 〈자결하기에 앞서〉 자기 가족에게 말했다. ㅇ必樹吾墓檟(필수오묘가) : 반드시 나의 무덤에 가 나무를 심어라. 檟(개오동나무 가). 「必樹吾墓檟」는 「必樹檟於吾墓」라고 써야 한다. ㅇ檟可材也(가가재야) : 가 나무는 관재(棺材)로 쓸 수 있다. 즉 부차(夫差)의 관을 만들 수 있다는 뜻이다. ㅇ抉吾目懸東門(결오목현동문) : 나의 눈을 도려 동쪽 성문에 걸어 놓아라. ㅇ以觀越兵之滅吳(이관월병지멸오) : 그러면 〈그 눈으로〉 월의 군대가 쳐와서 오를 멸하는 것을 보리라. ㅇ乃自刎(내자경) : 스스로 목을 베고 죽었다. 刎(목 벨 경). ㅇ夫差取其尸(부차취기시) : 부차는 오자서의 시체를 거두어, ○盛以鴟夷(성이치이) : 말가죽으로 만든 부대에 넣어, ○立祠江上(입사강상) : 강가에 사당을 세웠으며, ○名曰胥山(명왈서산) : 이름을 서산이라고 했다.

| 백문 | 제3과 伍子胥憤死

(1) 太宰嚭, 譖子胥恥謀不用怨望. 夫差乃賜子胥屬鏤之劍.

(2) 子胥告其家人曰, 必樹吾墓檟. 檟可材也. 抉吾目懸東門. 以觀越兵之滅吳. 乃自刭. 夫差取其尸, 盛以鴟夷, 投之江. 吳人憐之, 立祠江上, 名曰胥山.

제4과 句踐 · 范蠡

(1) 越十年生聚, 十年敎訓. 周元王四年, 越伐吳. 吳三戰三北. 夫差上姑蘇, 亦請成於越. 范蠡不可. 夫差曰, 吾無以見子胥. 爲幎冒乃死.

(1) 월나라는 그 후 십 년간, 출산을 권장하여 국민의 수를 늘리고, 경제와 생산을 높여 재물을 많이 축적했다. 그리고 다시 십 년에 걸쳐 국민을 교육하고 군대를 훈련했으며 마침내 주나라 27대 원왕(元王) 4년(약 기원전 473년)에 월나라가 오나라를 쳤다. 오나라는 세 번 싸워 세 번 패했다. 오나라 왕 부차는 고소대에 올라가 사신을 통해 〈전과 같이〉 화

의하고 자기를 살려달라고 청했다. 그러나 월나라의 재상 범려가 안 된다고 거절했다. 이에 절망에 빠진 부차는 「나는 오자서를 볼 면목이 없다.」고 말하고 복면으로 머리를 가리고 자결했다.

어구 설명 제4과 ○句踐(구천) : 월(越)나라의 왕이다. ○范蠡(범려) : 구천을 보좌한 충신, (1) ○越十年生聚(월십년생취) : 월나라는, 그로부터 10년간, 사람을 많이 낳아 국민의 수를 늘리고, 경제와 생산을 높여, 재물을 많이 축적하고, ○十年敎訓(십년교훈) : 또 10년에 걸쳐, 국민을 교육하고 군대를 훈련했다, ○周元王四年(주원왕사년) : 주나라 27대 원왕(元王) 4년, 대략 기원전 473년, ○越伐吳(월벌오) : 월나라가 오나라를 쳤다. ○吳三戰三北(오삼전삼배) : 오나라는 세 번 싸워 세 번 패했다. 여기서는 北(달아날 배 ; 도망치다)의 뜻으로 쓰였다. ○夫差上姑蘇(부차상고소) : 싸움에 패한 오왕 부차(夫差)가 고소대(姑蘇臺)에 올라가, 「姑蘇臺」는 부차가 미인 서시(西施)를 위해서 건축하고 그녀와 함께 연락(宴樂)하던 궁전. 소주(蘇州)에 있다. ○亦請成於越(역청성어월) : 역시 월나라 임금 구천(句踐)에게 화친을 청했다. 「成」은, 화친(和親). 전에 싸움에 패한 구천이 부차에게 용서를 청하자, 이를 부차가 허락한 일이 있었다. ○范蠡不可(범려불가) : 월나라의 재상 범려(范蠡)가 안 된다고 말했다. 〈그래서 구천이 부차의 청을 받아주지 않았다.〉 ○夫差曰(부차왈) : 절망한 부차가 말했다. ○吾無以見子胥(오무이견자서) : 나는 오자서를 볼 면목이 없다. 〈부차는 오자서의 말을 듣지 않고 도리어 오자서를 자결케 했다.〉

o 爲幎冒乃死(위멱모내사) : 벙거지로 머리를 가려 덮고 스스로 죽었다. 幎(덮을 멱), 冒(덮을 모).

(2) 越旣滅吳. 范蠡去之. 遣大夫種書曰, 越王爲人長頸烏喙. 可與共患難, 不可與共安樂. 子何不去. 種, 稱疾不朝. 或讒種且作亂. 賜劍死.

(2) 월나라가 오나라를 멸한 다음 〈가장 크게 공을 세운〉 범려가 〈벼슬을 버리고〉 월나라를 떠났다. 그리고 월나라 대부 문종(文種)에게 서찰을 보내 「월의 왕, 구천(句踐)은 그 사람됨이 목이 길고 입이 까마귀 부리처럼 나왔음으로, 가히 환난은 함께 할 수는 있어도 안락은 함께 할 수는 없다. 그대는 왜 안 떠나시오?」 하고 말했다. 이에 대부 종이 병을 핑계하고 조정에 나가지 않았다. 그러자 어떤 사람이 「문종이 반란을 꾸미고 있다」고 참언을 올렸다. 이에 구천이 문종에게 칼을 내렸고 문종은 자결했다.

어구 설명 (2) o 越旣滅吳(월기멸오) : 월나라가 오나라를 멸한 다음, 「기(旣)」는 「그렇게 한 다음」의 뜻. o 范蠡去之(범려거지) : 범려는 〈벼슬에서 물러나고〉 월나라를 떠났다. o 遣大夫種書曰(견대부종서왈) : 월나라 대부 문종(文種)에게 서찰을 보내고 말했다. o 越王爲人(월왕위인) : 월왕, 구천(句踐)의 사람됨이, o 長頸烏喙(장경오훼) : 목이 길고 입이 까마귀 부리처럼 나왔음으로, o 可與共患難(가여공환난) : 가히 환난을 함께 할 수는 있어도, o 不可與共安樂(불가여

공안락) : 안락을 함께 할 수는 없다. ㅇ子何不去(자하불
거) : 그대는 왜 안 떠나느냐? ㅇ種稱疾不朝(종칭질부조) :
대부 종이 병을 핑계하고 조정에 나가지 않자, ㅇ或讒種且
作亂(혹참종차작란) : 어떤 사람이 「종이 반란을 하려고 한
다.」고 참언을 올렸다. ㅇ賜劍死(사검사) : 임금 구천이 문
종에게 칼을 내려주었으며, 이에 문종은 자결했다.

(3) 范蠡裝其輕寶珠玉, 與私從乘舟江湖, 浮海出
齊, 變姓名, 自謂鴟夷子皮. 父子治産, 至數千萬.
齊人聞其賢, 以爲相. 蠡喟然曰, 居家致千金, 居
官致卿相. 此布衣之極也. 久受尊名不祥. 乃歸相
印, 盡散其財, 懷重寶, 閒行止於陶. 自謂陶朱公.
貲累鉅萬.

(3) 범려는 운반할 수 있는 보물이나 주옥들을 거두어 짐으
로 싸 가지고, 가족과 가신(家臣) 및 종자들과 함께 배를 타
고 강이나 호수를 거쳐 바다에 나가 배를 띄우고 제나라로
갔다. 그곳에서 변성명하고 자신을 「치이자피」라 일컬었다.
그리고 부자가 함께 재산을 불렸으며, 그 재산이 수 천만금
이나 되었다. 제나라 사람들이 범려의 현명함을 듣고 그를
재상으로 삼았다. 그러자 범려가 탄식하며 말했다. 「집에
있어서는 천금의 재산을 쌓아 올리고, 벼슬살이로는 경상에
올랐으니, 이는 평민으로서는 극치에 도달한 것이다. 그와
같은 존귀한 자리와 명예를 오래 누리면 장차는 좋지 않게

될 것이다.」 그리고 즉시 재상의 인수(印綬)를 반납하고 모든 재물을 사람들에게 나눠주고, 오직 귀중한 보물만을 간직하고 샛길을 타고 도(陶)에 가서 머물렀으며 자신을 「도주공」이라 불렀다. 그리고 그는 다시 수만의 재산을 쌓아올렸다.

여구설명 (3) ㅇ范蠡裝其輕寶珠玉(범려장기경보주옥) : 범려는 가볍게 운반할 수 있는 보물이나 주옥들을 짐으로 싸 가지고, ㅇ與私從(여사종) : 자기 처자와 가신(家臣) 및 종자들과 함께, ㅇ乘舟江湖(승주강호) : 배를 타고 강이나 호수를 거쳐, ㅇ浮海出齊(부해출제) : 바다에 나가 배를 띄우고 제나라로 갔다. ㅇ變姓名(변성명) : 성명을 바꿔, ㅇ自謂鴟夷子皮(자위치이자피) : 스스로 「치이자피」라 일컬었다. ㅇ父子治産(부자치산) : 부자가 재산을 불렸으며, ㅇ至數千萬(지수천만) : 그 재산이 수 천만금이나 되었다. ㅇ齊人聞其賢(제인문기현) : 제나라 사람들이 범려의 현명함을 듣고, ㅇ以爲相(이위상) : 그를 재상으로 삼았다. ㅇ蠡喟然曰(여위연왈) : 범려가 탄식하며 말했다. ㅇ居家致千金(거가치천금) : 집에 있어서는 천금의 재산을 쌓아 올리고, ㅇ居官致卿相(거관치경상) : 벼슬살이로는 경상에 올랐으니, ㅇ此布衣之極也(차포의지극야) : 이는 평민으로서는 극치에 도달한 것이다. 포의(布衣) ; 신분이 낮은 사람. 벼슬하지 않은 사람. ㅇ久受尊名不祥(구수존명불상) : 그와 같은 존귀한 자리와 명예를 오래 누리면 장차는 좋지 않게 될 것이다. ㅇ乃歸相印(내귀상인) : 즉시 재상의 인수(印綬)를 반납하고, ㅇ盡散其財(진산기재) : 모든 재물을 뿌려 나눠

주고, ㅇ懷重寶(회중보) : 귀중한 보물만을 간직하고, ㅇ閒
行止於陶(한행지어도) : 〈아무도 모르게〉샛길을 타고 도
(陶)에 가서 머물렀다. 「도(陶)」는 산동성(山東省)의 지명,
ㅇ自謂陶朱公(자위도주공) : 스스로 「도주공」이라고 호칭
했다. ㅇ貲累鉅萬(자루거만) : 다시 거만의 막대한 재산을
쌓아올렸다.

(4) 魯人猗頓往問術焉. 蠡曰, 畜五牸. 乃大畜牛羊
於猗氏. 十年間, 貲擬王公. 故天下言富者, 稱陶
朱·猗頓.

(4) 노나라의 의돈이라는 사람이 범려에게 가서 재물 늘리는
법을 묻자, 범려가 「다섯 마리 암소를 키우시오」라고 말했
다. 의돈이 그대로 하여 자기 집안에 소와 양들을 많이 키우
게 되었다. 그리고 십 년간, 목축을 해서 재물이 왕이나 공
경 버금가게 되었다. 그러므로 천하에서 부자를 말할 때에
는, 누구나 도주와 의돈을 들었다.

어구설명 (4) ㅇ魯人猗頓往(노인의돈왕) : 노나라 사람, 의돈이 범
려에게 가서, ㅇ問術焉(문술언) : 재물 늘리는 기술을 물
었다. ㅇ蠡曰(여왈) : 범려가 말했다. ㅇ畜五牸(축오자) :
다섯 마리 암소를 키워라. 牸(암컷 자). ㅇ乃大畜牛羊於
猗氏(내대축우양어의씨) : 〈그대로 하여〉의돈의 집안에
소와 양들을 많이 키우게 되었다. ㅇ十年間(십년간) : 십
년간 목축을 해서, ㅇ貲擬王公(자의왕공) : 재물이 왕이

나 공경(公卿) 버금가게 되었다. 貲(재물 자) ㅇ故天下言
富者(고천하언부자) : 그러므로 천하에서 부자를 말할 때
에는, ㅇ稱陶朱・猗頓(칭도주・의돈) : 누구나 도주와 의
돈을 들었다.

| 백문 | 제4과 越王・范蠡

(1) 越十年生聚, 十年敎訓. 周元王四年, 越伐吳. 吳三戰三北. 夫差
上姑蘇, 亦請成於越. 范蠡不可. 夫差曰, 吾無以見子胥. 爲幎冒
乃死.

(2) 越旣滅吳. 范蠡去之. 遣大夫種書曰, 越王爲人長頸鳥喙. 可與
共患難, 不可與共安樂. 子何不去. 種, 稱疾不朝. 或讒種且作
亂. 賜劍死.

(3) 范蠡裝其輕寶珠玉, 與私從乘舟江湖, 浮海出齊, 變姓名, 自謂
鴟夷子皮. 父子治産, 至數千萬. 齊人聞其賢, 以爲相. 蠡喟然
曰, 居家致千金, 居官致卿相. 此布衣之極也. 久受尊名不祥. 乃
歸相印, 盡散其財,
懷重寶, 閒行止於陶.
自謂陶朱公. 貲累鉅
萬.

(4) 魯人猗頓往問術焉.
蠡曰, 畜五牸. 乃大
畜牛羊於猗氏. 十年
間, 貲擬王公. 故天
下言富者, 稱陶朱・
猗頓.

춘추시대 세력 확장 지도

제3장 蔡

「제3장 채(蔡)」는 별도로 내세웠으나, 내용은 세 줄에 불과
하다. 사마천(司馬遷)의 사기(史記)에는 「관채세가(管蔡世家)
제5」에 있다. 그것을 사략(史略)에서는 앞에 내세웠다. 그 이
유는 주무왕(周武王)의 동생이 세운 나라이기 때문일 것이다.

제1과 [蔡]姬姓

(1) [蔡]姬姓, 蔡仲之所封也. 周公蔡蔡叔於郭鄰. 其
子胡, 率德改行. 復封于蔡. 後世至春秋之末, 爲楚
惠王所滅.

(1) 채(蔡)나라는 〈주왕실과 같은〉 희성(姬姓)이다. 〈문왕의
손자, 무왕의 동생〉 채중(蔡仲)의 봉지다. 주공이 채숙을 추
방하고 곽린(郭鄰)에 살게 했다. 그러나 채숙의 아들 호(胡)
가 문왕(文王)의 덕을 따르고 아버지 채숙의 잘못을 개선했
음으로 다시 채에 봉했다. 그로부터 후세 춘추 말에 이르러
초나라 혜왕에 의해 멸망되었다.

어구설명 제1과 ㅇ蔡姬姓(채희성) : 채나라는 주(周)나라와 같은 희
성(姬姓)이다. ㅇ蔡仲之所封也(채중지소봉야) : 채중(蔡仲)

의 봉지다. 채중(蔡仲)은 문왕(文王)의 손자이며, 무왕(武王)의 동생이다. 주공(周公)에게 방벌(放伐)된 채숙(蔡叔)의 아들이다. 이름을 호(胡)라고 한다. ㅇ周公蔡(주공채) : 주공이 추방했다. 이때의 「채(蔡)」는 동사로 「추방하고 일정한 곳에서 살게 한다.」는 뜻. ㅇ蔡叔於郭鄰(채숙어곽린) : 〈주공이〉 채숙을 추방하고 곽린(郭鄰)에 살게 했다. 채숙(蔡叔)은 무왕(武王) 및 주공(周公)의 동생이다. 무왕이 죽고, 어린 성왕(成王)이 임금 자리에 올랐으며, 주공이 섭정(攝政)으로 보필했다. 그때에 채숙이 은(殷)의 후예 무경(武庚)과 결탁하여 반란을 했다. 그래서 주공이 무력으로 토벌하고, 그를 추방했던 것이다. ㅇ其子胡(기자호) : 채숙의 아들 호(胡)가, ㅇ率德改行(솔덕개행) : 조부(祖父) 문왕(文王)의 덕을 따르고 아버지 채숙(蔡叔)의 잘못을 개선했음으로, ㅇ復封于蔡(부봉우채) : 다시 채(蔡)에 봉해졌다. ㅇ後世至春秋之末(후세지춘추지말) : 그로부터 후세 춘추말에 이르러, ㅇ爲楚惠王所滅(위초혜왕소멸) : 초나라 혜왕에 의해서 멸망당했다. 「초혜왕(楚惠王)」은 초나라 장왕(莊王) 다음 7대의 왕이다.

| 백문 | 제1과 蔡姓姬

(1) [蔡]姬姓, 蔡仲之所封也. 周公蔡蔡叔於郭鄰. 其子胡, 率德改行. 復封于蔡. 後世至春秋之末, 爲楚惠王所滅.

제4장 曹

나라마다 장(章)을 나눈다는 원칙에 따라 「제4장 曹(조)」를
독립시켰다. 그러나 내용은 「두 줄」에 불과하다. 무왕(武王)의
동생을 봉한 나라이기 때문에 앞에 내세웠을 것이다.

제1과 [曹]姬姓

(1) [曹]姬姓, 武王弟曹叔振鐸之所封也. 其後世, 至
春秋中, 爲宋所滅.

(1) 조나라는 희(姬) 성이다. 무왕의 동생 조숙, 이름은 진탁
이 봉해진 나라다. 그 나라는 후세, 춘추 중엽에, 송나라에
의해서 멸망되었다.

어구 설명 제1과 ㅇ[曹]姬姓(조희성) : 조나라도 희(姬) 성이다. ㅇ武王
弟(무왕제) : 무왕의 동생, ㅇ曹叔振鐸之所封也(조숙진탁지
소봉야) : 「조숙, 이름은 진탁」이 봉해진 나라다. 「조숙(曹
叔)」은 「조나라에 봉해진 동생」이라는 뜻. ㅇ其後世(기후세)
: 그의 후세, ㅇ至春秋中(지춘추중) : 춘추 중엽에 이르러,
ㅇ爲宋所滅(위송소멸) : 송나라에 의해서 멸망되었다.

| 백문 | 제1과 [曹]姬姓

(1) [曹]姬姓, 武王弟曹叔振鐸之所封也. 其後世, 至春秋中, 爲宋所滅.

제5장 宋

　주무왕(周武王)은 주(紂)의 아들 무경(武庚)을 그대로 살려 두고, 은나라 유민(遺民)들을 다스리고 아울러 선조에 대한 제사를 받들게 했다. 동시에 무공은 동생 관숙(管叔)과 채숙(蔡叔)으로 하여금 무경을 감시하게 했다. 그런데 무왕이 죽고 어린 성왕(成王)이 자리에 오르고 주공(周公)이 섭정(攝政)하자, 이들 셋이 결탁하여 반란을 일으켰다. 이에 주공이 그들을 무력으로 토벌하고, 무경과 관숙은 주살(誅殺)하고, 채숙은 추방했다. 그리고 주왕(紂王)의 서형(庶兄) 미자계(微子啓)에게 명을 내려, 무경을 대신해서 제사를 받들게 했다. 그 나라가 바로 송(宋)나라다. 사기(史記) 송세가(宋世家)에는 수십 대에 걸친 후예(後裔)들의 복잡한 기록이 적혀 있다. 그러나 이 사략(史略)에는 「양공(襄公), 경공(景公), 강왕(康王)」세 사람에 대한 기술만 있다.

　「제5장 송(宋)」은 「제1과 송양지인(宋襄之仁)」한 과 뿐이다.

제1과 宋襄之仁

(1) ［宋］子姓, 商紂庶兄微子啓之所封也. 後世至春秋, 有襄公茲父者, 欲霸諸侯, 與楚戰. 公子目夷, 請及其未陣擊之. 公曰, 君子不困人於阨. 遂爲楚所敗. 世笑以爲宋襄之仁.

(1) 송나라 임금은 자성(子姓)이다. 은(殷)의 마지막 왕 주(紂)의 이복(異腹) 형, 미자(微子) 계(啓)의 봉지다. 후세 춘추에 이르러 영주(領主), 양공(襄公), 자보(玆父)가 제후를 누르고 패권을 잡으려고 초나라와 싸우고자 했다. 그때에 목이(目夷)라고 하는 공자가 적이 미처 배진(配陣)하기 전에 그들을 격파하자고 청했다. 그러나 양공이 말했다.「군자는 〈궁지에 몰려 있는〉 적을 괴롭히고 쳐들어가지 않는 법이다.」결국 그는 초군(楚軍)에게 패했다. 이를 세상에서는「송양지인(宋襄之仁)」이라고 비웃었다.

어구 설명 제1과 ○宋襄之仁(송양지인) : 송나라 양공의 지나친 양보를 비웃은 성어(成語). ○宋(송) : 패망한 은(殷)나라 땅에 미자(微子)를 봉해서 명맥을 유지하게 한 나라. (1) ○宋子姓(송자성) : 송나라 임금은 자성(子姓)이다. ○商紂(상주) : 은(殷)의 마지막 왕 주(紂), 은나라 처음에는 상(商)이라 했다. ○庶兄(서형) : 주(紂)의 이복(異腹) 형, ○微子啓(미자계) : 미자(微子)는 호, 이름이 계(啓), ○所封也(소봉야) : 은나라가 멸망 후, 은의 유민을 다스리고, 선조의 제사를 지내라고 미자를 송(宋)에 봉해 주었다. ○後世至春秋(후세지춘추) : 후세, 춘추에 이르러, ○有襄公玆父者(유양공자부자) : 송나라의 양공(襄公), 이름은 자보(玆父)라는 사람이 있었다. ○欲覇諸侯(욕패제후) : 제후를 누르고 패권을 잡으려고, ○與楚戰(여초전) : 초나라와 싸우려고 했다. ○公子目夷(공자목이) : 목이(目夷)라고 하는 한 공자가, 〈작전을 건의했다〉. ○請及其未陣擊之(청급기미진격지) :

적이 미처 배진(配陣)하기 전에, 그들을 격파하자고 청했
다. ㅇ公曰(공왈) : 양공이 말했다. ㅇ君子不困入於阨(군자
불곤입어액) : 군자는 〈궁지에 몰려 있는〉 적을 괴롭히고
쳐들어가지 않는 법이다. 阨(좁을 액). ㅇ逐爲楚所敗(수위
초소패) : 드디어 초나라에게 패했다. ㅇ世笑以爲宋襄之仁
(세소이위송양지인) : 세상에서 송양지인(宋襄之仁)이라고
조소(비웃었다)했다.

(2) 其後有景公者. 熒惑嘗以其時守心. 心宋之分
野. 公憂之. 司星子韋曰, 可移於相. 公曰, 相吾之
股肱. 曰, 可移於民. 公曰, 君者待民. 曰, 可移於
歲. 公曰, 歲饑民困. 吾誰爲君. 子韋曰, 天高聽卑.
君有君人之言三. 宜有動. 候之, 果徒一度.

(2) 그 후에 경공이라는 임금이 있었다. 그때에 화성(火星)이
심숙(心宿)을 지키고 붙어 있었다. 그 심숙은 〈지상으로서는〉
송나라에 해당됐다. 〈그래서〉 경공이 걱정을 하자, 별을 관
찰하는 천문관(天文官) 자위(子韋)가 〈임금에게〉 말했다. 「재
난을 재상(宰相)에게 옮기면 됩니다.」 경공이 말했다. 「재상
은 나의 팔 다리다.」 다시 자위가 「재난을 백성에게 옮기면
됩니다.」라고 말하자, 경공이 「임금은 백성을 의지한다.」고
말했다. 다시 자위가 「재난을 금년 농사에 옮기면 됩니다.」라
고 말하자, 경공이 「금년 농사에 기근이 들면 백성들이 곤궁
해지며, 나는 누구를 위해 다스리고 임금노릇을 하느냐」라

고 말했다. 그러자 천문관 자위가 말했다. 「하늘은 높아도 낮은 〈지상의〉 말을 듣습니다. 임금님께서 사람을 다스리는 〈임금다운 좋은〉 말을 세 번이나 하셨습니다. 〈그러니 하늘이 그 좋은 말을 듣고〉 의당히 감동했을 것입니다.」 그리고 자위가 다시 하늘을 관찰해보니 과연 〈화성이 자리를〉 일 도(度) 옮기었다.

어구설명 (2) ㅇ其後(기후) : 그 후에, ㅇ有景公者(유경공자) : 〈송나라의 영주 곧 임금으로〉 경공이 자리에 올랐다. ㅇ熒惑(형혹) : 화성(火星), 그 별이 나타나면, 나라에 전란, 기근 혹은 질병 등이 발생한다고 전한다. ㅇ嘗以其時守心(상이기시수심) : 마침 그때에 그 별이 심숙(心宿)을 지키고 머물러 있었다. 「심숙(心宿)」은 28숙의 하나로 동방의 성좌(星座), 하늘을 동서남북 넷으로 나누고, 하나를 다시 일곱 개로 나누어 28숙이라고 했다. ㅇ心宋之分野(심송지분야) : 그 심숙(心宿)은 〈지상으로는〉 송(宋)의 분야에 해당했다. 하늘의 28숙을 중국 전국에 맞춘 것을 분야(分野)라고 했다. ㅇ公憂之(공우지) : 경공이 걱정을 했다. ㅇ司星(사성) : 별을 관찰하는 천문관(天文官), ㅇ子韋曰(자위왈) : 자위가 말했다. ㅇ可移於相(가이어상) : 〈재난을〉 재상(宰相)에게 옮길 수 있습니다. 옮기면 됩니다. ㅇ公曰(공왈) : 경공이 말했다. ㅇ相吾之股肱(상오지고굉) : 재상은 나의 팔 다리다. 股(넓적다리 고), 肱(팔뚝 굉). ㅇ曰,可移於民(왈 가이어민) : 자위가 「〈재난을〉 백성에게 옮길 수 있습니다」라고 말하자, ㅇ公曰,君者待民(공왈군자대민) : 경공이 「임금은 백성을 의지한다.」고 말했다. ㅇ曰, 可移於歲(왈

가이어세) : 자위가 「재난을 금년 농사에 옮길 수 있습니
다.」라고 말하자, ○公曰, 歲饑民困(공왈 세기민곤) : 경공
이 말했다. 「금년 농사가 기근이 들면 백성들이 곤궁해지
며」, ○吾誰爲君(오수위군) : 「나는 누구를 위해 다스리느
냐, 임금노릇을 하느냐」 하고 말했다. ○子韋曰(자위왈) :
천문관 자위가 말했다. ○天高聽卑(천고청비) : 하늘은 높이
있어도 낮은 〈지상의〉 말을 듣습니다. ○君有君人之言三(군
유군인지언삼) : 임금께서 「사람을 다스리는 〈임금으로서의
좋은〉 말」을 세 번 하셨습니다. 〈그러니 하늘이 그 좋은
말을 듣고〉 ○宜有動(의유동) : 의당히 감동했을 것입니
다. ○候之(후지) : 〈다시〉 하늘을 관찰해보니, ○果徙一度
(과사일도) : 과연 〈화성이 자리를〉 일 도(度) 옮기었더라.

(3) 歷數世, 至康王偃. 有雀, 生鸇. 占之曰, 必覇天
下. 偃喜, 敗齊·楚·魏, 與爲敵國. 偃淫虐. 天下
號之曰桀宋. 周愼靚王時, 齊湣王與楚·魏共伐宋,
滅之而分其地.

(3) 여러 세대를 거쳐 강왕 언에 이르렀다. 〈그때에〉 참새가
매를 낳는 이변이 발생했다. 점을 쳐보니 〈송나라가〉 반드
시 천하에 패권을 잡을 거라는 〈점괘가 나왔다.〉 강왕 언은
기뻐하고 「제·초·위」를 공격해서 일부를 격파했다. 그 통
에 그들 세 나라와 적이 되었다. 언은 음탕하고 잔학했으므
로 천하가 그를 걸(桀)왕과 같은 송나라 임금이라고 호칭했

다. 주(周)나라 신정왕 때에 제나라 민왕이 초와 위나라와 함께 송을 토벌하고, 송나라를 멸하고, 영토를 나누어 가졌다.

어구 설명 (3) ㅇ歷數世(역수세) : 여러 세대를 거쳐, ㅇ至康王偃(지강왕언) : 강왕(康王) 언(偃)에 이르렀다. ㅇ有雀生鸇(유작생전) : 〈그때에〉 참새가 매를 낳는 이변이 발생했다. 鸇(송골매 전), 鷹(매 응)과 같은 뜻을 가진다. ㅇ占之曰(점지왈) : 점을 쳐보니 ──라고 하더라. ㅇ必覇天下(필패천하) : 〈송나라가〉 반드시 천하의 패권을 잡을 거라고 〈점괘가 나왔다.〉 ㅇ偃喜(언희) : 송나라 강왕, 언은 기뻐하고, ㅇ敗齊·楚·魏(패제초위) : 「제·초·위」를 공격해서 일부를 격파했다. ㅇ與爲敵國(여위적국) : 그 통에, 그들 세 나라와 적이 되었다. ㅇ偃淫虐(언음학) : 언은 음탕하고 잔학했다. ㅇ天下號之曰桀宋(천하호지왈걸송) : 천하가 그를 걸(桀)왕과 같은 송나라 임금이라고 호칭했다. ㅇ周愼靚王時(주신정왕시) : 주(周)나라 신정왕 때에, ㅇ齊湣王(제민왕) : 제나라 민왕이, ㅇ與楚·魏共伐宋(여초·위공벌송) : 초와 위나라와 함께 송을 토벌하고, ㅇ滅之而分其地(멸지이분기지) : 송을 멸하고 토지를 나누어 가졌다.

| 백문 | 제1과 宋襄之仁

⑴ [宋]子姓, 商紂庶兄微子啓之所封也. 後世至春秋, 有襄公茲父者, 欲覇諸侯, 與楚戰. 公子目夷, 請及其未陣擊之. 公曰, 君子不困人於阨. 遂爲楚所敗. 世笑以爲宋襄之仁.

⑵ 其後有景公者. 熒惑嘗以其時守心. 心宋之分野. 公憂之. 司星
   子韋曰, 可移於相. 公曰, 相吾之股肱. 曰, 可移於民. 公曰, 君
   者待民. 曰, 可移於歲. 公曰, 歲饑民困. 吾誰爲君. 子韋曰, 天
   高聽卑. 君有君人之言三. 宜有動. 候之, 果徒一度.

⑶ 歷數世, 至康王偃. 有雀, 生鵬. 占之. 曰, 必霸天下. 偃喜, 敗
   齊·楚·魏, 與爲敵國. 偃淫虐. 天下號之曰桀宋. 周愼靚王時,
   齊湣王與楚·魏共伐宋, 滅之而分其地.

주왕조 무왕(周王朝 武王)

제6장 魯

 노(魯)는 주공(周公)의 봉지다. 그러나 실지로는 그의 아들 백금(伯禽)을 보내 다스리게 했다. 성왕(成王)은 노나라에게는 주(周)나라와 같은 예악이나 의식을 허용했다. 그래서 주문화(周文化)가 가장 잘 보전되어 있는 나라이기도 했다. 그러나 무력이 약했음으로 춘추시대에는 항상 여러 강대국에게 시달려야 했다. 아울러, 왕위 상속이나 정치가 극도로 문란했으며, 대부(大夫) 신분인 삼환씨(三桓氏)들이 전횡하고, 심지어 임금을 내쫓기도 했다. 공자가 바로 이와 같은 내란상태에 빠진 노나라의 정치적 현실을 구제하려고 한 것이다. 「사기(史記)의 노주공세가(魯周公世家)」, 「좌전(左傳)」 및 「국어(國語) 노어(魯語)」에는 여러 가지 기록이 있다. 그러나 이 「사략(史略)」은 몇 가지 사항만을 기술했다.

 「제6장 노(魯)」를 다음과 같이 9과로 나누어 풀이했다.

  제1과 백금 · 태공(伯禽 · 太公)
  제2과 노지삼환(魯之三桓)
  제3과 공자위대사구(孔子爲大司寇)
  제4과 공자욕타삼도(孔子欲墮三都)
  제5과 공자선조(孔子先祖)
  제6과 공자수난(孔子受難)
  제7과 만년찬수(晩年撰修)
  제8과 맹자(孟子)
  제9과 노자(老子)

제1과 伯禽 · 太公

(1) [魯]姬姓, 周公子伯禽之所封也. 周公誨成王, 王有過則撻伯禽. 伯禽就封. 公戒之曰, 我文王之子, 武王之弟, 今王之叔父. 然我一沐三握髮, 一飯三吐哺, 起以待士, 猶恐失天下賢人. 子之魯, 愼無以國驕人.

⑴ 노나라의 임금은 주(周)와 같은 희(姬) 성이다. 주공단(周公旦)의 아들 백금(伯禽)이 봉해진 나라다. 주공은 무왕의 아들 성왕(成王)을 훈계할 때에, 성왕이 잘못한 경우에도, 〈성왕 대신〉 자기 아들 백금을 매질했다. 백금이 봉지에 가서 다스리게 되자, 주공이 자기 아들 백금을 훈계하여 말했다. 「나는 문왕의 아들이고, 무왕의 동생이고, 현재의 임금의 숙부가 된다. 그런데도 나는 한 번 머리를 감는 동안에 세 번이나 머리를 거머쥐고 〈일어나 어진 사람을 대했고〉, 한 끼의 식사 중에도 세 번이나 입에 물었던 음식을 뱉고 일어나 나가서 선비를 대접했다. 그렇게 하면서도 천하의 현명한 사람을 혹 잃지 않을까 걱정을 했다. 네가 노나라에 가면 신중하게 하고 임금이라고 남에게 교만하게 하면 안 된다.」

<u>어구 설명</u> 제1과 ㅇ魯之伯禽 · 太公(노지백금 · 태공) : 노나라의 백금과 제(齊)나라의 강태공(姜太公), 여상(呂尙). ⑴ ㅇ魯姬姓

(노희성) : 노나라의 임금은 주(周)와 같은 희(姬) 성이다. ○周公子伯禽之所封也(주공자백금지소봉야) : 주공단(周公旦)의 아들 백금(伯禽)이 봉해진 나라다. ○周公誨成王(주공회성왕) : 주공은 〈무왕의 어린 아들〉 성왕(成王)을 훈계했다. ○王有過(왕유과) : 성왕이 잘못한 경우에도, ○則撻伯禽(즉달백금) : 〈성왕 대신〉 자기 아들 백금을 매질했다. 撻(매질할 달). ○伯禽就封(백금취봉) : 백금이 봉지에 가서 다스리게 되자, ○公戒之曰(공계지왈) : 주공이 자기 아들 백금을 훈계하여 말했다. ○我文王之子(아문왕지자) : 나는 문왕의 아들이고, ○武王之弟(무왕지제) : 무왕의 동생이고, ○今王之叔父(금왕지숙부) : 현재의 임금의 숙부가 된다. ○然我(연아) : 그런데도 나는, ○一沐三握髮(일목삼악발) : 한 번 머리를 감는 동안에도 세 번이나 머리를 거머쥐고 〈일어나 어진 사람들을 대했다.〉 ○一飯三吐哺(일반삼토포) : 한 끼의 식사 중에도 세 번이나 입에 물고 있던 음식을 뱉고 〈나가서 어진 사람을 만나고 대접했다.〉 ○起以待士(기이대사) : 일어나 나가서 선비를 대접했다. ○猶恐失天下賢人(유공실천하현인) : 그렇게 하면서도 천하의 현명한 사람을 혹 잃지 않을까 걱정을 했다. ○子之魯(자지로) : 네가 노나라에 가면, ○愼無以國驕人(신무이국교인) : 신중하게 하고, 나라를 다스리는 임금이라고, 사람에게 교만하지 말아야 한다. 「無」는 끝까지 걸린다.

(2) 太公封於齊. 五月而報政. 周公曰, 何疾也. 曰,

吾簡其君臣禮, 從其俗. 伯禽至魯, 三年而報政. 周公曰, 何遲也. 曰, 變其俗, 革其禮, 喪三年而後除之.

(2) 강태공 여상(呂尙)은 제(齊)나라에 봉해진 다음, 오 개월이 되자, 정무에 대한 보고를 해왔다. 주공이 물었다. 「어찌해서 이렇게 빠르시오?」 강태공이 대답했다. 「저는 임금과 신하 사이에 지킬 예절이나 제도를 간소화 하고 제나라의 종전의 풍속을 따르게 했습니다.」 한편 〈자기 아들〉 백금은 노나라에 가서 다스린 지, 삼 년이 지나서 정무 보고를 해왔다. 주공이 물었다. 「어찌해서 이렇게 늦었느냐?」 그러자 백금이 대답해서 말했다. 「그 나라의 풍속을 고치고, 그 나라의 예절이나 제도를 개혁하고, 상복(喪服)도 삼 년 만에 벗도록 했습니다.」

어구 설명 (2) ㅇ太公封於齊(태공봉어제) : 강태공 여상(呂尙)은 제(齊) 나라에 봉해진 다음, ㅇ五月而報政(오월이보정) : 오 개월이 되자, 정무에 대한 보고를 해왔다. ㅇ周公曰, 何疾也(주공왈 하질야) : 주공이 물었다. 어떻게 해서 이렇게 빠르시오? ㅇ曰(왈) : 강태공이 대답했다. ㅇ吾簡其君臣禮(오간기군신례) : 나는 임금이나 신하 사이에 예절이나 제도를 간소화하고, ㅇ從其俗(종기속) : 그들의 종전의 풍속을 따르게 했습니다. ㅇ伯禽至魯(백금지로) : 백금은 노나라에 가서 다스린 지, ㅇ三年而報政(삼년이보정) : 삼 년이 지나서 정무 보고를 해왔다. ㅇ周公曰(주공왈) : 주공이 물

어서 말했다. ㅇ何遲也(하지야) : 어찌해서 이렇게 늦었느
냐? ㅇ曰(왈) : 백금이 대답해서 말했다. ㅇ變其俗(변기속)
: 그 나라의 풍속을 고치고, ㅇ革其禮(혁기례) : 그 나라의
예절이나 제도를 개혁하고, ㅇ喪三年而後除之(상삼년이후
제지) : 상복(喪服)도 삼 년 만에 벗도록 고쳤습니다.

(3) 周公曰, 後世其北面事齊乎. 夫政不簡不易, 民
不能近. 平易近民, 民必歸之. 周公問太公, 何以治
齊. 曰, 尊賢而尚功. 周公曰, 後世必有篡弑之臣.
太公問周公, 何以治魯. 曰, 尊賢而親親. 太公曰,
後寖弱矣.

(3) 주공이 말했다. 「〈노나라는〉 후세에는 북면하고 제나라
를 섬기게 될 것이다. 무릇 정사는 간략하고 평이하지 않으
면 백성을 가까이 할 수 없다. 평이하고 백성을 가까이 해야
백성들이 반드시 귀의한다.」 주공이 강태공에게 물었다. 「어
떠한 방식으로 제(齊)를 다스리겠습니까?」 강태공이 「현인을
존중하고 공을 세운 사람을 높입니다.」라고 말했다. 그러자
주공이 말했다. 「〈그런 식으로 정치를 하면〉 후세에 반드시
나라를 찬탈하고 임금을 죽이는 신하가 나올 것이다.」 강태
공이 주공에게 물었다. 「어떠한 방식으로 노(魯)를 다스리겠
습니까?」 주공이 「현명한 사람을 존중하고 일가친척들을 친
애하겠습니다.」라고 말했다. 그러자 강태공이 주공에게 말했
다. 「나중에는 점차 나라가 쇠약하게 됩니다.」

어구 설명 (3) ○周公曰(주공왈) : 주공이 말했다. ○後世其北面事齊乎(후세기북면사제호) : 〈그래가지고는 노나라는〉 후세에는 북면하고 제나라를 섬기게 될 것이다. 북면(北面)은 임금은 남면하고 신하는 북면한다. 즉 신하처럼 제나라를 섬긴다는 뜻. ○夫政不簡不易(부정불간불이) : 무릇, 정사는 간략하고 평이하지 않으면, ○民不能近(민불능근) : 백성을 가까이 할 수 없다. ○平易近民(평이근민) : 평이하고 백성을 가까이 해야, ○民必歸之(민필귀지) : 백성들이 반드시 귀의한다. ○周公問太公(주공문태공) : 주공이 강태공에게 물었다. ○何以治齊(하이치제) : 어떠한 방식으로 제(齊)를 다스리겠습니까? ○曰, 尊賢而尙功(왈 존현이상공) : 강태공이「현인을 존중하고 공을 세운 사람을 높입니다.」라고 말했다. ○周公曰(주공왈) : 주공이 말했다. 〈그런 식으로 정치를 하면〉 ○後世必有篡弑之臣(후세필유찬시지신) : 후세에 반드시 나라를 찬탈하고 임금을 죽이는 신하가 나올 것이다. ○太公問周公(태공문주공) : 태공이 주공에게 물었다. ○何以治魯(하이치로) : 어떠한 방식으로 노(魯)를 다스리겠습니까? ○曰, 尊賢而親親(왈 존현이친친) : 〈주공이〉「현명한 사람을 존중하고 일가친척들을 친애하겠습니다.」라고 말했다. ○太公曰(태공왈) : 태공이 주공에게 말했다. ○後寖弱矣(후침약의) : 나중에는 점차 나라가 쇠약하게 됩니다.

| 백문 | 제1과 伯禽 · 太公

(1) [魯]姬姓, 周公子伯禽之所封也. 周公誨成王, 王有過則撻伯禽.

伯禽就封. 公戒之曰, 我文王之子, 武王之弟, 今王之叔父. 然我一沐三握髮, 一飯三吐哺, 起以待士, 猶恐失天下賢人. 子之魯, 愼無以國驕人.

(2) 太公封於齊. 五月而報政. 周公曰, 何疾也. 曰, 吾簡其君臣禮, 從其俗. 伯禽至魯, 三年而報政. 周公曰, 何遲也. 曰, 變其俗, 革其禮, 喪三年而後除之.

(3) 周公曰, 後世其北面事齊乎. 夫政不簡不易, 民不能近. 平易近民, 民必歸之. 周公問太公, 何以治齊. 曰, 尊賢而尙功. 周公曰, 後世必有簒弑之臣. 太公問周公, 何以治魯. 曰, 尊賢而親親. 太公曰, 後浸弱矣.

제2과 魯之三桓

(1) 伯禽十三世而至隱公. 爲春秋之始. 隱公之弟曰桓公. 桓公之子莊公, 莊公有庶弟三人. 曰慶父. 其後爲孟孫氏. 曰叔牙. 其後爲叔孫氏. 曰季友. 其後爲季孫氏. 是爲三桓.

(1) 백금 다음 13대를 거쳐 은공에 이르렀으며, 이때가 바로 춘추의 시초다. 은공의 동생이 환공이며, 환공의 아들이 장공이다. 장공에게는 서제(庶弟)가 셋이 있었다. 위가 경보(慶父)로 그 후손을 맹손씨(孟孫氏)라 했다. 다음이 숙아(叔

牙)로 그 후손을 숙손씨(叔孫氏)라 했다. 막내가 계우(季友)
로 그 후손을 계손씨(季孫氏)라 했다. 〈이들은 다 환공의 후
손이므로〉 삼환(三桓)이라 했다.

제2과 ○魯之三桓(노지삼환) : 노나라의 권력이나 정치를
정횡(專橫)했던 삼환씨(三桓氏). (1) ○伯禽十三世而至隱公
(백금십삼세이지은공) : 백금으로부터 13대를 거쳐, 은공
에 이르렀다. ○爲春秋之始(위춘추지시) : 춘추의 시작이
다. 「노춘추(魯春秋)」는 「노나라의 사관이 쓴 편년체의 역
사 기록이다.」 즉 「은공(隱公) 원년(元年 : BC. 722)부터
애공(哀公) 14년(BC. 481)까지의 역사 기록」이다.

(2) 世執國命. 歷子班·閔公·僖公·文公·宣公·成公·襄公, 至昭公, 伐季氏. 三家共伐之. 公奔乾侯, 以卒.

(2) 이들이 대대로 노(魯)나라의 실권을 틀어잡고 전횡했다.
한편 장공(莊公)의 아들로 〈실권이 없는 명목상의 임금인〉
자반(子班) 다음에 「민공, 희공, 문공, 선공, 성공, 양공」 등
을 거쳐 〈노나라〉 소공(昭公)에 이르렀다. 소공은 〈삼환씨
의 전횡을 축출하려고 먼저〉 계손씨(季孫氏)를 쳤다. 그러
나 〈맹손씨와 중손씨가 가세해서〉 삼가(三家)가 공동으로
대항했음으로, 소공(昭公)은 패하고 건후(乾侯)로 망명했으
며 그곳에서 죽었다.

여구 설명 (2) ㅇ世執國命(세집국명) : 삼환씨가 대를 이어가면서, 노나라 국권을 휘어잡고 전횡했다. 「國命」은 「노나라 권위와 명령권」을 합친 뜻이다. ㅇ歷(역) : 다음 임금들을 거치고, 다음의 임금은 즉 「자반, 민공, 희공, 문공, 선공, 성공, 양공」이다. ㅇ至昭公(지소공) : 소공에 이르러, ㅇ伐季氏(벌계씨) : 계손씨를 치려고 했다. ㅇ三家共伐之(삼가공벌지) : 도리어 삼환씨가 공동으로 〈소공(昭公)에게〉 반격을 했음으로, ㅇ公奔乾侯(공분건후) : 소공(昭公)이 삼환(三桓)에게 패하고 건후(乾侯 : 지명, 晉의 영토)로 망명했다.

| 백문 | 제2과 魯之三桓

(1) 伯禽十三世而至隱公. 爲春秋之始. 隱公之弟曰桓公. 桓公之子莊公, 莊公有庶弟三人. 曰慶父. 其後爲孟孫氏. 曰叔牙. 其後爲叔孫氏. 曰季友. 其後爲季孫氏. 是爲三桓.

(2) 世執國命. 歷子班 · 閔公 · 僖公 · 文公 · 宣公 · 成公 · 襄公. 至昭公, 伐季氏. 三家共伐之. 公奔乾侯, 以卒.

제3과 孔子爲大司寇

(1) 弟定公立. 以孔子爲中都宰. 一年四方皆則之. 由中都爲司空, 進爲大司寇.

(1) 소공의 동생 정공이 임금이 되자, 공자를 중도의 재(宰)로

등용했다. 일 년 내에, 사방이 모두 공자를 본받았다. 공자는
중도의 재에서 사공으로 올랐고 다시 대사구로 승진했다.

어구 설명 제3과 ㅇ孔子爲大司寇(공자위대사구) : 공자가 노나라의
대사구가 되었다. 공자는 노나라 정공(定公) 9년(BC. 501)
에 나이 51세로 중도재(中都宰)가 되고, 52세에 소사공(小
司空)에 임명되고, 같은 해에 사구(司寇)로 승진하고, 대부
의 신분으로 정공(定公)을 따라「협곡의 회[夾谷之會]」에
서 공을 세웠다. ⑴ ㅇ弟定公立(제정공립) : 소공(昭公 :
BC. 541-510 재위)이 삼환 토벌에 실패하고 소공 25년
(BC. 517)에 망명했다. 그리고 7년 후에 객지에서 죽었으
며, 동생 정공(定公)이 BC. 509년에 임금이 되었다. 그로
부터 9년 뒤 즉 정공(定公) 9년(BC. 501)에 공자(孔子)가
나이 51세로 중도재(中都宰)가 되었다. ㅇ以孔子爲中都宰
(이공자위중도재) : 공자를 중도재로 삼았다.「중도(中都)」
는 지명, 산동성 문상현(汶上縣)이다.「재(宰)」는 장(長)의
뜻. ㅇ一年四方皆則之(일년사방개칙지) : 일 년 내에, 사방
이 모두 공자를 본받게 되었다. ㅇ由中都爲司空(유중도위
사공) : 중도재에서 사공으로 승진했다.「사공(司空)」은 토
목이나 수리를 관장하는 장관. ㅇ進爲大司寇(진위대사구)
: 다시 대사구가 되었다.「사구」는 사법을 관장하는 장관.

⑵ 相定公會齊侯于夾谷. 孔子曰, 有文事者, 必有
武備. 請具左右司馬以從. 旣會. 齊有司請奏四方之
樂. 於是旗旄劍戟, 鼓譟而至. 孔子趨而進曰, 吾兩

君爲好, 夷狄之樂, 何爲於此. 齊景公心怍麾之.

(2) 공자가 정공을 〈모시고 가서〉, 협곡에서 제나라 임금과 회담하는 일을 도왔다. 공자가 〈출발 전에〉 말했다. 「〈이 회담은〉 문화적 행사이지만, 반드시 군사적 대비가 있어야 합니다. 그러므로 좌우의 근위병들을 갖추어 따르게 하십시오.」 회담이 시작되자, 제나라 담당관이 사방의 음악을 연주하겠다고 말하고 싸움터에서 쓰는 여러 가지 기치(旗幟)와 칼이나 창을 들고, 북을 울리고 고함소리를 시끄럽게 내고 회담장으로 들어왔다. 이에 공자가 즉시 달려 나가 〈가로막고〉 말했다. 「이 자리는 우리 두 나라의 임금님이 친선 하시는 곳이거늘, 이적 오랑캐의 음악을 어찌 연주하느냐?」 제나라 경공이 마음으로 부끄럽게 여기고 손짓으로 음악과 춤을 거두게 했다.

어구설명 (2) ㅇ相(상) : 도왔다. ㅇ定公會齊侯于夾谷(정공회제후우협곡) : 정공이 제나라의 임금과 협곡에서 회담하는 일을 〈수행하고 도왔다.〉「협곡(夾谷)」은 노나라의 지명. ㅇ孔子曰(공자왈) : 출발에 앞서 공자가 말했다. ㅇ有文事者(유문사자) : 〈두 나라 사이에〉 문화적 행사를 행하지만, 즉 친선회담을 할 때에도, ㅇ必有武備(필유무비) : 반드시 무력적인 대비를 갖추어야 한다. ㅇ請具左右司馬以從(청구좌우사마이종) : 〈공자가〉「좌우의 근위병들을 따르게 하십시오.」하고 청했다. 「사마(司馬)」는 무관(武官), ㅇ旣會(기회) : 회담이 시작되자, ㅇ齊有司請奏四方之樂(제유사

청주사방지락) : 제나라의 담당관이 사방의 음악을 연주하
겠다고 청하고, 「사방(四方)」은 중원(中原) 밖의 사방 즉
오랑캐 땅을 말한다. ○於是旗旄劍戟(어시기모검극) : 그
리고는 군기(軍旗)와 모기(旄旗) 및 칼과 창 같은 무기를
들고, 旄(깃대 장식 모), 戟(창 극). ○鼓譟而至(고조이지) :
북을 치고 고함소리를 내고 회담장 안으로 몰려왔다. ○孔
子趨而進曰(공자추이진왈) : 이에 공자가 달려 나가 〈가로
막고〉 말했다. ○吾兩君爲好(오양군위호) : 이 자리는 우리
두 나라 임금이 친선회담을 하시는 곳이다. ○夷狄之樂(이
적지악) : 이적 즉 오랑캐의 음악을, ○何爲於此(하위어차)
: 어찌 이 자리에서 연주하느냐. ○齊景公心怍麾之(제경공
심작휘지) : 제경공이 부끄럽게 여기고 손짓으로 〈춤을 중
지하게 했다.〉

(3) 齊有司請奏宮中之樂. 優倡侏儒戲而前. 孔子趨
而進曰, 匹夫熒惑諸侯者, 罪當誅. 請命有司加法
焉. 首足異處. 景公懼. 歸語其臣曰, 魯以君子之道
輔其君. 而子獨以夷狄之道敎寡人. 於是齊人乃歸
所侵魯鄆 · 汶陽 · 龜陰之地, 以謝魯.

(3) 제나라 담당관이 〈이번에는〉 궁중의 음악을 연주하겠다
고 청을 했다. 그러자 배우, 광대, 난쟁이 패들이 잡스럽게
웃으며 앞으로 나타났다. 공자가 달려 나가 가로막고 말했
다.「필부가 제후를 현혹하면, 그 죄는 당연히 사형이다. 유

사에게 명하여 법을 가하시기를 바라오.」 이에 그들을 즉결
처분하였다. 경공은 두려워하고, 자기 나라로 돌아가 신하
에게 말했다. 「노나라는 군자의 도리로 자기 임금을 보필하
는데, 그대는 오직 이적의 도리를 나에게 가르쳐주었다.」
이에 제나라 사람들이 전에 노나라를 침입해서 탈취했던
운(鄆), 문양(汶陽), 구음(龜陰)의 땅을 노나라에 되돌려주
고 〈자기들의 무례를〉 사과했다.

어구 설명 (3) ○宮中之樂(궁중지악) : 궁중의 음악을, ○優倡侏儒戲
而前(우창주유희이전) : 광대나 난쟁이 같은 패거리들이 잡
스럽게 웃으며 앞으로 나타났다. 「우창(優倡)」은 배우나 창
기, 「주유(侏儒)」는 난쟁이 익살꾼, ○匹夫熒惑諸侯者(필부
형혹제후자) : 필부가 제후를 현혹하면, 熒(등불 형), 惑(미
혹할 혹). ○罪當誅(죄당주) : 그 죄는 마땅히 사형에 해당
한다. ○請命有司加法焉(청명유사가법언) : 담당관으로 하
여금 법을 가하십시오. ○首足異處(수족이처) : 머리와 발
이 떨어지게 되다. 즉결처분했다는 뜻. ○景公懼(경공구) :
경공은 두려워했다. ○歸語其臣曰(귀어기신왈) : 자기 나라
로 돌아가 신하에게 말했다. ○魯以君子之道輔其君(노이군
자지도보기군) : 노나라는 군자의 도리로 자기 임금을 보필
하는데, ○而子獨以夷狄之道敎寡人(이자독이이적지도교과
인) : 그러나 그대는 오직 이적의 도리를 나에게 가르쳐주
었다. ○於是(어시) : 이에, ○齊人乃歸(제인내귀) : 제나라
사람들이 즉시 되돌려 주었다. ○所侵魯鄆汶陽龜陰之地(소
침로운문양구음지지) : 전에 노나라를 침략해서 탈취했던
운(鄆), 문양(汶陽), 구음(龜陰)의 땅을 〈노에 돌려주었다.〉

ㅇ 以謝魯(이사로) : 그리고 노에 사과했다.

| 백문 | 제3과 孔子爲大司寇

(1) 弟定公立. 以孔子爲中都宰. 一年四方皆則之. 由中都爲司空, 進爲大司寇.

(2) 相定公會齊侯于夾谷. 孔子曰, 有文事者, 必有武備. 請具左右司馬以從. 旣會. 齊有司請奏四方之樂. 於是旗旄劍戟, 鼓譟而至. 孔子趨而進曰, 吾兩君爲好, 夷狄之樂, 何爲於此. 齊景公心怍麾之.

(3) 齊有司請奏宮中之樂. 優倡侏儒戲而前. 孔子趨而進曰, 匹夫熒惑諸侯者, 罪當誅. 請命有司加法焉. 首足異處. 景公懼. 歸語其臣曰, 魯以君子之道輔其君. 而子獨以夷狄之道敎寡人. 於是齊人乃歸所侵魯鄆 · 汶陽 · 龜陰之地, 以謝魯.

제4과 孔子欲墮三都

(1) 孔子言於定公, 將墮三都以强公室. 叔孫氏先墮郈, 季氏墮費. 孟氏之臣, 不肯墮成. 圍之弗克.

(1) 공자가 정공에게 「장차 삼도(三都)를 헐어 버리고 공실(公室)을 강화하자」고 건의했다. 이에 숙손씨가 먼저 자기의 도성 후(郈)를 허물었다. 계손씨도 자기의 도성 비(費)를 허물었다. 그러나 맹손씨의 신하들이 듣지 않고 〈자기네의 도

성〉 성(成)을 허물지 않았다. 이에 〈노의 왕실이 불복하는 맹손씨의 도성을〉 포위하고 공격했으나, 이기지 못했다.

어구 설명 제4과 ○孔子欲墮三都(공자욕타삼도) : 공자가 삼환씨의 세력을 억제하기 위하여, 그들의 도성을 스스로 철거하게 도모했다. (1) ○孔子言於定公(공자언어정공) : 공자가 정공에게 말했다, 건의했다. ○將墮三都以强公室(장타삼도이강공실) : 장차 삼도(三都)를 헐어 버리고 공실(公室)을 강화하겠다. 「공실(公室)」은 왕실(王室)의 뜻. 「삼도」는 「세 도성(都城)」, 삼환(三桓)이 대부의 신분으로 저마다 도성을 쌓고 있었다. 이는 불법이다. 그래서 그들의 도성을 허물어 없애려고 했다. 墮(부술 타)=毁(헐 훼). ○叔孫氏先墮郈(숙손씨선타후) : 숙손씨가 먼저 자기의 도성 후(郈)를 허물었다. ○季氏墮費(계씨타비) : 계손씨도 자기의 도성 비(費)를 허물었다. ○孟氏之臣(맹씨지신) : 맹손씨의 신하들이, ○不肯墮成(불긍타성) : 〈자기의 도성〉 성(成)을 허물려고 하지 않았다. ○圍之弗克(위지불극) : 〈불복하는 맹손씨의 도성을〉 포위하고 쳤으나 이기지 못했다.

(2) 孔子由大司寇, 攝行相事. 七日而誅亂政大夫少正卯. 居三月魯大治.

(2) 그 후, 공자는 대사구 자리에 있으면서, 재상의 일을 섭행(攝行)했으며, 칠 일 만에 노나라의 정치를 어지럽힌 대부 소정 묘를 사형에 처했다. 공자가 자리에 있는 석 달 간, 노

나라가 잘 다스려졌다.

어구 설명 (2) ○孔子由大司寇(공자유대사구) : 공자는 대사구 자리
에 있으면서, ○攝行相事(섭행상사) : 재상의 일을 섭행(攝
行)했다. ○七日而誅(칠일이주) : 〈섭행한지〉 칠 일 만에
사형에 처했다. ○亂政大夫少正卯(난정대부소정묘) : 나라
의 정치를 어지럽힌 대부 소정 묘를 〈사형에 처했다.〉○居
三月魯大治(거삼월로대치) : 공자가 자리에 있으면서 〈다
스린 지〉 석 달 만에, 노나라가 잘 다스려졌다.

(3) 齊人聞之懼, 乃歸女樂於魯. 季桓子受之不聽政. 郊又不致膰俎於大夫. 孔子遂去魯.

(2) 제나라가 그 소식을 듣고 두려워하고, 즉시 여악을 노나
라에 보냈다. 이를 대부 계환 자가 받아들이고 〈음탕한 노래
와 춤에 빠져〉 정사를 돌보지 않게 되었다. 또 교제에 제물
로 바쳤던 고기를 대부에게 나눠주지 않았다. 이에 공자는
드디어 〈도가 행해지지 않는〉 노나라를 떠났다.

어구 설명 (3) ○齊人聞之懼(제인문지구) : 제나라 사람이 듣고 두려
워하고, 〈공자가 다스림으로써, 노나라가 강대해질 것을 두
려워하고,〉 ○乃歸女樂於魯(내귀여악어로) : 즉시 여악(女
樂)을 노나라에 보냈다. 「여악(女樂)」은 「난잡한 가무(歌舞)
를 연주하는 80명의 창기들」, 「귀(歸)」는 선사했다. ○季桓
子受之不聽政(계환자수지불청정) : 대부 계환 자가 그들을
받아들이고 〈음탕한 노래와 춤에 빠져〉 정사를 돌보지 않

게 되었다. ○郊又不致膰俎於大夫(교우불치번조어대부) :
또한 교제(郊祭)에 제물로 바쳤던 고기를 대부에게 나눠주
지 않았다. 「교(郊)」는 「교제(郊祭)」, 도성 밖에서 천지(天
地)에 제사를 올린다. 동지(冬至)에는 남교(南郊)에서, 하지
(夏至)에는 북교(北郊)에서 올린다. 「번조(膰俎)」는 불에 거
슬린 제육(祭肉), 膰(제사 고기 번), 俎(제기 조). ○孔子遂
去魯(공자수거로) : 공자가 마침내 〈도가 행해지지 않는〉
노나라를 버리고 떠났다.

(4) 定公卒, 子哀公立. 欲以越伐三桓. 不克. 歷悼
公·元公, 至繆公. 知尊子思, 而不能用. 歷共公·
康公, 至平公. 嘗欲見孟子, 而不果. 歷文公, 至頃
公. 爲楚考烈王所滅. 魯自周公至頃公, 凡三十四世.

(4) 정공(定公)이 죽고, 아들 애공(哀公)이 섰다. 월(越)나라
의 힘을 빌려 삼환(三桓)을 치려고 했으나, 이기지 못했다.
도공(悼公) 원공(元公)을 지나 무공(繆公)에 이르러 공자의
손자, 자사(子思)를 높일 줄 알았으나, 등용하지는 못했다.
그 후 공공(共公), 강공(康公)을 거쳐 평공(平公)에 이르러,
맹자를 보고자 했으나, 이루지 못했다. 다시 문공(文公)을
지나 경공(頃公)이 되었으며, 마침내 초(楚) 고열왕(考烈王)
에 의해 멸망 당했다. 노나라는 주공으로부터 경공까지 모두
34대였다.

어구 설명 (4) ㅇ欲以越伐三桓(욕이월벌삼환) : 월나라의 힘을 빌려 삼
환을 치려고 했다. ㅇ知尊子思, 而不能用.(지존자사 이불능
용) : 자사를 알고 또 높였으나, 등용하지는 못했다. ㅇ嘗欲
見孟子, 而不果.(상욕견맹자 이불과) : 맹자를 보고자 했으
나, 이루지 못했다. ㅇ爲楚考烈王所滅(위초고열왕소멸) :
경공에 이르러, 초나라 고열왕에게 멸망 당했다.

| 백문 | 제4과 **孔子欲墮三都**

(1) 孔子言於定公, 將墮三都以强公室. 叔孫氏先墮郈, 季氏墮費.
孟氏之臣, 不肯墮成. 圍之弗克.

(2) 孔子由大司寇, 攝行相事. 七日而誅亂政大夫少正卯. 居三月魯
大治.

(3) 齊人聞之懼, 乃歸女樂於魯. 季桓子受之不聽政. 郊又不致膰俎
於大夫. 孔子遂去魯.

(4) 定公卒, 子哀公立. 欲以越伐三桓. 不克. 歷悼公 · 元公, 至繆
公. 知尊子思, 而不能用. 歷共公 · 康公, 至平公. 嘗欲見孟子,
而不果. 歷文公, 至頃公. 爲楚考烈王所滅. 魯自周公至頃公, 凡
三十四世.

공자와 제자들

제5과 孔子先祖

⑴ 孔子, 名丘, 字仲尼. 其先宋人也, 有正考父者, 佐宋, 三命滋益恭, 其鼎銘云, 一命而僂. 再命而傴. 三命而俯. 循墻而走. 亦莫余敢侮. 饘於是, 粥於是, 以餬予口. 孔氏滅於宋. 其後適魯.

⑴ 공자의 이름은 구, 자는 중니다. 그의 선조는 송나라 사람이다. 〈옛날에〉 정고보라는 사람이 송나라를 보좌했다. 그는 세 번이나 임금의 명을 받고 벼슬살이를 했다. 그때마다 더욱 공경하고 신중하게 했다. 그의 솥에 새긴 명문에 〈있다.〉「첫 번에 명을 받고 〈사(士)가 되었을 때는〉 허리를 구부려 배명(拜命)했고, 두 번째 명을 받고 〈대부(大夫)가 되었을 때는〉 절을 하고 배명을 했고, 세 번째 명을 받고 〈경(卿)이 되었을 때는〉 엎드려 명을 받았으며, 담을 따라 달리어 갔다. 〈그렇게 겸손해도〉 아무도 나를 모욕하는 자가 없었다. 〈먹는 것은〉 죽 혹은 묽은 죽을 쑤어서 입에 풀칠을 하고 살았다.」그 후 공씨 집안은 송에서 멸망했으며, 후손이 노나라에 와서 살았다.

어구 설명 제5과 ㅇ孔子先祖(공자선조) : 공자의 선조와 집안의 내력. 필자가 방편 상 분단하고 붙인 이름이다. ⑴ ㅇ孔子名丘字仲尼(공자명구자중니) : 공자, 이름은 구(丘), 자는 중니(仲尼). ㅇ其先宋人也(기선송인야) : 공자의 선조는 송

나라 사람이다. ㅇ有正考父者(유정고보자) : 정고보라는
사람이 있었다. 정(正)은 시호(諡號), 고보(考父)는 자. ㅇ
佐宋(좌송) : 송나라 임금을 보좌했다. ㅇ三命(삼명) : 세
번 임금의 명을 받고 벼슬을 살았다. ㅇ滋益恭(자익공) :
더욱 한층 더 공손한 자세를 취했다. ㅇ其鼎銘云(기정명
운) : 그의 솥에 색인 명문에 적혀 있다. 鼎(솥 정), 銘(새
길 명). ㅇ一命而傴(일명이루) : 첫 번에 명을 받고 〈사
(士)가 되었을 때는〉 허리를 구부려 배명(拜命)했고, 傴(구
부릴 루), ㅇ再命而傴(재명이언) : 두 번째 명을 받고 〈대
부(大夫)가 되었을 때는〉 절을 하고 배명을 했고, 傴(쓰러
질 언). ㅇ三命而俯(삼명이부) : 세 번째 명을 받고 〈경
(卿)이 되었을 때는〉 엎드려 절을 하고 배명을 하고, 俯(구
부릴 부). ㅇ循墙而走(순장이주) : 담을 따라 달리어 갔다.
ㅇ亦莫余敢侮(역막여감모) : 〈그렇게 겸손해도〉 아무도 나
를 모욕하는 자가 없었다. ㅇ饘於是(전어시) : 〈그 명문이
새겨진 솥에〉 죽을 끓이다. 饘(죽 전). ㅇ粥於是(죽어시) :
그 솥에 묽은 죽을 쑤다. ㅇ以餬予口(이호여구) : 그래가지
고 입에 풀칠을 하고 살다. ㅇ孔氏滅於宋(공씨멸어송) : 공
씨 일가가 송에서 멸망하자, ㅇ其後適魯(기후적로) : 후손
이 노에 옮아 왔다.

(2) 有叔梁紇者, 與顔氏女, 禱於尼山, 而生孔子.
爲兒嬉戲, 常陳俎豆, 設禮容. 長爲季氏吏. 料量平.
嘗爲司職吏. 畜蕃息.

(2) 숙량흘이 안씨의 딸과 함께 이산에 기도를 드리고, 공자를 낳았다. 어린아이 〈공자는〉 즐기고 놀 때에도 항상 제기에 제물을 고여 진설하고, 예절을 올리는 모양을 갖추고 〈놀았다.〉 성장하여 계씨의 벼슬아치가 되었으며, 말로 재거나 저울에 달거나 공평하게 했다. 한때는 가축 관리인이 되었으며, 가축을 잘 돌봐서 〈가축들을 많이〉 번식시켰다.

> 어구 설명 (2) ○ 有叔梁紇者(유숙량흘자) : 숙량흘이라는 사람이 있었다. 공자의 아버지다. ○ 與顏氏女禱於尼山(여안씨녀도어니산) : 안씨의 딸과 함께 이산에 기도를 드리고, ○ 而生孔子(이생공자) : 공자를 낳았다. ○ 爲兒嬉戲(위아희희) : 어린아이가 되어 즐기고 놀 때에도, 嬉(즐길 희), ○ 常陳俎豆(상진조두) : 항상 제기에 제물을 고여 진설하고, 俎(제기 조), 豆(받침대 두). ○ 設禮容(설예용) : 예절을 올리는 모양을 갖추고 〈놀았다.〉 ○ 長爲季氏吏(장위계씨리) : 성장하여 계씨의 벼슬아치가 되었다. ○ 料量平(요량평) : 말로 재거나 저울에 달거나 공평하게 했다. ○ 嘗爲司檥吏(상위사직리) : 한때는 가축 관리인이 되었으며, 檥(말뚝 직, 가축을 관리함). ○ 畜蕃息(축번식) : 가축을 잘 돌봐서 〈잘 자라고〉 번식했다.

(3) 適周問禮於老子. 反而弟子稍益進. 適齊. 齊景公將待以季·孟之間. 孔子反魯. 定公用之不終.

(3) 주나라에 가서 노자에게 예(禮)에 대해서 물었다. 돌아온

다음에 제자들이 더욱 늘었다. 제나라에 갔으며, 제나라의
경공이 〈공자를〉 장차 상경(上卿) 계씨와 하경(下卿) 맹씨 중
간 대우로 공자를 대우하고 쓰려고 했다. 〈그러나 제나라에
서 반대하는 자가 많아서 실제로 등용하지 못했다.〉 공자가
노나라로 돌아오자, 〈노나라의〉 정공이 그를 등용했으나,
오래 가지 못했다.

어구 설명 (3) ○適周(적주) : 주나라에 가서, ○問禮於老子(문례어로
자) : 노자에게 예에 대해서 물었다. ○反而弟子稍益進(반
이제자초익진) : 〈노나라로〉 돌아온 다음에 제자들이 더욱
많아졌다. 「稍益(초익 : 더욱)」 복합 부사. ○適齊(적제) :
제나라에 갔다. ○齊景公將待(제경공장대) : 제나라 경공
이 〈공자를〉 장차 대우하고, ○以季孟之間(이계맹지간) :
상경 계씨와 하경 맹씨 중간 대우로 〈쓰려고 했다.〉 ○孔
子反魯(공자반로) : 공자가 노나라로 돌아오자, ○定公用
之(정공용지) : 정공이 등용했으나, ○不終(부종) : 끝내 등
용하지 못했다.

| 백문 | 제5과 **孔子先祖**

(1) 孔子, 名丘, 字仲尼. 其先宋人也. 有正考父者, 佐宋. 三命滋益
恭. 其鼎銘云, 一命而傴. 再命而僂. 三命而俯. 循墻而走. 亦莫
余敢侮. 饘於是, 粥於是, 以餬子口. 孔氏滅於宋. 其後適魯.

(2) 有叔梁紇者, 與顏氏女, 禱於尼山, 而生孔子. 爲兒嬉戲, 常陳俎
豆, 設禮容. 長爲季氏吏. 料量平. 嘗爲司織吏. 畜蕃息.

(3) 適周問禮於老子. 反而弟子稍益進. 適齊. 齊景公將待以季·孟
之間. 孔子反魯. 定公用之不終.

제6과 孔子受難

(1) 適衞, 將適陳. 過匡. 匡人嘗爲陽虎所暴. 孔子貌
類陽虎, 止之. 旣免反于衞. 醜靈公所爲, 去之. 過
曹適宋, 與弟子習禮大樹下. 桓魋伐拔其樹.

⑴〈공자와 제자 일행은〉위나라에 갔다.〈그리고 다시〉장
차 진나라에 가려고, 광이라는 곳을 지나갔다.〈그런데, 그
곳〉광의 주민들이 전에 양호에게 난폭한 일을 당한 일이 있
었으며, 공자의 모습이 양호를 닮았음으로,〈사람들이〉〈공
자 일행을〉가로막고〈해를 끼치려 했다.〉〈그러나 뒤늦게
잘못인 줄 알고, 공자 일행을 석방해 주었다.〉그래서 위기
를 모면하고, 위나라로 되돌아갔다. 위나라의 영공(靈公)의
소행을 추악하게 여기고, 위나라를 떠났다. 조나라를 지나
송나라로 가서 제자와 함께 큰 나무 아래에서 예절을 차리는
연습을 하고 있었다. 그때에 환퇴가 나무를 뽑아 공자를 위
협하고 죽이려 했다.

어구 설명 ⑴ ㅇ適衞(적위) : 위나라에 갔다. 衞는 속자(俗字)이다.

ㅇ將適陳(장적진) : 장차 진나라에 가려고, ㅇ過匡(과광) :
광이라는 곳을 지나갔다, ㅇ匡人嘗爲陽虎所暴(광인상위양
호소폭) : 광의 주민들이 전에 양호에게 난폭한 일을 당한
일이 있었으며, 「양호」는 노나라 계손씨(季孫氏)의 가신이
다. ㅇ孔子貌類陽虎(공자모류양호) : 공자의 모습이 양호를
닮았음으로, ㅇ止之(지지) : 〈공자 일행을〉 가로막고 〈해를
끼치려 했다. 그러나 뒤늦게 잘못인 줄 알고, 공자 일행을
석방해 주었다.〉 ㅇ旣免反于衞(기면반우위) : 위기를 모면
하고, 위로 되돌아갔다. ⇒「논어 子罕-5」ㅇ醜靈公所爲
(추령공소위) : 위나라의 영공(靈公)의 소행을 추악하게 여
기고, ⇒「논어 憲問-20, 衞靈公-1」ㅇ去之(거지) : 위나
라를 떠났다. ㅇ過曹適宋(과조적송) : 조나라를 지나 송나
라로 갔다. ㅇ與弟子習禮大樹下(여제자습례대수하) : 제자
와 함께 큰 나무 아래에서 예절이나 의식을 연습하고 있었
다. ㅇ桓魋伐拔其樹(환퇴벌발기수) : 환퇴가 나무를 뽑아
공자를 위협하고 죽이려 했다. 환퇴(桓魋)는 송(宋) 나라의
사마(司馬 : 군대의 통솔자), ⇒「논어 述而-22」

(2) 適鄭. 鄭人曰, 東門有人, 其顙似堯, 其項類皐
陶, 其肩類子産. 自要以下, 不及禹三寸, 纍纍然若
喪家之狗.

(2) 정나라로 갔다. 정나라 사람들이 〈공자를 보고〉 말했다.
동문에 한 사람이 있는데, 그의 이마는 요임금을 닮았고, 그
의 목은 고요를 닮았고, 그의 어깨는 자산을 닮았고, 허리

이하의 〈모양이〉, 우임금 보다 세 치가 모자랄 뿐이다. 그런데, 야위고 고달프게 보이는 모습이 흡사 초상 집 강아지 꼴이었다.

여구 설명 (2) ㅇ適鄭(적정) : 정나라로 가다. ㅇ鄭人曰(정인왈) : 정나라 사람이 말했다. ㅇ東門有人(동문유인) : 동문에 한 사람이 있는데, ㅇ其顙似堯(기상사요) : 그의 이마는 요임금을 닮았고, 顙(이마 상). ㅇ其項類皐陶(기항류고도) : 그의 목은 고요를 닮았다. 고요(皐陶)는 순(舜)임금 때의 현명한 사람으로 옥관(獄官)이었다. 項(목 항), 類(비슷할 류). ㅇ其肩類子産(기견류자산) : 그 어깨는 자산을 닮았다. 자산(子産)은 공자보다 앞 시대의 사람으로, 정나라의 총명한 재상(宰相)이었다. ㅇ自要以下(자요이하) : 허리 이하의 〈모양이〉, 要=腰 ㅇ不及禹三寸(불급우삼촌) : 우임금 보다 세 치가 모자랄 뿐이다. ㅇ纍纍然(유류연) : 야위고 고달프게 보이는 모습이, 纍(고달픈 류). ㅇ若喪家之狗(약상가지구) : 흡사 초상 집 강아지 꼴이었다.

(3) 適陳, 又適衞, 將西見趙簡子. 至河, 聞竇鳴犢 · 舜華殺死, 臨河歎曰, 美哉水, 洋洋乎. 丘之不濟, 此命也. 反于衞, 適陳, 適蔡, 如葉, 反于蔡.

(3) 〈공자는〉 진나라에 갔다가 다시 위나라에 갔다. 그리고 장차 서쪽으로 가서 조간자를 보려고 했으나, 황하에 도달하여, 〈조간자가〉「두명독과 순화」 두 사람을 죽였다는 말을

들고, 황하 가에서 한탄하며 읊었다. 「아름답구나, 넘실넘실 흐르는 강물이여! 내가 이 강물을 건너가지 않음은 바로 천명이니라.」

위나라로 되돌아왔다가, 진나라로 가고, 채나라로 가고, 섭나라로 가고, 다시 채나라로 되돌아왔다.

어구설명 (3) ㅇ適陳(적진) : 진나라에 갔다. ㅇ又適衛(우적위) : 또 위나라에 갔다. ㅇ將西見趙簡子(장서견조간자) : 장차 서쪽으로 가서 조간자를 보려고 했다. 조간자(趙簡子)는 진(晉)나라의 대부 조앙(趙鞅), 간(簡)은 시호(諡號). ㅇ至河(지하) : 황하(黃河)에 도달하자, ㅇ聞竇鳴犢舜華殺死(문두명독순화살사) : 「두명독」과 「순화」라는 사람이 〈조간자에게〉 피살되었다는 말을 듣고, 조간자가 처음에는 두 사람의 도움을 받았다. 그러나 출세한 다음에는 두 사람을 죽였다. ㅇ臨河歎曰(임하탄왈) : 황하 가에서 한탄하며 말했다. ㅇ美哉水 洋洋乎(미재수 양양호) : 아름답구나, 넘실넘실 흐르는 강물이여! ㅇ丘之不濟(구지부제) : 내가 이 강을 건너가지 않음은, ㅇ此命也(차명야) : 바로 천명이니라. ㅇ反于衛(반우위) : 위나라로 되돌아왔다. ㅇ適陳(적진) : 진나라로 가고, ㅇ適蔡(적채) : 채나라로 가고, ㅇ如葉(여섭) : 섭나라로 가고, ㅇ反于蔡(반우채) : 다시 채나라로 되돌아왔다.

| 백문 | 제6과 孔子受難

(1) 適衛, 將適陳. 過匡. 匡人嘗爲陽虎所暴. 孔子貌類陽虎, 止之. 旣免反于衛. 醜靈公所爲, 去之. 過曹適宋, 與弟子習禮大

樹下. 桓魋伐拔其樹.

(2) 適鄭. 鄭人曰, 東門有人, 其顙似堯, 其項類皐陶, 其肩類子產. 自要以下, 不及禹三寸, 纍纍然若喪家之狗.

(3) 適陳, 又適衛, 將西見趙簡子. 至河, 聞竇鳴犢·舜華殺死, 臨河歎曰, 美哉水, 洋洋乎. 丘之不濟, 此命也. 反于衛, 適陳, 適蔡, 如葉, 反于蔡.

제7과 晩年撰修

(1) 楚使人聘之. 陳·蔡大夫謀曰, 孔子用於楚, 則陳·蔡危矣. 相與發徒, 圍之於野. 孔子曰, 詩云, 匪兕匪虎, 率彼曠野. 吾道非邪. 吾何爲於是. 子貢曰, 夫子道至大. 天下莫能容. 顔回曰, 不容何病. 然後見君子.

⑴ 초나라가 사람을 보내서 공자를 초빙했다. 그러자, 진나라와 채나라의 대부가 모의를 하고 말했다. 〈만약에〉 공자가 초나라에 등용되면, 진나라와 채나라는 위태롭게 된다. 그리고 서로 합동해서 병사들을 풀어서, 공자를 광야 한복판에서 포위했다. 공자가 한탄하고 말했다. 「시경에 다음과 같은 구절이 있다. 들소도 아니고 호랑이도 아닌데, 저 광야를 따라가고 있다. 〈지금 나의 처지가 그와 같구나.〉 나의 길이

나 도리가 그릇되었단 말이냐? 어째서 여기서 이와 같은 봉변을 당해야 하느냐?」 자공이 말했다. 「선생님의 길이 지극히 크기 때문에, 천하가 능히 받아들이지 못하는 것입니다.」 안회가 말했다. 「〈남이〉 받아주지 않는 것을 왜 걱정합니까? 그러니 〈선생님이 참으로 덕이 높으신〉 군자이심이 나타나는 것입니다.」

어구 설명　제7과　ㅇ晩年撰修(만년찬수) : 공자가 만년에 옛날의 글들을 재정리하고 바르게 기술했다. ⑴ ㅇ楚使人聘之(초사인빙지) : 초나라가 사람을 보내서 공자를 초빙했다. ㅇ陳 · 蔡大夫謀曰(진채대부모왈) : 이에, 진나라와 채나라의 대부가 모의를 하고 말했다. ㅇ孔子用於楚(공자용어초) : 〈만약에〉 공자가 초나라에 등용되면, ㅇ則陳 · 蔡危矣(즉진 · 채위의) : 진나라와 채나라는 위태롭게 된다. ㅇ相與發徒(상여발도) : 서로 합동해서 병사들을 풀어서, 「徒」는 「병사」의 뜻. ㅇ圍之於野(위지어야) : 공자를 들 한복판에서 포위했다. ㅇ孔子曰(공자왈) : 공자가 말했다. ㅇ詩云(시운) : 시경에 다음과 같은 구절이 있다. ㅇ匪兕匪虎(비시비호) : 들소도 아니고 호랑이도 아닌데, 匪=非. ㅇ率彼曠野(솔피광야) : 저 광야를 따라 가고 있다. 〈지금 나의 처지가 그와 같구나.〉 ㅇ吾道非邪(오도비사) : 나의 길이나 도리가 그릇되었단 말이냐? ㅇ吾何爲於是(오하위어시) : 어째서 여기서 이와 같은 봉변을 당해야 하느냐? ㅇ子貢曰(자공왈) : 자공이 말했다. ㅇ夫子道至大(부자도지대) : 선생님의 길이 지극히 크기 때문에, ㅇ天下莫能容(천하막능용) : 천하가 능히 받아들이지 못하는 것입니다. ㅇ顔回曰(안회

왈) : 안회가 말했다. ○不容何病(불용하병) : 〈남이〉 받아
주지 않는 것을 어찌 걱정합니까? ○然後見君子(연후현군
자) : 그러니까 〈선생님이 참으로 덕이 높으신〉 군자이심
이 나타나는 것입니다. 「然後」는 「然而」와 같다. 「見(현)」
은 「나타난다, 알게 된다.」로 풀이할 수 있다.

(2) 楚昭王興師迎之. 乃得至楚. 將封以書社地七百里. 令尹子西不可. 孔子反于衞. 季康子迎歸魯. 哀公問政. 終不能用.

(2) 초나라 소왕이 군대를 동원하여 공자 일행을 맞이했음으
로 〈무사히〉 초나라에 올 수 있었다. 초나라 임금이 장차 〈공
자를〉「칠백 리의 서사」에 봉하려고 했으나, 재상 자서(子西)
가 반대를 했다. 이에 공자는 위나라로 되돌아왔다. 〈노나라
의 대부〉 계강자가 〈공자를 환영했음으로〉 노나라로 돌아왔
다. 그러자 노나라의 임금 애공(哀公)이 〈공자에게〉 정치를
자문했다. 그러나 끝내 등용하지는 않았다.

어구 설명 (2) ○楚昭王興師迎之(초소왕흥사영지) : 초나라 소왕이 군
대를 동원하여 공자 일행을 맞이했다. ○乃得至楚(내득지
초) : 이에 〈무사히〉 초나라에 올 수 있었다. ○將封以書社
地七百里(장봉이서사지칠백리) : 초나라 임금이 장차 〈공
자를〉「칠백 리의 서사」에 봉하려고 했다. 「사(社)」는 25호
(戶)가 사는 마을[里]에 세워진 토지신(土地神)을 모시는 사
당(祠堂)이며, 그 속에 마을 사람들의 호적과 토지기록이

보관되어 있다. 그래서 「서사(書社)」라고 한다. 「書社地七百里」라고 하면 「약 17,500호를 다스리는 토지」에 해당한다. ㅇ令尹子西不可(영윤자서불가) : 재상 자서(子西)가 안 된다고 반대를 했다. ㅇ孔子反于衛(공자반우위) : 공자는 위나라로 되돌아왔다. ㅇ季康子迎歸魯(계강자영귀로) : 계강자가 〈공자를 환영했음으로〉 노나라로 돌아왔다. 「季康子」는 노(魯)나라의 대부 계손씨(季孫氏), 이름은 비(肥), 「康」은 시호(諡號). ㅇ哀公問政(애공문정) : 노나라의 임금 애공(哀公)이 〈공자에게〉 정치를 자문했다. ㅇ終不能用(종불능용) : 그러나 끝내 등용하지는 않았다.

(3) 乃序書, 上自唐 · 虞, 下至秦繆. 刪古詩三千, 爲三百五篇, 皆絃歌之. 禮樂自此可述. 晚而喜易, 序彖 · 象 · 繫辭 · 說卦 · 文言. 讀易, 韋篇三絕. 因魯史記, 作春秋. 自隱至哀十二公, 絕筆於獲麟. 筆則筆, 削則削. 子夏之徒, 不能贊一辭. 弟子三千人. 身通六藝者. 七十有二人. 年七十三歲而卒. 子鯉, 字伯魚, 早死. 孫伋, 字子思, 作中庸.

(3) 이에 공자는 서경(書經)의 글을 다시 정리하고 바로잡았다. 즉 위로는 요임금, 순임금 때의 요전(堯典)과 순전(舜典)을 추리고, 아래로는 진(秦)나라의 목공(穆公)의 진서(秦誓)까지를 정리했다. 또 옛날부터 전해오는 시 3천 편을 취사선택해서 〈현재의 시경(詩經) 같이〉 305편으로 추렸으며,

모든 시를 악기에 맞춰 노래할 수 있게 정리했다. 선왕들의 「예악시서(禮樂詩書)」가 그때부터 바르고 명백하게 알 수 있게 되었다.

공자는 만년에 역(易)을 좋아했다. 이에 공자가 「단(彖), 상(象), 계사(繫辭) 설괘(說卦), 문언(文言)」 등의 풀이와 설명을 덧붙여 서술했다. 공자는 역서를 열심히 읽었음으로 족편(竹篇)을 맨 가죽끈이 세 번이나 끊어졌다. 또 공자는 노나라의 역사 기록을 바탕으로 하고 「춘추」라는 이름의 역사책에 가필을 했으며, 노나라 은공에서 애공에 이르는 12대 242년 간의 노나라 역사를 도덕적으로 비판하면서 새로 기술했으며 〈애공이 서쪽으로 사냥을 나갔다가〉 기린을 잡았다는 기록을 끝으로 붓을 멈추었다. 〈춘추에서는〉 가필(加筆) 할 데를 가필하고, 삭제할 데를 삭제했다. 자하(子夏) 같은 수제자도 춘추에 한 마디를 덧붙일 수 없었다.

공자의 제자가 삼천 명이나 되었으며, 육예(六藝)에 통달한 사람이, 72명이나 되었다.

공자는 향년 73세로 사망했다. 〈노(魯) 애공(哀公) 16년 (BC.479)〉 아들의 이름은 리(鯉), 자는 백어(伯魚)다. 그는 일찍 사망했다. 공자의 손자, 이름은 급(伋), 자는 자사(子思)다. 자사가 중용을 저술했다.

어구 설명 (3) ㅇ乃序書(내서서) : 이에 서경(書經)의 글을 다시 정리하고 바로잡았다. 「序」는 「앞뒤의 순서를 바르게 정리하고 기술한다.」는 뜻. 「書」는 「상서(尙書), 서경(書經)」, 당시에

는 「서(書)」라고 불렀다. ㅇ上自唐虞(상자당우) : 위로는
요임금, 순임금 때부터, 즉 요전(堯典)과 순전(舜典)이다.
ㅇ下至秦繆(하지진무) : 아래로는 진나라의 목공(穆公)의
진서(秦誓)까지다. 원본의 「繆」는 「穆」으로 고쳐야 한다.
주서(周書)에 있는 진서(秦誓)는 진목공(秦穆公) 33년(BC.
627)의 기록이다. ㅇ刪古詩三千(산고시삼천) : 옛날부터
전해오는 시 3천 편을 취사 선택해서, ㅇ爲三百五篇(위삼
백오편) : 〈현재의 시경(詩經) 같이〉 305편으로 추렸다.
ㅇ皆絃歌之(개현가지) : 모든 시를 악기에 맞춰 노래할 수
있게 정리했다. ㅇ禮樂自此可述(예악자차가술) : 선왕들의
「예악시서(禮樂詩書)」가 그때부터 바르고 명백하게 알 수
있게 되었다. 「가술(可述)」은 「풀이하고 말할 수 있게 되었
다」는 뜻. ㅇ晚而喜易(만이희역) : 공자는 만년에 역(易)을
좋아했다. 옛날의 「역(易)」은 지금의 역경(易經), 주역(周
易)의 모체다. 이미 복희(伏羲)가 팔괘(八卦)를 창안했다고
하며, 그 연원이 오래된다. 주(周)나라 문왕이 이를 더욱
철학적으로 정리한 복서(卜筮)의 책이다. ㅇ序彖 · 象 · 繫
辭 · 說卦 · 文言(서단 · 상 · 계사 · 설괘 · 문언) : 이와 같
은 원시적 역서(易書)에 공자가 「단(彖), 상(象), 계사(繫辭)
설괘(說卦), 문언(文言)」 등의 풀이와 설명을 덧붙여 서술
했다. ㅇ讀易韋篇三絕(독역위편삼절) : 공자는 역서를 열
심히 읽었음으로 죽편(竹篇)을 맨 가죽끈이 세 번이나 끊
어졌다. 옛날에는 죽편에 글을 써서 부드러운 가죽 끈으로
묶었다. 韋(다룸가죽 위). ㅇ因魯史記(인로사기) : 노나라
의 역사 기록을 바탕으로 하고, ㅇ作春秋(작춘추) : 「춘추」
라는 이름의 역사책을 새로 지었다. 도덕과 대의명분을 밝

히는 입장에서 비판적으로 기술했다. 이를 「춘추필법(春秋筆法)」이라고 한다. ㅇ自隱至哀十二公(자은지애십이공) : 노나라 은공에서 애공에 이르는 12대 242년간의 노나라 역사를 도덕적으로 비판하면서 새로 기술했으며, ㅇ絕筆於獲麟(절필어획린) : 〈애공이 서쪽으로 사냥을 나갔다가〉 기린을 잡았다는 기록을 끝으로 붓을 멈추었다. ㅇ筆則筆(필즉필) : 가필(加筆) 할 데를 가필하고, ㅇ削則削(삭즉삭) : 삭제할 데를 삭제했다. ㅇ子夏之徒(자하지도) : 자하(子夏) 같은 수제자, ㅇ不能贊一辭(불능찬일사) : 〈글재주에 뛰어난 자하도〉 한 마디를 덧붙일 수 없었다. ㅇ弟子三千人(제자삼천인) : 공자의 제자가 삼천 명이나 된다, ㅇ身通六藝者(신통육예자) : 육예에 통달한 사람이, 「육예(六藝)」는 「예(禮), 악(樂), 사(射), 어(御), 서(書), 수(數)」를 말한다. ㅇ七十有二人(칠십유이인) : 72명이나 되었다. ㅇ年七十三歲而卒(연칠십삼세이졸) : 향년 73세로 사망했다. 노(魯) 애공(哀公) 16년(BC.479). ㅇ子鯉字伯魚早死(자리자백어조사) : 아들 이름은 리, 자는 백어(伯魚). ㅇ孫伋字子思作中庸(손급자자사작중용) : 공자의 손자, 이름은 급, 자는 자사.

| 백문 | 제7과 晩年撰修

(1) 楚使人聘之. 陳·蔡大夫謀曰, 孔子用於楚, 則陳·蔡危矣. 相與發徒, 圍之於野. 孔子曰, 詩云, 匪兕匪虎, 率彼曠野. 吾道非邪. 吾何爲於是. 子貢曰, 夫子道至大. 天下莫能容. 顏回曰, 不容何病. 然後見君子.

⑵ 楚昭王興師迎之. 乃得至楚. 將封以書社地七百里. 令尹子西不可. 孔子反于衛. 季康子迎歸魯. 哀公問政. 終不能用.

⑶ 乃序書, 上自唐 · 虞, 下至秦繆. 刪古詩三千, 爲三百五篇, 皆絃歌之. 禮樂自此可述. 晩而喜易, 序彖 · 象 · 繫辭 · 說卦 · 文言. 讀易, 韋篇三絶. 因魯史記, 作春秋. 自隱至哀十二公, 絶筆於獲麟. 筆則筆, 削則削. 子夏之徒, 不能贊一辭. 弟子三千人. 身通六藝者. 七十有二人. 年七十三歲而卒. 子鯉, 字伯魚, 早死. 孫伋, 字子思, 作中庸.

제8과 孟子

⑴ 孟子其門人也. 名軻, 魯孟孫之後. 生於鄒. 幼被慈母三遷之敎, 長受業子思之門. 道旣通, 游齊 · 梁. 不用. 退與萬章之徒, 難疑答問, 作七篇.

⑴ 맹자는 자사(子思)의 문인이다. 노나라의 대부(大夫) 맹손씨(孟孫氏)의 후손이며, 추(鄒)에서 출생했다. 어려서 자모의 「삼천지교」의 가르침을 받았으며, 자라서 자사의 문하에서 학업을 받았다. 성현의 도를 터득한 다음에, 제나라와 양 나라에 가서 유세했으나, 등용되지 않았다. 물러나 〈고향에 돌아와〉 〈제자〉 만장 등과 함께, 어려운 학문상의 의문을 문답했다. 그리고 맹자 칠 편을 저술했다.

어구 설명 제8과 ㅇ孟子(맹자) : 공자 다음 가는 유학자, (1) ㅇ孟子
其門人也(맹자기문인야) : 맹자는 자사(子思)의 문인이다.
ㅇ名軻(명가) : 이름은 가(軻)이다. ㅇ魯孟孫之後. 生於
鄒.(노맹손지후 생어추) : 노나라의 대부(大夫) 맹손씨(孟
孫氏)의 후손이며, 추(鄒)에서 출생했다. ㅇ幼被慈母三遷
之敎(유피자모삼천지교) : 어려서 자모(어머니)의 「삼천지
교」의 가르침을 받았으며, ㅇ長受業子思之門(장수업자사
지문) : 자라서 자사의 문하에서 학업을 받았다. ㅇ道旣通
(도기통) : 성현의 도를 터득한 다음에, ㅇ游齊·梁. 不
用.(유제량 불용) : 제나라와 〈위나라의〉 양에서 유세했으
나, 등용되지 않았다, 못했다. ㅇ退與萬章之徒(퇴여만장
지도) : 물러나 〈고향에 돌아와〉〈제자〉 만장 등과 함께,
ㅇ難疑答問(난의답문) : 어려운 학문상의 의문을 문답했
다. ㅇ作七篇(작칠편) : 그리고 맹자 칠 편을 저술했다.

| 백문 | 제8과 孟子

(1) 孟子其門人也. 名軻, 魯孟孫之後. 生於鄒. 幼被慈母三遷之敎,
長受業子思之門. 道旣通, 游齊·梁. 不用. 退與萬章之徒, 難疑
答問, 作七篇.

제9과 老子

(1) 老子者, 楚苦縣人也. 李姓, 名耳, 字伯陽. 又

曰, 字聃. 爲周守藏吏.

(1) 노자는 초나라 고현 사람이다. 성은 이씨, 이름은 이(耳)
다. 자는 백양 혹은 자를 담(聃)이라고도 한다. 노자는 주나
라 도서 저장실의 관리였다.

어구 설명 제9과 ㅇ老子(노자) : 도가(道家) 사상의 창시자, (1) ㅇ楚
苦縣人也(초고현인야) : 초나라 고현 사람이다. ㅇ李姓(이
성) : 성은 이씨, ㅇ名耳(명이) : 이름은 이다. ㅇ字伯陽(자
백양) : 자는 백양, ㅇ又曰字聃(우왈자담) : 혹은 노자의 자
가 담이라고도 말한다. ㅇ爲周守藏吏(위주수장리) : 노자
는 주나라 도서 저장실의 관리였다.

(2) 孔子問焉. 老子告之曰, 良賈深藏若虛, 君子盛
德, 容貌若愚. 孔子去謂弟子曰, 鳥吾知其能飛, 魚
吾知其能游. 獸吾知其能走. 走者可以爲網, 游者可
以爲綸, 飛者可以爲矰. 至於龍, 吾不能知. 其乘風
雲而上天也. 今見老子, 其猶龍乎.

(2) 공자가 노나라에서 주나라로 와서, 노자에게 예(禮)에 대
해서 물었다. 그때에 노자가 공자에게 말했다. 「큰 상인은 〈값
나가는 상품을〉 깊이 감추어두고 없는 척 한다. 군자는 덕이
넘쳐도 〈밖으로 내 보이지 않음으로〉 얼굴이나 외모가 어리석
은 사람 같이 보인다.」 공자가 〈노자 곁을〉 떠나, 〈돌아와〉 제
자에게 말했다. 「새가 날 수 있음을 나는 안다. 고기가 헤엄

칠 수 있음을 나는 안다. 짐승이 잘 달릴 수 있음을 나는 안
다. 달리는 짐승은 그물로 잡을 수 있고, 헤엄치는 고기는 낚
시로 잡을 수 있고, 나는 새는 실 화살로 잡을 수 있다. 그러
나 용에 이르러서는 〈어떻게 다스려야 할지〉 나는 모르겠다.
용은 바람이나 구름을 타고 하늘로 올라간다. 방금 내가 노자
를 만나 보았거늘, 그가 흡사 용과 같더라.」

어구 설명 (2) 孔子問焉(공자문언) : 공자가 노나라에서 주(周)나라
에 와서 노자에게 예(禮)에 대해서 물었다. ○老子告之曰(노자
고지왈) : 〈그때에〉 노자가 공자에게 말했다. ○良賈深藏若
虛(양고심장약허) : 큰 상인은 〈값나가는 상품을〉 깊이 감
추어두고 없는 척 한다. ○君子盛德(군자성덕) : 군자는 덕
이 넘쳐도 〈밖으로 내 보이지 않는다. 그러므로 ○容貌若
愚(용모약우) : 얼굴이나 외모가 어리석은 사람 같다. ○孔
子去 謂弟子曰(공자거 위제자왈) : 공자가 〈노자 곁을〉 떠
나, 〈돌아와〉 제자에게 말했다. ○鳥吾知其能飛(조오지기
능비) : 새가 날을 수 있음을 나는 안다. ○魚吾知其能游
(어오지기능유) : 고기가 헤엄칠 수 있음을 나는 안다. ○獸
吾知其能走(수오지기능주) : 짐승이 잘 달릴 수 있음을 나
는 안다. ○走者可以爲網(주자가이위망) : 달리는 짐승은
그물로 잡을 수 있고, ○游者可以爲綸(유자가이위륜) : 헤
엄치는 고기는 낚시로 잡을 수 있고, 「綸(낚싯줄 륜」, ○飛
者可以爲繒(비자가이위증) : 나는 새는 실 화살로 잡을 수
있다. 「繒(주살 증)」, ○至於龍吾不能知(지어룡오부능지) :
〈그러나〉 용에 이르러서는 〈어떻게 다스려야 할지〉 나는
모르겠다. ○其乘風雲而上天也(기승풍운이상천야) : 용은

바람이나 구름을 타고 하늘로 올라간다. ㅇ今見老子(금견
노자) : 방금 내가 노자를 만나 보았거늘, ㅇ其猶龍乎(기유
룡호) : 그는 흡사 용과 같더라.

(3) 老子見周衰, 去至關. 關令尹喜曰, 子將隱矣, 爲我著書. 乃著道德五千餘言而去. 莫知其所終.

(3) 노자는 주나라가 쇠퇴한 것을 보고, 주나라를 떠났으며,
함곡관(函谷關)에 이르렀다. 〈그러자〉 관문을 지키는 대장,
희(喜)라는 사람이 말했다. 「선생은 장차 은둔하실 것이니,
저를 위해 글을 지어주십시오.」 이에 노자가 도덕경 5천 자
를 저술하고 사라졌다. 〈그 후〉 〈아무도 노자의〉 뒤끝을 알
지 못한다.

어구 설명 (3) ㅇ老子見周衰(노자견주쇠) : 노자는 주나라가 쇠퇴한
것을 보고, 衰는 속자임. 음은 역시 쇠임. ㅇ去至關(거지
관) : 주나라를 떠났으며, 함곡관(函谷關)에 이르자, ㅇ關
令尹喜曰(관령윤희왈) : 관문을 지키는 대장, 희(喜)라는
사람이 말했다. 「영윤(令尹)」은 장(長). ㅇ子將隱矣(자장은
의) : 선생은 장차 은둔하실 것이니, ㅇ爲我著書(위아저서)
: 저를 위해서 글을 써 주십시오, ㅇ乃著道德五千餘言(내
저도덕오천여언) : 그래서 노자가 도덕경 5천 자를 저술하
고, ㅇ而去(이거) : 그리고 사라졌으며, ㅇ莫知其所終(막지
기소종) : 그가 〈어디서, 어떻게 살다가〉 죽었는지, 뒤끝을
알지 못한다.

(4) 其後有鄭人列禦寇·蒙人莊周. 亦爲老子之學. 莊周著書, 侮孔子, 而訕諸子焉.

(4) 그 후, 정나라 사람으로 열어구라는 사람이 있었다. 몽(蒙) 지방의 출신, 장주(莊周)도 역시 노자의 학문을 익혔다. 장주는 책을 저술하고 공자를 모욕했으며 또 제자(諸子)를 비방했다.

[어구 설명] (4) ○其後有鄭人列禦寇(기후유정인열어구) : 그 후, 정나라 사람으로 「열어구」라는 사람이 있었다. ○蒙人莊周(몽인장주) : 몽(蒙) 지방의 출신, 장주도. ○亦爲老子之學(역위노자지학) : 역시 노자의 학문을 익혔다. ○莊周著書(장주저서) : 장주는 책을 저술했으며, ○侮孔子(모공자) : 공자를 모욕했으며, ○而訕諸子焉(이초제자언) : 또 제자(諸子)를 비방했다.

| 백문 | 제9과 老子

(1) 老子者, 楚苦縣人也. 李姓, 名耳, 字伯陽. 又曰, 字聃. 爲周守藏吏.

(2) 孔子問焉. 老子告之曰, 良賈深藏若虛, 君子盛德, 容貌若愚. 孔子去謂弟子曰, 鳥吾知其能飛. 魚吾知其能游. 獸吾知其能走. 走者可以爲網, 游者可以爲綸, 飛者可以爲矰. 至於龍, 吾不能知. 其乘風雲而上天也. 今見老子, 其猶龍乎.

(3) 老子見周衰, 去至關. 關令尹喜曰, 子將隱矣, 爲我著書. 乃著道德五千餘言而去. 莫知其所終.

(4) 其後有鄭人列禦寇·蒙人莊周. 亦爲老子之學. 莊周著書, 侮孔子, 而訕諸子焉.

제7장 衞

위(衞)나라는 주무왕(周武王)의 친동생 경숙(康叔)이 봉해진 나라다. 사기(史記) 「위강숙세가(衞康叔世家) 제7」에는 역대 왕의 기록이 자세하게 적혀있다. 그러나 사략(史略)은 제26대 영공(靈公) 때의 「남자의 난[南子之亂]」과, 그 난에 휘말려 죽은 공자의 제자 「자로(子路)」 및 전국시대(戰國時代)에 위(衞)나라에 살았던 자사(子思)에 관한 이야기를 중심으로 했다. 여기 「사략」에는 나타나지 않지만, 「영공(靈公)과 그의 부인 남자(南子)」는 방랑(放浪) 시절의 공자(孔子)와 밀접하게 관계했던 사람들이다.

「제7장 위(衞)」는 다음과 같이 2과 뿐이다.

제1과 자로사어위란(子路死於衞亂)

제2과 자사거어위(子思居於衞)

제1과 子路死於衞亂

⑴ [衞]姬姓, 武王母弟, 康叔封之所封也. 後世至春秋, 有靈公夫人南子之亂. 子蒯聵欲殺南子, 不果出奔. 公卒. 立蒯聵之子輒. 蒯聵入. 輒拒之.

⑴ 위나라는 〈주나라와 같은〉 희(姬) 성이다. 무왕의 어머니

가 낳은 〈무왕의〉 친동생 강숙 봉(封)이 봉해진 나라다. 후세 춘추시대에 와서, 영공의 부인 남자(南子)의 난이 있었다. 〈남자는 송(宋)나라 여자로, 전부터 송나라의 자조(子朝)와 정을 통했으며, 영공의 부인이 된 다음에도 행실이 바르지 않았다.〉 이에 영공의 태자, 괴외(蒯聵)가 계모인 그녀를 살해하려다가 실패하고, 도리어 국외로 도망갔다. 영공이 죽자 〈위나라 사람들이 괴외의 아들〉 첩(輒)을 임금으로 세웠다. 그러자 망명했던 괴외가 돌아와 〈임금에 오르려고 했으나〉, 〈괴외의 아들〉 첩이 〈괴외를〉 들어오지 못하게 막았다. 〈부자가 임금 자리를 놓고 다투었던 것이다.〉

어구 설명 제1과 ㅇ子路死於衛亂(자로사어위란) : 위(衛)나라의 내란에 휘말려 자로가 죽었다. (1) ㅇ衛姬姓(위희성) : 위나라는 희(姬) 성이다. 즉 주(周)나라와 같은 성이다. ㅇ武王母弟(무왕모제) : 〈위나라는〉 무왕의 어머니가 낳은 무왕의 친동생, ㅇ康叔封之所封也(강숙봉지소봉야) : 강숙봉이 봉해진 나라다. 「康叔封」의 「封」은 이름, ㅇ後世至春秋(후세지춘추) : 후세, 춘추시대에 와서, ㅇ有靈公夫人南子之亂(유령공부인남자지란) : 영공의 부인 남자의 난이 있었다. 남자(南子)는 송(宋)나라 여자로, 전부터 송나라의 자조(子朝)와 정을 통했으며, 영공의 부인이 된 다음에도 말이 많았다. 이에 영공의 태자, 괴외(蒯聵)가 〈계모인 그녀를 살해하려다가 실패하고 도리어, 국외로 도망했다.〉 ㅇ子蒯聵欲殺南子(자괴외욕살남자) : 태자 괴외가 남자를 살해하려다가, ㅇ不果出奔(불과출분) : 목적을 달성하지 못하고 도리

어, 외국으로 도망갔다. ○公卒(공졸) : 영공이 죽자, ○立
蒯聵之子輒(입괴외지자첩) : 〈위나라 사람들은〉 괴외의 아
들 첩(輒)을 임금에 세웠다. ○蒯聵入(괴외입) : 그러자 망
명했던 괴외가 돌아와 〈임금에 오르려고 했으며〉, ○輒拒
之(첩거지) : 〈괴외의 아들〉 첩이 〈아버지 괴외를〉 들어오
지 못하게 막았다. 〈부자가 자리를 놓고 다투었던 것이
다.〉

(2) 子路與其難. 太子之臣, 以戈擊子路, 斷纓. 子
路曰, 君子死, 冠不免. 結纓而死. 衛人醢子路. 孔
子聞之, 命覆醢.

(2) 〈공자의 제자〉 자로가 그 난에 휘말렸으며, 태자 즉 괴외
(蒯聵)의 신하가 창으로, 자로의 갓끈을 잘랐다. 자로는「군
자는 죽어도 관을 벗지 않는다.」고 말하고, 갓끈을 다시 매
고 죽었다. 위나라 사람들이 죽은 자로의 시체를 소금에 절
여 젓갈을 만들었다. 나중에 공자는 그 말을 듣고, 집안사람
에게 명하여, 모든 젓갈을 버리게 했다.

어구 설명 (2) ○子路與其難(자로여기난) : 〈공자의 제자〉 자로가 그
난에 휘말렸다. 〈당시 자로는 위나라의 공회(孔悝)의 채읍
(采邑)의 집사(執事)로 있었다. ○太子之臣(태자지신) : 태
자 즉 괴외(蒯聵)의 신하, 석걸(石乞)과 우염(盂黶)이다.
○以戈擊子路斷纓(이과격자로단영) : 창으로 공격해서 자
로의 갓끈을 절단했다. ○子路曰(자로왈) : 자로가 말했

다. ㅇ君子死(군자사) : 군자는 죽어도, ㅇ冠不免(관불면) : 관을 벗지 않는다. ㅇ結纓而死(결영이사) : 갓끈을 다시 매고 죽었다. ㅇ衛人醢子路(위인해자로) : 위나라 사람들이 죽은 자로의 시체를 소금에 절여 젓갈을 만들었다. ㅇ孔子聞之(공자문지) : 그 후, 공자는 그 말을 듣고, ㅇ命覆醢(명복해) : 집안 사람에게 명하여, 모든 젓갈을 버리게 했다. 「覆」은 버리다.

| 백문 | 제1과 **子路死於衛亂**

(1) [衛]姬姓, 武王母弟, 康叔封之所封也. 後世至春秋, 有靈公夫人 南子之亂. 子蒯聵欲殺南子, 不果出奔. 公卒. 立蒯聵之子輒. 蒯 聵入. 輒拒之.

(2) 子路與其難. 太子之臣, 以戈擊子路, 斷纓. 子路曰, 君子死, 冠 不免. 結纓而死. 衛人醢子路. 孔子聞之, 命覆醢.

제2과 子思居於衛

(1) 戰國時, 子思居於衛. 言苟變可將. 衛侯曰, 變嘗 爲吏, 賦於民, 食人二鷄子. 故弗用. 子思曰, 聖人用 人, 猶匠之用木. 取其所長, 棄其所短. 故杞梓連抱, 而有數尺之朽, 良工不棄. 今君處戰國之世, 而以二 卵棄干城之將. 此不可使聞於鄰國也.

⑴ 전국시대에 〈공자의 손자〉 자사가 위나라에 살고 있었다. 〈자사가 위나라 임금에게〉 말했다. 구변은 장군으로 삼을 만합니다. 그러자 위나라 임금이 말했다. 「구변이 전에 관리로 있을 때 백성으로부터 일인 당 계란 두 개씩을 거두어 먹은 일이 있다. 그래서 그를 등용하지 않는다.」 자사가 말했다. 「성인이 사람을 쓰는 것은, 마치 목수가 재목을 쓰는 거와 같습니다. 그 장점을 취하고, 단점을 버려야 합니다. 그러므로 버드나무나 가래나무 같은 아름드리 재목에 〈비록〉 몇 자 썩은 부분이 있어도, 좋은 공인은 버리지 않고 쓰는 것입니다. 지금 임금은 전국시대의 세상에 처해 있으면서, 계란 두 개 때문에, 성을 지킬 장군을 버리려고 하시니, 그와 같은 말을 이웃 나라에 들리게 하면 안 됩니다.」

어구 설명 ⑴ ○戰國時(전국시) : 전국시대에, ○子思居於衞(자사거어위) : 공자의 손자, 자사가 위나라에 살고 있었다. ○言苟變可將(언구변가장) : 〈자사가 위나라 임금에게〉 말했다. 「구변은 장군으로 삼을 만하다.」 통감(通鑑)에는 「자사가 구변을 위나라 임금에게 천거하고 말했다. 그의 재량은 전차 오백 승을 지휘할 만합니다(子思言 苟變於衞侯 曰 其材可將五百乘).」라고 기술했다. ○衞侯曰(위후왈) : 위나라 임금이 말했다. ○變嘗爲吏(변상위리) : 구변이 전에 관리로 있을 때, ○賦於民(부어민) : 백성으로부터 거두어들이다, ○食人二鷄子(식인이계자) : 일인 당, 계란 두 개씩을 〈거두어서〉 먹은 일이 있다. ○故弗用(고불용) : 그래서 〈구변을〉 등용하지 않는다. ○子思曰(자사왈) : 자사가 말했다. ○聖

人用人(성인용인) : 성인이 사람을 쓰는 것은, ○猶匠之用木(유장지용목) : 마치 목수가 재목을 쓰는 거와 같은 것이다. ○取其所長(취기소장) : 그 장점을 취하고, ○棄其所短(기기소단) : 그 단점을 버린다. ○故杞梓連抱(고기재연포) : 그러므로 버드나무나 가래나무 아름드리 재목에, 杞(버들 기), 梓(가래나무 재). ○而有數尺之朽(이유수척지후) : 몇 자, 썩은 부분이 있어도, ○良工不棄(양공불기) : 좋은 공인은 버리지 않는다. ○今君處戰國之世(금군처전국지세) : 지금 임금은 전국시대의 세상에 처해있으면서, ○而以二卵棄干城之將(이이이란기간성지장) : 계란 두 개 때문에, 성을 지킬 장군을 버리려고 한다. ○此不可使聞於鄰國也(차불가사문어린국야) : 그와 같은 말이 이웃 나라에 들리게 하면 안 된다.

(2) 衞侯言計. 非是. 而羣臣和者, 如出一口. 子思曰, 君之國事, 將日非矣. 君出言自以爲是, 而卿大夫莫敢矯其非. 卿大夫出言, 自以爲是, 而士庶人莫敢矯其非. 詩曰, 具曰予聖. 誰知烏之雌雄. 周之諸侯, 惟衞最後亡. 至秦幷天下爲帝二世, 時廢君角爲庶人.

(2) 위나라 임금이 계략을 말하고 〈그것이〉 옳지 못해도 군신들이 호응함이 마치 한 입에서 나온 듯 했다. 그러자, 자사가 말했다.「임금님의 나라 다스리는 일이 날로 잘못되어 갈 것입니다. 임금이 말을 하고 스스로 옳다고 하면, 경이나

대부들은 아무도 감히 그 잘못을 고치려고 하지 않으며, 경대부가 말을 하고 스스로 옳다고 하면, 선비나 서민들은 아무도 감히 잘못을 고치려 하지 않습니다. 시경(詩經) 소아(小雅) 정월(正月)의 시에 『모든 사람이 다 제가 성인이라고 말하고 있으나, 아무도 까마귀의 암 수를 가릴 사람이 없구나.』라고 있지 않습니까?」 주나라의 제후 중에서, 오직 위나라만이 가장 마지막으로 멸망했다. 즉 진시황이 천하를 병탄(併吞)하고 제 2세가 되어서, 그때에 〈위의 임금〉 군각(君角)을 폐하고, 서인으로 삼았다.

어구 설명 (2) ○衛侯言計 非是(위후언계 비시) : 위나라 임금이 계략을 말하고, 〈그것이〉 옳지 못해도, ○而羣臣和者(이군신화자) : 〈그래도〉 군신들이 화답(和答)하거나, 화응(和應)함이, ○如出一口(여출일구) : 마치 한 입에서 나온 듯 했다. ○子思曰(자사왈) : 자사가 말했다. ○君之國事將日非矣(군지국사장일비의) : 임금님의 나라 다스리는 일이 날로 잘못되어 갈 것입니다. ○君出言 自以爲是(군출언 자이위시) : 임금이 말을 하고, 스스로 옳다고 하면, ○而卿大夫莫敢矯其非(이경대부막감교기비) : 경이나 대부들은 아무도 감히 그 잘못을 고치려고 하지 않는다. ○卿大夫出言(경대부출언) : 경대부가 말을 하고, ○自以爲是(자이위시) : 스스로 옳다고 하면, ○而士庶人莫敢矯其非(사서인막감교기비) : 선비나 서민들은 아무도 감히 잘못을 고치려 하지 않는다. ○詩曰(시왈) : 시경(詩經) 소아(小雅) 정월(正月)의 시. ○具曰予聖(구왈여성) : 모든 사람이 다 제가 성

인이라고 말하고 있으나, ○誰知烏之雌雄(수지오지자웅) :
아무도 까마귀의 암 수를 가릴 사람이 없구나. 〈여기까지
가 자사가 위나라 임금에게 한 말이다.〉 ○周之諸侯(주지
제후) : 주나라의 제후 중에서, ○惟衞最後亡(유위최후망)
: 오직 위나라 만이 맨 마지막으로 멸망했다. ○至秦幷天
下爲帝二世(지진병천하위제이세) : 진이 천하를 병탄(幷
呑)하고 제2세가 되어서, ○時廢君角爲庶人(시폐군각위서
인) : 그때에, 위의 임금 군각(君角)을 폐하고, 서인으로 삼
았다.

| 백문 | 제2과 子思居於衞

(1) 戰國時, 子思居於衞. 言苟變可將. 衞侯曰, 變嘗爲吏, 賦於民,
食人二鷄子. 故弗用. 子思曰, 聖人用人, 猶匠之用木. 取其所
長, 棄其所短. 故杞梓連抱, 而有數尺之朽, 良工不棄. 今君處戰
國之世, 而以二卵棄干城之將. 此不可使聞於鄰國也.

(2) 衞侯言計. 非是. 而羣臣和者, 如出一口. 子思曰, 君之國事, 將
日非矣. 君出言自以爲是, 而卿大夫莫敢
矯其非. 卿大夫出言, 自以爲是, 而士庶
人莫敢矯其非. 詩曰, 具曰子聖. 誰知烏
之雌雄. 周之諸侯, 惟衞最後亡. 至秦幷
天下爲帝二世, 時廢君角爲庶人.

자로〈子路〉

제8장 鄭

정(鄭)나라는 낙양(洛陽) 동쪽에 있는 나라, 기원전 8세기에서 5세기까지 있었다. 사략(史略)에는 자산(子産)을 주로 기술했으며, 「제8장」은 한 과 뿐이다.

참고로 정(鄭)나라의 장공(莊公)을 간단히 소개하겠다. 좌전(左傳) 은공(隱公) 원년(元年) 조에 보인다. 정나라 무공(武公)의 큰아들이 장공이다. 동생 공숙단(共叔段)의 반란을 무력으로 진압했으며, 뒤이어 송(宋), 위(衛), 채(蔡)의 연합군을 격파하고, 마침내는 주(周)의 환궁(桓公)의 군대를 격파했다. 장공은 패자(覇者)는 못 되었으나, 주왕실을 완전히 무력하게 만들었다. 그도 BC. 701년에 죽었으며, 정나라도 쇠퇴하게 되었다. 그로부터 약 2백년이 지난 다음에, 자산이 정나라의 재상이 되어, 일시나마 정나라를 안정케 했다.

제1과 子産

(1) [鄭]姬姓, 周宣王庶弟, 桓公友之所封也. 桓公子武公, 與其子莊公, 竝爲周司徒. 數世至聲公, 相子産. 子産者公族, 國氏, 名僑. 孔子過鄭, 與子産如兄弟云.

(1) 정나라도 주(周)나라와 같은 희성(姬姓)이다. 주나라 제

11대 선왕(宣王)의 동생, 환공 우(友)가 봉해진 나라다. 환공
의 아들 무공과, 무공의 아들 장공이 다 주나라의 사도였다.
그로부터 몇 대 지나, 성공(聲公)에 이르러 자산을 재상으로
삼았다. 자산은 정나라의 공족(公族) 국씨(國氏)이고, 이름
은 교(僑)다. 공자가 정나라를 지나갔으며 〈공자는 자산을
회상했을 것이다.〉 공자가 자산을 형제 같이 높였다고 한
다.

어구 설명 제1과 ○子産(자산) : 자산(子産)은 BC. 542년에서 BC.
522년까지, 정나라 재상을 지낸 현인이다. 공자도 그를 높
이고 칭찬했다. ○[鄭]姬姓(정희성) : 정나라도 주(周)나라
와 같은 희성(姬姓)이다. ○周宣王庶弟(주선왕서제) : 주나
라 제11대 선왕(宣王)의 이복동생, ○桓公友之所封也(환공
우지소봉야) : 환공, 이름은 우(友)다. 그가 봉해진 나라가
정이다. ○桓公子武公(환공자무공) : 환공의 아들 무공과,
○與其子莊公(여기자장공) : 무공의 아들 장공, ○竝爲周
司徒(병위주사도) : 둘이 다 주나라의 사도였다. 「司徒」는
주나라의 벼슬의 하나로, 백성들의 교육과 교화를 담당했
다. ○數世至聲公(수세지성공) : 그로부터 몇 대 지나, 성
공(聲公)에 이르러, ○相子産(상자산) : 자산을 재상으로
삼았다. ○子産者公族,國氏,名僑.(자산자공족국씨명교) : 자
산은 정나라의 공족(公族), 국씨(國氏)이고 이름은 교(僑)다.
○孔子過鄭(공자과정) : 공자가 정나라를 지나갔다. 공자
60세 때, 노(魯) 애공 3년(BC. 492년)일 것이다. 역사 기록
에 분명치 않다. 그러나 공자가 그 무렵에, 위(衛)를 떠나,
조(曹), 송(宋) 및 정(鄭)을 거쳐, 진(陳)에 도달했다. ○與子

産如兄弟云(여자산여형제운) : 〈공자가〉 자산을 형제 같이 높였다고 한다. 좌전(左傳) 소공(昭公) 20년에 보인다. 「자산이 죽었다는 말을 듣자, 공자가 눈물을 흘리며 말했다. 그 분만이 옛날부터 전해온 인애(仁愛)의 도리를 지켰다.(子産卒 仲尼聞之 出涕曰 古之遺愛也.)」

(2) 穆·襄以來, 鄭無歲不被晉·楚之兵. 子産受之, 以禮自固. 雖晉·楚之暴, 不能加焉. 鄭至周威烈王時, 君乙爲韓哀侯所滅. 韓徙都之.

(2) 목공, 양공 이래 정나라는 한 해도 진과 초나라의 무력침공을 받지 않은 해가 없었다. 자산이 재상이 되고 예치(禮治)로써 나라를 굳게 다스렸음으로, 비록 진이나 초나라의 폭력으로도, 정나라를 침략하거나 능욕하지 못했다. 정나라는 주 위열왕 때에, 군을이 한나라 애왕에게 멸망 당했다. 한나라는 정나라로 도읍을 옮겼다.

어구 설명 (2) ㅇ穆·襄以來(목·양이래) : 목공, 양공 이래, ㅇ鄭無歲不被晉·楚之兵(정무세불피진·초지병) : 정나라는 한 해도 진과 초나라의 무력 침공을 받지 않은 해가 없었다. ㅇ子産受之以禮自固(자산수지이례자고) : 자산이 재상이 되고 예치(禮治)로써 나라를 굳게 다스렸음으로, ㅇ雖晉·楚之暴 不能加焉(수진·초지폭 불능가언) : 비록 진이나 초나라의 폭력으로도, 정나라를 침략하거나 능욕을 가하지 못했다. ㅇ鄭至周威烈王時(정지주위열왕시) : 정나라는 주 위열왕 때에, ㅇ君乙爲韓哀侯所滅(군을위한애후소감) : 군을이 한 나라 애왕에게 멸망 당했다. 감(減) ; 덜다. 다하다. 진(盡)하다. 죽이다. 멸(滅)하다. ㅇ韓徙都之(한사도지) : 한나라는 정나라로 도읍을 옮겼다.

| 백문 | 제1과 子産

(1) [鄭]姬姓, 周宣王庶弟, 桓公友之所封也. 桓公子武公, 與其子莊公, 竝爲周司徒. 數世至聲公, 相子産. 子産者公族, 國氏, 名僑. 孔子過鄭, 與子産如兄弟云.

(2) 穆·襄以來, 鄭無歲不被晉·楚之兵. 子産受之, 以禮自固. 雖晉·楚之暴, 不能加焉. 鄭至周威烈王時, 君乙爲韓哀侯所滅. 韓徙都之.

자산묘-하남성 신정시(新鄭市)

제9장 晉

　진(晉)도 주(周)와 같은 「희성(姬姓)」의 나라다. 주무왕(周武王)의 뒤를 이은 성왕(成王)의 동생 「당숙우(唐叔虞)」가 봉해진 나라다. 「당(唐)」은 황하(黃河)와 분수(汾水) 동쪽에 있는 나라 이름이다. 그의 아들 「섭(燮)」이 나라 이름을 「진(晉)」이라고 고쳤다. 제17대가 헌공(獻公 : BC. 676)이다. 헌공의 아들 중이(重耳)가 바로 춘추대(春秋代)의 두 번째 패자(覇者)가 된 진문공(晉文公)이다. 사략(史略)에는 핍박을 받는 태자시절의 중이와 고생을 같이 한 개자추(介子推)의 이야기 및 「진나라의 분열」을 중점적으로 기술했다.

　「제9장 진(晉)」은 「제1과 진문공(晉文公)」, 「제2과 개자추분사(介子推焚死)」, 「제3과 진삼분(晉三分)」 세 과다.

　「제9장 진(晉)」에는 다음의 「세 과」가 있다.

　제1과 진문공(晉文公)

　제2과 개자추분사(介子推焚死)

　제3과 진삼분(晉三分)

제1과 晉文公

　⑴ [晉]姬姓, 成王弟唐叔虞之所封也. 成王幼, 與叔虞戲, 削桐葉爲圭曰, 以此封若. 史佚請擇日. 王曰,

吾與之戲耳. 佚曰, 天子無戲言. 遂封唐. 後世至文公
霸諸侯.

(1) 진나라도 주(周)와 같은 희성(姬姓)이다. 성왕의 동생, 당
의 숙우가 봉해진 나라다. 성왕이 어려서 당 숙우와 놀 때
에, 〈성왕이〉 오동나무 잎을 깎아서 홀로 삼고, 〈동생 숙우
에게〉「이로써 그대를 봉하노라.」라고 말했다. 태사(太史)
일(佚)이 택일하기를 청하자, 왕이「나는 그에게 장난으로
한 것이다.」라고 말했다. 태사 일이「천자에게는 장난말이
없습니다.」라고 했으며, 결국 그를 당나라 제후에 봉했다.
그 후 문공에 이르러 제후의 패자가 되었다.

어구설명 제1과 ㅇ晉文公(진문공) : 진나라의 문공, (1) ㅇ[晉]姬姓
(진희성) : 진나라도 주(周)와 같은 희성(姬姓)이다. ㅇ成
王弟(성왕제) : 성왕의 동생, 성왕은 무왕(武王)의 아들로,
제2대 왕. ㅇ唐叔虞之所封也(당숙우지소봉야) : 당숙우가
봉해진 나라다. ㅇ成王幼, 與叔虞戲,(성왕유 여숙우희) :
성왕이 어려서 당숙우와 놀면서, ㅇ削桐葉爲圭曰(삭동엽
위규왈) : 〈성왕이〉 오동나무 잎을 깎아서 홀로 삼고, 〈동
생 당숙우에게〉 말했다. 임금이 제후를 봉할 때에는 옥규
(玉圭 : 옥 홀)를 준다. ㅇ以此封若(이차봉약) : 이로써 그
대를 봉하노라. ㅇ史佚請擇日(사일청택일) : 태사(太史)
일(佚)이 택일하기를 청하자, ㅇ王曰, 吾與之戲耳.(왕왈
오여지희이) : 왕이「나는 그에게 장난으로 말 한 것이
다.」라고 말했다. ㅇ佚曰, 天子無戲言.(일왈 천자무희언) :
태사 일이「천자에게는 장난말이 없습니다.」라고 했으며,

ㅇ遂封唐(수봉당) : 결국 그를 당나라 제후에 봉했다. ㅇ
後世至文公霸諸侯(후세지문공패제후) : 그 후 문공에 이
르러 제후의 패자가 되었다.

(2) 文公, 名重耳, 獻公之次子也. 獻公嬖於驪姬,
殺太子申生, 而伐重耳於蒲. 重耳出奔, 十九年而後
反國. 嘗餒於曹. 介子推割股以食之. 及歸, 賞從亡
者狐偃·趙衰·顚頡·魏犨, 而不及子推.

(2) 진(晉)나라 문공의 이름은 중이(重耳)이고, 헌공(獻公)의
둘째 아들이다. 헌공이 여희를 총애하고, 〈그녀의 간계에 빠
져〉 〈전처의 아들이자〉 태자인 신생(申生)을 살해하고 아울
러 중이를 포(蒲 : 山西省)에서 토벌하려고 했다. 그래서 중
이는 진나라를 탈출하고 〈외국에서 망명생활을 했으며〉 19
년이 지난 다음에 나라를 되찾고 돌아와서, 〈임금이 되었
다.〉 〈중이는〉 전에 즉 조(曹)나라에서 〈망명 생활을 하고
있을 때〉 굶주렸으며, 그때에 뒤따르던 시신(侍臣) 개자추
(介子推)가 자기의 넓적다리 살을 도려 중이에게 바쳐 먹게
했다. 〈중이가 나라를 되찾고〉 돌아온 다음에, 망명 시에 자
기를 따르던 신하에게 상을 내렸다. 즉 호언(狐偃), 조쇠(趙
衰), 전힐(顚頡), 위주(魏犨) 등에게는 상을 내렸다. 그러나
개자추에게는 상을 내리지 않았다.

어구 설명 (2) ㅇ文公名重耳(문공명중이) : 진(晉)나라 문공의 이름은

중이(重耳)다. ㅇ獻公之次子也(헌공지차자야) : 헌공의 둘째 아들이다. ㅇ獻公嬖於驪姬(헌공페어여희) : 헌공이 여희를 총애하고, ㅇ殺太子申生(살태자신생) : 전처의 아들이자 태자인 신생(申生)을 살해하고, ㅇ而伐重耳於蒲(이벌중이어포) : 아울러 중이를 포에서 토벌하려고 했다. ㅇ重耳出奔(중이출분) : 그래서 중이는 진나라를 탈출했다. ㅇ十九年而後反國(십구년이후반국) : 19년이 지난 다음에 나라를 되찾고 〈임금이 되었다.〉 ㅇ嘗餒於曹(상뇌어조) : 전에 조(曹)나라에서 굶주렸으며, ㅇ介子推割股以食之(개자추할고이식지) : 그때에, 뒤따르던 시신(侍臣) 개자추(介子推)가 자기의 넓적다리 살을 도려 중이에게 바쳐 먹게 했다. ㅇ及歸(급귀) : 돌아온 다음에, ㅇ賞從亡者(상종망자) : 신하에게 상을 내렸다. ㅇ狐偃 · 趙衰 · 顚頡 · 魏犨(호언 · 조최 · 전힐 · 위주) : 호언(狐偃) · 조쇠(趙衰) · 전힐(顚頡) · 위주(魏犨) 등에게는 상을 내렸다. ㅇ而不及子推(이불급자추) : 그러나 개자추는 상을 주지 않았다.

| 백문 | 제1과 晉文公

(1) [晉]姬姓, 成王弟唐叔虞之所封也. 成王幼, 與叔虞戲, 削桐葉爲圭曰, 以此封若. 史佚請擇日. 王曰, 吾與之戲耳. 佚曰, 天子無戲言. 遂封唐. 後世至文公霸諸侯.

(2) 文公, 名重耳, 獻公之次子也. 獻公嬖於驪姬, 殺太子申生, 而伐重耳於蒲. 重耳出奔, 十九年而後反國. 嘗餒於曹. 介子推割股以食之. 及歸, 賞從亡者狐偃 · 趙衰 · 顚頡 · 魏犨, 而不及子推.

제2과 介子推焚死

⑴ 子推之從者, 懸書宮門曰, 有龍矯矯. 頃失其所. 五蛇從之, 周流天下. 龍饑乏食. 一蛇刲股. 龍返於淵, 安其壤土. 四蛇入穴. 皆有處處. 一蛇無穴. 號于中野.

⑴ 개자추의 부하가 〈다음과 같은〉 글을 써서 궁문에 높이 걸었다. 「큰 용이 높이 솟아 있다가, 한때 자리를 잃고 다른 나라에 가서 망명생활을 했다. 그때에, 다섯 마리의 뱀이 그를 따라서 함께 천하 각지를 두루 방랑했으며, 용이 굶주리고 먹을 것이 없을 때에, 한 마리의 뱀이 자기의 넓적다리 살을 베어서 〈용에게 바쳤다.〉 그 후에 용이 다시 원래의 못으로 돌아왔고, 자기 나라를 안정케 하자, 네 마리의 뱀도 저마다의 굴에 들어가, 모두 제 자리를 얻고 안주했다. 그러나 한 마리의 뱀 〈즉 넓적다리 살을 바친 개자추〉 만은 들어갈 굴이 없어서, 들판에서 소리 내고 울고 있다.」

어구 설명　제2과 ○介子推焚死(개자추분사) : 개자추가 불에 타 죽다. ⑴ ○子推之從者(자추지종자) : 개자추의 종자, 부하. ○懸書宮門曰(현서궁문왈) : 〈다음과 같은〉 글을 써서 궁문에 높이 걸었다. ○有龍矯矯(유룡교교) : 큰 용이 높이 솟아 있었거늘, ○頃失其所(경실기소) : 한때 제자리를 잃고, 즉 다른 나라에 가서 망명생활을 했다. ○五蛇從之(오

사종지) : 그때에, 다섯 마리의 뱀이 그를 따라서, ㅇ周流天下(주류천하) : 천하 각지를 두루 방랑했다. ㅇ龍饑乏食(용기핍식) : 용이 굶주리고 먹을 것이 없을 때에, ㅇ一蛇刲股(일사규고) : 한 마리의 뱀이 자기의 넓적다리 살을 베어서 〈용에게 바쳤다.〉 刲(벨 규), 股(넓적다리 고). ㅇ龍返於淵(용반어연) : 용이 다시 원래의 못으로 돌아왔고, ㅇ安其壤土(안기양토) : 자기 나라를 안정케 하자, ㅇ四蛇入穴(사사입혈) : 네 마리의 뱀도 저마다의 굴에 들어가, ㅇ皆有處處(개유처처) : 모두 제 자리를 얻고 안주했다. ㅇ一蛇無穴(일사무혈) : 그러나 한 마리의 뱀만은 들어갈 굴이 없어서, ㅇ號于中野(호우중야) : 들판 속에서 통곡했다.

(2) 公曰, 噫, 寡人之過也. 使人求之. 不得. 隱綿上山中. 焚其山. 子推死焉. 後人爲之寒食. 文公環綿上田封之, 號曰介山. 文公卒. 其後逐世爲覇. 歷襄公·靈公·成公·景公·厲公, 至悼公, 覇業復盛.

(2) 문공(文公)이 말했다. 「아, 내가 잘못했구나.」 그리고 사람을 시켜 개자추를 찾았다. 그러나 찾지 못했으며, 그가 면상(綿上 : 山西省)의 산속에 숨었으므로, 그 산에 불을 질러 〈개자추를 나오게 했다.〉 그러나 〈산속에 숨은〉 개자추는 그대로 불에 타 죽었다. 그 후, 사람들이 개자추를 애도해서, 〈그날을〉 한식으로 정하고 불을 피우지 않았다. 문공은 면상 일대의 전야(田野)를 〈개자추의 영토로〉 봉하고, 개산

이라 이름했다. 문공이 죽은 후에도 〈진나라는〉 대대로 패자의 자리를 유지했다. 양공(襄公), 영공(靈公), 성공(成公), 경공(景公), 여공(厲公)을 지나, 도공(悼公)에 이르러 패자의 공적이 다시 흥성했다.

어구 설명 (2) ○公曰(공왈) : 문공(文公)이 말했다. ○噫寡人之過也(희과인지과야) : 아, 내가 잘못했구나. ○使人求之(사인구지) : 사람을 시켜 개자추를 찾았으나, ○不得(부득) : 찾지 못했다. ○隱綿上山中(은면상산중) : 〈개자추가〉 산서성(山西省) 면상(綿上)의 산속에 숨었음으로, ○焚其山(분기산) : 그 일대의 산에 불을 질러 〈개자추를 나오게 했다.〉 ○子推死焉(자추사언) : 〈그러나 산속에 숨은〉 개자추는 나오지 않고, 그대로 불에 타 죽었다. ○後人爲之寒食(후인위지한식) : 그 후, 사람들은 개자추를 불쌍히 여기고 애도해서, 〈그날을〉 한식으로 정하고 불을 피우지 않았다. ○文公環綿上田封之(문공환면상전봉지) : 문공은 면상 일대의 전야(田野)를 〈개자추의 영토로〉 봉하고, ○號曰介山(호왈개산) : 개산이라 이름했다. ○文公卒(문공졸) : 문공이 졸하고, ○其後遂世爲覇(기후수세위패) : 그 후에도 〈진나라는〉 대대로 패자가 되었다. ○歷襄公 · 靈公 · 成公 · 景公 · 厲公(역양공 · 영공 · 성공 · 경공 · 려공) : 양공(襄公) · 영공(靈公) · 성공(成公) · 경공(景公) · 여공(厲公)을 지나, ○至悼公霸業復盛(지도공패업부성) : 도공(悼公)에 이르러 패자의 공적이 다시 흥성했다.

| 백문 | 제2과 介子推焚死

(1) 子推之從者, 懸書宮門曰, 有龍矯矯. 頃失其所. 五蛇從之, 周流天下. 龍饑乏食. 一蛇刲股. 龍返於淵, 安其壤土. 四蛇入穴. 皆有處處. 一蛇無穴. 號于中野.

(2) 公曰, 噫, 寡人之過也. 使人求之. 不得. 隱綿上山中. 焚其山. 子推死焉. 後人爲之寒食. 文公環綿上田封之, 號曰介山. 文公卒. 其後遂世爲霸. 歷襄公·靈公·成公·景公·厲公, 至悼公, 霸業復盛.

제3과 晉三分

(1) 又歷平公昭公·頃公, 公室益弱, 而六卿范氏·知氏·中行氏·趙氏·魏氏·韓氏皆大. 歷定公至出公. 知氏與趙·魏·韓氏, 分范中行氏. 公怒. 四卿反攻公. 公出奔而死.

(1) 진나라는 다시 「평공·소공·경공」으로 이어가면서 임금의 위세가 더욱 약화되었다. 그러나 여섯 명의 경(卿), 즉 「범씨·지씨·중행씨·조씨·위씨·한씨」 등의 여섯 집안의 세력은 다 커졌다. 진나라의 임금 정공을 거쳐 출공에 이르러, 경(卿) 지씨(知氏)가 「조씨, 위씨 및 한씨」와 결탁하여, 「범씨와 중행씨」 두 집안을 멸하고, 그 영토를 나눠가졌다.

이에 진나라의 임금 출공(出公)이 〈그들의 처사를〉 노하고 꾸짖자, 네 명의 경이 반대로 출공을 공격했으므로, 결국 진나라의 임금, 출공은 국외로 도망가 죽었다.

어구 설명 제3과 ㅇ晉三分(진삼분) : 진나라가 셋으로 갈라지다. 즉 진나라가 「한(韓), 조(趙), 위(魏)」로 갈라지고, 이를 삼진(三晉)이라 했다. (1) ㅇ又歷平公·昭公·頃公(우력평공·소공·경공) : 또 평공, 소공, 경공으로 내려가면서, ㅇ公室益弱(공실익약) : 진나라 임금의 위세가 더욱 약화되었다. 공실(公室)은 왕실(王室)과 같은 뜻이다. ㅇ而六卿(이육경) : 그러나 여섯 명의 경, 경(卿)은 임금 다음 가는 높은 신분의 중신(重臣)이다. ㅇ范氏·知氏·中行氏·趙氏·魏氏·韓氏(범씨·지씨·중행씨·조씨·위씨·한씨) : 여섯 명의 경은, 「범씨·지씨·중행씨·조씨·위씨·한씨」 여섯 집안이다. ㅇ皆大(개대) : 이들 여섯 집안의 경의 세력이 다 커졌다. ㅇ歷定公至出公(역정공지출공) : 진나라의 임금 정공을 거쳐 출공에 이르러, ㅇ知氏與趙·魏·韓氏(지씨여조·위·한씨) : 지씨(知氏)가 「조씨, 위씨 및 한씨」와 결탁하여, ㅇ分范·中行氏(분범·중행) : 「범씨와 중행씨」 두 집안을 멸하고, 그 영토를 나눠가졌다. ㅇ公怒(공노) : 진나라의 임금 출공(出公)이 〈그들의 처사를〉 노하고 꾸짖자, ㅇ四卿反攻公(사경반공공) : 네 명의 경이 반대로 출공을 공격했다. ㅇ公出奔而死(공출분이사) : 이에 진나라의 임금, 출공이 국외로 도망가서 죽었다.

(2) 哀公立. 韓·趙·魏氏, 又滅知氏而分之. 幽公
立. 晉獨有絳·曲沃. 餘皆入韓·趙·魏氏, 號爲三
晉.

(2) 진나라 애공이 임금이 되자 「한(韓), 조(趙), 위(魏)」의 삼
경(三卿)이 합동해서, 다시 지씨(知氏)를 멸하고 그의 영토를
쪼개 가졌다. 진나라 유공이 자리에 올랐으나, 진나라는 오
직 강(絳)과 곡옥(曲沃) 두 지방만을 소유했으며, 나머지 땅
은 다 「한, 조, 위」 세 집안에 귀속되었다. 〈이렇게 해서 나
눠진 진나라를〉「삼진(三晉)」이라 호칭했다.

어구 설명 (2) ㅇ哀公立(애공립) : 진나라 애공이 임금이 되자, ㅇ韓·
趙·魏氏(한·조·위씨) : 「한(韓), 조(趙), 위(魏)」의 삼경
(三卿)이 합동해서, ㅇ又滅知氏而分之(우멸지씨이분지) :
다시 지씨(知氏)를 멸하고 그의 영토를 쪼개 가졌다. ㅇ幽
公立晉獨有絳·曲沃(유공립진독유강·곡옥) : 진나라 유
공이 자리에 올랐으나, 진나라는 오직 강(絳)과 곡옥(曲沃)
두 지방만을 소유했으며, ㅇ餘皆入韓·趙·魏氏(여개입
한·조·위씨) : 나머지 땅은 다 「한, 조, 위」 세 집안에 귀
속되었다. ㅇ號爲三晉(호위삼진) : 〈이렇게 해서 나눠진
진나라를〉「삼진(三晉)」이라 호칭했다.

(3) 烈公立. 三卿以周威烈王命爲侯. 又歷孝公至靜
公. 魏武侯·韓哀侯·趙敬侯, 共廢靜公爲家人, 而

分其地. 晉絕不祀.

(3) 진나라의 열공이 자리에 오르자, 「한, 조, 위」 삼경(三卿)
은 주(周) 위열왕(威烈王)의 명으로 후(侯)가 되었다. 진나라
는 다시 효공을 거쳐 정공에 이르렀으며, 그때에, 「위의 무
후, 한의 애후, 조의 경후」가 합동하여, 진나라 임금 정공을
폐하고, 평민 되게 하고 아울러 진나라의 나머지 땅을 나눠
가졌다. 이로써, 진은 조상의 제사를 받드는 사람이 없게 되
었다.

<u>어구 설명</u> (3) ○烈公立(열공립) : 진나라의 열공이 자리에 오르자,
○三卿以周威烈王命爲侯(삼경이주위열왕명위후) : 「한,
조, 위」 삼경(三卿)은 주(周) 위열왕(威烈王)의 명으로 후
(侯)가 되었다. ○又歷孝公至靜公(우력효공지정공) : 진나
라는 다시 효공을 거쳐 정공에 이르렀으며, 그때에, ○魏
武侯 · 韓哀侯 · 趙敬侯(위무후 · 한애후 · 조경후) : 위의
무후, 한의 애후, 조의 경후가, ○共廢靜公爲家人(공폐정
공위가인) : 공동으로 임금 정공을 폐하고, 평민 되게 하
고, ○而分其地(이분기지) : 진나라의 나머지 땅을 나눠가
졌다. ○晉絕不祀(진절불사) : 진은 단절되고 제사를 못 드
렸다.

| 백문 | 제3과 晉三分

(1) 又歷平公 · 昭公 · 頃公, 公室益弱, 而六卿范氏 · 知氏 · 中行
氏 · 趙氏 · 魏氏 · 韓氏皆大. 歷定公至出公. 知氏與趙 · 魏 · 韓

氏, 分范·中行氏. 公怒. 四卿反攻公. 公出奔而死.

(2) 哀公立. 韓·趙·魏氏, 又滅知氏而分之. 幽公立. 晉獨有絳·
曲沃. 餘皆入韓·趙·魏氏, 號爲三晉.

(3) 烈公立, 三卿以周威烈王命爲侯. 又歷孝公至靜公. 魏武侯·韓
哀侯·趙敬侯, 共廢靜公爲家人, 而分其地. 晉絶不祀.

제10장 陳

주무왕(周武王)이 순(舜)의 후손 규만(嬀滿)을 찾아서 진(陳)
에 봉하고, 순(舜)의 제사를 지내게 했다. 그가 곧 「호공만(胡
公滿)」이다. 「사기(史記) 진기세가(陳杞世家) 제6」에는 여러 가
지 역사기록이 적혀 있다. 그러나 「사략(史略)」에는 춘추시대
(春秋時代)의 「공자 완(公子 完)」이 제(齊)나라에 가서 벼슬을
한 것과, 후에 초(楚)에게 멸망 당했다고 짧게 적었다. 「제10장
진(陳)」은 한 과 뿐이다.

제1과 陳嬀姓

(1) [陳]嬀姓, 虞舜之後, 胡公滿之所封也. 周武王求
而封之. 後世至春秋, 有公子完者. 出奔而仕于齊.
陳後爲楚惠王所滅. 而完之後, 遂大于齊. 爲田氏.

⑴ 진(陳)은 규(嬀)라는 성씨의 나라다. 순제(舜帝)의 후손,
호공(胡公) 만(滿)이 봉해진 나라다. 주(周)나라 무왕이 〈순
의 후손인 그를〉 찾아서 〈진에〉 봉했다. 그 후, 춘추시대에
와서, 진나라의 공자, 완(完)이 진나라를 탈출하여 제(齊)나
라에서 벼슬을 살았다. 그 후, 진은 초(楚)나라 혜왕(惠王)에
게 멸망되었다. 그러나 〈진을 탈출하고 제나라에서 벼슬을

살던〉 공자 완의 후손들은, 제나라에서 더욱 세력이 커졌으며 〈성씨를 고쳐〉 전씨(田氏)라고 했다.

어구 설명 (1) ○陳嬀姓(진규성) : 진은 규(嬀)라는 성씨의 나라다. ○虞舜之後(우순지후) : 순제(舜帝)의 후손, 우(虞)는 순의 성. ○胡公滿之所封也(호공만지소봉야) : 호공 만(滿)이 봉해진 나라다. ○周武王求而封之(주무왕구이봉지) : 주나라 무왕이 그를 찾아서 진에 봉했다. ○後世至春秋(후세지춘추) : 그 후, 춘추시대에 와서, ○有公子完者(유공자완자) : 진나라의 공자, 완(完)이, ○出奔而仕于齊(출분이사우제) : 진나라를 탈출하고 제(齊)나라에서 벼슬을 살았다. ○陳後爲楚惠王所滅(진후위초혜왕소멸) : 진나라는 초나라 혜왕에게 멸망되었다. ○而完之後, 遂大于齊.(이완지후 수대우제) : 그러나 〈진을 탈출하고 제나라에서 벼슬을 살던〉 공자 완의 후손들은, 제나라에서 더욱 세력이 커졌으며, ○爲田氏(위전씨) : 〈마침내 성씨를 고쳐〉 전씨(田氏)라고 했다.

| 백문 | 제1과 陳嬀姓

(1) [陳]嬀姓, 虞舜之後, 胡公滿之所封也. 周武王求而封之. 後世至春秋, 有公子完者. 出奔而仕于齊. 陳後爲楚惠王所滅. 而完之後, 遂大于齊. 爲田氏.

제11장 齊

제(齊)나라는 태공망(太公望) 여상(呂尙)이 봉해진 나라다. 「태공망」은 주나라 문왕(文王)과 무왕(武王)의 군사(軍師)로 주나라 건국의 혁혁한 공을 세웠다. 여상은 정치가로서도 탁월했다. 제나라의 제도와 예법을 간소화하여 백성들이 따르기 쉽게 했다. 특히 농업과 수산업 및 제염(製鹽)과 제철(製鐵)을 진작하여 민생을 안정케 하고 동시에 산업 경제도 획기적으로 높였다. 아울러 무력을 강화하는 동시에 주변 국가와의 상업과 교역을 확대했다. 마침내 제나라는 대국으로 발전했다. 나라가 커지면 왕족간의 자리다툼과 귀족들의 권력쟁탈이 격화한다. 그 속에서 우뚝 솟아난 승리자가 바로 제나라 환공(桓公)이다. 그는 동시에 춘추시대의 첫 번째 패자(覇者)이기도 했다. 그를 패자로 만든 현신(賢臣)의 대표자가 포숙(鮑叔)과 관중(管仲)이었다. 사략(史略)에는 많은 인물들이 등장한다. 안자(晏子), 전씨제(田氏齊), 순우곤(淳于髡), 전기(田忌), 맹상군(孟嘗君), 전단(田單), 노중련(魯仲連), 풍환(馮驩), 손빈(孫臏), 방연(龐涓) 등 각종의 인물을 중심으로 한 이야기가 있다.

「제11장 제(齊)」는 다음과 같이 「총 16과」로 나누어 풀이를 했다.

제1과 오패환공위시(五覇桓公爲始)

제2과 관중 · 포숙(管仲 · 鮑叔)

제3과 오자쟁립상공(五子爭立相攻)

제4과 안자 · 복어(晏子 · 僕御)

제5과 전씨제(田氏齊)

제1과 五覇桓公爲始

(1) [齊]姜姓, 太公望呂尙之所封也. 後世至桓公覇
諸侯. 五覇桓公爲始.

⑴ 제(齊)는 강씨 성의 나라로, 주(周)나라 때, 태공망 여상
이 봉해진 나라다. 후세에 환공에 이르러 제후의 패자가 되
었다. 오패는 환공을 으뜸으로 한다.

어구 설명 제1과 ○五覇桓公爲始(오패환공위시) : 오패(五覇)의 으뜸
은 제(齊)나라의 환공(桓公)이다. 춘추시대에는 제후(諸侯)
의 맹주(盟主)가 다섯 명 있었다. 즉 제환공(齊桓公), 진문
공(晉文公), 진목공(秦穆公), 송양공(宋襄公), 초장공(楚莊

公)이다. (1) ㅇ齊姜姓(제강성) : 제는 본래 강씨 성의 나라
다. ㅇ太公望呂尙之所封也(태공망여상지소봉야) : 주(周)
나라 때, 태공망 여상이 봉해진 나라다. ㅇ後世至桓公覇諸
侯(후세지환공패제후) : 후세에 환공에 이르러, 제후의 패
자가 되었다. ㅇ五覇桓公爲始(오패환공위시) : 오패는 환
공을 으뜸으로 한다.

(2) 名小白. 兄襄公無道. 羣弟恐禍及. 子糾奔魯.
管仲傅之. 小白奔莒. 鮑叔傅之. 襄公爲弟無知所
弒, 無知亦爲人所殺.

(2) 〈환공의〉 이름은 소백이다. 형 양공이 포학무도했음으로
여러 아우들이 화를 입을까 겁을 냈으며, 큰 동생 자규는 노
나라로 피했고, 관중이 그를 받들고 보살폈다. 작은 동생 소
백은 거로 피했고 포숙이 그를 받들고 보살폈다. 양공이 동
생 무지에게 피살되었으며, 무지 역시 다른 사람에게 살해되
었다.

어구 설명 (2) ㅇ名小白(명소백) : 〈환공의〉 이름은 소백이다. ㅇ兄襄
公無道(형양공무도) : 형 양공이 포학무도했음으로, ㅇ羣
弟恐禍及(군제공화급) : 여러 아우들이 화를 입을까 겁을
냈다. ㅇ子糾奔魯. 管仲傅之.(자규분로 관중부지) : 그래서
큰 동생 자규는 노나라로 피했고, 관중이 그를 받들고 보
살폈다. ㅇ小白奔莒. 鮑叔傅之.(소백분거 포숙부지) : 작은
동생 소백은 거로 피했고, 포숙이 그를 받들고 보살폈다.

○襄公爲弟無知所弑(양공위제무지소시) : 양공이 동생 무지에게 피살되었으며, ○無知亦爲人所殺(무지역위인소살) : 무지 역시 다른 사람에게 살해되었다.

(3) 齊人召小白於莒. 而魯亦發兵送糾. 管仲嘗遮莒道, 射小白中帶鉤. 小白先至齊而立. 鮑叔牙薦管仲爲政. 公置怨而用之.

(3) 제나라 사람들은 작은 동생 소백을 거에서 불러서 〈임금에 세우려고 했다.〉 한편 노나라에서는 군대를 동원하여 큰 동생 자규를 제로 보내서 임금에 앉히려고 했다. 이에 관중이 먼저 〈무력으로〉 거(莒)에서 제(齊)로 오는 길을 차단하고 〈소백이 제로 들어오지 못하게 했다.〉〈이에 관중이 선수를 치고, 소백이 거를 벗어나지 못하게 하려고〉 소백을 활로 쏘았다. 〈그러나 관중의 화살이 소백의〉 허리띠 쇠고리에 맞았다. 〈그래서 소백은 죽지 않았으며, 도리어 화살을 맞은 소백은 죽은 척하고, 그대로 엎드려 있었다. 이에 관중 측에서는 그가 죽은 줄 알고, 늑장을 부렸다.〉 그 틈에 소백은 서둘러 먼저 제나라로 들어와 임금 자리에 올랐다. 〈그가 곧 제나라의 환공(桓公)이다. 한편 큰 동생 자규와 관중은 패자(敗者)가 되었다.〉〈임금 자리 다툼에서 승리한 소백, 즉 환공을 받들던〉 포숙아(鮑叔牙)는 환공에게 관중을 추천하고, 정치를 맡기라고 권했다. 환공은 〈관중에 대한〉 원한을 묻어두고, 그를 재상으로 등용했다.

어구 설명 (3) ㅇ齊人召小白於莒(제인소소백어거) : 제나라 사람들은 작은 동생 소백을 거에서 불러서 〈임금에 세우려고 했다.〉 ㅇ而魯亦發兵送糾(이로역발병송규) : 한편 노나라에서는 군대를 동원하여 큰 동생 자규를 제나라로 보내서 임금에 앉히려고 했다. ㅇ管仲嘗遮莒道(관중상차거도) : 관중이 먼저 〈무력으로〉 거(莒)에서 제(齊)로 오는 길을 차단했다. 즉 소백(小白)이 제로 들어오지 못하게 했다. ㅇ射小白(사소백) : 〈즉 관중이 선수를 치고〉 소백을 활로 쏘았다. 〈즉 거(莒)를 벗어나지 못하게 했다.〉 ㅇ中帶鉤(중대구) : 〈관중의 화살이 소백의〉 허리띠 쇠고리에 맞았다. 鉤(갈고리 구). 대구(帶鉤) ; 혁대의 두 끝을 서로 끼워 맞추는 자물단추. 鉤는 본자 鈎는 속자. 간체는 钩. 〈그래서 소백은 죽지 않았다.〉 〈화살을 맞은 소백은 죽은 척하고, 그대로 엎드려 있었다. 이에 관중 측에서는 그가 죽은 줄 알고, 늑장을 부렸다.〉 ㅇ小白先至齊而立(소백선지제이립) : 그 틈에 소백은 서둘러 먼저 제나라로 들어와 임금 자리에 올랐다. 〈그가 곧 제나라의 환공(桓公)이다.〉 〈한편 큰 동생 자규와 관중은 패자(敗者)가 되었다.〉 ㅇ鮑叔牙薦管仲爲政(포숙아천관중위정) : 〈소백을 받들던〉 포숙아(鮑叔牙)는 〈임금이 된 소백 즉 환공에게〉 관중을 추천하고, 정치를 맡기라고 권했다. ㅇ公置怨而用之(공치원이용지) : 환공은 〈관중에 대한〉 원한을 묻어두고, 그를 재상으로 등용했다.

| 백문 | 제1과 **五覇桓公爲始**

(1) [齊]姜姓, 太公望呂尙之所封也. 後世至桓公覇諸侯. 五覇桓公爲始.

⑵ 名小白. 兄襄公無道. 羣弟恐禍及. 子糾奔魯. 管仲傅之. 小白奔
莒. 鮑叔傅之. 襄公爲弟無知所弑, 無知亦爲人所殺.

⑶ 齊人召小白於莒. 而魯亦發兵送糾. 管仲嘗遮莒道, 射小白中
帶鈎. 小白先至齊而立. 鮑叔牙薦管仲爲政. 公置怨而用之.

제2과 管仲·鮑叔

⑴ 仲, 字夷吾, 嘗與鮑叔賈. 分利多自與. 鮑叔不以
爲貪. 知仲貧也. 嘗謀事窮困. 鮑叔不以爲愚. 知時
有利不利也. 嘗三戰三走. 鮑叔不以爲怯. 知仲有老
母也. 仲曰, 生我者父母, 知我者鮑子也. 桓公九合
諸侯, 一匡天下, 皆仲之謀. 一則仲父, 二則仲父.

⑴ 관중의 자는 이오다. 전에 포숙과 함께 장사를 했으며,
이득을 분배할 때에, 관중 자신이 보다 많이 취해 가졌다.
그래도 포숙은 관중을 탐욕 하다고 나무라지 않았으며, 관중
이 빈곤하다는 것을 알기 때문에 너그럽게 용인했던 것이다.
또 전에 관중이 일을 꾸몄으나 〈성공하지 못하고〉 곤경에 빠
진 일이 있었다. 그때에도 포숙은 관중을 어리석다고 생각하
지 않고, 때에는 유리한 때와 불리한 때가 있다고 〈너그럽게
용인했다.〉 또 전에 관중이 세 번 싸워, 세 번 후퇴하고 도망

간 일이 있었다. 그래도 포숙은 관중을 비겁하다고 생각하지
않았다. 즉 관중이 늙은 어머니를 모시고 있음을 잘 알고 있
기 때문에 〈너그럽게 용인해 주었다.〉 관중이 말했다. 「나를
낳고 키워준 사람은 부모지만, 나의 자질을 참으로 알고, 내
세운 사람은 포숙이다.」 제나라 환공이 〈패자가 되어〉 제후
를 규합(糾合)하고 천하를 바로 잡은 것은 모두가 관중의 계
략을 바탕으로 한 것이다. 〈환공은〉 하나도 중부, 둘도 중부
라 하고 그를 높이고 〈그의 계략에 따랐다.〉

어구 설명 제2과 ○管仲·鮑叔(관중·포숙) : 관중은 제나라 환공을
보필해서, 패자 되게 한 명상(名相)이다. 공자도 그의 업적
을 인정했다. 일찍부터 친교가 있던 포숙이 관중의 뛰어난
자질을 인정하고, 작은 허물을 다 덮어주고, 관중을 환공
에게 추천하여 대공을 세우게 했다. 이와 같은 두 사람의
신의를 「관포지교(管鮑之交)」라고도 한다. (1) ○仲, 字夷
吾,(중자이오) : 관중의 자는 이오다. ○嘗與鮑叔賈(상여포
숙고) : 전에 포숙과 함께 장사를 했으며, ○分利多自與(분
리다자여) : 이득을 분배할 때에, 관중 자신이 보다 많이
취해 가졌다. ○鮑叔不以爲貪(포숙불이위탐) : 그래도 포
숙은 관중을 탐욕 하다고 나무라지 않았다. ○知仲貧也(지
중빈야) : 관중이 빈곤하다는 것을 알기 때문에, 너그럽게
용인했던 것이다. ○嘗謀事窮困(상모사궁곤) : 전에 관중
이 일을 꾸몄으나, 〈성공하지 못하고〉 곤경에 빠진 일이
있었다. ○鮑叔不以爲愚(포숙불이위우) : 그때에도 포숙은
관중을 어리석다고 생각하지 않았다. ○知時有利不利也

(지시유리불리야) : 때에 유리한 때와 불리한 때가 있음을
잘 알기 때문이다. ㅇ嘗三戰三走(상삼전삼주) : 관중이 전
에 세 번 싸워, 세 번 후퇴하고 도망 간 일이 있었다. ㅇ鮑
叔不以爲怯(포숙불이위겁) : 그래도 포숙은 관중을 비겁하
다고 생각하지 않았다. ㅇ知仲有老母也(지중유로모야) :
관중이 늙은 어머니를 모시고 있음을 잘 알고 있었다. ㅇ仲
曰(중왈) : 관중이 말했다. ㅇ生我者父母(생아자부모) : 나
를 낳고 키워준 사람은 부모지만, ㅇ知我者鮑子也(지아자
포자야) : 나의 자질을 참으로 알고, 내세운 사람은 포숙이
다. ㅇ桓公九合諸侯 一匡天下(환공구합제후 일광천하) :
환공이 〈패자가 되어〉 제후를 규합(糾合)하고 천하를 바로
잡은 것은, ㅇ皆仲之謀(개중지모) : 모두가 관중의 계략을
바탕으로 한 것이다. ㅇ一則仲父 二則仲父(일즉중부 이즉
중부) : 〈환공은〉 하나도 중부, 둘도 중부라 하고 그를 높
이고 〈그의 계략에 따랐다.〉

| 백문 | 제2과 管仲 · 鮑叔

(1) 仲, 字夷吾, 嘗與鮑叔賈. 分利多自與.
鮑叔不以爲貪. 知仲貧也. 嘗謀事窮困.
鮑叔不以爲愚. 知時有利不利也. 嘗三戰
三走. 鮑叔不以爲怯. 知仲有老母也. 仲
曰, 生我者父母, 知我者鮑子也. 桓公久
合諸侯, 一匡天下, 皆仲之謀. 一則仲父,
二則仲父.

관중(管仲)

제3과 五子爭立相攻

(1) 仲病. 桓公問, 羣臣誰可相. 易牙何如. 仲曰, 殺子以食君. 非人情. 不可近. 開方何如. 曰, 倍親以適君. 非人情. 不可近. 蓋開方故衞公子來奔者也. 竪刁何如. 曰, 自宮以適君. 非人情. 不可近. 仲死. 公不用仲言, 卒近之. 三者專權.

⑴ 관중이 병들자, 환공이 물었다. 「많은 신하 중에 누구를 재상으로 쓰면 좋겠느냐? 역아는 어떠하냐?」

관중이 말했다. 「역아는 자기 자식을 죽여서, 그 살을 임금에게 들게 한 자입니다. 그의 소행은 인정에 어긋나며, 따라서 그를 가까이 하면 안 됩니다.」

환공이 「개방은 어떠하냐.」고 묻자 관중이 말했다. 「개방은 부모 친족을 배반하고 임금에게 붙은 자입니다. 그의 소행도 인정에 어긋나며, 따라서 그를 가까이 하면 안 됩니다.」 무릇 개방은 원래, 위나라의 공자였거늘 〈자기 나라를 버리고〉 도망해 와서 제나라에 붙은 자였다. 환공이 「환관(宦官) 수조는 어떠하냐?」하고 묻자, 관중이 대답해서 말했다. 「그 자는 스스로 거세(去勢)하고 내시가 되어, 임금에게 붙은 자입니다. 그의 소행도 인정에 어긋나며, 따라서 그를 가까이 하면 안 됩니다.」 관중이 죽자, 환공은 관중의 말을 듣지 않고, 결국 그들 세 사람을 가까이 하고 등용했다. 그러자, 이들 세 사람이 제멋대로 권력을 휘둘러 나라가 문란해졌다.

어구 설명 제3과 ○五子爭立相攻(오자쟁립상공) : 관중이 죽은 다음, 정치가 문란해졌으며, 더욱이 다섯 명의 공자가 서로 자리 다툼을 하고 싸웠다. (1) ○仲病桓公問(중병환공문) : 관중이 병들자, 환공이 물었다. ○群臣誰可相(군신수가상) : 많은 신하 중에 누구를 재상으로 쓰면 좋겠느냐? ○易牙何如(역아하여) : 역아는 어떠하냐? ○仲曰殺子以食君(중왈 살자이식군) : 관중이 말했다. 「역아는 자기 자식을 죽여서, 그 살을 임금에게 들게 한 자입니다.」○非人情 不可近(비인정 불가근) : 「그의 소행은 인정에 어긋나며, 따라서 그를 가까이 하면 안 됩니다.」○開方何如(개방하여) : 환공이 「개방은 어떠하냐.」고 묻자, ○曰倍親以適君(왈배친 이적군) : 관중이 말했다. 「개방은 부모 친족을 배반하고 임금에게 붙은 자입니다.」○非人情 不可近(비인정 불가근) : 「그의 소행도 인정에 어긋나며, 따라서 그를 가까이 하면 안 됩니다.」○蓋開方故衛公子來奔者也(개개방고위 공자래분자야) : 무릇 개방은 원래, 위나라의 공자였거늘, 〈자기 나라를 버리고〉 도망해 와서 제나라에 붙은 자다. ○竪刁何如(수조하여) : 환공이 「환관 수조는 어떠하냐?」하고 묻자, ○曰(왈) : 관중이 대답해서 말했다. ○自宮以 適君(자궁이적군) : 「그 자는 스스로 거세(去勢)하고 내시가 되어, 임금에게 붙은 자입니다.」○非人情 不可近(비인 정 불가근) : 「그의 소행은 인정에 어긋나며, 따라서 그를 가까이 하면 안 됩니다.」○仲死(중사) : 관중이 죽자, ○公不用仲言(공불용중언) : 환공은 관중의 말을 듣지 않고,

○卒近之(졸근지) : 결국 그들 세 사람을 가까이 하고 등용했다. ○三者專權(삼자전권) : 이들 세 사람이 제멋대로 권력을 휘둘렀다.

(2) 公內寵如夫人者六, 皆有子. 公薨. 五公子爭立相攻. 公尸在牀, 無殯斂者六十七日, 尸蟲出于戶.

(2) 환공에게는 지극히 총애를 받고, 정부인 같이 행세하는 측실(側室)이 여섯이나 있었으며, 저마다 아들이 있었다. 그래서 환공이 죽자 다섯 공자가 임금 자리를 놓고 서로 다투고 무력으로 싸웠으며 죽은 환공의 시신을 침상에 내버려 둔 채로 염도 하지 않고 입관도 하지 않은 채 67일이나 방치해 두었다. 그래서 시신이 썩고 구더기가 문밖으로 기어 나왔다.

어구 설명 (2) ○公內寵如夫人者六(공내총여부인자륙) : 환공에게는 지극히 총애를 받는 정부인 같은 측실(側室)이 여섯이나 있었다. ○皆有子(개유자) : 그녀들에게는 저마다 아들이 있었다. ○公薨(공흥) : 환공이 죽자, 薨(죽을 흥). ○五公子爭立相攻(오공자쟁립상공) : 다섯 공자가 임금 자리를 놓고, 서로 다투고 무력으로 싸웠으며, ○公尸在牀(공시재상) : 죽은 환공의 시신을 침상에 내버려 둔 채로, ○無殯斂者六十七日(무빈렴자육십칠일) : 염도 하지 않고, 입관도 하지 않은 채, 67일이나 방치해 두었다. ○尸蟲出于戶(시충출우호) : 시신이 썩고, 구더기가 문밖으로 기어 나왔다.

| 백문 | 제3과 五子爭立相攻

(1) 仲病. 桓公問, 羣臣誰可相. 易牙何如. 仲曰, 殺子以食君. 非人情. 不可近. 開方何如. 曰, 倍親以適君. 非人情. 不可近. 蓋開方故衛公子來奔者也. 竪刁何如. 曰, 自宮以適君. 非人情. 不可近. 仲死. 公不用仲言, 卒近之. 三者專權.

(2) 公內寵如夫人者六, 皆有子. 公薨. 五公子爭立相攻. 公尸在牀, 無殯斂者六十七日, 尸蟲出于戶.

제4과 晏子 · 僕御

(1) 自桓公八世至景公. 有晏子者, 事之. 名嬰, 字平仲. 以節儉力行重於齊. 一狐裘三十年, 豚肩不掩豆. 齊國之士, 待以舉火者, 七十餘家.

(1) 환공으로부터 8대를 지나 경공에 이르자 안자라는 〈명상이 나타나 경공을〉 섬겼다. 안자는 이름이 영(嬰), 자가 평중(平仲)이다. 안자는 절검과 역행으로 제나라 사람에게 존중을 받았다. 안자는 한 벌의 호구를 30년간이나 걸쳤으며, 제물로 바치는 돼지도 제기에 넘치지 않았다. 그러나 제나라의 선비로써 안자의 덕택으로 불을 피우고 먹고사는 집안이 70여 집안이나 되었다.

어구 설명 제4과 ㅇ晏子 · 僕御(안자 · 복어) : 안자와 마부. 「복어(僕御)」는 말이나 수레를 모는 하인. (1) ㅇ自桓公八世至景公(자환공팔세지경공) : 환공으로부터 8대를 지나 경공에 이르렀다. ㅇ有晏子者事之(유안자자사지) : 안자라는 〈명상이 나타나, 경공을〉 섬겼다. ㅇ名嬰 字平仲(명영 자평중) : 안자는 이름이 영(嬰), 자가 평중(平仲)이다. ㅇ以節儉力行重於齊(이절검역행중어제) : 안자는 절검과 역행으로 제나라 사람에게 존중되었다. ㅇ一狐裘三十年(일호구삼십년) : 안자는 한 벌의 호구를 30년간이나 걸쳤으며, 「호구(狐裘)」는 대부(大夫)가 입는 여우의 털가죽 옷. ㅇ豚肩不掩豆(돈견불엄두) : 제물로 바치는 돼지도 제기에 넘치지 않았다. 「돈견(豚肩)」은 희생물로 바치는 돼지의 크기가, 「불엄두(不掩豆)」는 받침대 보다 더 크지 않았다. ㅇ齊國之士(제국지사) : 제나라의 선비로써, ㅇ待以擧火者(대이거화자) : 안자의 덕택으로 불을 피우고 먹고사는 사람들이, ㅇ七十餘家(칠십여가) : 70여 집안이나 되었다. 즉 안자가 많은 선비들에게 재물을 베풀어 주었다.

(2) 晏子出. 其御之妻, 從門閒窺, 其夫擁大蓋, 策駟馬, 意氣揚揚自得. 旣而歸. 妻請去曰, 晏子身相齊國, 名顯齊侯. 觀其志, 嘗有以自下. 子爲人僕御, 自以爲足. 妾是以求去也. 御者乃自抑損. 晏子怪而問之. 以實對. 薦爲大夫.

(2) 안자가 수레를 타고 나갈 때에 〈안자의 수레를 모는〉 마

부의 아내가 문틈으로 살펴보았다. 그러자 자기 남편이 거창한 차일 밑에 앉아서 사두마차(四頭馬車)를 부리면서 자못 의기양양하고 극히 만족한 듯 했다. 남편이 일을 마치고 돌아오자, 그의 아내가 「자기를 가게 해 달라」고 하며, 그 이유를 다음과 같이 말했다. 「안자는 신분이 제나라의 재상이고, 그의 이름이 천하의 제후에게 알려졌다. 그런데도 그의 마음가짐을 보면 항상 자신을 낮추고 겸손하더라. 한편 당신은 남의 마차를 부리는 마부이거늘, 스스로 만족하고 교만을 부리니, 〈그래가지고는 앞으로 당신은 발전할 수가 없을 것이다.〉 그래서 나를 가게 해달라고 청하는 것이다.」 〈부인의 말을 듣고〉 남편 마부는 자신의 교만을 억누르고 겸손하게 행동했다. 〈전과 다르게 겸손하게 변한 마부를 보고〉 안자가 괴상히 여기고, 그 이유를 묻자, 마부가 사실대로 대답했다. 이에, 안자는 마부를 천거하여 대부로 높여주었다.

어구 설명 (2) ○晏子出(안자출) : 안자가 수레를 타고 나갈 때에, ○其御之妻(기어지처) : 〈안자의 수레를 모는〉 마부의 아내가, ○從門閒窺(종문한규) : 문틈으로 살펴보았다. ○其夫擁大蓋(기부옹대개) : 자기 남편이 거창한 차일 밑에 앉아서, 「개(蓋)」는 신분이 높은 사람의 마차 위에 설치한 차일(遮日), 해를 가리는 덮개. ○策駟馬(책사마) : 사두마차(四頭馬車)를 부리면서, 「사(駟)」는 네 마리 말이 끄는 수레. ○意氣揚揚自得(의기양양자득) : 의기양양하고 극히 만족한 듯 했다. ○旣而歸(기이귀) : 〈남편이〉 일을 마치고 돌아오자,

○妻請去曰(처청거왈) : 그의 아내가 「이혼을 하겠다, 〈자기를 가게 해 달라〉」고 하며, 〈그 이유를〉 말했다. ○晏子身相齊國 (안자신상제국) : 안자는 신분이 제나라의 재상이고, ○名顯齊侯(명현제후) : 그의 이름이 천하의 제후에게 알려졌다. ○觀其志(관기지) : 그런데도, 그의 마음가짐을 보면, ○嘗有以自下(상유이자하) : 항상 자신을 낮추고 겸손하다. ○子爲人僕御(자위인복어) : 당신은 남의 마차를 부리는 마부이거늘, ○自以爲足(자이위족) : 스스로 만족하고 교만하더라. 〈그러니, 앞으로도 당신은 발전할 수가 없을 것이다.〉 ○妾是以求去也(첩시이구거야) : 그래서 나를 가게 해달라고 청하는 것이다. ○御者乃自抑損(어자내자억손) : 〈부인의 말을 듣고〉 남편 마부는 자신의 교만을 억누르고 겸손하게 행동했다. ○晏子怪而問之(안자괴이문지) : 〈전과 다르게 겸손하게 변한 마부를 보고〉 안자가 괴상하게 여기고, 그 이유를 묻자, ○以實對(이실대) : 마부가 사실대로 대답했다. ○薦爲大夫(천위대부) : 이에, 안자는 마부를 천거하여 대부로 높여주었다.

(3) 公使晏子之晉. 與叔向私語, 以爲, 齊政必歸陳氏. 如其言. 景公後五世至康公. 田和受周安王命爲侯, 遷康公海濱以死. 姜氏遂絕不祀.

(3) 경공(景公)이 안자를 진(晉)나라에, 사신으로 보낸 일이 있었다. 그때에 안자는 진(晉)나라의 대부 숙향(叔向)에게 은밀히 말했다. 「장차 제나라의 정치는 반드시 진씨(陳氏)에게

돌아갈 것으로 생각된다.」

과연 그의 말과 같이 되었다. 경공 다음으로 5대를 거쳐, 강공에 이르러 전화가 주(周)나라 안왕의 명을 받고 제후가 되었으며 전화가 강공을 바닷가로 몰아 죽이고 정권을 차지했다. 이로써 강씨의 제나라는 절멸하고 제사도 끊어졌다.

어구 설명 (3) ㅇ公使晏子之晉(공사안자지진) : 경공(景公)이 안자를 진(晉)나라에, 사신으로 보낸 일이 있었다. ㅇ與叔向私語(여숙향사어) : 〈그때에 안자는〉 진(晉)나라의 대부 숙향(叔向)에게 은밀히 말했다. ㅇ以爲齊政必歸陳氏(이위제정 필귀진씨) :「장차 제나라의 정치는 반드시 진씨(陳氏)에게 돌아갈 것으로 생각된다.」ㅇ如其言(여기언) : 과연 그의 말과 같이 되었다. ㅇ景公後五世至康公(경공후오세지강공) : 경공 다음으로 5대를 거쳐, 강공에 이르러, ㅇ田和受周安王命爲侯(전화수주안왕명위후) : 전화가 주(周)나라 안왕의 명을 받고 제후가 되었으며, ㅇ遷康公海濱以死(천강공해빈이사) : 전화가 강공을 바닷가로 몰아 죽이고 정권을 차지했다. ㅇ姜氏遂絕不祀(강씨수절불사) : 이로써, 강씨의 제나라는 절멸하고 제사도 끊어졌다.

| 백문 | 제4과 晏子 · 僕御

(1) 自桓公八世至景公. 有晏子者, 事之. 名嬰, 字平仲. 以節儉力行 重於齊. 一狐裘三十年, 豚肩不掩豆. 齊國之士, 待以舉火者, 七 十餘家.

(2) 晏子出. 其御之妻, 從門閒窺, 其夫擁大蓋, 策駟馬, 意氣揚揚自

得. 旣而歸. 妻請去曰, 晏子身相齊國, 名顯齊侯. 觀其志, 嘗有
以自下. 子爲人僕御, 自以爲足. 妾是以求去也. 御者乃自抑損.
晏子怪而問之. 以實對. 薦爲大夫.
(3) 公使晏子之晉. 與叔向私語, 以爲, 齊政必歸陳氏. 如其言. 景公
後五世至康公. 田和受周安王命爲侯, 遷康公海濱以死. 姜氏遂
絶不祀.

제5과 田氏齊

(1) [田氏齊]者, 本嬀姓, 故陳厲公佗子完之後也. 完
奔齊, 爲陳氏, 後又以陳爲田氏. 完事齊桓公, 爲工
正. 卒. 諡敬仲.

(1) 〈제나라를 가로챈〉 전씨(田氏)는 본래, 규(嬀)라는 성으
로, 전에는 진(陳)나라 여공(厲公) 타(佗)의 아들, 완(完)의
후손이다. 〈진나라의 공자〉 완(完)이 제(齊)나라로 도망가서
진씨(陳氏)라 했다가, 후에 다시 〈성을〉 진씨에서 전씨(田
氏)로 바꾸었다. 완은 제나라 환공(桓公)을 섬겼으며, 벼슬
은 공정(工正)이었다. 그는 죽은 후의 시호를 경중(敬仲)이라
했다.

어구 설명 제5과 ㅇ田氏齊(전씨제) : 제나라는 본래 강씨(姜氏)의 나

라였다. 이를 전씨가 점유했음으로 「전씨 제」라고 한다.
(1) ○田氏齊者 本嬀姓(전씨제자 본규성) : 제나라를 가로
챈 전씨(田氏)는 본래, 규(嬀)라는 성으로, ○故陳厲公佗子
完之後也(고진려공타자완지후야) : 옛날의 진(陳)나라 여
공(厲公) 타(佗)의 아들, 완(完)의 후손이다. ○完奔齊 爲陳
氏(완분제 위진씨) : 〈진나라의 공자〉 완(完)이 제(齊)나라
로 도망갔으며, 진씨(陳氏)라 했다. ○後又以陳爲田氏(후
우이진위전씨) : 그 후에 다시 〈성을〉 진씨에서 전씨(田氏)
로 바꾸었다. 참조 「6장 7과」. ○完事齊桓公(완사제환공) :
완은 제나라 환공을 섬겼으며, ○爲工正(위공정) : 공정이
란 벼슬을 지냈다. 「공정(工正)」은 토목 기술을 관장하는
장관. ○卒諡敬仲(졸시경중) : 죽은 후의 시호는 경중(敬
仲)이다.

(2) 五世至釐子乞, 事齊景公爲大夫. 其收賦稅於
民, 以小斗受之, 其粟子民, 以大斗, 行私惠於民.
而公弗禁. 由是得齊衆. 乞專政.

(2) 5대를 지나, 이자(釐子), 걸(乞)에 이르러, 제나라 경공을
섬기고 대부가 되었다. 그는 백성으로부터 조세를 거둘 때에
는 작은 말로써 받고 곡식을 백성에게 줄 때에는 큰 말로써
했다. 〈결국 나라의 재물을 축내면서〉 백성에게 사사로운
은혜를 베풀었던 것이다. 〈그래도 힘이 없는 경공은〉 그의
처사를 막지 못했다. 이렇게 해서, 걸(乞)은 제나라 백성의
민심을 얻어 가지고 제나라 정치를 멋대로 주물렀다.

어구 설명 (2) ㅇ五世至釐子乞(오세지리자걸) : 5대를 지나, 이자(釐子 : 시호), 걸(乞 : 이름)에 이르러, ㅇ事齊景公爲大夫(사제경공위대부) : 제나라 경공을 섬기고, 대부가 되었다. ㅇ其收賦稅於民(기수부세어민) : 그는 백성으로부터 조세를 거둘 때에는, ㅇ以小斗受之(이소두수지) : 작은 말로써 받고, ㅇ其粟予民以大斗(기속여민이대두) : 곡식을 백성에게 줄 때에는 큰 말로써 했다. ㅇ行私惠於民(행사혜어민) : 〈결국 나라의 재물을 축내면서〉 백성에게 사사로운 은혜를 베풀었던 것이다. ㅇ而公弗禁(이공불금) : 〈그래도 힘이 없는 경공은〉 그의 처사를 막지 못했다. ㅇ由是得齊衆(유시득제중) : 이렇게 해서, 걸(乞)은 제나라 백성의 민심을 얻어 가지고, ㅇ乞專政(걸전정) : 걸은 제나라 정치를 멋대로 했다.

(3) 卒. 子成子恆, 弑簡公立平公. 封邑大於公所食. 恆卒. 襄子盤立. 與韓·趙·魏通使. 蓋三家且有晉, 而田氏且有齊也. 歷莊子白, 至太公和, 遂以周安王命爲侯.

(3) 이자(釐子) 걸(乞)이 죽고, 아들 성공(成公) 항(恆)이 〈뒤를 이었다.〉 그는 제나라 간공을 죽이고, 평공을 세웠다. 전씨의 봉읍은 제나라 임금의 식읍(食邑)보다 더 컸다. 항이 죽고 양자(襄子), 반(盤)이 섰다. 반(盤)은 진(晉)나라의 「한씨, 조씨, 위씨」와 사신을 통했다. 아마도 삼가(三家)는 장차 진(晉)나라를 탈취하려 했으며, 한편 전씨는 장차 제(齊) 나

라를 막기 위하여 서로 통했을 것이다. 장자 백을 거쳐, 태공 화에 이르러, 드디어, 주(周) 안왕(安王)의 명으로 제후가 되었다.

여구설명 (3) ㅇ卒(졸) : 이자(釐子) 걸(乞)이 죽고, ㅇ子成子恆(자성자항) : 아들 성공(成公) 항(恆)이 〈뒤를 이었다.〉ㅇ弑簡公立平公(시간공립평공) : 〈항(恆)이〉 제나라 간공을 죽이고, 평공을 세웠다. ㅇ封邑大於公所食(봉읍대어공소식) : 전씨의 봉읍이 제나라 임금의 식읍(食邑)보다 더 컸다. ㅇ恆卒襄子盤立(항졸 양자반립) : 항이 죽고, 양자(襄子), 반(盤)이 섰다. ㅇ與韓·趙·魏通使(여한·조·위통사) : 반(盤)은 진(晉) 나라의 「한씨, 조씨, 위씨」와 사신을 통했다. ㅇ蓋三家且有晉(개삼가차유진) : 아마도 삼가(三家)는 장차 진(晉)나라를 탈취하려 했으며, ㅇ而田氏且有齊也(이전씨차유제야) : 한편 전씨는 장차 제(齊)나라를 막기 위하여, 서로 통했을 것이다. ㅇ歷莊子白至太公和(역장자백지태공화) : 장자 백을 거쳐, 태공 화에 이르러, ㅇ遂以周安王命爲侯(수이주안왕명위후) : 드디어, 주(周) 안왕(安王)의 명으로 제후가 되었다. 「4과」 참조.

| 백문 | 제5과 田氏齊

(1) [田氏齊]者, 本嬀姓, 故陳厲公佗子完之後也. 完奔齊, 爲陳氏, 後又以陳爲田氏. 完事齊桓公, 爲工正. 卒. 諡敬仲.

(2) 五世至釐子乞, 事齊景公爲大夫. 其收賦稅於民, 以小斗受之, 其粟予民, 以大斗, 行私惠於民. 而公弗禁. 由是得齊衆. 乞專政. 卒.

(3) 子成子恆, 弑簡公立平公. 封邑大於公所食. 恆卒. 襄子盤立. 與
韓 · 趙 · 魏通使. 蓋三家且有晉, 而田氏且有齊也. 歷莊子白,
至太公和, 遂以周安王命爲侯.

제6과 淳于髡

(1) 卒. 子桓公午立. 卒. 子威王因齊立. 初不治. 諸
侯皆來伐. 八年楚大發兵加齊. 齊使淳于髡請救于
趙, 齎金百斤, 車馬十駟. 髡仰天大笑.

⑴ 전씨 제나라의 태공(太公), 화(和)가 죽고, 아들 환공, 오
(午)가 섰으며, 그도 죽고, 아들 위왕, 인제(因齊)가 자리에
올랐다. 그러나 처음부터 잘 다스리지 못하였음으로, 여러
나라의 제후들이 침공해 왔다. 위왕 8년에는 초나라가 대군
을 풀어 제나라에 대하여 압박을 가해왔다. 이에 제나라 임
금 위왕은 순우곤으로 하여금 〈진(晉)나라의 세도가〉 조씨
(趙氏)에게 구원을 청했으며, 위왕은 100근의 금과, 거마 용
의 말 40필을 가져가라고 했다. 그 말을 듣고 순우곤은 하늘
을 우러러 크게 웃었다.

어구 설명 　제6과 ㅇ淳于髡(순우곤) : 〈전씨 제나라가〉 순우곤을 〈사
신으로 보내〉 조나라에 구원을 청했다. ⑴ ㅇ卒(졸) : 전씨

제나라의 태공(太公), 화(和)가 죽고, ㅇ子桓公午立(자환공오립) : 아들 환공, 오(午)가 섰으며, ㅇ卒(졸) : 그가 죽자, ㅇ子威王因齊立(자위왕인제립) : 아들 위왕, 인제(因齊)가 자리에 올랐다. ㅇ初不治(초불치) : 초기에 잘 다스리지 못하자, ㅇ諸侯皆來伐(제후개래벌) : 여러 나라가 침공해 왔다. ㅇ八年楚大發兵加齊(팔년초대발병가제) : 위왕 8년에는 초나라가 대군을 풀어 제나라에 대하여 압박을 가해왔다. ㅇ齊使淳于髡請救于趙(제사순우곤청구우조) : 〈이에, 제나라 임금 위왕은〉 순우곤으로 하여금 〈진(晉)나라의〉 조씨(趙氏)에게 구원을 청했으며, ㅇ齎金百斤 車馬十駟(재금백근 거마십사) : 〈그때에, 위왕은〉 100근의 금과, 거마용의 말 40필을 가져가라고 했다. 齎(가져올 재). ㅇ髡仰天大笑(곤앙천대소) : 순우곤은 하늘을 우러러 크게 웃었다.

(2) 王曰, 先生少之乎. 髡曰, 臣見道傍有禳田者. 操一豚蹄, 酒一壺, 祝曰, 甌窶滿篝, 汙邪滿車, 五穀蕃熟, 穰穰滿家. 臣見其所持者狹, 所欲者奢. 故笑之. 王乃益黃金千鎰, 白璧十雙, 車馬百駟. 髡乃行.

(2) 위왕이 순우곤에게 말했다.「선생은 이것을 적다고 생각하십니까.」순우곤이 말했다. 신은 길가에서 농사를 잘 짓게 해달라고 제사지내는 사람을 보았습니다. 그들은 돼지발 한쪽과, 술 한 병을 들어 바치고, 다음과 같이 축원을 했습니다.『협소한 땅에서 나오는 쌀이 농(籠)을 가득 채우고,

낮은 땅에서 나온 농산물이 수레를 채우고, 오곡이 풍성하게
영글고, 수확한 농작물이 집에 가득 차게 해주십시오.』신이
보건대 그들은 바치는 것은 적고, 바라는 것은 많더군요. 그
래서 웃었습니다. 이에, 왕은 즉시 황금을 천일(千鎰)로 늘
리고 또 흰 벽옥 열 쌍과, 거마 용 양마(良馬) 400필을 늘려
주었다. 순우곤은 비로소 조나라로 구원을 청하러 갔다.

어구 설명 (2) ㅇ王曰(왕왈) : 위왕이 순우곤에게 말했다. ㅇ先生少之
乎(선생소지호) : 「선생은 이것을 적다고 생각하십니까.」
ㅇ髡曰(곤왈) : 순우곤이 말했다. ㅇ臣見道傍有禳田者(신
견도방유양전자) : 신은 길가에서 농사를 잘 짓게 해달라
고 제사지내는 사람을 보았습니다. 禳(제사 드릴 양). ㅇ操
一豚蹄 酒一壺(조일돈제 주일호) : 돼지 발 한쪽과, 술 한
병을 들어 바치고, ㅇ祝曰(축왈) : 다음과 같이 축원을 했
습니다. ㅇ甌窶滿篝(구루만구) : 협소한 땅에서 나오는 쌀
이 농(籠)을 가득 채운다. 대풍(大豊)을 뜻한다. 甌(사발
구), 窶(좁은 곳 루), 滿(찰 만), 篝(배롱 구). ㅇ汚邪滿車(오
사만거) : 낮은 땅에서 나온 농산물이 수레를 채운다. 汚는
洿와 동자. 汙와도 동자이다. ① 더러울 오. ② 씻을 오. ③
굽힐 우. ④ 땅 팔 와. 오사(汚邪) ; ① 더럽고 부정한 일.
② 움푹 파인 곳. 낮은 땅. ㅇ五穀蕃熟(오곡번숙) : 오곡이
풍성하게 영근다. ㅇ穰穰滿家(양양만가) : 수확한 농작물
이 집에 가득 차다. 穰(풍년 양). ㅇ臣見(신견) : 신이 보건
대, ㅇ其所持者狹 所欲者奢(기소지자협 소욕자사) : 그들
은 바치는 것은 적고, 바라는 것은 많더군요. ㅇ故笑之(고
소지) : 그래서 웃었습니다. ㅇ王乃益黃金千鎰(왕내익황

금천일) : 왕은 즉시 황금을 천일(千鎰)로 늘렸다. 「일
(鎰)」은 24량(兩). ○白璧十雙 車馬百駟(백벽십쌍 거마백
사) : 흰 벽옥 열 쌍과, 거마 용 양마(良馬) 400필을 늘려
주었다. ○髡乃行(곤내행) : 그래서, 순우곤이 조나라로 구
원을 청하러 갔다.

| 백문 | 제6과 淳于髡

(1) 卒. 子桓公午立. 卒. 子威王因齊立. 初不治. 諸侯皆來伐. 八年
楚大發兵加齊. 齊使淳于髡請救于趙, 齎金百斤, 車馬十駟. 髡
仰天大笑.

(2) 王曰, 先生少之乎. 髡曰, 臣見道傍有禳田者. 操一豚蹄, 酒一壺
祝曰, 甌窶滿篝, 汙邪滿車, 五穀蕃熟, 穰穰滿家. 臣見其所持者
狹, 所欲者奢. 故笑之. 王乃益黃金千鎰, 白璧十雙, 車馬百駟.
髡乃行.

제7과 威公治齊

(1) 時齊國幾不振. 王乃召卽墨大夫, 語之曰, 自子
之居卽墨也, 毀言日至. 然吾使人視卽墨, 田野辟,
人民給, 官無事, 東方寧. 是子不事吾左右以求助也.
封之萬家.

(1) 당시 제나라의 국력은 심히 부진했다. 위왕이 즉묵의 대부를 불러 그에게 말했다. 「그대가 즉묵을 맡아서 다스린 후로, 그대를 비방하는 말이 매일같이 들려온다. 그러나 내가 사람을 시켜 즉묵을 살펴보았더니 밭과 들이 잘 개간되고, 인민들이 잘 먹고 살고 있으며, 관청에도 복잡한 일이 없고, 〈제나라의〉 동쪽 지방도 대체로 평온하다. 이는 곧 그대가 임금 좌우에 있는 측근들을 잘 섬기고, 도움을 구하지 않았다는 증거라 하겠다.」 그리고 그를 높여, 만 호의 영지(領地)에 봉했다.

어구 설명 제7과 ㅇ威公治齊(위공치제) : 위공이 제나라를 잘 다스리다. (1) ㅇ時齊國幾不振(시제국기부진) : 당시 제나라의 국력은 심히 부진하고, 〈쇠약하였다.〉 ㅇ王乃召卽墨大夫 語之曰(왕내소즉묵대부 어지왈) : 위왕이 즉묵의 대부를 불러 그에게 말했다. ㅇ自子之居卽墨也, 毀言日至.(자자지거즉묵야 훼언일지) : 그대가 즉묵을 맡아서 다스린 후로, 〈그대를〉 비방하는 말이 매일같이 들려온다. ㅇ然吾使人視卽墨(연오사인시즉묵) : 그러나 내가 사람을 시켜, 즉묵을 살펴보았더니, ㅇ田野辟, 人民給,(전야벽 인민급) : 밭과 들이 잘 개간되고, 인민들이 잘 살고 있으며, ㅇ官無事 東方寧(관무사 동방녕) : 관청에도 복잡한 일이 없고, 〈제나라의〉 동쪽 지방도 대체로 평온하다. ㅇ是子不事吾左右以求助也(시자불사오좌우이구조야) : 이것은 곧 그대가 임금 좌우에 있는 측근들을 잘 섬기고, 도움을 구하지 않았다는 증거라 하겠다. ㅇ封之萬家(봉지만가) : 〈그리고 위왕은 즉묵의 대부를 높여〉 만 호의 영지(領地)에 봉했다.

(2) 召阿大夫, 語之曰, 自子之守阿, 譽言日至. 吾使人視阿, 田野不辟, 人民貧餒. 趙攻鄄, 子不救. 衛取薛陵, 子不知. 是子厚幣, 事吾左右, 以求譽也. 是日烹阿大夫與嘗譽者.

(2) 이번에는 아(阿)의 대부를 불러서 말했다. 「그대가 아의 수령(守令)이 된 이후, 그대를 칭찬하는 말이 매일같이 들려온다. 그러나 내가 사람을 시켜 살펴보니, 밭이나 들이 개척되지 않고, 인민이 가난하고 굶주리고 있으며, 또 조나라가 견(鄄)을 공격해도, 그대는 구제하지 못하고, 위나라가 설릉을 점령해도, 그대는 모른 척하고 있다. 〈그런데도 그대를 칭찬하니〉 그것은 곧 그대가 나의 측근에게 뇌물을 후하게 주고 칭찬을 구한 것이다.」〈이렇게 말하고〉 그날로, 아(阿)의 대부와, 그를 칭찬한 자들에게 팽형(烹刑)을 내렸다.

어구 설명 (2) ㅇ召阿大夫, 語之曰.(소아대부 어지왈) : 아(阿)의 대부를 불러서 말했다. ㅇ自子之守阿, 譽言日至.(자자지수아 예언일지) : 그대가 이의 수령(守令)이 된 이후, 그대를 칭찬하는 말이 매일같이 들려온다. ㅇ吾使人視阿(오사인시아) : 내가 사람을 시켜 살펴보니, ㅇ田野不辟(전야불벽) : 밭이나 들이 개척되지 않고, ㅇ人民貧餒(인민빈뇌) : 인민이 가난하고 굶주리고 있다. ㅇ趙攻鄄, 子不救.(조공견 자불구) : 조나라가 견(鄄)을 공격해도, 그대는 구제하지 못한다. ㅇ衛取薛陵, 子不知.(위취설릉 자부지) : 위나라가

설릉을 점령해도, 그대는 모른 척하고 있다. 〈그런데도 그
대를 칭찬하니,〉 ○是子厚幣, 事吾左右, 以求譽也.(시자후
폐 사오좌우 이구예야) : 그것은 곧 그대가 나의 측근에게
뇌물을 후하게 주고 칭찬을 구한 것이다. ○是日烹阿大夫
與嘗譽者(시일팽아대부여상예자) : 그날로 아(阿)의 대부
와, 전에 그를 칭찬한 자들에게 팽형(烹刑)을 내렸다. 「烹
刑」은 끓는 가마솥에 넣고 죽이는 형벌.

(3) 羣臣聳懼, 莫敢飾詐. 齊大治. 諸侯不敢復致兵.

(3) 군신들이 삼가고 두려워했으며, 감히 거짓말하거나 꾸미
고 속이지 못했다. 그래서 제나라가 크게 잘 다스려졌으며,
다른 나라 제후들도 감히 무력으로 공격을 해오지 못했다.

어구 설명 (3) ○羣臣聳懼(군신용구) : 군신들이 삼가고 두려워했다.
○莫敢飾詐(막감식사) : 감히 거짓말하거나 꾸미고 속이지
못했다. ○齊大治(제대치) : 제가 잘 다스려졌으며, ○諸侯
不敢復致兵(제후불감부치병) : 제후들도 감히 무력공격을
못했다.

| 백문 | 제7과 威公治齊

(1) 時齊國幾不振. 王乃召卽墨大夫, 語之曰, 自子之居卽墨也, 毀
言日至. 然吾使人視卽墨, 田野辟, 人民給, 官無事, 東方寧. 是
子不事吾左右以求助也. 封之萬家.
(2) 召阿大夫, 語之曰, 自子之守阿, 譽言日至. 吾使人視阿, 田野不

辟, 人民貧餒. 趙攻鄄, 子不救. 衞取薛陵, 子不知. 是子厚幣,
事吾左右, 以求譽也. 是日烹阿大夫與嘗譽者.

(3) 羣臣聳懼, 莫敢飾詐. 齊大治. 諸侯不敢復致兵.

제8과 賢臣爲寶

⑴ 威王與魏惠王會田于郊. 惠王曰, 齊有寶乎. 王
曰, 無有. 惠王曰, 寡人國雖小, 猶有徑寸之珠, 照
車前後各十二乘者 十枚.

⑴ 제나라의 위왕과 위나라의 혜왕이, 함께 교외에서 수렵
을 했다. 그때에 위나라의 혜왕이 「제나라에 보물이 있습니
까?」 하고 물었다. 이에 제나라의 위왕이 「없습니다.」라고
말하자, 위나라의 혜왕이 다음과 같이 말했다. 「우리나라는
비록 작은 나라이지만 그래도 직경이 한 치 크기의 주옥(珠
玉)이 있습니다. 〈그 주옥은〉 앞과 뒤로 전차(戰車) 12대씩
즉 전후 합해서 전차 24대를 밝게 비쳐줍니다. 그러한 주옥
이 10개나 있습니다.」

여구설명 제8과 ○賢臣爲寶(현신위보) : 제나라의 위왕(威王)은 현
명한 신하를 보배로 여긴다. ⑴ ○威王與魏惠王(위왕여위
혜왕) : 제나라의 위왕과 위나라의 혜왕이, ○會田于郊(회

전우교) : 교외에서 함께 수렵을 했다. 「회(會)」는 함께, 「전(田)」은 전렵(田獵), 들에서 수렵을 하다. ○惠王曰 齊有寶乎(혜왕왈 제유보호) : 그때에 위나라의 혜왕이 「제나라에 보물이 있습니까?」 하고 물었다. ○王曰 無有(왕왈 무유) : 제나라의 위왕이 「없습니다.」라고 말하자, ○惠王曰(혜왕왈) : 위나라의 혜왕이 말했다. ○寡人國雖小(과인국수소) : 우리나라는 비록 작은 나라이지만, ○猶有徑寸之珠(유유경촌지주) : 그래도 직경이 한 치 크기의 주옥(珠玉)이 있습니다. ○照車前後各十二乘者(조차전후각십이승자) : 〈그 주옥은〉 앞과 뒤로 전차(戰車) 12대씩, 즉 전후 합해서 전차 24대를 밝게 비쳐줍니다. 〈그 주옥으로 작전을 밝게 할 수 있다는 뜻이다.〉 ○十枚(십매) : 그러한 주옥이 10개나 있다.

(2) 威王曰, 寡人之寶與王異. 吾臣有檀子者. 使守南城, 楚不敢爲寇泗上. 十二諸侯皆來朝. 有盻子者. 使守高唐, 趙人不敢東漁於河. 有黔夫者. 使守徐州, 則燕人祭北門, 趙人祭西門. 有種首者. 使備盜賊, 道不拾遺, 此四臣者, 將照千里, 豈特十二乘哉. 惠王有慙色.

(2) 제나라의 위왕이 다음과 같이 말했다. 「저의 보배는 임금님의 보물과 다릅니다. 단자(檀子)라는 신하가 있습니다. 그로 하여금 남성(南城)을 지키게 하자, 초나라도 감히 사수

(泗水) 일대를 침략하지 못하고 12명의 제후가 내조(來朝)합니다. 또 혜자(肹子)라는 신하가 있습니다. 그로 하여금 고당(高唐)을 지키게 하니 조나라 사람들이 감이 동쪽 하수(河水)에서 고기잡이를 못합니다. 또 검부(黔夫)라는 신하가 있습니다. 그로 하여금 서주(徐州)를 지키게 하니 즉 연나라 사람들은 북문에서 제를 올리고 조나라 사람들은 서문에서 제를 올립니다. 또 종수(種首)라는 신하가 있습니다. 그로 하여금 도적을 막는 치안을 맡기니 사람들이 길에 떨어진 물건도 주워 갖지 않게 되었습니다. 이들 네 명의 신하는 장차 천리를 빛나게 할 것입니다. 어찌 다만 전차 12대의 거리만을 비치겠습니까.」 이 말을 들은 혜왕의 얼굴에 창피한 빛이 떠올랐다.

어구 설명 (2) ○威王曰(위왕왈) : 제나라의 위왕이 〈다음과 같이〉 말했다. ○寡人之寶與王異(과인지보여왕이) : 저의 보배는 임금님의 보물과 다릅니다. ○吾臣有檀子者(오신유단자자) : 저의 신하로 단자(檀子)라는 사람이 있습니다. ○使守南城(사수남성) : 그로 하여금 남성(南城)을 지키게 하자, ○楚不敢爲寇泗上(초불감위구사상) : 초나라도 감히 사수(泗水) 일대를 침략하지 못하고, ○十二諸侯皆來朝(십이제후개래조) : 기타 12명의 제후가 내조(來朝)합니다. ○有肹子者(유혜자자) : 또 혜자(肹子)라는 신하가 있습니다. ○使守高唐(사수고당) : 그로 하여금 고당(高唐)을 지키게 하니, ○趙人不敢東漁於河(조인불감동어어하) : 조나라 사람들이 감히 동쪽 하수(河水)에서 고기잡이를 못합니다. ○有

黔夫者(유검부자) : 또 검부(黔夫)라는 신하가 있습니다.
○使守徐州(사수서주) : 그로 하여금 서주(徐州)를 지키게
하니, ○則燕人祭北門(칙연인제북문) : 즉 연나라 사람들
은 북문(北門)에서 제를 올리고, ○趙人祭西門(조인제서
문) : 조나라 사람들은 서문(西門)에서 제를 올립니다. 〈즉
제나라와 평화를 공존하기 위하여 제를 올린다.〉 ○有種首
者(유종수자) : 또 종수(種首)라는 신하가 있습니다. ○使
備盜賊(사비도적) : 그로 하여금 도적을 막는 치안을 맡기
니, ○道不拾遺(도불습유) : 사람들이 길에 떨어진 물건도
주워 갖지 않게 되었습니다. ○此四臣者(차사신자) : 이들
네 명의 신하는 장차, ○將照千里(장조천리) : 장차, 천리
를 빛나게 할 것입니다. ○豈特十二乘哉(기특십이승재) :
어찌 다만 전차 12대만을 비치겠습니까. ○惠王有慚色(혜
왕유참색) : 〈이 말을 들은〉 혜왕의 얼굴에는 창피한 빛이
나타났다.

| 백문 | 제8과 **賢臣爲寶**

(1) 威王與魏惠王會田于郊. 惠王曰, 齊有寶乎. 王曰, 無有. 惠王
曰, 寡人國雖小, 猶有徑寸之珠, 照車前後各十二乘者十枚.

(2) 威王曰, 寡人之寶與王異. 吾臣有檀子者. 使守南城, 楚不敢爲
寇泗上. 十二諸侯皆來朝. 有盼子者. 使守高唐, 趙人不敢東漁
於河. 有黔夫者. 使守徐州, 則燕人祭北門, 趙人祭西門. 有種首
者. 使備盜賊, 道不拾遺. 此四臣者, 將照千里. 豈特十二乘哉.
惠王有慚色.

제9과 稷下學士

(1) 威王卒. 子宣王立. 喜文學・游說之士, 騶衍・
淳于髠・田騈・愼到之徒七十六人, 皆爲上大夫.
是以齊稷下學士盛, 且數百千人. 然而孟子至而不
能用.

(1) 위왕이 죽고 아들 선왕이 올랐다. 〈위왕 선왕은〉 학문이
나 유세에 뛰어난 선비를 좋아했다. 〈이에〉 추연・순우곤・
전병・신도 등 76인의 인재가 모여들었으며, 모두가 상대부
(上大夫)로 대접을 받았다. 이와 같이 높이 대우했음으로,
직하학사들의 사기가 드높았으며, 그 수가 수백 혹은 수천에
이르렀다. 그리하여 맹자도 제나라에 왔으나, 끝내 등용되
지 못했다.

어구 설명 　제9과 ㅇ稷下學士(직하학사) : 「직(稷)」은 제나라의 남쪽
성문의 이름이다. 직산(稷山)을 바라보는 성문이므로 「직
문(稷門)」이라고도 했다. 특히 제나라 위왕(威王)과 선왕
(宣王)은 학자나 유세객(游說客)을 애호하고, 직문 안에 빈
관(賓館)을 많이 짓고, 뛰어난 인재를 모아, 상대부(上大
夫)로 대우했다. 그러므로 많은 학자나 유세객이 모여들었
다. 이들을 「稷下學士(직하학사)」라고 불렀다. (1) ㅇ威王
卒(위왕졸) : 위왕이 죽고, ㅇ子宣王立(자선왕립) : 아들 선
왕이 임금에 올랐다. ㅇ喜文學遊說之士(희문학유세지사) :

학문이나 유세에 뛰어난 선비를 좋아했다. ㅇ騶衍 · 淳
于髡 · 田騈 · 愼到之徒七十六人(추연 · 순우곤 · 전병 · 신
도지도칠십육인) : 추연 · 순우곤 · 전병 · 신도 등 76인의
인재가 모여들었으며, ㅇ皆爲上大夫(개위상대부) : 모두가
가장 「상대부(上大夫)」로 대접을 받았다. 대부(大夫)에는
「상대부, 중대부, 하대부」의 세 계층이 있다. ㅇ是以齊稷
下學士盛(시이제직하학사성) : 이와 같이 높이 대우했음으
로, 제의 직하학사들의 사기가 드높았으며, ㅇ且數百千人
(차수백천인) : 바야흐로 그 수가, 수백 혹은 수천에 이르
렀다. ㅇ然而孟子至而不能用(연이맹자지이불능용) : 그리
하여 맹자도 제나라에 왔으나, 끝내 등용되지 못했다.

| 백문 | 제9과 **稷下學士**

(1) 威王卒. 子宣王立. 喜文學 · 游說之士, 騶衍 · 淳于髡 · 田騈 ·
愼到之徒七十六人, 皆爲上大夫. 是以齊稷下學士盛, 且數百千
人. 然而孟子至而不能用.

제10과 孫臏 · 龐涓

(1) 魏伐韓, 韓請救於齊. 齊使田忌爲將, 以救韓. 魏
將龐涓, 嘗與孫臏同學兵法. 涓爲魏將軍, 自以所能
不及, 以法斷其兩足而黥之. 齊使至魏, 竊載以歸.

至是臏爲齊軍師, 直走魏都. 涓去韓而歸.

⑴ 위나라 선왕(宣王) 2년(BC. 341), 위(魏)가 조(趙)와 결탁하여 한(韓)을 쳤다. 이에 한나라가 제(齊)에게 구원을 요청했다. 제나라는 전기(田忌)를 장군으로 삼고, 한나라를 구하게 했다.

한편 위나라의 장군 방연은 전에 손빈과 함께 병법을 배웠다. 그러나 위나라의 장군이 된 방연은 자신의 재능이 〈손빈에〉 미치지 못함을 알고, 〈손빈을 제거하려는 음흉한 생각으로〉 〈손빈을 위나라에 불러들여〉 〈위나라 임금 혜왕에게 참언을 하여〉 손빈을 법에 걸어 두 다리를 자르고 이마에 묵형을 가하여 병신을 만들었다.

그때에 제나라에 사신이 위나라에 왔으며, 그가 몰래 손빈을 〈자기 수레에〉 싣고, 제나라로 돌아갔다.

그 후에 이르러, 즉 위(魏)의 공격을 받은 조(趙)가 도움을 청해오자, 제나라에서는 손빈을 군사로 삼았다. 그러자, 손빈은 직접 위나라 도읍을 공격했다. 〈즉 한나라에 들어온 위나라의 군대를 치기보다, 위나라의 심장부를 공격했다는 뜻.〉

이에 〈한나라를 공격하던〉 방연은 한나라에서 물러나, 위나라로 다급히 돌아왔다.

어구 설명 제10과 ㅇ孫臏·龐涓(손빈·방연) : 손빈과 방연은 함께 귀곡자(鬼谷子) 밑에서 병법(兵法)을 배운 전략가다. 위나라 혜왕(惠王)에게 등용된 방연은 비열한 계략으로 자기보다 뛰어난 손빈을 월형(刖刑)과 경형(黥刑)을 가해서 병신

을 만들었다. 그러나 제나라 사신에게 구출된 손빈은 마침
내 위나라를 대파하고 방연을 자결케 했다. ⑴ ○魏伐韓
(위벌한) : 위나라 선왕(宣王) 2년(BC. 341) 위(魏)가 조
(趙)와 결탁하여 한(韓)을 쳤다. ○韓請救於齊(한청구어제)
: 한이 제(齊)에게 구원을 청했다. ○齊使田忌爲將以救韓
(제사전기위장이구한) : 제나라는 전기(田忌)를 장군으로
삼고, 한을 구하게 했다. ○魏將龐涓(위장방연) : 〈한편〉
위나라의 장군 방연은, ○嘗與孫臏同學兵法(상여손빈동학
병법) : 전에 손빈과 함께 병법을 배웠다. ○涓爲魏將軍(연
위위장군) : 방연은 위나라의 장군이 되었으나, ○自以所
能不及(자이소능불급) : 자신의 재능이 〈손빈에〉 미치지
못하기 때문에, 혹은 미치지 못하는 것을 알고,「以」를「以
爲」로 푼다. ○以法斷其兩足而黥之(이법단기양족이경지) :
〈방연이 손빈을 위나라에 불러, 위나라 임금 혜왕에게 참
언을 하여〉 손빈을 법에 걸어, 두 다리를 자르고, 이마에
묵형을 가하여 병신을 만들었다. ○齊使至魏, 竊載以
歸.(제사지위 절재이귀) : 그때에 제나라에 사신이 위나라
에 왔으며, 그가 몰래 손빈을 〈자기 수레에〉 싣고, 제나라
로 돌아갔다. ○至是(지시) : 그 후에 이르러, 즉 위(魏)의
공격을 받은 조(趙)가 도움을 청해오자, ○臏爲齊軍師(빈
위제군사) : 제나라에서는 손빈을 제군(齊軍)의 군사로 삼
았다. ○直走魏都(직주위도) : 손빈은 직접 위나라 도읍을
공격했다. 〈한나라에 들어온 위나라의 군대를 치기 보다,
위나라의 심장부를 공격했다는 뜻.〉 ○涓去韓而歸(연거한
이귀) : 이에 〈한나라를 공격하던〉 방연은 한나라에서 물
러나, 위나라로 다급히 돌아왔다.

(2) 臏使齊軍入魏地者爲十萬竈, 明日爲五萬竈, 又明日爲二萬竈. 涓大喜曰, 我固知齊軍怯. 入吾地三日, 士卒亡者過半矣. 乃倍日幷行逐之. 臏度其行, 暮當至馬陵. 道陜而旁多阻, 可伏兵. 乃斫大樹, 白而書曰, 龐涓死此樹下. 令齊師善射者, 萬弩夾道而伏, 期暮見火擧而發.

(2) 〈손빈은 위장전술로〉 위나라에 들어간 제군(齊軍)으로 하여금, 〈첫날에는〉 10만의 군대가 솥을 걸어서 밥을 지어먹은 자국을 남겨놓고, 이튿날에는 5만의 군대가 솥을 걸어서 밥을 지어먹은 자국을 남겨놓고, 또 그 다음날에는 2만의 군대가 솥을 걸어서 밥을 지어먹은 자국을 남겨놓게 했다. 위나라의 방연은 〈그것을 보고〉 크게 기뻐하며 말했다.「나는 원래부터 제군(齊軍)이 겁(怯)이 많다는 것을 알고 있었다. 우리나라 땅에 들어 온 지 3일 만에, 병사들로 도망가는 자가 반을 넘었구나.」

〈이렇게 말하고〉〈한나라에서 되돌아오는 방연은〉, 낮과 밤을 겸해서 〈위나라에 들어와 있는 제나라 군대를〉 추격해 왔다. 〈한편〉 손빈은 〈한나라에서 철수하는 방연의 군대의〉 행군 속도를 계산해 보니, 그날 해질 무렵에 마릉(馬陵)에 도달할 것을 알았다. 그곳은 길이 좁고, 양쪽으로 험난한 산이 가로막혀, 복병을 묻어 두기에 좋은 곳이었다. 그래서 그곳의 큰 나무껍질을 벗기고, 희게 드러난 나무 살에 다음과 같은 글을 썼다. 「방연은 이 나무 아래에서 죽는다.」

한편으로 활을 잘 쏘는 제나라 군사로 하여금, 만 개의 쇠뇌를 가지고, 길 양쪽으로 매복케 했으며, 어둠에 불빛을 보는 즉시 쇠뇌를 쏘라고 기약했다.

어구 설명 (2) ㅇ臏使齊軍入魏地者(빈사제군입위지자) : 〈손빈은 위 장전술로〉 위나라에 들어간 제군(齊軍)으로 하여금, ㅇ爲十萬竈(위십만조) : 〈첫날에는〉 10만의 군대가 솥을 걸어서 밥을 지어먹은 자국을 남겨놓고, ㅇ明日爲五萬竈(명일위오만조) : 이튿날에는 5만의 군대가 솥을 걸어서 밥을 지어먹은 자국을 남겨놓고, ㅇ又明日爲二萬竈(우명일위이만조) : 또 그 다음날에는 2만의 군대가 솥을 걸어서 밥을 지어먹은 자국을 남겨놓게 했다. 「使」는 여기까지 걸린다. ㅇ涓大喜曰(연대희왈) : 위나라의 방연은 〈그것을 보고〉 크게 기뻐하며 말했다. ㅇ我固知齊軍怯(아고지제군겁) : 「나는 원래부터 제군(齊軍)이 겁(怯)이 많다는 것을 알고 있었다.」 ㅇ入吾地三日(입오지삼일) : 「우리나라 땅에 들어 온지 3일 만에」, ㅇ士卒亡者過半矣(사졸망자과반의) : 병사들로 도망가는 자가 반을 넘었다.」 「曰」은 여기까지 걸린다. ㅇ乃倍日幷行逐之(내배일병행축지) : 그래서, 낮과 밤을 겸해서 제나라 군대를 추격했다. 「배일(倍日)」은 「날은 배로 하고」 즉 「낮과 밤을 쉬지 않고, 주야를 겸해서」의 뜻. ㅇ臏度其行(빈도기행) : 〈한편〉 손빈은 〈한나라에서 철수하여 돌아오는 위나라 군대의〉 행군 속도를 계산해 보니, ㅇ暮當至馬陵(모당지마릉) : 그날 해질 무렵에 마릉(馬陵)에 도달할 것을 알았다. 「마릉」은 위나라의 땅, 산서성(山西省) 조주(曹州). ㅇ道

陋而傍多阻(도협이방다조) : 그곳은 길이 좁고, 양쪽으로 험난한 산이 가로막혀, ㅇ可伏兵(가복병) : 복병을 묻어 두기에 좋은 곳이었다. ㅇ乃斫大樹(내작대수) : 그래서 그곳의 큰 나무껍질을 벗기고, ㅇ白而書曰(백이서왈) : 희게 드러난 나무 살에 다음과 같은 글을 썼다. ㅇ龐涓死此樹下(방연사차수하) : 방연은 이 나무 아래에서 죽는다. ㅇ令齊師善射者(영제사선사자) : 한편으로 활을 잘 쏘는 제나라 군사로 하여금, ㅇ萬弩夾道而伏(만노협도이복) : 만 개의 쇠뇌를 가지고, 양쪽으로 길을 끼고, 매복케 했으며, ㅇ期暮見火擧而發(기모견화거이발) : 어둠에 불빛을 보는 즉시 쇠뇌를 쏘라고 기약했다.

(3) 涓果夜至斫木下, 見白書, 以火燭之. 萬弩俱發. 魏師大亂相失. 涓自剄. 曰, 遂成豎子之名. 齊大破魏師, 虜太子申.

(3) 방연은 과연 밤에 껍질이 벗겨진 나무 아래 도달했다. 〈어둠 속에서〉 희게 드러난 나무에 쓰인 글을 발견하고, 불을 밝혀 보았다. 〈그 순간〉 만 개의 쇠뇌가 일제히 발사되었으며, 이에 위나라 군대는 크게 흩어지고, 서로 대열을 잃고 혼란에 빠졌다. 방연은 스스로 자결하고 죽으면서 말했다. 「결국 병신 같은 저놈에게 공명을 세우게 하는 구나.」 제나라는 위나라 군대를 크게 무찌르고, 위나라의 태자 신을 사로잡았다.

| 어구 설명 | (3) ㅇ涓果夜至斫木下(연과야지작목하) : 방연은 과연 밤에 껍질이 벗겨진 나무 아래 도달했다. ㅇ見白書(견백서) : 〈어둠 속에서〉 희게 드러난 나무에 쓰인 글을 발견하고, ㅇ以火燭之(이화촉지) : 불을 밝혀 보았다. ㅇ萬弩俱發(만노구발) : 〈그 순간〉 만 개의 쇠뇌가 일제히 발사되었다. ㅇ魏師大亂相失(위사대란상실) : 이에 위나라 군대는 크게 흩어지고, 서로 대열을 잃고 혼란에 빠졌다. ㅇ涓自剄曰(연자경왈) : 방연은 스스로 자결하고 죽으면서 말했다. ㅇ遂成豎子之名(수성수자지명) : 결국 병신 같은 저놈에게 공명을 세우게 하는 구나. 수자(豎子) ; ① 터벅머리 아이. 동자(童子). ② '애송이'라고 남을 얕잡아 일컫는 말. ㅇ齊大破魏師(제대파위사) : 제나라는 위나라 군대를 크게 무찌르고, ㅇ虜太子申(노태자신) : 위나라 태자, 신을 사로잡았다.

| 백문 | 제10과 孫臏 · 龐涓

(1) 魏伐韓. 韓請救於齊. 齊使田忌爲將, 以救韓. 魏將龐涓, 嘗與孫臏同學兵法. 涓爲魏將軍, 自以所能不及, 以法斷其兩足而黥之. 齊使至魏, 竊載以歸. 至是臏爲齊軍師, 直走魏都. 涓去韓而歸.

(2) 臏使齊軍入魏地者爲十萬竈, 明日爲五萬竈, 又明日爲二萬竈. 涓大喜曰, 我固知齊軍怯. 入吾地三日, 士卒亡者過半矣. 乃倍日并行逐之. 臏度其行, 暮當至馬陵. 道陜而旁多阻, 可伏兵. 乃斫大樹, 白而書曰, 龐涓死此樹下. 令齊師善射者, 萬弩夾道而伏, 期暮見火擧而發.

(3) 涓果夜至斫木下, 見白書, 以火燭之. 萬弩俱發. 魏師大亂相失. 涓自剄. 曰, 遂成豎子之名, 齊大破魏師, 虜太子申.

제11과 孟嘗君 · 鷄鳴狗盜

(1) 宣王卒, 湣王立. 靖郭君田嬰者, 宣王之庶弟也. 封於薛. 有子曰文. 食客數千人. 名聲聞於諸侯. 號爲孟嘗君.

⑴ 선왕이 죽고 민왕이 섰다. 정곽군 전영은 선왕의 서제로 설에 봉해졌다. 전영에게 서자(庶子)가 있으며, 이름을 문(文)이라 했다. 「전문(田文)」은 수천 명의 식객을 두었으며, 명성이 제후들에게 알려졌으며, 호를 「맹상군」이라 했다.

<u>어구 설명</u> 제11과 ○孟嘗君(맹상군) : 제(齊)의 임금, 선왕(宣王)의 서제(庶弟), 전영(田嬰)의 아들이다. 이름은 전문(田文), 호가 「맹산군」이다. 많은 식객(食客)을 두었다. ⑴ ○宣王卒(선왕졸) : 선왕이 죽고, ○湣王立(민왕립) : 민왕이 섰다. ○靖郭君田嬰者(정곽군전영자) : 정곽군 전영은, ○宣王之庶弟也(선왕지서제야) : 선왕의 서제로, ○封於薛(봉어설) : 설에 봉해졌다. ○有子曰文(유자왈문) : 전영에게 서자(庶子)가 있으며, 이름을 「문(文)」이라 했다. ○食客數千人(식객수천인) : 「전문(田文)」은 수천 명의 식객을 두었으며, ○名聲聞於諸侯(명성문어제후) : 그의 명성이 제후들에게 알려졌으며, ○號爲孟嘗君(호위맹상군) : 호를 「맹상군」이라 했다.

(2) 秦昭王聞其賢, 乃先納質於齊, 以求見, 至則
止囚欲殺之. 孟嘗君使人抵昭王幸姬求解. 姬曰, 願
得君狐白裘. 蓋孟嘗君嘗以獻昭王, 無他裘矣.

(2) 진(秦)나라 소왕은 맹상군이 현명하다는 말을 듣고, 먼저
인질을 제나라에 보내고, 맹산군을 〈진나라로〉 불러 보고자
했다. 〈이에 응하여〉 맹상군이 진나라에 이르자, 즉시 그를
가두어 두고 죽이려고 했다. 맹상군은 사람을 소왕의 애희
(愛姬)에게 보내서 자기의 석방을 요청했다. 그러나 애희가
「맹상군이 가지고 있는 호백구를 얻고 싶다.」고 말했다. 허
나 맹상군은 이미 가지고 있던 호백구를 소왕에게 바쳤으며,
다른 것이 없었다.

어구 설명 (2) ○秦昭王聞其賢(진소왕문기현) : 진(秦)나라 소왕은 맹
상군이 현명하다는 말을 듣고, ○乃先納質於齊(내선납질
어제) : 이에, 먼저 인질을 제나라에 보내고, ○以求見(이
구견) : 〈진나라로〉 맹산군을 불러 보고자 했다. ○至則
止囚欲殺之(지칙지수욕살지) : 〈이에 응하여〉 맹상군이 진
나라에 이르자, 즉시 그를 가두어 두고, 그를 죽이려고 했
다. ○孟嘗君使人(맹상군사인) : 맹상군은 사람으로 하여
금, ○抵昭王幸姬求解(저소왕행희구해) : 소왕이 사랑하는
왕비에게 가서, 자기를 석방해 달라고 청을 넣었다. ○姬
曰 願得君狐白裘(희왈 원득군호백구) : 그러자 왕비가 「맹
상군이 가지고 있는 호백구를 대가로 얻고 싶다.」고 말했
다. ○蓋孟嘗君嘗以獻昭王(개맹상군상이헌소왕) : 허나 맹

상군은 이미, 호백구를 소왕에게 바쳤음으로, ㅇ無他裘矣
(무타구의) : 다른 것이 없었다.

(3) 客有能爲狗盜者. 入秦藏中, 取裘以獻姬. 姬爲
言得釋. 即馳去, 變姓名, 夜半至函谷關. 關法, 雞
鳴方出客. 恐秦王後悔追之. 客有能爲雞鳴者. 雞盡
鳴. 遂發傳. 出食頃, 追者果至. 而不及. 孟嘗君歸,

(3) 맹상군의 식객 중에 개처럼 몰래 들어가 물건을 훔치는
기술을 가진 자가 있었다. 그가 진나라의 보물 창고에 들어
가 호백구를 훔쳐서 애희에게 바쳤다. 그래서 애희가 〈왕에
게〉 말을 해서, 맹상군이 석방되었다. 맹상군은 즉시 말을
달리어 도망을 갔으며 변성명 하고 한밤중에 함곡관에 도달
했다. 함곡관의 법은 닭이 울어야 비로소 문을 열고 여행객
을 나가게 하는 것이었다. 〈맹상군은〉 진(秦)의 소왕이 〈자기
를 석방한 것을〉 후회하고 〈군대를 풀어〉 추격해 올 것이 겁
이 났다. 식객 중에는 닭의 울음소리를 잘 내는 자가 있었으
며 〈그가 한밤중에 닭 울음소리를 내자〉 모든 닭들이 일제
히 회를 치고 울었다. 〈그래서 관문을 지키는 관병(官兵)이〉
마침내 관문을 열고 역전차(驛傳車)를 출발하게 했다. 〈맹
상군 일행이〉 관문을 벗어난 지 얼마 후에, 과연 추격대가
달려왔다. 그러나 이미 늦었다. 그래서 맹상군은 무사히 돌
아왔다.

어구 설명 (3) ㅇ客有能爲狗盜者(객유능위구도자) : 맹상군의 식객 중에 개처럼 몰래 들어가 물건을 훔치는 기술을 가진 자가 있었다. ㅇ入秦藏中(입진장중) : 그 자가 진나라의 보물 창고에 들어가, ㅇ取裘以獻姬(취구이헌희) : 호백구를 훔쳐서 애희에게 바쳤다. ㅇ姬爲言得釋(희위언득석) : 애희가 〈왕에게〉 말을 해서, 맹상군이 석방되었다. ㅇ卽馳去(즉치거) : 맹상군은 즉시 말을 달리어 도망을 갔으며, ㅇ變姓名(변성명) : 변성명 하고, ㅇ夜半至函谷關(야반지함곡관) : 밤중에 함곡관에 도달했다. ㅇ關法(관법) : 함곡관의 법은, ㅇ雞鳴方出客(계명방출객) : 닭이 울어야 비로소 문을 열고 여행객을 나가게 하는 것이었다. ㅇ恐秦王後悔追之(공진왕후회추지) : 〈맹상군은〉 진의 소왕이 〈자기를 석방한 것을〉 후회하고 〈군대를 풀어〉 추격해 올 것이 겁이 났다. ㅇ客有能爲雞鳴者(객유능위계명자) : 식객 중에는 닭의 울음소리를 잘 내는 자가 있었으며, ㅇ雞盡鳴(계진명) : 〈그가 한밤중에 닭 울음소리를 지르자〉 모든 닭들이 일제히 회를 치고 울었다. ㅇ遂發傳(수발전) : 〈그래서 관문을 지키는 관병(官兵)이〉 마침내 관문을 열고 역전차(驛傳車)를 출발하게 했다. 「전(傳)」은 역(驛)과 역을 연결하는 마차. ㅇ出食頃(출식경) : 〈맹상군 일행이〉 관문을 벗어난 지 얼마 후에, ㅇ追者果至(추자과지) : 과연 추격대가 달려왔다. ㅇ而不及(이불급) : 그러나 이미 늦었다. ㅇ孟嘗君歸(맹상군귀) : 그래서 맹상군은 무사히 돌아왔다.

(4) 怨秦, 與韓·魏伐之, 入函谷關. 秦割城以和.

孟嘗君相齊. 或毁之於王. 乃出奔.

(4) 맹상군은 진(秦)나라를 원망하고, 한(韓)과 위(魏)와 결탁해서 진(秦)을 공격했으며, 함곡관 안으로 쳐들어갔다. 그러자, 진은 성을 넘겨주고 화해했다. 맹상군은 한때 제나라의 재상이 되었으나 어떤 사람이 왕에게 참언을 했음으로 즉시 다른 나라로 도망갔다.

어구 설명 (4) ㅇ怨秦, 與韓·魏伐之,(원진 여한·위벌지) : 맹상군은 진나라를 원망하고, 한(韓)과 위(魏)와 결탁해서 진(秦)을 공격했으며, ㅇ入函谷關(입함곡관) : 함곡관 안으로 쳐들어갔다. ㅇ秦割城以和(진할성이화) : 그러나 진나라는 성을 넘겨주고 화해했다. ㅇ孟嘗君相齊(맹상군상제) : 맹상군은 한때 제나라의 재상이 되었으나, ㅇ或毁之於王(혹훼지어왕) : 어떤 사람이 왕에게 참언을 했음으로, ㅇ乃出奔(내출분) : 즉시 다른 나라로 도망갔다.

| 백문 | 제11과 孟嘗君·鷄鳴狗盜

(1) 宣王卒, 湣王立. 靖郭君田嬰者, 宣王之庶弟也. 封於薛. 有子曰文. 食客數千人. 名聲聞於諸侯. 號爲孟嘗君.

(2) 秦昭王聞其賢, 乃先納質於齊, 以求見. 至則止囚欲殺之. 孟嘗君使人抵昭王幸姬求解. 姬曰, 願得君狐白裘. 蓋孟嘗君嘗以獻昭王, 無他裘矣.

(3) 客有能爲狗盜者. 入秦藏中, 取裘以獻姬. 姬爲言得釋. 卽馳去, 變姓名, 夜半至函谷關. 關法, 雞鳴方出客. 恐秦王後悔追之. 客

有能爲雞鳴者. 雞盡鳴. 遂發傳. 出食頃, 追者果至. 而不及. 孟
嘗君歸,

(4) 怨秦, 與韓 · 魏伐之, 入函谷關. 秦割城以和. 孟嘗君相齊. 或毁
之於王. 乃出奔.

제12과 王孫賈

(1) 湣王滅宋而驕. 燕昭王以齊嘗破燕之故, 與諸侯
合謀而攻齊. 燕軍入臨淄. 湣王走莒. 楚將淖齒救
齊, 反殺湣王, 而與燕共分齊之侵地.

⑴ 제나라의 민왕이 송(宋)나라를 멸하고 거만하게 굴었다.
한편 연(燕)의 소왕(昭王)은 전에 제가 연을 공격한 일이 있
음으로 해서, 여러 나라 제후와 합작하여 제를 공격했다. 연
의 군대가 〈제나라의 도성〉 임치(臨淄)에 입성하자, 민왕은
거(莒)로 도망을 갔다. 초나라의 장군 요치가 제나라를 구하
려고 왔다. 그러나 그는 도리어 민왕을 죽이고, 연나라와 합
작하여, 점령한 제나라의 영토를 나누어 가졌다.

어구설명 제12과 ㅇ王孫賈(왕손가) : 제(齊)나라 민왕(湣王)의 신하.
⑴ ㅇ湣王滅宋而驕(민왕멸송이교) : 민왕이 송(宋)나라를
멸하고 거만을 떨었다. ㅇ燕昭王以齊嘗破燕之故(연소왕이

제상파연지고) : 한편 연(燕)의 소왕(昭王)은 전에 제가 연을 공격한 일이 있음으로, ㅇ與諸侯合謀而攻齊(여제후합모이공제) : 여러 나라 제후와 합작하여 제를 공격했다. ㅇ燕軍入臨淄(연군입임치) : 연의 군대가 〈제나라의 도성〉 임치(臨淄)에 들어오자, ㅇ湣王走莒(민왕주거) : 민왕은 거(莒)로 도망을 갔다. 「거(莒)」는 제나라 영토이며 산동성(山東省)에 있다. ㅇ楚將淖齒救齊(초장요치구제) : 초나라의 장군 요치가 제나라를 구하려고 왔으나, ㅇ反殺湣王(반살혼왕) : 도리어 민왕을 죽이고, ㅇ而與燕共分齊之侵地(이여연공분제지침지) : 연나라와 함께 점령한 제나라의 영토를 나누어 가졌다. 〈연나라 장군 악의(樂毅)와 공모했다.〉

(2) 王孫賈從湣王於莒, 而失王處. 其母曰, 汝朝出而晚來, 吾則倚門而望. 汝暮出而不還, 吾則倚閭而望. 汝今事王, 王走, 汝不知處. 汝尙何歸焉.

(2) 왕손가는 민왕을 따라 거로 가다가, 도중에 갈라져, 왕의 행방을 모르게 되었다. 그러자 왕손가의 모친이 다음과 같이 말했다. 「네가 아침에 나갔다가 늦게 돌아오면, 나는 곧 대문에 기대어 〈너 오기를〉 갈망했으며, 네가 저물어 나갔다가, 이튿날 아침에도 돌아오지 않으면, 나는 곧 마을 문에 기대어 〈너 오기를〉 갈망했다. 너는 지금 임금을 섬기고 있는 몸이거늘, 왕이 피신했는데, 너는 왕의 행방을 모르면서, 어떻게 집에 돌아와 있느냐.」

어구 설명 (2) ○王孫賈從湣王於莒而失王處(왕손가종민왕어거이실왕처) : 왕손가는 민왕을 따라 거로 가다가, 도중에 갈라져, 왕의 행방을 모르게 되었다. ○其母曰(기모왈) : 왕손가의 모친이 다음과 같이 말했다. ○汝朝出而晚來(여조출이만래) : 네가 아침에 나갔다가 늦게 돌아오면, ○吾則倚門而望(오즉의문이망) : 나는 곧 대문에 기대어 〈너 오기를〉 갈망했으며, ○汝暮出而不還(여모출이불환) : 네가 저물어 나갔다가 이튿날 아침에도 돌아오지 않으면, ○吾則倚閭而望(오즉의려이망) : 나는 곧 마을 문에 기대어 〈너 오기를〉 갈망했다. ○汝今事王(여금사왕) : 너는 지금 임금을 섬기고 있거늘, ○王走(왕주) : 왕이 피신했는데, ○汝不知處(여부지처) : 너는 왕의 행방을 모르면서, ○汝尙何歸焉(여상하귀언) : 너는 어떻게 집에 돌아와 있느냐.

(3) 賈乃攻淖齒殺之, 求湣王子法章而立之, 保莒以抗燕.

(3) 왕손가는 〈자기 모친의 훈계를 듣고 분발하여, 동지들을 규합하고〉 〈초나라의 장군〉 요치(淖齒)를 공격해 죽이고, 민왕의 아들 법장을 찾아서 임금으로 세웠다. 그리고 거를 잘 지키고, 연나라에 항거했다.

어구 설명 (3) ○賈乃攻淖齒殺之(가내공뇨치살지) : 왕손가는 〈자기 모친의 훈계를 듣고 분발하여, 동지들을 규합하고〉 〈초나라의 장군〉 요치(淖齒)를 공격해 죽이고, ○求湣王子法章而立之(구민왕자법장이립지) : 민왕의 아들 법장을 찾아서 임금으로 세웠다. ㅇ保莒以抗燕(보거이항연) : 그리고 거를 잘 지키고 연나라에 대항했다.

|백문| 제12과 王孫賈

(1) 湣王滅宋而驕. 燕昭王以齊嘗破燕之故, 與諸侯合謀而攻齊. 燕軍入臨淄. 湣王走莒. 楚將淖齒救齊, 反殺湣王, 而與燕共分齊之侵地.

(2) 王孫賈從湣王於莒, 而失王處. 其母曰, 汝朝出而晩來, 吾則倚門而望. 汝暮出而不還, 吾則倚閭而望. 汝今事王, 王走, 汝不知處. 汝尙何歸焉.

(3) 賈乃攻淖齒殺之, 求湣王子法章而立之, 保莒以抗燕.

제13과 田單奇計

(1) 時齊城, 惟莒卽墨不下. 卽墨人推田單爲將軍. 身操版鍤, 與士卒分功, 妻妾編於行伍.

(1) 그때에 제나라의 성읍(城邑)은 〈모두 연(燕)에게 점령당하고〉 다만 거(莒)와 즉묵(卽墨) 두 성만이 함락되지 않고 남아 있었다. 즉묵의 사람들은 전단을 대장으로 추대했다. 대장 전단은 몸소 널판자와 가래를 들고 사졸(士卒)과 함께 성 쌓는 공사를 했다. 한편 자기의 처나 첩 등 아녀자들도 수비

대에 편입시켰다.

어구 설명 제13과 ㅇ田單奇計(전단기계) : 제나라의 전단이 기묘한 작전으로 침략군을 격퇴하고 실지를 수복했다. ⑴ ㅇ時齊城(시제성) : 그때에 제나라의 성읍(城邑)은 〈모두 연(燕)에게 점령당하고,〉 ㅇ惟莒卽墨不下(유거즉묵불하) : 다만 거(莒)와 즉묵(卽墨) 두 성만이 함락되지 않고 남아 있었다. ㅇ卽墨人推田單爲將軍(즉묵인추전단위장군) : 즉묵의 사람들은 전단을 장군으로 삼고 〈성을 지키게 했다.〉 ㅇ身操版鍤(신조판삽) : 〈대장이 된〉 전단은 몸소 널판자와 가래를 들고 〈성을 쌓았으며〉「판(版)」은 양쪽에 세우고 안에 흙을 넣고 다지는 널판자, 「삽(鍤)」은 가래, 모두 축성(築城) 공사의 도구. ㅇ與士卒分功(여사졸분공) : 사졸(士卒)과 함께 일을 나누어 했다. ㅇ妻妾編於行伍(처첩편어행오) : 〈한편 자기의〉 처나 첩 같은 아녀자들도 수비대에 편입시켰다.

⑵ 收城中得牛千餘. 爲絳繒衣, 畫五彩龍文, 束兵刃其角, 灌脂束葦於尾, 燒其端, 鑿城數十穴, 夜縱牛, 壯士隨其後. 牛尾熱, 怒奔燕軍. 所觸盡死傷. 而城中鼓譟從之. 聲振天地. 燕軍敗走. 七十餘城, 皆復爲齊. 迎襄王於莒. 封單爲安平君.

⑵ 전단은 성안에서, 소 천여 마리를 모아서, 붉은 비단옷을 만들어 입히고, 겉에 오색으로 찬란하게 용의 무늬를 그리고

또 소뿔에 칼날을 붙잡아 매었다. 아울러 기름을 잔뜩 먹인 갈대를 꼬리에 묶어 매고, 그 끝에 불을 당기게 했다. 그리고 또 성벽을 수십 군데 뚫어 놓았다. 밤이 되자, 〈소꼬리에 불을 붙여서〉 〈성벽 구멍 밖으로〉 소를 내몰았다. 〈그리고〉 병사들이 그 뒤를 따라 〈적진으로 진격했다.〉 소들은 꼬리에 매달은 갈대가 타고 뜨거웠음으로 분노하고 〈미친 듯이〉 연군(燕軍) 속으로 달려들어, 닥치는 대로 모든 적을 죽이고 다치게 했다. 동시에 성안에서는 공격의 북소리를 시끄럽게 뒤따라 울렸으며, 그 소리가 천지를 진동했다. 〈이와 같은 전단의 기묘한 작전에〉 연나라 군대는 패하고 도망갔으며, 〈잃었던〉 70여 성을 모두 수복하여 제나라 것으로 만들었다. 그리고 양왕을 거(莒)로 맞이하였다. 〈양왕은〉 전단을 안평군으로 봉했다.

어구 설명 (2) ㅇ收城中得牛千餘(수성중득우천여) : 성읍 안에서 소 천여 마리를 모아서, ㅇ爲絳繒衣(위강증의) : 붉은 비단옷을 만들어 입히고, 絳(진홍 강), 繒(비단 증). ㅇ畵五彩龍文(화오채용문) : 겉에 오색으로 찬란하게, 용의 무늬를 그렸으며, ㅇ束兵刃其角(속병인기각) : 소뿔에 칼날을 붙잡아 매었으며, ㅇ灌脂束葦於尾(관지속위어미) : 기름을 잔뜩 먹인 갈대를 꼬리에 묶어 매고, ㅇ燒其端(소기단) : 그 끝에 불을 당기게 했다. ㅇ鑿城數十穴(착성수십혈) : 〈한편〉 성벽을 수십 군데 뚫어 놓았다. ㅇ夜縱牛(야종우) : 〈그리고〉 밤에 〈소꼬리에 불을 붙여서〉 〈성벽 구멍 밖으로〉 소를 내몰았다. ㅇ壯士隨其後(장사수기후) : 〈그리고〉 장사들이 그 뒤를 따라 〈적진으로 진격했다.〉 ○ 牛尾熱(우미열) : 소들은 꼬리에 매달은 갈대가 타고 뜨거웠음으로, ○ 怒奔燕軍(노분연군) : 분노하고 〈미친 듯이〉 연군(燕軍) 속으로 달려들어, ○ 所觸盡死傷(소촉진사상) : 부닥치는 대로, 모두 죽고 다치게 했다. ○ 而城中鼓譟從之(이성중고조종지) : 그리고 성안에서는 공격의 북소리를 시끄럽게 뒤따라 울렸으며, 譟(시끄러울 조). ○ 聲振天地(성진천지) : 그 소리가 천지를 진동했다. 〈이와 같은 전단(田單)의 기묘한 작전에〉, ○ 燕軍敗走(연군패주) : 연나라 군대는 패하고 도망갔으며, ○ 七十餘城, 皆復爲齊.(칠십여성 개부위제) : 〈잃었던〉 70여 성을 모두 수복하여 제나라 것으로 만들었다. ○ 迎襄王於莒(영양왕어거) : 그리고 양왕을 거로 맞이하였다. ○ 封單爲安平君(봉단위안평군) : 〈양왕은〉 전단을 안평군으로 봉했다.

| 백문 | 제13과 田單奇計

(1) 時齊城, 惟莒卽墨不下. 卽墨人推田單爲將軍. 身操版錘, 與士卒分功.

(2) 妻妾編於行伍. 收城中得牛千餘. 爲絳繒衣, 畵五彩龍文, 束兵刃其角, 灌脂束葦於尾, 燒其端, 鑿城數十穴, 夜縱牛, 壯士隨其後. 牛尾熱, 怒奔燕軍. 所觸盡死傷. 而城中鼓譟從之. 聲振天地. 燕軍敗走. 七十餘城, 皆復爲齊. 迎襄王於莒. 封單爲安平君.

제14과 魯仲連戒田單

(1) 單攻狄. 三月不克. 魯仲連日, 將軍在卽墨, 日, 無可往矣, 宗廟亡矣. 將軍有死之心, 士卒無生之氣. 莫不揮泣奮臂欲戰.

(1) 전단이 제나라 적현(狄縣)을 공격했으나 3개월이 돼도 이기지 못했다. 그러자 현명한 노중련이 〈다음과 같이〉 훈계했다. 「전에, 장군이 즉묵에 있을 때는 『더 갈 곳이 없구나, 종묘가 망하겠구나』하고 말했으며, 장군도 죽을 결심을 했고 또 병졸들도 살겠다는 생각이 없이, 모두가 눈물을 흩뿌리고 팔을 걷어 부치고 싸워서 이겼습니다.」

어구 설명　제14과 ㅇ魯仲連戒田單(노중련계전단) : 현명한 노중련이 전단을 훈계했다. (1) ㅇ單攻狄. 三月不克.(단공적 삼월불극) : 전단이 제나라 적현(狄縣)을 공격했으나, 3개월이 돼도 이기지 못했다. 「적(狄)」를 북쪽의 오랑캐로 풀기도 한다. ㅇ魯仲連日(노중련왈) : 그러나 현인(賢人) 노중련이 그에게 〈다음과 같이〉 훈계(訓戒)했다. ㅇ將軍在卽墨(장군재즉묵) : 〈전에〉 장군이 즉묵에 있을 때는, ㅇ日, 無可往矣, 宗廟亡矣.(왈 무가왕의 종묘망의) : 「더 갈 곳이 없구나, 종묘가 망하겠구나」하고 말했으며, ㅇ將軍有死之心(장군유사지심) : 장군도 죽을 결심을 했으며, ㅇ士卒無生之氣(사졸무생지기) : 사졸들도 살겠다는 생각이 없었다. ㅇ莫不揮泣奮臂欲戰(막불휘읍분비욕전) : 모두가 눈물을

흩뿌리고 팔을 걷어 부치고 싸웠다. 〈그래서 연나라 군대를 물리쳤다.〉

(2) 今將軍東有夜邑之奉, 西有淄上之娛. 黃金橫帶, 騁乎淄 · 澠之閒. 有生之樂, 無死之心. 故不勝也.

(2) 〈노중련의 말 계속〉「그러나 지금 장군은 동쪽 야읍(夜邑)에 만호(萬戶)의 봉록(俸祿)을 받는 영지가 있고, 서쪽 치수(淄水) 가에는 연락(宴樂)을 즐기는 별장이 있고, 황금을 띠에 둘러차고, 말이나 수레를 달려, 치수(淄水)나 민수(澠水) 사이를 오가며 〈놀고 즐기기에 바쁘며〉 살아서 즐기자는 생각만 있고, 죽음을 결심하고 싸우려는 의지가 없다. 고로 이기지 못하는 것입니다.」〈여기까지가 노중련의 말이다.〉

어구 설명 (2) ㅇ今將軍東有夜邑之奉(금장군동유야읍지봉) : 〈그러나〉 지금 장군은 동쪽 야읍(夜邑)에는 만호(萬戶)의 봉록(俸祿)을 받는 영지가 있고, ㅇ西有淄上之娛(서유치상지오) : 서쪽 치수(淄水) 가에는 연락(宴樂)을 즐기는 별장이 있고, ㅇ黃金橫帶(황금횡대) : 황금을 띠에 둘러 차고, ㅇ騁乎淄 · 澠之閒(빙호치 · 민지한) : 말이나 수레를 달려, 치수(淄水)나 민수(澠水) 사이를 오가며 〈놀고 즐기기에 바쁘다.〉 ㅇ有生之樂, 無死之心.(유생지락 무사지심) : 곧 살고 즐기자는 생각만 있고, 죽음을 결심하고 싸우려는 의지가 없다. ㅇ故不勝也(고불승야) : 고로 이기지 못하는 것이다. 〈여기까지가 노중련의 말이다.〉

(3) 單明日厲氣巡城, 立於矢石之所, 援枹鼓之. 狄人乃下.

(3) 전단은 다음날 부터 엄숙하고 세찬 의기(意氣)와 용기를 북돋아 성을 순시했으며, 또 몸소 화살과 돌이 날아오는 싸움터에 서서 떡갈나무로 만든 북채를 들고 북을 치면서 공격을 독려했다. 그러자 적인(狄人)이 마침내 투항했다.

어구설명 (3) ㅇ單明日厲氣巡城(단명일려기순성) : 전단은 다음날 부터 엄숙하고 세찬 의기(意氣)와 용기를 북돋아, 성을 순시했으며, ㅇ立於矢石之所(입어시석지소) : 몸소 화살과 돌이 날아오는 싸움터에 서서, ㅇ援枹鼓之(원포고지) : 떡갈나무로 만든 북채를 들고 북을 치면서 공격을 독려했다. 枹(떡갈나무 포). ㅇ狄人乃下(적인내하) : 적인(狄人)들이 마침내 투항했다.

| 백문 | 제14과 **魯仲連戒田單**

(1) 單攻狄. 三月不克. 魯仲連曰, 將軍在卽墨, 曰, 無可往矣, 宗廟亡矣. 將軍有死之心, 士卒無生之氣. 莫不揮泣奮臂欲戰.

(2) 今將軍東有夜邑之奉, 西有淄上之娛. 黃金橫帶, 騁乎淄·澠之閒. 有生之樂, 無死之心. 故不勝也.

(3) 單明日厲氣巡城, 立於矢石之所, 援枹鼓之. 狄人乃下.

제15과 食客 馮驩

(1) 襄王旣立. 而孟嘗君中立爲諸侯, 無所屬. 王畏
之, 與連和.

(1) 제나라의 영왕이 임금이 된 다음에, 〈어떤 사람이 맹상
군을 중상해서, 신변이 위태롭게 되었다.〉 그래서 맹상군은
〈몸을 피했고〉 중립하고 제후가 되었으며, 어느 나라에도
소속되지 않고, 〈독립된 제후로 행세했다.〉 그러자, 제나라
의 양왕은 맹산군을 두려워하고, 그와 연합하고 화해했다.

여구 설명 제15과 ○食客 馮驩(식객 풍환) : 맹상군의 식객 풍환. (1)
○襄王旣立(양왕기립) : 제나라의 영왕이 임금이 된 다음
에, 〈어떤 사람이 맹상군을 중상해서, 신변이 위태롭게 되
었다.〉 ○而孟嘗君中立爲諸侯(이맹상군중립위제후) : 그
래서 맹상군은 〈몸을 피했고〉 중립하고 제후가 되었으며,
○無所屬(무소속) : 어느 나라에도 소속되지 않고, 〈독립
된 제후로 행세했다.〉 ○王畏之, 與連和.(왕외지여연화) :
그러나, 제나라의 양왕은 맹산군을 두려워하고, 그와 연
합하고 화해했다.

(2) 初馮驩聞孟嘗君好客而來見. 置傳舍十日. 彈劍
作歌曰, 長鋏歸來乎, 食無魚. 遷之幸舍. 食有魚矣.
又歌曰, 長鋏歸來乎, 出無輿. 遷之代舍. 出有輿矣.

又歌曰, 長鋏歸來乎, 無以爲家. 孟嘗君不悅.

(2) 〈이전에 있었던 이야기다.〉 무명(無名)의 풍환 이란 자가, 맹상군이 식객을 잘 대접한다는 소문을 듣고 와서 〈맹상군을 만났다.〉 맹상군은 그를 전사에 둔 채, 십 일이 지났다. 그러자 풍환은 자기의 칼을 두들기며 노래를 지어 말했다. 「장검(長劍)아, 고만 돌아가자! 식탁에 생선 반찬이 없구나!」 이 말을 듣고 맹상군은 그를 행사(幸舍)에 옮겼다. 그래서 식탁에 생선 반찬이 올라왔다. 〈그러나 며칠 후에, 풍환은 또 불평을 하며〉 노래로 읊었다. 「장검(長劍)아, 고만 돌아가자! 외출 시에 탈 것이 없구나!」

그래서 맹상군은 객사를 가장 높은 대사(代舍)에 옮겨주고, 외출할 때, 수레도 제공해 주었다. 그런데도 풍환은 또 노래를 했다. 「장검(長劍)아, 고만 돌아가자! 어엿한 집이 없구나!」 마침내, 맹상군도 〈너무나 뻔뻔스런 풍황을〉 불쾌하게 생각했다.

어구 설명 (2) ㅇ初(초) : 그 이전의 〈이야기다.〉 ㅇ馮驩聞孟嘗君好客而來見(풍환문맹상군호객이래견) : 무명(無名)의 풍환 이란 자가, 맹상군이 식객을 잘 대접한다는 소문을 듣고 와서 〈맹상군을 만났다.〉 ㅇ置傳舍十日(치전사십일) : 맹상군은 그를 전사에 둔 채, 십 일이 지났다. 「전사(傳舍)」는 식객을 대접하는 가장 하치의 객사(客舍)다. ㅇ彈劍作歌曰(탄검작가왈) : 그러자 풍환은 자기의 칼을 두들기며 노래를 지어 말했다. ㅇ長鋏歸來乎, 食無魚.(장협귀래호 식무어) :「장검(長劍)아, 고만 돌아가자! 식탁에 생선 반찬이 없구나!」鋏(칼 협). ㅇ遷之幸舍(천지행사) : 〈이 말을 듣고 맹상군은 그를〉 행사(幸舍)에 옮겼다. 「행사」는 한 단계 높은 객사다. ㅇ食有魚矣(식유어의) : 그래서 식사에 생선 반찬이 올라왔다. ㅇ又歌曰(우가왈) : 〈그러나 며칠 후에, 풍환은 또 불평을 하며〉 노래로 읊었다. ㅇ長鋏歸來乎, 出無輿.(장협귀래호 출무여) :「장검(長劍)아, 고만 돌아가자! 외출 시에 탈 것이 없구나!」ㅇ遷之代舍. 出有輿矣.(천지대사 출유여의) : 그래서 맹상군은 객사를 가장 높은 대사(代舍)에 옮겨주고, 외출할 때, 수레도 제공해 주었다. ㅇ又歌曰, 長鋏歸來乎, 無以爲家.(우가왈 장협귀래호 무이위가) : 그런데도 풍환은 또 노래를 했다. 「장검(長劍)아, 고만 돌아가자! 어엿한 집이 없구나!」ㅇ孟嘗君不悅(맹상군불열) : 〈마침내〉 맹상군도 〈너무나 뻔뻔스런 풍황을〉 불쾌하게 생각했다.

(3) 時邑入不足以奉客. 使人出錢於薛. 貸者多不能與息. 孟嘗君乃進驩請責之. 驩往, 不能與者, 取其券燒之. 孟嘗君怒. 驩曰, 令薛民親君. 孟嘗君竟爲薛公, 終於薛.

(3) 당시 맹상군은 성읍에서 들어오는 녹봉만으로는 많은 식객을 부양할 수 없었다. 그래서 사람을 시켜 설(薛)에서, 돈을 풀어 〈돈놀이를 했다.〉 〈그러나〉 돈을 대출해 간 많은 사

람들은 이자도 제대로 갚지 못했다. 그래서 맹상군은 식객
풍환을 설(薛)로 보내서 대출금과 이자를 걷어 오게 했다.
풍환은 설에 가서 돈을 갚을 능력이 없는 사람의 증서를 거
두어 불에 태워버렸다. 이에 맹상군이 성을 내고 꾸짖자 풍
환이 말했다. 「그것은 설의 백성들로 하여금 나라를 사랑하
게 만들기 위해 취한 조치입니다.」결국 맹상군은 설의 임금
이 되었으며 평생을 설에서 잘 지냈다.

어구 설명 (3) ○時邑入不足以奉客(시읍입부족이봉객) : 당시, 맹상
군은 성읍에서 들어오는 녹봉만으로는 많은 식객을 부양
할 수 없었다. ○使人出錢於薛(사인출전어설) : 그래서 사
람을 시켜 설(薛)에서, 돈을 풀어 〈돈놀이를 했다.〉○貸者
多不能與息(대자다불능여식) : 〈그러나〉돈을 대출해 간
많은 사람들이 이자도 제대로 갚지 못했다. ○孟嘗君乃進
驩請責之(맹상군내진환청책지) : 그래서 맹상군은 식객 풍
환을 설(薛)로 보내서, 대출금과 이자를 걷어 오게 했다.
○驩往(환왕) : 풍환은 설에 가서, ○不能與者, 取其券燒
之.(불능여자 취기권소지) : 돈을 갚을 능력이 없는 사람의
증서를 거두어 불에 태워버렸다. ○孟嘗君怒(맹상군노) :
이에 맹상군이 성을 내고 꾸짖자, ○驩曰(환왈) : 풍환이
말했다. ○令薛民親君(영설민친군) : 그것은 설의 백성들
로 하여금 나라를 사랑하게 만들기 위해 취한 조치입니
다. ○孟嘗君竟爲薛公(맹상군경위설공) : 결국 맹상군은
설의 임금이 되었으며, ○終於薛(종어설) : 설에서 평생을
잘 지냈다.

| 백문 | 제15과 **食客馮驩**

(1) 襄王旣立. 而孟嘗君中立爲諸侯, 無所屬. 王畏之, 與連和.

(2) 初馮驩聞孟嘗君好客而來見. 置傳舍十日. 彈劍作歌曰, 長鋏歸
   來乎, 食無魚. 遷之幸舍. 食有魚矣. 又歌曰, 長鋏歸來乎, 出無
   輿. 遷之代舍. 出有輿矣. 又歌曰, 長鋏歸來乎, 無以爲家. 孟嘗
   君不悅.

(3) 時邑入不足以奉客. 使人出錢於薛. 貸者多不能與息. 孟嘗君乃
   進驩請責之. 驩往, 不能與者, 取其券燒之. 孟嘗君怒. 驩曰, 令
   薛民親君. 孟嘗君竟爲薛公, 終於薛.

제16과 王死齊亡

(1) 襄王卒. 子建立. 母君王后賢. 事秦謹, 與諸侯
信. 君王后卒. 齊客多受秦金爲反閒, 勸王朝秦, 不
修攻戰之備, 不助五國攻秦. 秦王政旣滅五國, 兵入
臨淄. 王建遂降. 遷于共, 處之松柏之閒而死, 以齊
爲郡. 齊人歌之曰, 松邪柏邪,. 住建共者客邪.

(1) 제나라의 양왕이 죽고 아들 건(建)이 섰다. 어머니 군왕
후(君王后)는 현명했다. 그래서 강국 진(秦)을 성실하게 받들
었고 동시에 다른 나라 제후들과도 신의를 잘 지켜 나라를

잘 보전했다. 그러나 군왕후가 죽은 후, 제나라의 정객(政客)은 대부분이 진(秦)나라의 금 즉 뇌물을 받고 간첩노릇을 했다. 그래서 왕에게 진(秦)을 섬기고 조공을 들라고 권했으며, 진나라의 무력공격에 대비하지 않고 또 다섯 나라가 진을 공격하는 데도 협조하지 않았다. 이에 진나라 왕, 정(政) 즉 진시황(秦始皇)은 먼저 다섯 나라를 멸하고, 무력으로 〈제나라의 도읍〉 임치(臨淄)를 점령하고 입성했다. 건왕(建王)은 결국 항복했다. 진(秦)은 건(建)을 공(共)으로 옮기고, 소나무와 측백나무 사이에서 처형되었다. 그리고 진시황은 제나라를 〈멸하고〉 진나라의 일개 군(郡)으로 만들었다. 제(齊)의 멸망을 제나라 사람들이 다음과 같이 노래로 비유했다. 「제나라를 멸하고 건왕을 죽게 한 것은, 소나무냐 측백나무냐」 건왕(建王)이 패망하고, 공(共)으로 가서 〈소나무와 측백나무 사이에서 죽은 것은〉 〈다름 아닌〉 진(秦)나라를 위해 간첩노릇을 한 정객(政客)들이었다.」

어구 설명 제16과 ○建王死齊亡(건왕사제망) : 제나라 마지막의 왕 건(建)이 죽고, 제나라가 망하다. ⑴ ○襄王卒 子建立(양왕졸 자건립) : 양왕이 죽고, 아들 건(建)이 섰다. ○母君王后賢(모군왕후현) : 어머니 군왕후(君王后)는 현명했다. ○事秦謹(사진근) : 강국 진(秦)을 성실하게 받들었고, ○與諸侯信(여제후신) : 다른 나라 제후들과도 신의를 잘 지켰다. 〈그래서 나라를 잘 보전했다.〉 ○君王后卒(군왕후졸) : 〈현명한 어머니〉 군왕후가 죽은 후, ○齊客多受秦金爲反間(제객다수진금위반간) : 제나라의 정객(政客)이나 객경(客卿)들 대부분이 진(秦)나라의 금을 받고, 간첩이 되었다. 「객(客)」은 건왕(建王) 곁에서 보좌하는 정객(政客) 혹은 유세객(遊說客)들, 「반간(反閒)」은 간첩이나 첩자. 「閒＝間」. ○ 勸王朝秦(권왕조진) : 왕에게 진(秦)을 섬기고 조공을 들라고 권했으며, ○ 不修攻戰之備(불수공전지비) : 〈진나라의〉 무력공격에 대한 대비책을 강구하지 않고, ○ 不助五國攻秦(부조오국공진) : 다른 다섯 나라가 진을 공격하는 데도 협조하지 않았다. ○ 秦王政旣滅五國(진왕정기멸오국) : 이에 진나라 왕, 정(政) 즉 진시황(秦始皇)이 먼저 다섯 나라를 멸하고, ○ 兵入臨淄(병입림치) : 무력으로 〈제나라의 도읍〉 임치(臨淄)를 점령하고 입성했다. ○ 王建遂降(왕건수강) : 건왕(建王)은 결국 항복했다. ○ 遷于共(천우공) : 진(秦)은 건(建)을 공(共 : 河南省)으로 옮기고, ○ 處之松柏之閒而死(처지송백지한이사) : 소나무와 측백나무 사이에 놓고 처형했다. 柏(측백나무 백). ○ 以齊爲郡(이제위군) : 진시황은 제나라를 〈멸하고〉 진나라의 일개 군(郡)으로 만들었다. ○ 齊人歌之曰(제인가지왈) : 〈제(齊)의 멸망을〉 제나라 사람들이 다음과 같이 노래로 비유했다. ○ 松邪柏邪(송사백사) : 〈제나라를 멸하고 건왕을 죽게 한 것은〉 소나무냐 측백나무냐? 〈소나무도 측백나무도 아니다.〉 ○ 住建共者客邪(주건공자객사) : 건왕(建王)이 패망하고, 공(共)으로 가서 〈소나무와 측백나무 사이에서 죽게 한 자는〉 〈다름 아닌〉 〈진(秦)나라를 위해 간첩노릇을 한 정객(政客)들이었다.

| 백문 | 제16과 **王死齊亡**

⑴ 襄王卒. 子建立. 母君王后賢. 事秦謹, 與諸侯信. 君王后卒. 齊客多受秦金爲反閒, 勸王朝秦, 不修攻戰之備, 不助五國攻秦. 秦王政旣滅五國, 兵入臨淄. 王建遂降. 遷于共, 處之松柏之閒而死, 以齊爲郡. 齊人歌之曰, 松邪柏邪, 住建共者客邪.

제12장 趙

사략(史略) 원본에는 「조(趙)」를 「하나의 긴 문장」으로 기술
했다. 이 책에서는 학습의 편의를 위해서 「제11장 조(趙)」를
「총 16과」로 나누고, 각과(各課) 마다 「과의 제목」을 필자가 임
의로 붙였다. 다음과 같다.

제1과 선계여충신(先系與忠臣)
제2과 조간자(趙簡子)
제3과 조양자(趙襄子)
제4과 의신예양(義臣豫讓)
제5과 양자살예양(襄子殺豫讓)
제6과 종합육국(從合六國)
제7과 소진(蘇秦)
제8과 인상여완벽귀(藺相如完璧歸)
제9과 진조회어민지(秦趙會於澠池)
제10과 인상여 · 염파(藺相如 · 廉頗)
제11과 조괄패어백기(趙括敗於白起)
제12과 평원군 · 모수(平原君 · 毛遂)
제13과 모수설초왕(毛遂說楚王)
제14과 평원군정종귀(平原君定從歸)
제15과 염파로이사(廉頗老而死)
제16과 조멸어진(趙滅於秦)

이상의 「과명(課名)」만으로도 알 수 있듯이, 「전국칠국(戰
國七國)」의 하나인 조(趙)나라의 위치가 매우 컸으며, 따라서
그 인물들의 활약도 매우 눈부신 바가 있었다.

제1과 先系與忠臣

(1) [趙]之先, 本與秦同姓. 祖於蜚廉. 有子季勝. 其後有造父者. 事周穆王, 以功封趙城. 由是爲趙氏.

⑴ 조나라의 선조는 본래, 진(秦)나라와 같은 성씨다. 시조는 비렴(蜚廉)이며 그의 아들은 계승(季勝)이다. 그 후손으로 조보(造父)라는 자가 있었으며, 그는 주목왕(周穆王)을 섬겼다. 〈조부는 말을 잘 몰았고 목왕을 태우고 전국을 순시하고 또 목왕을 위기에서 구한 일도 있었다.〉 그러한 공으로 조(趙)에 봉해졌으며 그로써 성을 조씨라고 했다.

어구설명 제1과 ㅇ先祖與忠臣(선조여충신) : 조(趙)나라를 세운 선조와 옛날의 충신, 정영(程嬰)과 공손저구(公孫杵臼)에 관한 이야기다. (1) ㅇ[趙]之先 本與秦同姓(조지선 본여진동성) : 조나라의 선조는 본래, 진(秦)나라와 같은 성씨다. ㅇ祖於蜚廉(조어비렴) : 시조는 비렴(蜚廉)이다. ㅇ有子季勝(유자계승) : 비렴의 아들은 계승이다. ㅇ其後有造父者(기후유조보자) : 그 후손으로 조보라는 사람이 있었다. ㅇ事周穆王(사주목왕) : 조보는 주목왕(周穆王)을 섬겼다. 조보는 말을 잘 몰았으며, 팔두마차(八頭馬車)에 목왕을 태우고 전국을 순시하고 또 목왕을 위기에서 구한 일도 있었다. ㅇ以功封趙城(이공봉조성) : 그러한 공으로 조(趙)에 봉해졌으며, ㅇ由是爲趙氏(유시위조씨) : 그로써 성을 조씨라고 했다.

(2) 春秋時, 有趙夙者, 事晉. 夙生成子衰 衰生宣子
盾. 人曰, 趙衰冬日之日也 趙盾夏日之日也. 冬日
可愛, 夏日可畏.

(2) 춘추시대에 조숙(趙夙)이란 사람이 있었으며, 그는 진
(晉)나라를 섬겼다. 조숙은 성자(成子) 쇠(衰)를 낳고, 조쇠
(趙衰)는 선자(宣子) 순(盾)을 낳았다. 당시 사람들이 말했
다.「아버지 조쇠는 겨울 해 같고, 아들 조순은 여름 해 같
다. 겨울 해는 귀엽고 사랑스럽고, 여름 해는 겁나고 두렵
다.」

어구 설명 (2) ○春秋時, 有趙夙者, 事晉.(춘추시 유조숙자 사진) : 춘
추시대에 조숙(趙夙)이란 사람이 있었으며, 그는 진(晉)나
라를 섬겼다. ○夙生成子衰(숙생성자쇠) : 조숙(趙夙)이
「성자(成子) 쇠(衰)」를 낳았다. ○衰生宣子盾(쇠생선자순)
: 조쇠(趙衰)는 「선자(宣子) 순(盾)」을 낳았다. ○人曰(인
왈) : 사람들이 말했다. ○趙衰冬日之日也(조쇠동일지일
야) : 부친 조쇠는 「겨울 해」 같고, ○趙盾夏日之日也(조순
하일지일야) : 자식 조순은 「여름 해」 같다. ○冬日可愛(동
일가애) :「겨울 해」는 귀엽고 사랑스럽고, ○夏日可畏(하
일가외) :「여름 해」는 겁나고 두렵다.

(3) 盾生朔. 大夫屠岸賈滅朔之族. 朔有遺腹子武.
賈索之不得.

(3) 조순(趙盾)이 아들 조삭(趙朔)을 낳았다. 〈조순이 죽은 다음에〉 대부 도안가(屠岸賈)가 소삭 일족을 모조리 죽였다. 한편 조삭에게는 유복자 조무(趙武)가 있었다. 도안가는 〈유복자 조무를〉 찾아 죽이려 했으나, 끝내 찾지 못했다.

(3) ㅇ盾生朔(순생삭) : 조순(趙盾)이 아들 조삭(趙朔)을 낳았다. ㅇ大夫屠岸賈滅朔之族(대부도안가멸삭지족) : 〈조순이 죽은 다음에〉 대부 도안가(屠岸賈)가 조삭 일족을 모조리 죽였다. ㅇ朔有遺腹子武(삭유유복자무) : 조삭에게는 유복자 조무(趙武)가 있었다. ㅇ賈索之不得(가삭지부득) : 도안가는 〈유복자 조무를〉 찾아 죽이려 했으나, 끝내 찾지 못했다.

(4) 朔客程嬰·公孫杵臼, 相與謀曰, 立孤與死孰難. 嬰曰, 死易, 立孤難耳. 杵臼曰, 子爲其難. 杵臼取它兒匿山中. 嬰出謬曰, 與我千金, 吾告趙氏孤處. 賈喜. 乃使人隨嬰殺杵臼及孤. 而趙氏眞孤在.

(4) 조삭(趙朔)의 식객 정영(程嬰)과 공손저구(公孫杵臼) 두 사람이 함께 모의하고 말했다. 「고아(孤兒) 조무(趙武)를 임금으로 내 세우는 것과, 우리가 죽는 일 중, 어느 것이 더 어렵겠는가?」정영이 말했다. 「우리가 죽는 일은 쉽고, 고아 조무를 내 세우는 일은 어렵다.」공손저구가 말했다. 「그대는 어려운 일, 즉 고아 조무를 임금 되게 하는 일을 맡아 하라.」

공손저구는 다른 집 아이를 얻어 가지고, 산속에 들어가 숨었다. 한편 정영은 산에서 나와, 〈도안가를 찾아가〉 거짓으로 말했다. 「나에게 천금을 주면, 내가 조씨네 고아 있는 곳을 알려 주겠다.」

도안가는 기뻐하고 즉시 사람으로 하여금 정영을 따라가서, 〈숨어 있는〉 공손저구와 가짜 고아를 살해했다. 그러나 진짜 고아는 살아 있었다.

어구 설명 (4) ○ 朔客程嬰 · 公孫杵臼(삭객정영 · 공손저구) : 조삭(趙朔)의 식객 정영(程嬰)과 공손저구(公孫杵臼) 두 사람이, ○相與謀曰(상여모왈) : 함께 모의하고 말했다. ○立孤與死孰難(입고여사숙난) : 「고아(孤兒) 조무(趙武)를 임금으로 내 세우는 것과, 우리가 죽는 일 중, 어느 것이 더 어렵겠는가?」 ○嬰曰(영왈) : 정영이 말했다. ○死易立孤難耳(사이입고난이) : 「죽는 일은 쉽고, 고아 조무를 내 세우는 일은 어렵다.」 ○杵臼曰(저구왈) : 공손저구가 말했다. ○子爲其難(자위기난) : 「그대는 어려운 일, 즉 고아 조무를 임금 되게 하는 일을 맡아 하라.」 ○杵臼取它兒匿山中(저구취타아익산중) : 공손저구는 다른 집 아이를 얻어 가지고, 산속에 들어가 숨었다. ○嬰出謬曰(영출류왈) : 한편 정영은 산에서 나와, 〈도안가를 찾아가〉 거짓으로 말했다. ○與我千金, 吾告趙氏孤處.(여아천금 오고조씨고처) : 「나에게 천금을 주면, 내가 조씨네 고아 있는 곳을 알려 주겠다.」 ○賈憙(가희) : 도안가는 기뻐하고, ○乃使人隨嬰殺杵臼及孤(내사인수영살저구급고) : 즉시 사람으로 하여금, 정영을 따라가서, 〈숨어 있는〉 공손저구와 가짜 고아를 살해

했다. ㅇ而趙氏眞孤在(이조씨진고재) : 그러나 진짜 고아
는 살아 있었다.

(5) 嬰後與武滅賈, 竟立武而自殺, 以下報宣孟及杵臼.

(5) 정영은 후에 진짜 고아 조무(趙武)와 함께 도안가(屠岸
賈)를 멸하고 드디어 조무를 새워 조씨 가문을 계승케 했다.
그리고 정영은 자살하고 지하에 가서 〈죽은〉 조순(趙盾)과
저구(杵臼)에게 보고했다.

어구 설명 (5) ㅇ嬰後與武滅賈(영후여무멸가) : 정영은 후에 진짜 고
아 조무(趙武)와 함께 도안가(屠岸賈)를 멸하고, ㅇ竟立武
而自殺(경립무이자살) : 드디어, 조무를 세워 조씨 가문을
계승케 했다. 그리고 정영은 자살함으로써, ㅇ以下報宣孟
及杵臼(이하보선맹급저구) : 지하에서 〈이미 죽은 조순(趙
盾)과 저구(杵臼)에게 보고했다. 「선맹(宣孟)」은 조순(趙
盾)이다. 「선(宣)」은 시호(諡號), 「맹(孟)」은 자(字)다.

| 백문 | 제1과 **先系與忠臣**

(1) [趙]之先, 本與秦同姓. 祖於蜚廉. 有子季勝. 其後有造父者. 事
周穆王, 以功封趙城. 由是爲趙氏.

(2) 春秋時, 有趙夙者, 事晉. 夙生成子衰. 衰生宣子盾. 人曰, 趙衰
冬日之日也. 趙盾夏日之日也. 冬日可愛, 夏日可畏.

(3) 盾生朔. 大夫屠岸賈滅朔之族. 朔有遺腹子武. 賈索之不得.

(4) 朔客程嬰·公孫杵臼, 相與謀曰, 立孤與死孰難. 嬰曰, 死易立
    孤難耳. 杵臼曰, 子爲其難. 杵臼取它兒匿山中. 嬰出謬曰, 與我
    千金, 吾告趙氏孤處. 賈喜. 乃使人隨嬰殺杵臼及孤. 而趙氏眞
    孤在.
(5) 嬰後與武滅賈, 竟立武而自殺, 以下報宣孟及杵臼.

참고 보충 **조간자(趙簡子)와 두 충신**

바로 앞에 있다. 춘추시대에 조씨(趙氏)는 진(晉)나라를 섬기는 중
신(重臣)이었다. 조씨(趙氏)의 가계는 다음과 같이 이어졌다. 「조숙
(趙夙)—조쇠(趙衰)—조순(趙盾)—조삭(趙朔)」 조삭(趙朔) 일가를 진
(晉)나라의 대부 도안가(屠岸賈)가 몰살하고 그의 유복자(遺腹子) 마
저, 찾아 죽이려고 했다. 이때에, 조씨의 충직한 가신, 정영(程嬰)과
공손저구(公孫杵臼), 두 사람이 계략을 써서, 유복자 조무(趙武)를
살려, 조씨의 가문을 계승하고 마침내는 원수 도안가를 죽이고 복수
를 했다.

제2과 趙簡子

(1) 武卒. 號文子. 文子生景叔. 景叔生簡子鞅.

(1) 조무(趙武)가 죽자 시호를 문자(文子)라 했다. 문자는 경
숙(景叔)을 낳고, 경숙은 간자(簡子) 앙(鞅)을 낳았다.

제2과 ○趙簡子(조간자) : 제나라 조삭(趙朔)의 유복자, 무(武)의 손자다. 이름은 앙(鞅), 호가 간자(簡子)다. (1) ○武卒號文子(무졸호문자) : 조무(趙武)가 죽자, 시호를 문자(文子)라 했다. ○文子生景叔(문자생경숙) : 문자가 경숙을 낳고, ○景叔生簡子鞅(경숙생간자앙) : 경숙이 간자, 앙을 낳았다.

(2) 簡子有臣, 曰周舍. 死. 簡子每聽朝, 不悅曰, 千羊之皮, 不如一狐之腋. 諸大夫朝, 徒聞唯唯. 不聞周舍之鄂鄂也.

(2) 간자(簡子)에게는 현명한 신하가 있었으며, 이름을 주사(周舍)라고 했다. 〈그러나 현명한〉 주사가 죽자, 간자는 조회(朝會)나 조정(朝廷)에서 〈신하들과〉 정사(政事)를 의논할 때마다, 불쾌한 듯이 말했다. 「천 개의 양가죽이 있어도, 한 조각 여우의 겨드랑이 털만 못하다.」〈많은 신하가 있어도, 한 사람 주사(周舍)만 못하다는 뜻. 그 까닭은〉 여러 대부들은 조정이나 임금 앞에서 오직 "네, 네"하고 맹종할 뿐, 주사 같이 강직하게 충간(忠諫)하고 보필하는 사람이 없기 때문이다.

(2) ○簡子有臣 曰周舍(간자유신 왈주사) : 간자에게는 현명한 신하가 있었으며, 이름을 주사(周舍)라고 했다. ○死(사) : 〈주사가〉 죽었다. ○簡子每聽朝(간자매청조) : 〈현

명한 신하 주사가 죽은 다음에〉 간자는 조회(朝會)나 조정
(朝廷)에서 〈신하들과〉 정사(政事)를 의논할 때마다, ㅇ不
悅曰(불열왈) : 불쾌한 듯이 말했다. ㅇ千羊之皮 不如一狐
之腋(천양지피 불여일호지액) : 천 개의 양가죽도 한 조각
여우의 겨드랑이 털만 못하다. 〈많은 신하가 있어도, 한
사람 주사(周舍)만 못하다.〉 ㅇ諸大夫朝 徒聞唯唯(제대부
조 도문유유) : 여러 대부들이 조정이나 임금 앞에서 오직
"네, 네"하고 맹종할 뿐, ㅇ不聞周舍之鄂鄂也(불문주사지
악악야) : 주사 같이 강직하게 충간(忠諫)하고 보필하는 사
람이 없었다. 鄂(받침대 악)

(3) 簡子長子曰伯魯, 幼曰無恤. 書訓戒之辭於二
簡, 以授二子曰, 謹識之. 三年而問之. 伯魯不能擧
其辭, 求其簡已失之矣. 無恤誦其辭甚習. 求其簡出
諸懷中而奏之. 於是立無恤爲後.

(3) 〈제나라 임금〉 간자(簡子)의 큰아들은 백로(伯魯)이고 어
린 아들은 무휼(無恤)이라 했다. 〈아버지 간자가〉 훈계하는
말을 두 개의 죽간(竹簡)에 적어서, 두 아들에게 주면서 「성
실하게 기억하고 지키라」고 말했다. 삼 년 후에 〈아버지 간
자가, 두 아들에게 물었으나〉 형 백노는 〈훈계의 말을〉 대지
못했으며, 죽간을 내보이라고 해도 이미 분실하고 〈내보이지
못했다.〉 〈그러나〉 동생 무휼은 훈계에 말을 익숙하게 암송
하고 죽간을 내보이라고 하자 즉시 품에서 꺼내 바쳤다. 그

래서 아버지 간자는 동생 무휼을 세워 후계자로 삼았다.

어구 설명 (3) ○簡子長子曰伯魯(간자장자왈백로) : 간자의 큰아들은 백로(伯魯)이고, ○幼曰無恤(유왈무휼) : 어린 아들을 무휼(無恤)이라 했다. ○書訓戒之辭於二簡(서훈계지사어이간) : 〈아버지 간자가〉 훈계하는 말을 두 개의 죽간(竹簡)에 적어서, ○以授二子曰, 謹識之.(이수이자왈 근식지) : 두 아들에게 주면서「성실하게 기억하고 지키라」고 말했다. ○三年而問之(삼년이문지) : 삼 년 후에 〈아버지 간자가, 두 아들에게 물었다.〉 ○伯魯不能擧其辭(백로불능거기사) : 큰형 백노는 〈훈계의 말을〉 대지 못했으며, ○求其簡 已失之矣(구기간 이실지의) : 죽간을 내보이라고 해도, 이미 분실하고 〈내보이지 못했다.〉 ○無恤誦其辭甚習(무휼송기사심습) : 동생 무휼은 훈계에 말을 익숙하게 암송하고, ○求其簡(구기간) : 죽간을 내보이라고 하자, ○出諸懷中而奏之(출제회중이주지) : 즉시 품에서 꺼내 바쳤다. ○於是立無恤爲後(어시립무휼위후) : 이에 아버지 간자는 동생 무휼을 세워 후계자로 삼았다.

| 백문 | 제2과 趙簡子

(1) 武卒. 號文子. 文子生景叔. 景叔生簡子鞅.

(2) 簡子有臣, 曰周舍. 死. 簡子每聽朝, 不悅曰, 千羊之皮, 不如一狐之腋. 諸大夫朝, 徒聞唯唯. 不聞周舍之鄂鄂也.

(3) 簡子長子曰伯魯, 幼曰無恤. 書訓戒之辭於二簡, 以授二子曰, 謹識之. 三年而問之. 伯魯不能擧其辭. 求其簡已失之矣. 無恤誦其辭甚習. 求其簡出諸懷中而奏之. 於是立無恤爲後.

제3과 趙襄子

(1) 簡子使尹鐸爲晉陽. 請曰, 以爲繭絲乎, 以爲保障乎. 簡子曰, 保障哉. 尹鐸損其戶數.

(1) 전에 간자는 신하 윤탁을 시켜 진양을 다스리게 했다. 그러자 윤탁이 〈지시를〉 청하며 물었다. 「견사식(繭絲式)으로 다스릴까요, 보장식(保障式)으로 다스릴까요.」 간자가 말했다. 「보장식 즉 백성을 보호하는 인정(仁政)을 베풀어라.」 이에, 윤탁은 〈진양의〉 인구와 호수를 줄이고, 주민들을 엄선하고 또 세금을 감면하고 진정으로 백성들을 보호하는 인정(仁政)을 베풀었다.

어구 설명 제3과 ㅇ趙襄子(조양자) : 조 간자(簡子)의 뒤를 계승한 무휼(無恤)이다. 그의 호가 양자(襄子)다. (1) 簡子使尹鐸爲晉陽(간자사윤탁위진양) : 〈전에〉 간자는 신하 윤탁을 시켜 진양을 다스리게 했다. 「진양(晉陽 : 山東省 太平縣)」은 조씨(趙氏)의 성읍(城邑)이다. ㅇ請曰(청왈) : 청합니다. 지시를 내려주십시오. 〈윤탁이 간자에게 지시를 청했다.〉 ㅇ以爲繭絲乎(이위견사호) : 견사식(繭絲式)으로 다스립니까. 〈즉 누에고치에서 실을 뽑아내듯이 백성들로부터 세금을 징수하는 식의 착취를 위주로 한다는 뜻.〉 ㅇ以爲保障乎(이위보장호) : 보장식(保障式)으로 다스립니까. 〈즉 백성을 보호하고 지켜주는 인정(仁政)을 베푼다는 뜻.〉 〈착취하는 통치냐, 베푸는 인정이냐, 어느 식으로 다스릴지 말

해달라고 한 것이다.〉 ○簡子曰, 保障哉.(간자왈 보장재) : 간자가 말했다. 「백성을 보호하는 인정을 베풀어라.」 ○尹鐸損其戶數(윤탁손기호수) : 윤탁은 〈진양의〉 인구와 호수를 줄이고 주민들을 엄선하고 또 세금을 감면하고 진정으로 백성들을 보호하는 인정(仁政)을 베풀었다.

(2) 簡子謂無恤曰, 晉國有難, 必以晉陽爲歸. 簡子卒, 無恤立. 是爲襄子.

(2) 간자가 아들 무휼에게 말했다. 〈앞으로〉 진나라에 어려움이 있을 것이다. 〈난리가 나면〉 반드시 진양(晉陽)으로 돌아와, 〈그곳에 의거하라.〉 조간자(趙簡子)가 죽고, 아들 무휼(無恤)이 뒤를 이었다. 그가 바로 조양자(趙襄子)다.

어구 설명 (2) ○簡子謂無恤曰(간자위무휼왈) : 간자가 아들 무휼에게 말했다. ○晉國有難(진국유난) : 〈앞으로〉 진나라에 어려움이 있을 것이다. 당시 진(晉)나라 안에서, 경(卿)과 대부(大夫)들이 서로 세력 다툼을 하고 있었다. ○必以晉陽爲歸(필이진양위귀) : 〈난리가 나면, 조씨 일가는〉 반드시 진양(晉陽)으로 돌아와, 〈그곳을 근거지로 삼아라.〉 ○簡子卒 無恤立 是爲襄子(간자졸 무휼립 시위양자) : 조간자(趙簡子)가 죽고, 아들 무휼(無恤)이 뒤를 이었다. 그가 바로 조양자(趙襄子)다.

(3) 知伯求地於韓·魏. 皆與之. 求於趙. 不與. 率

韓 · 魏之甲, 以攻趙. 襄子出走晉陽. 三家圍而灌
之. 城不浸者三板. 沈竈産䵷, 民無叛意.

(3) 진(晉)나라의 경(卿) 지백(知伯)이 〈대부의 신분인〉 한씨
(韓氏), 위씨(魏氏)에게 영토를 요구했다. 이에 한씨, 위씨는
토지를 넘겨주었다. 지백은 다시 조씨(趙氏)에게도 〈토지를〉
요구했다. 그러나 〈조씨는〉 주지 않았다. 이에 지백은 한씨,
위씨 두 집안의 병졸을 함께 이끌고 조씨네 영토를 침공했
다. 조양자(趙襄子)는 진양(晉陽)으로 달려가 〈그곳을 근거
지로 삼고 항거했다.〉〈지백, 한씨, 위씨〉 세 집안의 군대들
은 진양을 포위하고 〈강물줄기를 돌려〉 성을 강물에 잠기게
했다. 〈그래서 성안의 모든 집이 물에 잠기고, 다만〉 지붕의
6척 높이만이 물에 안 잠기었다. 한편 물에 잠긴 부엌에는
개구리가 태어나 살았다. 그래도 진양의 백성들은 반의(叛
意)를 품지 않고 조씨 일가를 옹호하고 성을 지켰다.

어구 설명 (3) ㅇ知伯求地於韓 · 魏(지백구지어한 · 위) : 진(晉)나라의
경(卿), 지백(知伯)이 〈대부의 신분인〉 한씨(韓氏), 위씨(魏
氏)에게 영토를 요구했다. 「지백(知伯)」은 「지(知)」를 영유
하고 있는 경(卿)으로 세력이 컸다. ㅇ皆與之(개여지) : 〈한
씨, 위씨는〉 다 토지를 넘겨주었다. ㅇ求於趙 不與(구어조
불여) : 지백(知伯)은 다시 조씨(趙氏)에게도 〈토지를〉 요구
했으나, 〈조씨는〉 주지 않았다. ㅇ率韓 · 魏之甲 以攻趙(솔
한 · 위지갑 이공조) : 그러자, 지백은 한씨, 위씨, 두 집안
의 병졸을 함께 이끌고 조씨네 영토를 침공했다. ㅇ襄子出

走晉陽(양자출주진양) : 이에, 조양자(趙襄子)는 진양(晉陽)으로 달려가 〈그곳을 근거지로 삼고 항거했다.〉 ○三家圍而灌之(삼가위이관지) : 〈지백, 한씨, 위씨〉 세 집안의 군대들은, 진양을 포위하고, 〈강물줄기를 돌려〉 성을 강물에 잠기게 했다. ○城不浸者三板(성불침자삼판) : 〈성안의 모든 집이 물에 잠기고〉 지붕의 6척 만이 물에 안 잠기었다. ○沈竈産蠅(침조산와) : 물에 잠긴 부엌에는 개구리가 태어나 살았다. 蠅는 蛙(개구리 와)와 동자. ○民無叛意(민무반의) : 그래도 진양의 백성들은 반의(叛意)를 품지 않고, 조씨 일가를 옹호하고 성을 지켰다.

(4) 襄子陰與韓約, 共敗知伯, 滅知氏而分其地. 襄子漆知伯之頭, 以爲飮器.

(4) 조양자(趙襄子)는 뒤로 한씨(韓氏)와 밀약(密約)하고, 함께 힘을 합쳐 지백을 치고 패망케 했다. 지백이 멸망하자, 〈조씨와 한씨 둘이〉 지백의 땅을 나누어 가졌다. 한편 조양자는 지백의 두개골에 옻칠을 하고, 술잔을 만들었다. 〈술을 부어 마심으로써 원한을 풀고, 동시에 자기의 위세를 과시했다.〉

어구 설명 (4) ○襄子陰與韓約(양자음여한약) : 조양자(趙襄子)는 은밀히 한씨(韓氏)와 밀약(密約)하고, ○共敗知伯(공패지백) : 함께 힘을 합쳐 지백을 치고 패망케 했다. ○滅知氏而分其地(멸지씨이분기지) : 지백이 멸망하자, 〈조씨와 한씨

둘이〉지백의 땅을 나누어 가졌다. ㅇ襄子漆知伯之頭 以爲
飮器(양자칠지백지두 이위음기) : 조양자는 지백의 두개골
에 옷칠을 하고, 술잔을 만들었다.〈술을 부어 마심으로써
원한을 풀고, 동시에 자기의 위세를 과시했다.〉

| 백문 | 제3과 **趙襄子**

(1) 簡子使尹鐸爲晉陽. 請曰, 以爲繭絲乎, 以爲保障乎. 簡子曰, 保
障哉. 尹鐸損其戶數.

(2) 簡子謂無恤曰, 晉國有難, 必以晉陽爲歸. 簡子卒, 無恤立.
是爲襄子.

(3) 知伯求地於韓 · 魏. 皆與之. 求於趙. 不與. 率韓 · 魏之甲, 以攻
趙. 襄子出走晉陽. 三家圍而灌之. 城不浸者三板. 沈竈産蛙, 民
無叛意.

(4) 襄子陰與韓約. 共敗知伯, 滅知氏而分其地. 襄子漆知伯之頭,
以爲飮器.

제4과 **義臣豫讓**

(1) 知伯之臣豫讓, 欲爲之報仇. 乃詐爲刑人, 挾匕
首, 入襄子宮中塗廁. 襄子如廁, 心動. 索之獲讓.

(1) 지백의 신하 예양이 자기 주군의 원수를 갚으려고 했다.

그래서 죄수로 가장하고, 조양자(趙襄子)의 궁전에 숨어 들어가, 측간의 담에 칠을 했으며, 항상 비수를 가슴에 품고 〈기회를 엿보았다.〉

조양자가 측간에 갔으나, 〈이상하게〉 마음이 동하고 불안했다. 〈그래서, 수비병으로 하여금〉 수색을 해서, 마침내 예양의 〈정체를 밝혀내고〉 체포했다.

어구 설명 제4과 ○義臣豫讓(의신예양) : 지백(知伯)의 의로운 신하, 예양(豫讓), 자기의 주군 지백의 원수를 갚으려고 했다. (1) ○知伯之臣豫讓(지백지신예양) : 지백의 신하 예양이, ○欲爲之報仇(욕위지보구) : 자기 주군의 원수를 갚으려고 했다. ○乃詐爲刑人(내사위형인) : 그래서, 죄수로 가장하고, ○入襄子宮中塗廁(입양자궁중도측) : 조양자(趙襄子)의 궁전에 숨어 들어가서, 측간(변소, 화장실)의 벽 칠하는 일에 종사했다. 廁(뒷간 측, 곁 측) ; ① 변소. ② 옆, 구석. 厕는 속자. 厠는 간체. ○挾匕首(협비수) : 항상 비수를 품고, 〈기회를 엿보았다.〉○襄子如廁, 心動,(양자여측 심동) : 조양자가 측간에 가자, 〈이상하게〉 마음이 움직였다. ○索之獲讓(삭지획양) : 〈그래서, 경비병으로 하여금〉 수색을 해서, 마침내 예양의 정체를 밝히고, 그를 체포했다.

---

(2) 問曰, 子不嘗事范·中行氏乎. 知伯滅之. 子不爲報讐, 反委質於知伯. 知伯死. 子獨何爲報仇之深也. 曰, 范·中行氏, 衆人遇我. 我故衆人報之. 知

伯國士遇我. 我故國士報之. 襄子曰, 義士也. 舍之.
謹避而已.

(2) 조간자가 예양에게 물었다. 「그대는 전에 범씨와 중행씨
를 섬기지 않았느냐? 지백이 그들을 멸했을 때 그대는 범씨
와 중행씨의 원수를 갚지 않고 도리어 〈그대가 섬기던 범씨
나 중행씨를 죽인〉 지백(知伯)에게 예물을 바치고 그의 신하
가 되었다. 그런데 〈내가 지백을 죽이자〉 그대 혼자 왜 그다
지도 집요하게 그를 위해 원수를 갚으려고 하느냐?」

예양이 말했다. 「범씨와 중행씨는 나를 일반 사람으로 대우
해주었다. 그래서 나도 그들에게 일반사람으로서 보답했다.
그러나 지백은 나를 국사(國士)로써 대우해 주었다. 그래서
나도 국사로서 지백에게 보답하려고 한다.」

조양자가 말했다. 「그는 참으로 의사로다. 그를 풀어주어라.
내가 조심해서 그를 피하면 된다.」

어구 설명 (2) ○問曰, 子不嘗事范·中行氏乎.(문왈 자불상사범·중
행씨호) : 조간자가 예양에게 물었다. 「그대는 전에 범씨와
중행씨를 섬기지 않았느냐?」 ○知伯滅之(지백멸지) : 지백
이 그들을 멸했을 때, ○子不爲報讎(자불위보수) : 그대는
범씨와 중행씨의 원수를 갚지 않고, ○反委質於知伯(반위
지어지백) : 도리어 〈그대가 섬기던 범씨나 중행씨를 죽인〉
지백(知伯)에게 예물을 바치고 그의 신하가 되었다. 「質」
은 「지」로 읽으며, 「예물을 바치다」의 뜻이다. ○知伯死
(지백사) : 그런데, 〈내가 지백을 죽이자,〉 ○子獨何爲報仇

之深也(자독하위보구지심야) : 그대 혼자 왜 그다지도 집
요하게 그를 위해 원수를 갚으려고 하느냐? 〈조양자의 말
이다.〉 ㅇ曰(왈) : 예양이 말했다. ㅇ范·中行氏, 衆人遇
我.(범 · 중행씨 중인우아) : 범씨와 중행씨는 나를 일반 사
람으로 대우해 주었다. ㅇ我故衆人報之(아고중인보지) :
그래서 나도 그들에게 일반 사람으로서 보답했다. ㅇ知伯
國士遇我(지백국사우아) : 그러나 지백은 나를 국사(國士)
로서 대우해 주었다. ㅇ我故國士報之(아고국사보지) : 그
래서 나도 국사로서, 지백에게 보답하려고 한다. ㅇ義士也
舍之. 謹避而已(의사야 사지 근피이이) :「그는 의사다. 그
를 풀어주어라. 내가 조심해서 그를 피하면 된다.」

| 백문 | 제4과 **義臣豫讓**

(1) 知伯之臣豫讓, 欲爲之報仇. 乃詐爲刑人, 挾匕首, 入襄子宮中
   塗厠. 襄子如厠, 心動. 索之獲讓.

(2) 問曰, 子不嘗事范·中行氏乎. 知伯滅之. 子不爲報讐, 反委質
   於知伯. 知伯死. 子獨何爲報仇之深也. 曰, 范·中行氏, 衆人遇
   我. 我故衆人報之. 知伯國士遇我. 我故國士報之. 襄子曰, 義士
   也. 舍之 謹避而已.

제5과 襄子殺豫讓

(1) 讓漆身爲厲, 呑炭爲啞, 行乞於市. 其妻不識也.

其友識之日, 以子之才, 臣事趙孟, 必得近幸. 子乃
爲所欲爲, 顧不易邪. 何乃自苦如此.

(1) 예양(豫讓)은 자기 몸에 옻칠을 하고 〈스스로〉 문둥이가
되었으며 또 숯가루를 마시고 목 쉰 벙어리 같이 〈자신을 병
신으로 만들었다.〉 그리고 거리에 나가 구걸하면서, 〈복수
할 기회를 엿보았다.〉 〈그의 변한 모습을〉 그의 처도 알아보
지 못했다. 그러나 그의 친구 한 사람이 알아보고 말했다.
「그대의 재능을 가지고 조맹(趙孟 : 趙襄子)의 신하가 되어
그를 섬기면 반드시 그의 측근이 되고 총애를 받을 것이다.
지금 그대가 원하는 바를 이루기는 참으로 쉽지 않다고 생각
한다. 그렇거늘 왜 그렇게 자신을 괴롭히느냐.」

어구 설명 제5과 ○襄子殺豫讓(양자수살예양) : 조나라의 양자가 마
침내 예양을 죽였다. (1) ○讓漆身爲厲(양칠신위려) : 예
양은 몸에 옻칠을 하고 문둥이 같이 스스로 변장을 했다.
〈즉 병신으로 가장하고 접근하여 복수를 하려고 한 것이
다.〉「려(厲)=癘(창질 려)」, 여기서는 「癩(문둥병 라, 뢰)」
의 뜻으로 푼다. 몸에 옻칠을 하면 살이 부풀고 썩는다.
○吞炭爲啞(탄탄위아) : 숯가루를 마시면 목이 쉬고 막혀,
벙어리처럼 된다. ○行乞於市(행걸어시) : 거리를 다니면
서 구걸하며, 〈복수할 기회를 엿보았다.〉 ○其妻不識也
(기처불식야) : 〈크게 변한 그를〉 그의 처도 알아보지 못
했다. ○其友識之日(기우식지왈) : 그러나 그의 친구 한
사람이 알아보고, 말했다. ○以子之才 臣事趙孟(이자지재

신사조맹) : 그대의 재능을 가지고, 조맹(趙孟, 즉 趙襄子)의 신하가 되어 그를 섬기면, ○必得近幸(필득근행) : 반드시 그의 측근이 되고 총애를 받을 것이다. ○子乃爲所欲爲(자내위소욕위) : 지금 그대가 원하는 바를 이루기는, 〈즉 조양자를 죽이는 일〉 ○顧不易邪(고불이사) : 생각하건대, 쉽지 않다. 「顧」는 「생각하다, 보인다.」의 뜻. ○何乃自苦如此(하내자고여차) : 어찌하여 그와 같이 자신을 괴롭히느냐.

(2) 讓曰, 不可. 旣委質爲臣, 又求殺之. 是二心也 凡吾所爲者極難耳. 然所以爲此者, 將以愧天下後世, 爲人臣懷二心者也.

(2) 예양이 말했다. 「그렇게 하면 안 된다. 일단 〈충성을 맹서하는 징표로〉 예물을 바치고 신하가 되었거늘 또 다시 〈다른 사람의 신하가 되어서〉 〈먼저 섬기던 주군을〉 죽이려고 하는 것은 두 마음을 품는 비열한 짓이다. 허기는 내가 하고자 하는 바는 지극히 어려운 것이다. 그러나 내가 그 어려운 일을 하는 이유는 천하의 후세의 사람에게 신하가 되어, 두 마음을 품는 것이 부끄럽다는 것을 알게 하기 위해서다.」

어구 설명 (2) ○讓曰 不可(양왈 불가) : 예양이 말했다. 「그렇게 하면 안 된다.」 ○旣委質爲臣(기위질위신) : 먼저 〈충성을 맹서하는 징표로〉 예물을 바치고 신하가 되었거늘, ○又求殺之(우구살지) : 또 다시 〈남의 신하가 되어서〉 〈먼저 섬기던 주군을〉 죽이려고 하는 것은, ㅇ是二心也(시이심야) : 두 마음을 품는 비열한 짓이다. ㅇ凡吾所爲者極難耳(범오소위자극난이) : 허기는 내가 하고자 하는 바는 지극히 어려운 것이다. ㅇ然所以爲此者(연소이위차자) : 그러나 내가 그 어려운 일을 하는 이유는, ㅇ將以愧(장이괴) : 그렇게 함으로써 〈후세의 사람에게〉 부끄러움을 〈알게 하기 위해서이다.〉 ㅇ天下後世 爲人臣 懷二心者也(천하후세 위인신 회이심자야) : 천하 후세의 모든 신하가 두 마음을 품는 것이 〈부끄럽다는 것을 알게 하기 위해서다.〉「天下後世 爲人臣 懷二心者也」가 「愧」의 목적 어구다.

(3) 襄子出. 讓伏橋下. 襄子馬驚. 索之得讓. 遂殺之.

(3) 조양자(趙襄子)가 밖에 나갔을 때, 예양(豫讓)이 다리 밑에 숨어서, 〈그를 죽이려고 노렸다.〉 그러나 조양자의 말이 놀라 뛰었다. 그래서 경비병들이 수색해서 〈다리 밑에 숨어 있는〉 예양을 찾아냈다. 마침내 조양자도 예양을 처형하고 죽였다.

어구 설명 (3) ㅇ襄子出(양자출) : 조양자(趙襄子)가 밖에 나갔을 때, ㅇ讓伏橋下(양복교하) : 예양(豫讓)이 다리 밑에 숨어서, 〈그를 죽이려고 했다.〉 ㅇ襄子馬驚(양자마경) : 그러나 조양자가 탄 말이 놀랐다. ㅇ索之得讓(삭지득양) : 그래서 경비병들이 수색해서 〈다리 밑에 숨어있는〉 예양을 찾아냈다. ㅇ遂殺之(수살지) : 조양자도 마침내 예양을 처형해 죽였다.

| 백문 | 제5과 **襄子殺豫讓**

(1) 讓漆身爲厲, 呑炭爲啞, 行乞於市. 其妻不識也. 其友識之曰, 以子之才, 臣事趙孟, 必得近幸. 子乃爲所欲爲, 顧不易邪. 何乃自苦如此.

(2) 讓曰, 不可. 旣委質爲臣, 又求殺之. 是二心也. 凡吾所爲者極難耳. 然所以爲此者, 將以愧天下後世, 爲人臣懷二心者也.

(3) 襄子出. 讓伏橋下. 襄子馬驚. 索之得讓. 遂殺之.

제6과 從合六國

(1) 襄子立伯魯之孫浣. 是爲獻子. 獻子生烈侯籍. 以周威烈王命爲侯. 歷武公·敬侯·成侯至肅侯. 秦人恐喝諸侯求割地.

(1) 조나라의 양자(襄子)는 자기의 형, 백로(伯魯)의 손자 완(浣)을 세워 뒤를 계승하게 했으며, 그가 헌자다. 헌자가 열후(烈侯) 적(籍)을 낳았다. 주(周)의 위열왕(威烈王)의 명으로 후(侯)가 되었다.

조나라가 「무공·경후·성후」를 거쳐 숙후(肅侯)에 이르렀을 때, 진(秦)나라가 제후들을 공갈하여 영지를 쪼개 달라고 강요했다.

여구 설명 제6과 ○ 從合六國(종합육국) : 육국(六國)을 총(從=縱)으로 합약(合約)하고, 진(秦)에 대항했다. 「육국」은 「조(趙), 위(魏), 한(韓), 연(燕), 제(齊), 초(楚)」의 여섯 나라다. (1) ○ 襄子立伯魯之孫浣(양자립백로지손완) : 조나라의 양자(襄子)는 자기의 형, 백로(伯魯)의 손자, 완(浣)을 세워 뒤를 계승하게 했다. ○ 是爲獻子(시위헌자) : 그가 헌자다. ○ 獻子生烈侯籍(헌자생렬후적) : 헌자가 열후(烈侯) 적(籍)을 낳았다. ○ 以周威烈王命爲侯(이주위열왕명위후) : 주(周)의 위열왕(威烈王)의 명으로 후(侯)가 되었다. ○ 歷武公·敬侯·成侯至肅侯(역무공·경후·성후지숙후) : 〈조나라가〉「무공·경후·성후」를 거쳐 숙후(肅侯)에 이르렀을 때, ○ 秦人恐喝諸侯求割地(진인공갈제후구할지) : 진(秦)나라가 제후들을 공갈하고 영지를 쪼개 달라고 강요했다.

(2) 有洛陽人蘇秦, 遊說秦惠王不用. 乃往說燕文侯, 與趙從親. 燕資之, 以至趙. 說肅侯曰, 諸侯之卒, 十倍於秦. 幷力西向, 秦必破矣. 爲大王計, 莫若六國從親以擯秦. 肅侯乃資之, 以約諸侯. 蘇秦以鄙諺說諸侯曰, 寧爲雞口, 無爲牛後. 於是六國從合.

(2) 낙양(洛陽) 출신으로 소진(蘇秦)이란 사람이 있었다. 원래 그는 진(秦)나라 혜왕(惠王)에게 유세했으나, 등용되지 않자, 즉시 연(燕)나라 문왕(文王)에게 가서 「조(趙)나라와

종친(從親)하라」고 설득했다. 연나라 문왕이 〈소진의 건의
를 받아들이고〉 자금을 대주었다. 그래서 소진은 조나라에
가서, 조나라 숙후(肅侯)에게 다음과 같이 설득했다. 「여러
나라의 병력(兵力)을 다 합치면, 진(秦)나라의 열 배가 된다.
〈그러므로 동쪽에 있는 여섯 나라가〉 힘을 합치고 서쪽 즉
진(秦)나라로 향하면 반드시 진나라를 격파할 수 있다. 대왕
을 위한 계략으로서는 육국이 종친(從親)하고 진(秦)나라를
물리치는 것보다 더 좋은 계략이 없습니다.」 조나라의 숙후
도 찬성하고 〈소진에게〉 자금을 대주어, 제후들과 종약(從
約)을 맺게 했다. 소진은 비근한 속담으로 제후들을 설득했
다. 「차라리 닭의 부리가 될지언정, 소의 꼬리가 되지 마라.」
이렇게 하여, 여섯 나라가 남북으로 합동하고 〈진나라에 대
항하게 되었다.〉

어구 설명 (2) ㅇ有洛陽人蘇秦(유락양인소진) : 낙양(洛陽) 사람으로
소진(蘇秦)이란 사람이 있었다. ㅇ遊說秦惠王不用(유세진
혜왕불용) : 진(秦)나라 혜왕(惠王)에게 유세했으나, 등용
되지 않자, ㅇ乃往說燕文侯, 與趙從親.(내왕설연문후 여조
종친) : 즉시 연(燕)나라 문왕(文王)에게 가서 「조(趙)나라
와 종친(從親)하라」고 설득했다. 즉 연나라와 조나라가 종
(縱)으로 동맹을 맺고, 친교(親交)하여, 서쪽의 진(秦)나라
에 대항하라고 설득했다. ㅇ燕資之(연자지) : 연나라 문왕
이 〈소진의 건의를 받아들이고〉 자금을 대주었다. ㅇ以至
趙. 說肅侯曰,(이지조 설숙후왈) : 그래서 소진은 조나라에
가서, 조나라 숙후(肅侯)에게 다음과 같이 설득했다. ㅇ諸

侯之卒, 十倍於秦.(제후지졸 십배어진) : 여러 나라의 병력(兵力)을 다 합치면, 진(秦)나라의 열 배나 된다. ○幷力西向, 秦必破矣.(병력서향 진필파의) : 〈동쪽에 있는 여섯 나라가〉 힘을 합치고, 서쪽 즉 진(秦)나라로 향하면, 반드시 진나라를 격파할 수 있다. ○爲大王計(위대왕계) : 대왕을 위한 계략으로서는, ○莫若六國從親以擯秦(막약육국종친이빈진) : 육국이 종친(從親)하고 진(秦)나라를 물리치는 것보다 더 좋은 계략이 없다. 〈여기까지가 소진의 말이다.〉 ○肅侯乃資之, 以約諸侯.(숙후내자지 이약제후) : 조나라의 숙후도 찬성하고 〈소진에게〉 자금을 대주어, 제후들과 종약(從約)을 맺게 했다. ○蘇秦以鄙諺說諸侯曰(소진이비언설제후왈) : 소진은 비근한 속담으로 제후들을 설득했다. ○寧爲雞口, 無爲牛後.(영위계구 무위우후) : 차라리 닭의 부리가 될지언정, 소의 꼬리가 되지 마라. ○於是六國從合(어시륙국종합) : 이렇게 하여, 여섯 나라가 남북으로 합동했다.

| 백문 | 제6과 從合六國

(1) 襄子立伯魯之孫浣. 是爲獻子, 獻子生烈侯籍. 以周威烈王命爲侯. 歷武公 · 敬侯 · 成侯至肅侯. 秦人恐喝諸侯求割地.

(2) 有洛陽人蘇秦, 遊說秦惠王不用. 乃往說燕文侯, 與趙從親. 燕資之, 以至趙. 說肅侯曰, 諸侯之卒, 十倍於秦. 幷力西向, 秦必破矣. 爲大王計. 莫若六國從親以擯秦. 肅侯乃資之. 以約諸侯. 蘇秦以鄙諺說諸侯曰, 寧爲雞口, 無爲牛後. 於是六國從合.

제7과 蘇秦

(1) 蘇秦者, 師鬼谷先生. 初出游, 困而歸. 妻不下機, 嫂不爲炊. 至是爲從約長, 幷相六國. 行過洛陽. 車騎輜重, 擬於王者. 昆弟妻嫂, 側目不敢視. 俯伏侍取食. 蘇秦笑曰, 何前倨而後恭也. 嫂曰, 見季子位高金多也.

⑴ 소진은 귀곡선생을 스승으로 삼고 종횡술(縱橫術)을 배웠다. 소진이 처음에 여러 나라를 돌며 유세했으나 〈채용되지 않고〉 곤궁한 꼴로 집으로 돌아왔다. 그러자 자기 처도 베틀에서 내려와 맞이하지 않고, 형수도 밥을 지어주려고 하지 않았다.

그러다가 소진이 육국종약(六國從約)의 장이 되고 육국의 재상을 겸하고 나서, 자기 고향인 낙양에 들렀다. 〈그때의〉 수행하는 거마(車馬)나 뒤따르는 짐차 등 〈행차의 위용(威容)이〉 흡사 왕자를 방불케 했다.

그러자 형제, 처, 형수들이 감히 〈정면으로 소진을〉 쳐다보지 못하고 곁에서 부복하고 식사 시중을 들었다. 이에 소진이 웃으면서 물었다. 「어찌 하여, 전에는 거만하더니 지금은 공손하게 하느냐?」 그러자, 형수가 말했다. 「막내 서방님께서 지금은 지위가 높고 돈을 많이 가지고 계시기 때문입니다.」

[어구 설명] 제7과 ○蘇秦(소진) : 소진의 설득으로 육국(六國)이 종약 (從約)을 맺고, 모든 나라가 소진을 재상(宰相)으로 대우했 다. ⑴ ○蘇秦者, 師鬼谷先生.(소진자 사귀곡선생) : 소진은 귀곡선생을 스승으로 삼고, 종횡술(縱橫術)을 배웠다. 「귀 곡선생」은 곧 전국시대의 외교정략가(外交政略家), 왕후(王 詡)다. 하남성(河南省) 귀곡(鬼谷)에 살았다. 합종설(合從 說)을 주장한 소진(蘇秦)이나, 연횡설(連橫說)을 주장한 장 의(張儀)가 다 그의 제자다. ○初出游, 困而歸.(초출유 곤이 귀) : 소진이 처음에 여러 나라를 돌며, 유세했으나, 〈채택 되지 않았음으로〉 곤궁한 꼴로 집으로 돌아왔다. ○妻不下 機(처불하기) : 그러자, 자기 처도 베틀에서 내려와 맞이하 지 않고, ○嫂不爲炊(수불위취) : 형수도 밥을 지어주려고 하지 않았다. ○至是(지시) : 다음과 같이 되자, ○爲從約長 (위종약장) : 소진이 육국종약(六國從約)의 장이 되고, ○幷 相六國(병상육국) : 육국의 재상을 겸하고, ○行過洛陽(행 과락양) : 자기 고향인 낙양에 들렀다. 「행과(行過)」는 「가 서 들렀다.」는 뜻으로 푼다. ○車騎輜重, 擬於王者.(차기치 중의어왕자) : 그를 수행하는 거마(車馬)나 뒤따르는 짐차 등 〈그때의 위용(威容)이〉 흡사 왕의 행차를 방불케 했다. ○昆弟妻嫂(곤제처수) : 형제, 처, 형수들이, ○側目不敢視 (측목불감시) : 〈정면으로 소진을〉 쳐다보지 못하고 〈곁에 서〉, ○俯伏侍取食(부복시취식) : 부복하고 식사하는 데 시 중을 들었다. ○蘇秦笑曰, 何前倨而後恭也.(소진소왈 하전 거이후공야) : 소진이 웃으면서 물었다. 「어찌하여, 전에는 거만하더니, 지금은 공손하게 하느냐?」 ○嫂曰, 見季子位 高金多也.(수왈 견계자위고금다야) : 형수가 말했다. 「막내

서방님께서, 지위가 높고, 돈을 많이 가지고 계시기 때문입니다.」「계자(季子)」를 「소진의 자(字)」로 풀기도 한다.

(2) 秦喟然歎曰, 此一人之身. 富貴則親戚畏懼之, 貧賤則輕易之. 況衆人乎. 使我有洛陽負郭田二頃, 豈能佩六國相印乎. 於是散千金, 以賜宗族·朋友. 旣定從約歸趙. 肅侯封爲武安君.

(2) 소진이 한숨을 쉬고 탄식하며 말했다. 「이 몸은 같은 한 사람이거늘, 부귀를 누리면 즉 친척들도 두려워 겁을 내고, 빈천하게 영락하면 즉 가볍게 보고 업신여긴다. 하물며 일반 사람들은 어떠하겠는가? 만약 〈전에〉 내가 낙양 성 밖의 비옥한 전답, 2경(頃)만 있어도 어찌 〈내가 분발하여〉 육국의 재상의 인수를 찰 수 있었으랴?」 그리고 천금의 돈을 뿌려 일가 친족이나 붕우에게 나눠주었다. 소진이 육국종약(六國從約)을 완성하고, 조나라로 귀환하자, 조나라 임금 숙후는 소진을 문안군(武安君)에 봉했다.

어구 설명 (2) ㅇ秦喟然歎曰(진위연탄왈) : 소진이 한숨을 쉬고 탄식하며 말했다. ㅇ此一人之身(차일인지신) : 그 모두가 같은 한 사람이다. 즉 옛날의 나도, 지금의 나도 다 같은 한 사람이다. ㅇ富貴則親戚畏懼之(부귀칙친척외구지) : 〈같은 이 몸이거늘〉 부귀를 누리면 즉 친척들도 두려워 겁을 내고, ㅇ貧賤則輕易之(빈천칙경역지) : 빈천하게 영락하면 즉 가볍게 보고 업신여긴다. ㅇ況衆人乎(황중인호) : 하물 며 일반 사람들은 어떠하겠는가? ㅇ使我有洛陽負郭田二頃 (사아유낙양부곽전이경) : 만약 〈전에〉 내가 낙양 성 밖의 비옥한 전답, 2경(頃)만 소유하고 있어도, 「경(頃)」은 백무 (百畝), ㅇ豈能佩六國相印乎(기능패육국상인호) : 어찌 〈내 가 분발하여〉 육국의 재상의 인수를 찰 수 있었으랴? ㅇ於 是散千金(어시산천금) : 이에, 천금의 돈을 뿌려, ㅇ以賜宗 族朋友(이사종족붕우) : 일가 친족이나 붕우에게 나눠주었 다. ㅇ旣定從約歸趙(기정종약귀조) : 소진이 육국종약(六 國從約)을 완성하고, 조나라로 귀환하자, ㅇ肅侯封爲武安 君(숙후봉위무안군) : 조나라 임금 숙후는 소진을 문안군 (武安君)에 봉했다.

(3) 其後秦使犀首欺趙, 欲敗從約. 齊·魏伐趙. 蘇 秦恐去趙, 而從約解.

(3) 그 후에, 진(秦)나라가 위(魏)나라의 서수(犀首) 벼슬을 지낸 공손연(公孫衍)으로 하여금 조나라를 속이고, 육국종약 (六國從約)을 파괴하려고 했다. 한편 제(齊)와 위(魏) 두 나 라가 조나라를 공격했다. 이에, 소진은 겁을 내고, 조나라를 떠났으며 육국종약이 무너지고 말았다.

어구 설명 (3) ㅇ其後秦使犀首欺趙(기후진사서수기조) : 그 후에, 진 (秦) 나라가 서수(犀首)로 하여금 조나라를 속이고, 「서수 (犀首)」는 「위(魏)나라의 관명(官名)이다.」 위나라 사람 공손연(公孫衍)이 「서수」를 지냈음으로, 여기서는 「서수」라고 했다. ○欲敗從約(욕패종약) : 종약(從約)을 파괴하려고 했다. ○齊魏伐趙(제위벌조) : 또 제(齊)와 위(魏) 두 나라가 조나라를 공격했다. ○蘇秦恐去趙(소진공거조) : 소진은 겁을 내고, 조나라를 떠났으며, ○而從約解(이종약해) : 이에, 육국종약(六國從約)이 무너지고 말았다.

| 백문 | 제7과 蘇秦

(1) 蘇秦者, 師鬼谷先生. 初出游, 困而歸. 妻不下機, 嫂不爲炊. 至是爲從約長, 并相六國. 行過洛陽. 車騎輜重, 擬於王者. 昆弟妻嫂, 側目不敢視. 俯伏侍取食. 蘇秦笑曰, 何前倨而後恭也. 嫂曰, 見季子位高金多也.

(2) 秦喟然歎曰, 此一人之身. 富貴則親戚畏懼之, 貧賤則輕易之. 況衆人乎. 使我有洛陽負郭田二頃, 豈能佩六國相印乎. 於是散千金, 以賜宗族·朋友. 旣定從約歸趙. 肅侯封爲武安君.

(3) 其後秦使犀首欺趙, 欲敗從約. 齊·魏伐趙. 蘇秦恐去趙, 而從約解.

제8과 藺相如完璧歸

(1) 肅侯子武靈王, 胡服招騎射, 略胡地, 滅中山, 欲南襲秦, 不果. 傳子惠文王.

(1) 조나라 숙후(肅侯)의 아들, 무령왕(武靈王)은 호족(胡族)의 옷을 입고, 말 잘 타고, 활 잘 쏘는 무사들을 모아서, 오랑캐 땅을 공략하고, 중산(中山) 나라를 멸하고 〈거기서〉 남으로 내려가 진(秦)을 습격하려고 했다. 그러나 성공하지 못했다. 그리고 자리를 혜문왕에게 넘겼다.

<table><tr><td>어구 설명</td></tr></table> 제8과 ㅇ藺相如完璧歸(인상여완벽귀) : 조나라의 충신 인상여(藺相如)가 〈진(秦)에게 뺏길뻔 했던〉 화씨벽(和氏璧)을 온전하게 되돌렸다. 「화씨벽(和氏璧)」은 초(楚)나라의 변화(卞和)가 형산(荊山)에서 발견한 옥돌이다. 이를 조(趙)나라가 보물로 간직하고 있었다. (1) 肅侯子武靈王(숙후자무령왕) : 조나라 숙후(肅侯)의 아들, 무령왕(武靈王)은, ㅇ胡服招騎射(호복초기사) : 호족(胡族)의 옷을 입고, 말 잘 타고, 활 잘 쏘는 무사를 모아 가지고, ㅇ略胡地(약호지) : 오랑캐 땅을 공략하고, ㅇ滅中山(멸중산) : 중산 나라를 멸하고, 「중산(中山)」은 직례성(直隷省)에 있는 작은 나라. ㅇ欲南襲秦(욕남습진) : 〈거기서〉 남으로 내려가 진(秦)을 습격하려고 했으나, ㅇ不果(불과) : 성공하지 못했다. ㅇ傳子惠文王(전자혜문왕) : 임금 자리를 혜문왕에게 넘겼다.

(2) 惠文嘗得楚和氏璧. 秦昭王, 請以十五城易之. 欲不與畏秦强, 欲與恐見欺. 藺相如, 願奉璧往. 城不入, 則臣請完璧而歸.

(2) 조(趙)나라의 혜문왕(惠文王)은 전에 초(楚)나라의 화씨벽(和氏璧)을 얻어서 〈국보로 삼고 있었다.〉 〈그러자〉 진(秦)나라의 소왕(昭王)이 성읍(城邑) 15개와 교환하자고 제안해 왔다.

〈조나라는 난처했다.〉 화씨벽을 안 주자니 진나라의 강한 무력이 겁이 났고, 주자니 그들에게 속을 것이 두려웠다. 〈그때에〉 인상여가 자기가 화씨벽을 받들고 진나라에 가겠다고 자청했다. 〈그리고〉 만약에 진의 성을 얻지 못하면 자기가 화씨벽을 온전하게 되돌려 오겠다고 말했다.

어구 설명   (2) ㅇ 惠文嘗得楚和氏璧(혜문상득초화씨벽) : 조(趙)나라의 혜문왕(惠文王)은 전에 초(楚)나라의 화씨벽(和氏璧)을 얻어서 〈국보로 삼고 있었다.〉 ㅇ 秦昭王, 請以十五城易之.(진소왕 청이십오성역지) : 진(秦)나라 소왕(昭王)이 성읍(城邑) 15개와 교환하자고 제안해 왔다. ㅇ 欲不與畏秦强(욕불여외진강) : 〈조나라는 난처했다.〉 화씨벽을 안 주자니, 진나라의 강한 무력이 겁이 났고, ㅇ 欲與恐見欺(욕여공견기) : 주자니, 그들에게 속을 것이 두려웠다. ㅇ 藺相如願奉璧往(인상여원봉벽왕) : 〈그때에〉 인상여가 자기가 화씨벽을 받들고 진나라에 가겠다고 자청했다. ㅇ 城不入 則臣請完璧而歸(성불입 칙신청완벽이귀) : 〈그리고〉 만약에 진의 성을 얻지 못하면, 즉 자기가 화씨벽을 온전하게 되돌려 오겠다고 말했다.

(3) 既至. 秦王無意償城. 相如乃詒取璧, 怒髮指冠,

卻立柱下曰, 臣頭與璧俱碎. 遺從者懷璧, 閒行先
歸, 身待命於秦. 秦昭王賢而歸之.

(3) 이미 인상여가 와서, 〈약속한 대로 옥돌을 진나라에게
넘겼다.〉그러나 진나라 소왕은 대가로 주겠다던 성을 줄 생
각이 없었다.

인상여는 〈옥돌에 있는 흠을 지적해 주겠다고〉속이고, 옥
돌을 되돌려 받았다. 〈인상여는〉노여움에 곤두선 머리털이
관을 받쳐들 듯했다. 그는 뒷걸음질로 기둥 밑에 가서 섰다.
〈그리고 격한 소리로 외쳤다.〉「저의 머리와 이 옥돌은 함께
기둥을 받고 부서져 조각날 것이다.」

한편 따라온 부하를 시켜 옥돌을 품에 간직하고 샛길을 타고
조나라로 돌아가게 했다. 그리고 자신은 진나라 임금의 처분
명령을 기다렸다. 진나라 소왕은 그를 현명하다고 인정하고
무사히 조나라로 돌려보냈다.

어구 설명 (3) ㅇ旣至(기지) : 이미 인상여가 와서, 〈약속한 대로 옥
돌을 진나라에게 넘겼다.〉ㅇ秦王無意償城(진왕무의상성)
: 그러나 진나라 소왕은 대가로 성을 줄 생각이 없었다.
ㅇ相如乃詒取璧(상여내이취벽) : 인상여는 〈옥돌에 있는
흠을 지적해 주겠다고〉속이고, 옥돌을 되돌려 받았다. ㅇ怒
髮指冠(노발지관) : 〈인상여는〉노여움에 곤두선 머리털이
관을 받쳐들 듯 했다. ㅇ卻立柱下曰(각립주하왈) : 그는 뒷
걸음질로 기둥 밑에 가서 섰다. 〈그리고 격한 소리로 외쳤
다.〉ㅇ臣頭與璧俱碎(신두여벽구쇄) : 「저의 머리와 이 옥

돌은 함께 기둥을 받고 부서져 조각날 것이다.」○遣從者懷璧(견종자회벽) : 한편 따라온 부하를 시켜, 옥돌을 품에 간직하고, ○間行先歸(한행선귀) : 샛길을 타고 조나라로 돌아가게 했다. ○身待命於秦(신대명어진) : 그리고 자신은 진나라 임금의 처분 명령을 기다렸다. ○秦昭王賢而歸之(진소왕현이귀지) : 소왕은 그의 현명을 인정하고, 무사히 조나라로 돌아가게 했다.

| 백문 | 제8과 **藺相如完璧歸**

(1) 肅侯子武靈王, 胡服招騎射, 略胡地, 滅中山, 欲南襲秦, 不果傳子惠文王.

(2) 惠文嘗得楚和氏璧. 秦昭王, 請以十五城易之. 欲不與畏秦强, 欲與恐見欺. 藺相如, 願奉璧往. 城不入, 則臣請完璧而歸.

(3) 旣至. 秦王無意償城. 相如乃詒取璧, 怒髮指冠, 卻立柱下曰, 臣頭與璧俱碎. 遣從者懷璧, 間行先歸, 身待命於秦. 秦昭王賢而歸之.

제9과 **秦趙會於澠池**

(1) 秦王約趙王, 會澠池. 相如從. 及飮酒, 秦王請趙王鼓瑟. 趙王鼓之.

(1) 진나라 왕이 조나라왕과 민지에서 회동하자고 약속을 했다. 그때에 인상여(藺相如)가 따라 갔다. 함께 술을 마시는 연회석상에서 진나라 왕이 조나라 왕에게 「거문고를 타 보세요.」하고 청했다. 조나라 왕은 거문고를 탔다. 〈진나라의 힘에 눌려, 마지못해 응한 것이다.〉

|여구 설명| 제9과 ○秦趙會於澠池(진조회어민지) : 「진·조」두 나라 임금이 민지에서 만나다. 「민지(澠池)」는 하남성(河南省)에 있으며, 당시에는 한(韓)나라 영지에 속했다. (1) ○秦王約趙王, 會澠池.(진왕약조왕 회민지) : 진나라 왕이 조나라왕과 민지에서 회동하자고 약속을 했다. ○相如從(상여종) : 〈그때에〉인상여(藺相如)가 따라 갔다. ○及飮酒(급음주) : 함께 술을 마시는 연회석상에서, ○秦王請趙王鼓瑟(진왕청조왕고슬) : 진나라 왕이 조나라 왕에게 거문고 연주를 청했다. 瑟(큰 거문고 슬). ○趙王鼓之(조왕고지) : 조나라 왕은 거문고를 탔다. 〈진나라 힘에 눌려, 마지못해 응한 것이다.〉

(2) 相如復請秦王擊缶爲秦聲. 秦王不肯. 相如曰, 五步之內, 臣得以頸血濺大王. 左右欲刃之. 相如叱之. 皆靡. 秦王爲一擊缶.

(2) 인상여가 나서서 진나라 왕에게 거듭 청했다. 「〈이번에는 진나라 왕께서〉 장군 북을 두들겨, 진나라 음악을 들려주

십시오.」 그러나 진나라 왕이 듣지 않았다. 그러자, 인상여가 말했다. 「〈임금님과 저는〉 다섯 발짝 안에 〈함께 있습니다.〉 저는 스스로 제 목을 따고, 그 피를 대왕에게 뿌릴 수 있습니다.」 이에 진나라 임금 좌우의 신하들이 칼로 베려고 하자, 인상여가 벼락같은 소리로 질타했으며, 〈그 기세에 눌려〉 모두들 주춤했다. 진나라 왕도 〈별 수없이〉 장군 북을 두들겼다.

───

어구 설명 (2) ㅇ相如復請秦王(상여부청진왕) : 인상여가 나서서 진나라 왕에게 거듭 청했다. ㅇ擊缶爲秦聲(격부위진성) : 「〈이번에는 진왕께서〉 장군 북을 두들겨 진나라 음악을 들려주십시오.」〈하고 청을 했다.〉 缶(장군 부). ㅇ秦王不肯(진왕불긍) : 진나라 왕이 듣지 않고, 거절하자, ㅇ相如曰(상여왈) : 인상여가 말했다. ㅇ五步之內(오보지내) : 〈임금님과 저는〉 다섯 발짝 안에 〈함께 있습니다.〉 ㅇ臣得以頸血濺大王(신득이경혈천대왕) : 「저는 스스로 제 목을 따고, 그 피를 대왕에게 뿌릴 수 있습니다.」 ㅇ左右欲刃之(좌우욕인지) : 〈진나라 임금〉 좌우의 신하들이 칼로 베려고 했다. ㅇ相如叱之, 皆靡.(상여질지 개미) : 인상여가 벼락같은 소리로 질타하자, 〈그 기세에 눌려〉 모두들 주춤했다. ㅇ秦王爲一擊缶(진왕위일격부) : 진나라 왕은 〈별 수없이〉 장군 북을 두들겼다.

(3) 秦終不能有加於趙. 趙亦盛爲之備. 秦不敢動.

(3) 진나라는 끝까지 조나라에게 압력을 가할 수가 없었다. 한편 조나라 역시 열심히 〈빈틈없이〉 대비를 했음으로, 진나라는 경거망동하지 못했다.

어구 설명 (3) ○秦終不能有加於趙(진종불능유가어조) : 진나라는 끝까지 조나라에게 압력을 가할 수가 없었다. ○趙亦盛爲之備(조역성위지비) : 조나라 역시 열심히 대비를 했다. ○秦不敢動(진불감동) : 그래서 진나라는 경거망동하지 못했다.

| 백문 | 제9과 **秦趙會於澠池**

(1) 秦王約趙王, 會澠池. 相如從. 及飮酒, 秦王請趙王鼓瑟. 趙王鼓之.

(2) 相如復請秦王擊缶爲秦聲. 秦王不肯. 相如曰, 五步之內, 臣得以頸血濺大王. 左右欲刃之. 相如叱之. 皆靡. 秦王爲一擊缶.

(3) 秦終不能有加於趙. 趙亦盛爲之備. 秦不敢動.

제10과 藺相如 · 廉頗

(1) 趙王歸, 以相如爲上卿. 在廉頗右. 頗曰, 我爲趙將, 有攻城野戰之功. 相如素賤人. 徒以口舌居我上. 吾羞爲之下. 我見相如, 必辱之.

⑴ 조나라 혜왕(惠王)은 민지(澠池)에서 돌아와, 인상여를 상경(上卿)에 임명했으며, 서열도 염파장군의 위에 있게 했다. 그러자, 염파장군이 말했다.「나는 조나라 장군이며, 성읍을 공략하고, 들판에서 싸운 무공이 있다. 한편 인상여는 본래 천한 사람이며, 다만 입과 혀를 잘 놀려, 나보다 윗자리에 올랐으니, 나는 〈그보다〉 낮은 것을 수치로 여긴다. 내가 인상여를 보면, 반드시 욕을 가하리라.」

어구 설명 제10과 ㅇ藺相如 · 廉頗(인상여 · 염파) : 두 사람이 다 조나라의 충신이다. 그러나 인상여는 문신(文臣)이고, 염파는 장군이며 무신(武臣)이다. 처음에는 염파 때문에, 이들 사이가 벌어질 뻔 했다. 그러나 인상여의 깊은 사려로 둘이 다시 화합했다. ⑴ ㅇ趙王歸(조왕귀) : 조나라 혜왕(惠王)은 민지(澠池)에서 돌아와, ㅇ以相如爲上卿(이상여위상경) : 〈공을 세운〉 인상여를 상경(上卿)에 임명했으며, ㅇ在廉頗右(재염파우) : 서열도 염파장군의 위다. 서열이 높은 사람이「우(右)」에 위치한다. ㅇ頗曰(파왈) : 염파가 말했다. ㅇ我爲趙將, 有攻城野戰之功.(아위조장 유공성야전지공) :「나는 조나라의 장군이며, 성을 공략하고 들에서 싸운 무공이 있다.」 ㅇ相如素賤人. 徒以口舌居我上.(상여소천인 도이구설거아상) : 인상여는 본래 천한 사람이거늘, 다만 입과 혀를 잘 놀려, 나보다 윗자리에 올랐다. ㅇ吾羞爲之下(오수위지하) : 나는 〈그보다〉 낮은 것을 수치로 여긴다. ㅇ我見相如, 必辱之.(아견상여 필욕지) : 나는 인상여를 보면 반드시 〈그에게〉 욕 풀이를 하겠다.

(2) 相如聞之, 每朝常稱病, 不欲與爭列. 出望見, 輒引車避匿. 其舍人皆以爲恥. 相如曰, 夫以秦之威, 相如廷叱之, 辱其羣臣. 相如雖駑, 獨畏廉將軍哉. 顧念强秦不敢加兵於趙者, 徒以吾兩人在也. 今兩虎共鬪, 其勢不俱生. 吾所以爲此者, 先國家之急, 而後私讐也.

(2) 인상여는 그 말을 듣고, 조정에 나갈 때마다 병을 핑계하고 〈염파장군과 만나는 것을 피하고,〉 서로 자리다툼 하는 것을 원치 않았다. 밖에 나가서도 〈염파장군을〉 멀리서 보면, 즉시 자기 수레를 돌려 피하고 숨었다. 인상여의 부하들은 누구나 〈그렇게 하는 것을〉 부끄럽게 여겼다.
그러자 인상여가 〈다음과 같이〉 말했다. 「무릇 진(秦)나라의 위세 앞에서도, 나 상여는 그들의 조정에서 신하들을 질타하고 또 군신들을 욕보였다. 나 상여가 비록 어리석다 해도, 염파장군 한 사람을 겁내겠느냐. 돌이켜 생각해보자, 강한 진(秦)이 감히 우리 조(趙)에 무력공격을 가하지 못하는 것은 오직 우리 두 사람이 있기 때문이다. 만약에 지금 두 호랑이가 서로 투쟁을 한다면, 그 형세에 있어, 둘이 다 살지는 못할 것이다. 〈어느 한 쪽이 쓰러지고, 우리나라 힘이 반쪽을 잃는다.〉〈내가 피하고 서로 충돌하지 않는 까닭은〉 국가의 위급을 앞세우고, 사사로운 원한을 뒤로 하기 때문이다.」

어구 설명 (2) ㅇ相如聞之(상여문지) : 인상여는 그 말을 듣고, ㅇ每朝常稱病(매조상칭병) : 조정에 나갈 때마다 병을 핑계하고 〈염파장군과 만나는 것을 피하고〉 ㅇ不欲與爭列(불욕여쟁렬) : 서로 자리다툼 하는 것을 원치 않았다. ㅇ出望見(출망견) : 밖에 나가서도 〈염파장군을〉 멀리서 보면, ㅇ輒引車避匿(첩인거피익) : 즉시 자기 수레를 돌려, 피하고 숨었다. ㅇ其舍人皆以爲恥(기사인개이위치) : 인상여의 부하들이 다 〈그렇게 하는 것을〉 부끄럽게 여겼다. ㅇ相如曰(상여왈) : 그러자 인상여가 〈다음과 같이〉 말했다. ㅇ夫以秦之威 相如廷叱之 辱其羣臣(부이진지위 상여정질지 욕기군신) : 무릇 진(秦)나라의 위세 앞에서도, 나 상여는 그들의 조정 신하들을 질타하고 또 군신들을 욕보였다. ㅇ相如雖駑(상여수노) : 나 상여가 비록 어리석다 해도, 駑(둔할 노). ㅇ獨畏廉將軍哉(독외염장군재) : 염파장군 한 사람을 겁내겠느냐. ㅇ顧念强秦不敢加兵於趙者(고념강진불감가병어조자) : 돌이켜 생각해보자, 강한 진(秦)이 감히 우리 조(趙)에 무력공격을 가하지 못하는 것은, ㅇ徒以吾兩人在也(도이오량인재야) : 오직 우리 두 사람이 함께 있기 때문이다. ㅇ今兩虎共鬪(금양호공투) : 만약에 지금 두 호랑이가 서로 투쟁을 한다면, 鬪는 鬪의 본자. 鬭는 속자. 鬦는 속자. 斗는 간체. ㅇ其勢不俱生(기세불구생) : 그 형세에 있어, 둘이 다 살지는 못할 것이다. 〈어느 한 쪽이 쓰러지고, 우리나라 힘이 반쪽을 잃는다.〉 ㅇ吾所以爲此者(오소이위차자) : 내가 그렇게 피하고 서로 충돌하지 않는 까닭은, ㅇ先國家之急 而後私讎也(선국가지급 이후사수야) : 국가의 위급을 앞세우고, 사사로운 원한을 뒤로하기 때문

이다. 〈여기까지가 인상여의 말이다.〉

(3) 頗聞之, 肉袒負荊, 詣門死罪, 遂爲刎頸之交.

(3) 염파장군이 그 말을 듣고 즉시 '육단부형' 즉 옷을 벗고
알몸으로 등에 가시나무를 지고, 인상여의 대문 앞에 가서,
죽을 죄를 벌 해 달라고 빌었다. 〈그리하여〉 마침내, 두 사
람은 '문경지교'를 맺었다.

어구 설명 (3) ○頗聞之(파문지) : 염파장군이 그 말을 듣고, ○肉袒
負荊(육단부형) : 옷을 벗고 알몸이 되어, 가시나무를 등에
지다. 즉 가시나무로 죄진 자기를 쳐달라는 뜻이다. 荊(모
형나무 형) ; 가시나무. 다스리다. 땅이름. 자기 아내의 경
칭. 荊妾. 荊婦. ○詣門死罪(예문사죄) : 염파장군이 인상
여의 대문 앞에 가서, 죽을 죄를 벌 해 달라고 했다. ○遂
爲刎頸之交(수위문경지교) : 마침내, 두 사람은 「문경지
교」를 맺었다. 「刎頸之交(문경지교)」는 「서로 상대를 위
해, 스스로 목을 따서 죽겠다는 굳은 맹서를 한 사귐」이다.

| 백문 | 제10과 藺相如 · 廉頗

(1) 趙王歸, 以相如爲上卿. 在廉頗右. 頗曰, 我爲趙將, 有攻城野戰
之功. 相如素賤人. 徒以口舌居我上. 吾羞爲之下. 我見相如, 必
辱之.

(2) 相如聞之, 每朝常稱病. 不欲與爭列. 出望見, 輒引車避匿. 其舍
人皆以爲恥. 相如曰, 夫以秦之威, 相如廷叱之, 辱其羣臣. 相如

雖駑, 獨畏廉將軍哉. 顧念强秦不敢加兵於趙者, 徒以吾兩人在也. 今兩虎共鬪, 其勢不俱生. 吾所以爲此者, 先國家之急, 而後私讐也.

(3) 頗聞之, 肉袒負荊, 詣門死罪, 遂爲刎頸之交.

제11과 趙括敗於白起

(1) 惠文王子孝成王立. 秦伐韓. 韓上黨降於趙. 秦攻趙. 廉頗軍長平, 堅壁不出. 秦人行千金爲反間曰, 秦獨畏馬服君趙奢之子括爲將耳. 王使括代頗. 相如曰, 王以名使括. 若膠柱鼓瑟耳. 括徒能讀其父書, 不知合變也. 王不聽.

⑴ 조나라 혜문왕(惠文王)의 아들 효성왕(孝成王)이 자리에 올랐다. 그 무렵에, 진(秦)이 한(韓)을 공격했다. 그러자, 한(韓)나라의 상당군(上黨郡 : 山東省)이 조(趙)에 투항했다. 그래서 진(秦)이 조(趙)를 공격했다. 조나라의 염파장군은 장평(長平 : 山西省)에 군대를 집결하고 진을 쳤으며, 굳게 성벽을 지키고 밖으로 나와 싸우지 않았다. 한편 진(秦)나라는 천금을 뿌려, 이간책(離間策)을 쓰고, 〈다음과 같은〉 말을 퍼뜨렸다. 「진나라는 다만 마복군, 조사의 아들 조괄이 장군

이 되는 것을 겁낸다. 그러자, 조나라 왕은 조괄로 하여금 염파장군을 대신케 했다.」 이에, 인상여가 말했다. 「대왕께서는 이름만으로 조괄을 쓰려고 하십니까. 그의 전술은 흡사, 현주(絃柱)를 아교로 고정해 놓고 거문고를 연주하는 거와 같습니다. 조괄은 다만 자기 부친의 병서(兵書)를 읽을 줄 알 뿐, 실전에 임해서, 임기응변할 줄 모릅니다.」 그러나 왕은 듣지 않았다.

어구 설명 제11과 ㅇ趙括敗於白起(조괄패어백기) : 조(趙)나라의 장군 조괄(趙括)이 진(秦)나라의 장군 백기(白起)에게 크게 패하다. (1) ㅇ惠文王子孝成王立(혜문왕자효성왕립) : 조나라 혜문왕(惠文王)의 아들 효성왕(孝成王)이 자리에 올랐다. ㅇ秦伐韓(진벌한) : 〈그때에〉 진(秦)이 한(韓)을 공격했다. ㅇ韓上黨降於趙(한상당강어조) : 한(韓)나라의 상당군(上黨郡 : 山東省)이 조(趙)에 투항했다. ㅇ秦攻趙(진공조) : 〈그래서〉 진(秦)이 조(趙)를 공격했다. ㅇ廉頗軍長平(염파군장평) : 염파 장군은 장평(長平 : 山西省)에 군대를 집결하고 진을 쳤으며, ㅇ堅壁不出(견벽불출) : 굳게 성벽을 지키고 밖으로 나와 싸우지 않았다. ㅇ秦人行千金爲反閒曰(진인행천금위반간왈) : 진(秦)은 천금을 뿌려, 이간책(離間策)을 쓰고, 〈다음과 같은〉 말을 퍼뜨렸다. ㅇ秦獨畏馬服君趙奢之子括爲將耳(진독외마복군조사지자괄위장이) : 진나라는 다만 마복군, 조사의 아들 조괄이 장군이 되는 것만을 겁낸다. ㅇ王使括代頗(왕사괄대파) : 조나라 왕은 조괄로 하여금, 염파장군을 대신케 했다. 〈임금이 진나라

의 이간책에 넘어간 것이다.〉 ○相如曰(상여왈) : 인상여
가 말했다. ○王以名使括(왕이명사괄) : 대왕께서는 허튼
이름만으로 조괄을 쓰려고 하십니까. ○若膠柱鼓瑟耳(약
교주고슬이) : 〈그의 전술은〉 흡사, 현주(絃柱)를 아교로
고정해 놓고, 거문고를 연주하는 거와 같습니다. 「현주」는
거문고의 줄을 받치는 기둥. ○括徒能讀其父書(괄도능독
기부서) : 조괄은 다만 자기 부친의 병서(兵書)를 읽을 줄
알 뿐, ○不知合變也(부지합변야) : 임기응변할 줄 모릅니
다. 〈여기까지가 인상여의 말이다.〉 ○王不聽(왕불청) : 그
러나 왕은 듣지 않았다.

(2) 王不聽. 括少學兵法, 以天下莫能當. 與父奢言.
不能難. 然不以爲然. 括母問故. 奢曰, 兵死地也.
而括易言之. 趙若將括, 必破趙軍.

(2) 조괄은 어려서부터 병법을 배웠다. 〈그의 부친 조사(趙
奢)가 조나라의 장군이었다.〉 그래서 〈말이나 이론상으로는〉
천하 모든 사람이 그를 당하지 못했다. 자기 부친과 〈병법
을〉 논해도 〈부친 조차 아들을〉 논란(論難)하지 못했다. 그
러나 「실제는 그렇지 않은 것이라」고 부친은 말했다. 〈곁에
서 듣고 있던〉 조괄의 모친이 그 이유를 물으면, 부친 조사
가 말했다. 「병법이나 전술은 싸움터에서 생사를 결정하는
중대한 일이다. 그런데 조괄은 쉽게 말로만 하려고 한다. 만
약에 조나라가 조괄을 장군으로 내세우면, 조군(趙軍)은 반

드시 패할 것이다.」

어구 설명 (2) ㅇ括少學兵法(괄소학병법) : 조괄은 어려서부터 병법
을 배웠다. 〈그의 부친 조사(趙奢)가 조나라의 장군이었
다.〉 ㅇ以天下莫能當(이천하막능당) : 그래서 〈말이나 이
론상으로는〉 천하 모든 사람이 그를 당하지 못했다. ㅇ與
父奢言. 不能難.(여부사언 불능난) : 자기 부친과 〈병법을〉
논해도, 〈부친 조차 아들을〉 논란(論難)하지 못했다. ㅇ然
不以爲然(연부이위연) : 〈부친은〉「실제는 그렇지 않은 것
이라.」고 말했다. ㅇ括母問故(괄모문고) : 〈곁에서 듣고 있
던〉 조괄의 모친이 그 이유를 물으면, ㅇ奢曰(사왈) : 부친
조사가 말했다. ㅇ兵死地也(병사지야) : 병법이나 전술은
싸움터에서 생사를 결정하는 중대한 일이다. ㅇ而括易言
之(이괄이언지) : 그런데, 조괄은 쉽게 말로만 하려고 한
다. ㅇ趙若將括, 必破趙軍.(조약장괄 필파조군) : 만약에
조나라가 조괄을 장군으로 내세우면, 조군(趙軍)은 반드시
패할 것이다.

(3) 及括將行, 其母上書言, 括不可使. 括至軍. 果
爲秦將白起所射殺. 卒四十萬皆降, 坑於長平.

(3) 〈조괄이 장군이 되어 싸움터에〉 가려고 하자, 그의 모친
이 임금에게 글을 올려 말했다.「조괄을 쓰시면 안 됩니다.」
〈그러나 임금이 그를 장군으로 임명했다. 그래서 염파장군
대신으로〉 조괄이 〈장평으로〉 가서, 조나라 군을 지휘했다.

그 결과, 그는 진(秦)나라의 장군, 백기(白起)에게 사살되었
으며, 조(趙)나라의 병사 사 십만이 다 투항하고, 장평에서
구덩이에 묻혀 전멸했다.

어구 설명 (3) ㅇ 及括將行(급괄장행) : 〈조괄이 장군이 되어 싸움터에〉
가려고 하자, ㅇ其母上書言(기모상서언) : 그의 모친이 임
금에게 글을 올려 말했다. ㅇ括不可使(괄불가사) : 「조괄을
쓰시면 안 됩니다.」 ㅇ括至軍(괄지군) : 〈그러나 임금이 그
를 장군으로 임명했다. 그래서 염파장군 대신으로〉 조괄이
〈장평으로〉 가서, 조나라 군을 지휘했다. ㅇ果爲秦將白起
所射殺(과위진장백기소사살) : 그 결과, 그는 진(秦)나라의
장군, 백기(白起)에게 사살되었으며, ㅇ卒四十萬皆降, 坑
於長平.(졸사십만개강 갱어장평) : 조(趙)나라의 병사 사
십만이 투항하고, 장평에서 구덩이에 묻혔다.

| 백문 | 第11과 趙括敗於白起

(1) 惠文王子孝成王立. 秦伐韓. 韓上黨降於趙. 秦攻趙. 廉頗軍長
平, 堅壁不出. 秦人行千金爲反間曰, 秦獨畏馬服君趙奢之子括
爲將耳. 王使括代頗. 相如曰, 王以名使括. 若膠柱鼓瑟耳. 括徒
能讀其父書, 不知合變也. 王不聽.

(2) 括少學兵法, 以天下莫能當. 與父奢言. 不能難. 然不以爲然. 括
母問故. 奢曰, 兵死地也. 而括易言之. 趙若將括, 必破趙軍.

(3) 及括將行, 其母上書言, 括不可使. 括至軍. 果爲秦將白起所射
殺. 卒四十萬皆降, 坑於長平.

제12과 平原君 · 毛遂

(1) 趙相平原君公子勝, 食客常數千人. 客有公孫龍
者. 爲堅白同異之辯. 秦攻趙邯鄲. 平原君求救於
楚. 擇門下文武備具者二十人, 與之俱. 得十九人.
毛遂自薦.

(1) 조나라의 재상, 평원군은 조 무령왕(武靈王)의 아들이며,
이름이 승(勝)이다. 그의 식객은 항상 수천 명이나 되었다.
식객 중에는「공손룡」이란 자도 있으며, 그는「견백동이(堅
白同異)」같은 궤변을 농했다. 마침, 강한 진(秦)나라가 조
(趙)의 국도(國都) 한단(邯鄲)을 공격했다. 이에, 평원군이
초(楚)나라에 가서 구원을 청하려고 했으며, 자기 문하에서
학문과 무예를 겸비한 20명을 선발해서 함께 가려고 했다.
그리고 19명을 뽑고〈한 명이 모자라자,〉모수가 자신을 추
천하고 나섰다.

어구 설명 제12과 ㅇ平原君 · 毛遂(평원군 · 모수) : 평원군은 전국시
대의 사군자(四君子)의 한 사람이다.「사군자」는 제(齊)의
맹상군(孟嘗君), 위(魏)의 신릉군(信陵君), 초(楚)의 춘신군
(春申君) 및 조(趙)의 평원군(平原君)이다. 모수(毛遂)는 지
혜와 무용을 겸한 식객으로, 나중에 큰일을 했다. (1) ㅇ趙
相平原君公子勝(조상평원군공자승) : 조나라의 재상, 평원
군은 조(趙) 무령왕(武靈王)의 아들이며, 이름이 승(勝)이

다. 평원(平原 : 山東省)에 봉해졌음으로 「평원군」이라 했다. ㅇ食客常數千人(식객상수천인) : 그의 식객은 항상 수천 명이나 되었다. ㅇ客有公孫龍者(객유공손룡자) : 식객 중에는 「공손룡」이란 자도 있었다. ㅇ爲堅白同異之辯(위견백동이지변) : 공손룡은 「견백동이(堅白同異)」 같은 궤변을 농했다. 「견백동이」는 「굳은 돌과 흰 돌은 같은 돌이다. 그러나 굳은 것은 촉각으로 알 수 있으며, 흰 것은 시각으로 알게 마련이다. 그러므로 굳으면서 흰 돌은 하나의 같은 돌이지만, 판단하는 기준이 다름으로 결국 다른 것이다.」라는 식의 궤변이다. 그러므로 「선악시비(善惡是非)」도 기준이 다를 뿐, 본질적으로는 같다고 한다. ㅇ秦攻趙邯鄲(진공조감단) : 강한 진(秦)나라가 조(趙)의 국도(國都) 한단(邯鄲)을 공격했다. ㅇ平原君求救於楚(평원군구구어초) : 평원군이 초(楚)나라에 가서, 구원을 청하려고 했으며, ㅇ擇門下文武備具者二十人, 與之俱.(택문하문무비구자이십인 여지구) : 자기 문하에서 학문과 무예를 겸비한 20명을 선발해서 함께 가려고 했으며, ㅇ得十九人(득십구인) : 19명을 뽑고, 〈한 명이 모자라자,〉 ㅇ毛遂自薦(모수자천) : 모수가 자신을 추천하고 나섰다.

(2) 平原君曰, 士處世, 若錐處囊中. 其末立見. 今先生處門下三年, 未有聞. 遂曰, 使遂得處囊中, 乃穎脫而出. 非特末見而已. 平原君乃以備數. 十九人目笑之.

(2) 평원군이 모수에게 말했다. 「선비가 세상에 처세하면, 흡사 송곳을 부대 안에 넣어둔 거와 같이 송곳의 끝이 당장에 솟아나 보이게 마련이다. 그런데 지금 선생은 우리 문하에 있은 지, 3년이 되거늘 아직도 〈특이하다는 말을〉 듣지 못했군요.」

그러자, 모수가 말했다. 「저를 부대 안에 있게 하면 즉시 송곳 자루까지 부대를 뚫고 나올 것입니다. 비단 송곳 끝만이 솟아나지 않습니다.」

이에 평원군은 〈모수를 뽑아〉 수를 채웠다. 〈먼저 선발된〉 19명은 서로 눈웃음을 쳤다.

> **어구 설명** (2) ○平原君曰(평원군왈) : 평원군이 모수에게 말했다. ○士處世, 若錐處囊中. 其末立見.(사처세 약추처낭중 기말립견) : 선비가 세상에 처세함은, 흡사 송곳을 부대 안에 넣어둔 거와 같으며, 그 송곳의 끝이 당장에 솟아나 보이게 마련이다. ○今先生處門下三年, 未有聞.(금선생처문하삼년 미유문) : 그런데, 지금 선생은 우리 문하에 있는 지, 3년이 되거늘, 아직도 〈특이하다는 말을〉 듣지 못했군요. ○遂曰(수왈) : 그러자, 모수가 말했다. ○使遂得處囊中(사수득처낭중) : 저를 부대 안에 있게 하면, ○乃穎脫而出(내영탈이출) : 곧 송곳 자루까지 부대를 뚫고 나옵니다. 「영(穎)」은 여기서는 「송곳 자루」의 뜻이다. ○非特末見而已(비특말견이이) : 비단 송곳 끝이 솟아나는 것으로 끝나지 않습니다. ○平原君乃以備數(평원군내이비수) : 평원군은 〈모수를 뽑아〉 수를 채웠다. ○十九人目笑之(십구인목소지) :

먼저 선발된 19명은 서로 눈웃음을 쳤다.

제12과 平原君·毛遂

(1) 趙相平原君公子勝, 食客常數千人. 客有公孫龍者. 爲堅白同異之辯. 秦攻趙邯鄲. 平原君求救於楚. 擇門下文武備具者二十人, 與之俱. 得十九人. 毛遂自薦.

(2) 平原君曰, 士處世, 若錐處囊中. 其末立見. 今先生處門下三年. 未有聞. 遂曰, 使遂得處囊中, 乃穎脫而出. 非特末見而已. 平原君乃以備數, 十九人目笑之.

제13과 毛遂說楚王

(1) 至楚定從. 不決. 毛遂按劍歷階升曰, 從之利害, 兩言而決耳. 今日出而言, 日中不決, 何也.

(1) 초나라에 도달하고 합종(合從)을 맺으려고 했으나, 좀처럼 결정되지 않았다. 그러자 모수는 칼자루 움켜잡고 계단을 뛰어 올라가 말했다. 「합종의 이해는 두 마디면 결정나는 것입니다. 그런데 오늘 해가 뜨면서 말하기 시작했거늘 한낮이 되어도 결정을 못하고 있으니 무슨 노릇입니까.?

어구 설명 제13과 ○毛遂說楚王(모수설초왕) :〈조나라 평원군을 따라 초나라에 간〉 모수가 초나라 왕을 설득했다. (1) ㅇ至楚定從(지초정종) :〈일행은〉 초나라에 도달하고 합종(合從)을 맺으려고 했으나, ㅇ不決(불결) : 좀처럼 결정되지 않았다. ㅇ毛遂按劍歷階升曰(모수안검력계승왈) : 그러자, 모수는 칼자루를 잡고, 계단을 뛰어 올라가 말했다.「歷階(역계)」는 한발 한발 계단을 타고 서둘러 올라감, 임금 앞에서 계단을 탈 때, 한 단계마다, 두 발을 모으고, 다시 올라가는 법이다. ㅇ從之利害(종지리해) : 합종의 이해는, ㅇ兩言而決耳(양언이결이) : 두 마디면 결정된다.〈즉「좋다, 나쁘다.」의 두 마디뿐이다.〉ㅇ今日出而言(금일출이언) : 오늘 해가 뜨면서 말하기 시작했거늘, ㅇ日中不決(일중불결) : 한낮이 되어도 결정을 못하고 있으니, ㅇ何也(하야) : 무슨 일을 그렇게 하느냐.

(2) 楚王怒叱曰, 胡不下. 吾與而君言. 汝何爲者. 毛遂按劍而前曰, 王所以叱遂, 以楚國之衆也. 今十步之內, 不得恃楚國之衆也. 王之命懸於遂手.

(2) 초왕이 성을 내고 질타하며 말했다.「왜 내려가지 않느냐. 나는 그대의 임금과 말을 하거늘 그대가 무엇이기에 나서느냐?」

그러자 모수는 더욱 칼자루를 굳게 잡고, 더욱 임금 앞으로 다가서서 말했다.「대왕께서 저를 질타하심은 초나라의 많은 군대를 믿으시기 때문입니다. 그러나 지금〈대왕과 저는〉열

발자국 안에 〈함께 있습니다.〉〈그러므로〉 초나라의 많은 군
대도 의지하지 못하십니다. 대왕의 목숨은 바로 저의 손에
걸려 있습니다.」

여구 설명 (2) ㅇ楚王怒叱曰(초왕노질왈) : 초왕이 성을 내고 질타하
며 말했다. ㅇ胡不下. 吾與而君言. 汝何爲者.(호불하 오여
이군언 여하위자) : 왜 내려가지 않느냐. 나는 그대의 임금
과 말을 하거늘, 그대는 무엇이냐. 〈혹은 「그대가 왜 나서
느냐」로 풀어도 된다.〉 ㅇ毛遂按劍而前曰(모수안검이전
왈) : 그러자 모수는 더욱 칼자루를 굳게 잡고, 더욱 임금
앞으로 다가서서 말했다. ㅇ王所以叱遂(왕소이질수) : 대
왕께서 저를 질타하심은, ㅇ以楚國之衆也(이초국지중야) :
초나라의 많은 군대를 믿으시기 때문입니다. ㅇ今十步之
內(금십보지내) : 그러나 지금은, 〈대왕과 저는〉 열 발자국
안에 〈함께 있습니다.〉 ㅇ不得恃楚國之衆也 (부득시초국
지중야) : 〈그러므로〉 초나라의 많은 군대를 의지하지 못
하십니다. ㅇ王之命懸於遂手(왕지명현어수수) : 대왕의 목
숨이 저의 손에 걸려 있습니다.

(3) 以楚之强, 天下莫能當. 白起小豎者耳. 一戰而
擧鄢·郢, 再戰而燒夷陵, 三戰而辱王之先人. 此百
世之怨, 趙之所羞. 合從爲楚, 非爲趙也.

(3) 〈모수가 말머리를 돌려 초왕을 설득했다.〉「초나라의 강
대한 힘은 천하의 어느 나라도 당할 수 없습니다. 〈한편 진

나라의 장군〉백기(白起)는 애송이에 불과합니다. 〈그러하거늘, 그로 하여금〉첫 번째 싸움에는 언(鄢)과 영(郢)을 얻게 하고, 두 번째 싸움에는 이능(夷陵)을 불태우게 하고, 세 번째 싸움에는 대왕의 돌아가신 어른을 욕되게 했습니다. 〈그와 같이 애송이에게 서너 번이나 패한 것은〉〈초나라에게는〉백 대에 걸친 원한이고, 조나라로서도 창피하게 여기는 바입니다. 〈그러므로 합종(合從)하고 진(秦)을 치려는 일은〉초(楚)를 위한 것이지, 조(趙)만을 위한 것이 아니다.」

어구 설명 (3) ㅇ以楚之强, 天下莫能當.(이초지강 천하막능당) : 〈모수가 말머리를 돌려 초왕을 설득했다.〉초나라의 강대한 힘은 천하의 어느 나라도 당할 수 없습니다. ㅇ白起小豎者耳(백기소수자이) : 〈진나라의 장군〉백기(白起)는 애송이에 불과하거늘, 豎(더벅머리 수). ㅇ一戰而擧鄢 · 郢(일전이거언 · 영) : 〈백기로 하여금〉첫 번째 싸움에는 언(鄢 : 초나라의 성읍)과 영(郢 : 초나라의 국도)를 얻게 했으며, 초나라 양왕(襄王) 때에 언(鄢)을 뺏기고, 이듬해에 또 영(郢)을 잃었다. ㅇ再戰而燒夷陵(재전이소이능) : 두 번째 싸움에는 이능(夷陵 : 초나라 대대의 왕들의 능)을 불태우게 하고, ㅇ三戰而辱王之先人(삼전이욕왕지선인) : 세 번째 싸움에는 돌아가신 어른을 욕되게 했습니다. 효렬왕(孝烈王)의 아버지 양왕(襄王)이 진(陳)으로 난을 피했다. 「鄢 · 郢 · 夷陵(언 · 영 · 이능)」은 다 초나라 땅, 호남성(湖南省)에 있다. 〈그와 같이 애송이에게 세 번이나 패한 것은〉, ㅇ此百世之怨(차백세지원) : 〈초나라에게는〉백 대에 걸친 원

한이고, ㅇ趙之所羞 (조지소수) : 조나라로서도 창피하게
여기는 바이다. ㅇ合從爲楚(합종위초) : 〈그러므로 합종
(合從)하고 진(秦)을 치려는 일은〉초(楚)를 위한 것이지,
ㅇ非爲趙也(비위조야) : 조(趙)만을 위한 것이 아니다.

| 백문 | 제13과 **毛遂說楚王**

(1) 至楚定從. 不決. 毛遂按劍歷階升曰, 從之利害, 兩言而決耳. 今
日出而言, 日中不決, 何也.

(2) 楚王怒叱曰, 胡不下. 吾與而君言. 汝何爲者. 毛遂按劍而前曰,
王所以叱遂, 以楚國之衆也. 今十步之內, 不得恃楚國之衆也.
王之命懸於遂手.

(3) 以楚之强, 天下莫能當. 白起小豎者耳. 一戰而擧鄢·郢, 再戰而
燒夷陵, 三戰而辱王之先人. 此百世之怨, 趙之所羞. 合從爲楚,
非爲趙也.

제14과 平原君定從歸

(1) 王曰, 唯唯, 誠如先生之言. 謹奉社稷以從. 遂
曰, 取雞狗馬之血來. 捧銅盤跪進曰, 王當歃血而定
從. 次者吾君. 次者遂. 左手持盤, 右手招十九人,
歃血於堂下曰, 公等碌碌. 所謂因人成事者也.

⑴ 초나라 왕은 말했다.「그렇소, 그래요. 참으로 선생의 말과 같소. 삼가 사직을 받들고 합종을 하겠소.」

모수는 〈초나라 시신에게〉 호령했다.「닭과 개와 말의 피를 가지고 오시오.」

그리고 피가 들은 구리 쟁반을 받쳐 들고, 초왕 앞에 나가서, 꿇어 앉아서 아뢰었다.「대왕께서 먼저 이 피를 마시고 합종(合從)을 서약하십시오. 다음은 우리 임금께서 서약하십시오. 그 다음은 제가 마시고 서약하겠습니다.」

그리고 왼손으로 쟁반을 들고, 바른 손으로 함께 온 19명을 불러, 당하(堂下)에서 피를 마시게 하며, 그들에게 말했다. 「공들은 변변치 못하시었소. 말하자면 남의 덕으로 일을 성취했소이다.」

어구설명 ㅣ 제14과 ㅇ平原君定從歸(평원군정종귀) : 평원군은 〈모수의 눈부신 활약으로〉 합종(合從)을 체결하고 돌아왔다. ⑴ ㅇ王曰(왕왈) : 초나라 왕은 말했다. ㅇ唯唯(유유) :「그렇소, 그래요.」 ㅇ誠如先生之言(성여선생지언) :「참으로 선생의 말과 같소.」 ㅇ謹奉社稷以從(근봉사직이종) :「삼가 사직 즉 국가를 받들고 합종(合從)하겠소.」 ㅇ遂曰(수왈) : 모수가 〈초나라 시신에게〉 호령했다. ㅇ取雞狗馬之血來(취계구마지혈래) :「닭과 개와 말의 피를 가지고 오시오.」 ㅇ捧銅盤跪進曰(봉동반궤진왈) : 그리고 피가 들은 구리 쟁반을 받쳐 들고, 초왕 앞에 나가서, 꿇어 앉아서 아뢰었다. ㅇ王當歃血而定從(왕당삽혈이정종) : 대왕께서 이 피를 마시고 합종(合從)을 서약하십시오. 歃(마실 삽). ㅇ次

者吾君(차자오군) : 다음은 우리 임금께서 서약하십시오.
ㅇ次者遂(차자수) : 그 다음은 제가 마시고 서약하겠습니
다. ㅇ左手持盤(좌수지반) : 그리고 왼손으로 쟁반을 들고,
ㅇ右手招十九人(우수초십구인) : 함께 온 19명을 바른손으
로 불러, ㅇ歃血於堂下曰(삽혈어당하왈) : 당하(堂下)에서
피를 마시게 하며, 그들에게 말했다. ㅇ公等碌碌(공등록
록) : 그대들은 변변치 못하시었소, ㅇ所謂因人成事者也
(소위인인성사자야) : 말하자면, 남의 덕으로 일을 성취했
소이다.

(2) 平原君定從歸, 日, 毛先生一至楚, 使趙重於九鼎·大呂. 以遂爲上客. 楚將春申君救趙. 會魏信陵君亦來救趙. 大破秦軍邯鄲下.

(2) 평원군은 합종(合從)을 맺고 귀국하자, 말했다. 「모선생
이 초에 가서 〈이룩한 공은〉 우리 조나라로 하여금, 그 무게
를 구정(九鼎)이나 대려(大呂)보다 더 무겁게 해주었다.」
그리고 모수(毛遂)를 상객(上客)에 모셨다. 〈맹약에 의하여〉
초(楚)의 장군 춘신군(春申君)이 조(趙)를 구원했으며, 또 아
울러 위(魏)의 신릉군(信陵君)도 와서 조를 구원했다. 그리하
여 〈「조, 초, 위」 세 나라의 연합군이〉 진(秦)을 감단(邯鄲)
성 밑에서 크게 격파했다.

어구 설명 (2) ㅇ平原君定從歸, 日,(평원군정종귀 왈) : 평원군은 합
종(合從)을 맺고 돌아와서 말했다. ㅇ毛先生一至楚(모선

생일지초) : 모선생이 초나라에 감으로써, ○使趙重於九
鼎大呂(사조중어구정대려) : 우리 조나라의 무게를 「구정
(九鼎)이나 대려(大呂)」보다 더 무겁게 했다. 「구정(九鼎)」
은 하(夏)의 우왕(禹王)이 치수를 마치고, 구주(九州)의 금
을 모아서 만든 아홉 개의 솥이며, 주(周)가 국보로 보관
하고 있었다. 「대려(大呂)」는 주(周)의 종묘(宗廟)에 보관
되어 있는 「큰 종(鐘)」으로 역시 국보다. ○以遂爲上客(이
수위상객) : 모수(毛遂)를 상객(上客)에 모셨다. 「상객」은
최고로 대우하는 식객이며, 경(卿)에 해당한다. ○楚將春
申君救趙(초장춘신군구조) : 〈맹약에 의하여〉 초(楚)의 장
군 춘신군(春申君)이 조(趙)를 구원했으며, ○會魏信陵君
亦來救趙(회위신능군역래구조) : 아울러, 위(魏)의 신릉군
(信陵君) 역시 와서 조를 구원했다. ○大破秦軍邯鄲下(대
파진군감단하) : 그리하여 진(秦)을 감단(邯鄲) 성 밑에서
크게 격파했다.

| 백문 | 제14과 平原君定從歸

(1) 王曰, 唯唯, 誠如先生之言. 謹奉社稷以從. 遂曰, 取雞狗馬之血
來. 捧銅盤跪進曰, 王當歃血而定從. 次者吾君. 次者遂. 左手持
盤, 右手招十九人, 歃血於堂下曰, 公等碌碌. 所謂因人成事者也.

(2) 平原君定從歸, 曰, 毛先生一至楚, 使趙重於九鼎·大呂. 以遂爲
上客. 楚將春申君救趙. 會魏信陵君亦來救趙. 大破秦軍邯鄲下.

제15과 廉頗老而死

(1) 孝成王子悼襄王立. 思復用廉頗爲將. 時頗奔在魏. 使人視頗.

⑴ 조나라의 효성왕(孝成王)의 아들, 도양왕(悼襄王)이 자리에 오르자, 그는 다시 염파를 장군으로 등용하려고 했다. 당시, 염파는 위(魏)나라에 도망가 있었다. 〈그래서 임금은〉 사람으로 하여금 가서 염파를 살펴보게 했다.

> **어구설명** 제15과 ㅇ廉頗老而死(염파로이사) : 조(趙)나라의 염파 장군이 늙어 죽다. ⑴ ㅇ孝成王子悼襄王立(효성왕자도양왕립) : 조나라의 효성왕(孝成王)의 아들, 도양왕(悼襄王)이 자리에 오르자, ㅇ思復用廉頗爲將(사복용염파위장) : 다시 염파를 장군으로 등용하려고 했다. ㅇ時頗奔在魏(시파분재위) : 그때에, 염파는 위(魏)나라에 도망가 있었다. ㅇ使人視頗(사인시파) : 〈그래서 임금은〉 사람으로 하여금 가서, 염파를 보게 했다.

(2) 頗之仇郭開, 與使者金令毁之. 頗見使者. 一飯斗米肉十斤, 被甲上馬, 以示可用. 使者還曰, 廉將軍尙善飯. 然與臣坐頃之三遺矢矣. 王以爲老, 遂不召.

(2) 염파와 원수가 되는 곽개(郭開)가 사자에게 돈을 주고, 〈염파에 대한 보고를〉 나쁘게 하게 했다.

한편 염파는 사자를 보자, 한 끼 식사에 한 되의 쌀밥과 열 근의 고기를 먹고, 갑옷을 입고 말에 올라타 달리며 아직도 자기가 등용될 수 있음을 과시했다.

〈그러나 돈을 받은〉 사자는 돌아와서 말했다. 「염파 장군은 아직도 식사를 잘 드십니다. 그러나 신과 함께 앉아있은지 얼마 안 되는 사이에, 세 번이나 변소에 가시더군요.」〈참으로 교묘한 중상이다.〉 왕은 늙었구나 생각하고, 결국 염파를 불러 쓰지 않았다.

| 어구 설명 | (2) ○頗之仇郭開(파지구곽개) : 염파와 원수가 되는 곽개(郭開)가, 그에 대해서는 자세하게 모른다, 사기에는 아마도 진(秦)이 보낸 간첩일거라고 했다. ○與使者金令毀之(여사자금영훼지) : 사자에게 돈을 주고, 〈염파에 대한 보고를〉 나쁘게 하게 했다. ○頗見使者(파견사자) : 염파는 사자를 보자, ○一飯斗米肉十斤(일반두미육십근) : 한 끼 식사에, 한 되의 쌀밥과 열 근의 고기를 들고, ○被甲上馬(피갑상마) : 갑옷을 걸치고 말에 올라타 달리며, ○以示可用(이시가용) : 아직도 자기가 쓸 수 있음을 과시했다. ○使者還曰(사자환왈) : 〈그러나 곽개의 돈을 받은〉 사자는 돌아와서 말했다. ○廉頗將軍尙善飯(염파장군상선반) : 「염파 장군은 아직도 식사를 잘 드십니다.」 ○然與臣坐頃之三遺矢矣(연여신좌경지 삼유시의) : 그러나 신과 함께 앉아있은지, 얼마 안 되는 사이에, 세 번이나 변소에 가시더

군요. 「시(矢)」는 「시뇨(屎尿)」의 뜻이다. 〈참으로 교묘한 중상이다.〉 ○ 王以爲老 遂不召(왕이위로 수불소) : 〈조 나라〉 왕은 늙었구나 생각하고, 결국 염파를 불러 쓰지 않았다.

(3) 楚人迎頗於魏. 頗爲楚將無功. 日, 我思用趙人. 尋卒.

(3) 초(楚)나라 사람들이, 염파를 위(魏)로부터 모셔갔다. 그래서 염파는 초나라의 장군이 되었다. 그러나 별로 공을 세우지 못했다. 염파는 말했다. 「나는 조나라의 군인을 써서 싸우기를 바란다.」 〈남의 나라 군인을 지휘하고, 남의 나라를 위해 싸우기를 원치 않는다.〉 그리고 염파는 얼마 후에 죽었다.

| 어구 설명 | (3) ○楚人迎頗於魏(초인영파어위) : 초(楚)나라에서 염파를 위(魏)로부터 모셔갔다. ○頗爲楚將無功(파위초장무공) : 염파는 초나라의 장군이 되었으나, 별로 공을 세우지 못했다. ○日, 我思用趙人.(왈 아사용조인) : 염파는 말했다. 「나는 조나라의 군인을 써서 싸우기를 바란다.」 〈남의 나라 군인을 지휘하고, 남의 나라를 위해 싸우기를 원치 않는다.〉 ○尋卒(심졸) : 염파는 얼마 후에 죽었다.

| 백문 | 제15과 **廉頗老而死**

(1) 孝成王子悼襄王立. 思復用廉頗爲將. 時頗奔在魏. 使人視頗.

(2) 頗之仇郭開, 與使者金令毀之. 頗見使者. 一飯斗米肉十斤, 被甲上馬, 以示可用. 使者還日, 廉將軍尙善飯. 然與臣坐頃之三遺矢矣. 王以爲老, 遂不김.

(3) 楚人迎頗於魏. 頗爲楚將無功. 日, 我思用趙人. 尋卒.

제16과 趙滅於秦

(1) 趙得李牧爲將. 先居北邊, 破匈奴. 悼襄王子幽繆王遷立. 秦王政遣兵攻趙. 牧爲大將敗之.

⑴ 조나라는 이목을 등용하고 대장으로 삼았다. 이목은 전에 북변에 살았으며, 흉노를 격파한 일이 있었다.
조나라 도양왕의 아들 유무왕(幽繆王), 천(遷)이 뒤를 이어 임금이 되자, 진(秦)나라 왕, 정(政 : 즉 秦始皇)이 군대를 파견하여 조나라를 공격했다. 〈그래서 조나라는〉 이목을 대장으로 삼고, 〈진군(秦軍)을〉 크게 격파했다.

어구 설명 제16과 ㅇ趙滅於秦(조멸어진) : 조가 진에게 멸망 당하다.
⑴ ㅇ趙得李牧爲將(조득이목위장) : 조나라는 이목을 얻어, 대장으로 삼았다. ㅇ先居北邊(선거북변) : 이목은 전에 북변에 살았으며, ㅇ破匈奴(파흉노) : 흉노를 격파했다. ㅇ悼襄王子幽繆王遷立(도양왕자유무왕천립) : 조나라 도양왕의 아들 유무왕(幽繆王), 천(遷)이 뒤를 이어 자리에 오르자, ㅇ秦

王政遣兵攻趙(진왕정견병공조) : 진(秦)나라 왕, 정(政 : 즉
秦始皇)이 군대를 파견하여 조나라를 공격했다. ○牧爲大將
敗之(목위대장패지) : 〈그래서 조나라는〉이목을 대장으로
삼고, 〈진군(秦軍)을〉크게 격파했다.

(2) 秦縱反間, 言牧將反. 遷誅之. 秦兵至虜遷. 趙之七大夫, 立趙嘉爲王. 王于代. 秦進攻破嘉, 遂滅趙爲郡.

(2) 진나라가 간첩을 풀어서 이목장군이 반역할 것이라는 말
을 퍼뜨렸다. 〈이에 조나라 왕〉천(遷)이 〈그 말을 믿고〉이
목(李牧)을 잡아 죽였다.

그러자, 진나라 군대가 쳐들어와서, 〈조나라의 왕〉천(遷)을
포로로 잡았다. 이에, 조나라의 일곱 명의 대부가, 조가(趙
嘉)를 임금으로 내세웠으며, 대(代)를 국도로 삼았다.

진나라는 〈대(代)로 진격하여〉조가(趙嘉)의 군대를 격파했
다. 마침내, 조나라는 멸망하고, 〈진나라의 일개 군으로〉전
락했다.

어구 설명 (2) ○秦縱反間(진종반간) : 진나라가 간첩을 풀어서, ○言
牧將反(언목장반) : 이목장군이 반역할 것이라는 〈중상모
략을 퍼뜨렸다.〉○遷誅之(천주지) : 〈조나라 왕〉천(遷)이
〈그 말을 믿고,〉이목을 죽였다. ○秦兵至虜遷(진병지로
천) : 그러자, 진나라 군대가 쳐들어와서, 〈조나라의 왕〉

천(遷)을 포로로 잡았다. ㅇ趙之七大夫(조지칠대부) : 조나라의 일곱 명의 대부가, ㅇ立趙嘉爲王(입조가위왕) : 조가(趙嘉)를 임금에 세웠다. ㅇ王于代(왕우대) : 대(代)를 국도로 삼았다. ㅇ秦進攻破嘉(진진공파가) : 진나라는 〈대(代)로 진격하여〉 조가(趙嘉)의 군대를 격파했다. ㅇ遂滅趙爲郡(수멸조위군) : 마침내, 조나라는 멸망하고, 〈진나라의 일개 군으로〉 전락했다.

| 백문 | 제16과 **趙滅於秦**

(1) 趙得李牧爲將. 先居北邊, 破匈奴. 悼襄王子幽繆王遷立. 秦王政遣兵攻趙. 牧爲大將敗之.

(2) 秦縱反間, 言牧將反. 遷誅之. 秦兵至虜遷. 趙之七大夫, 立趙嘉爲王. 王于代. 秦進攻破嘉, 遂滅趙爲郡.

제13장 魏

「제13장 위(魏)」도 사략(史略) 원본에는 「하나의 긴 문장」으로 기술했다. 이 책에서는 학습의 편의를 위해서 「제13장 조(趙)」를 「총 9과」로 나누고, 각과(各課) 마다 「과의 제목」을 필자가 임의로 붙였다. 다음과 같다.

제1과 위지선조(魏之先祖)

제2과 전자방(田子方)

제3과 이극거상(李克擧相)

제4과 오기장군(吳起將軍)

제5과 불수덕 인개적(不修德 人皆敵)

제6과 장의(張儀)

제7과 신릉군 · 노중련(信陵君 · 魯仲連)

제8과 신릉군 · 후영(信陵君 · 侯嬴)

제9과 무기졸이위멸(無忌卒而魏滅)

이상의 「과명(課名)」만으로도 알 수 있듯이, 「전국칠국(戰國七國)」의 하나인 위(魏)나라의 위치가 매우 컸으며, 따라서 그 인물들의 활약도 매우 눈부신 바가 있었다.

제1과 魏之先祖

⑴ [魏]之先, 本與周同姓, 文王子畢公高之後也. 國絶. 有苗裔, 曰畢萬. 事晉邑于魏. 數世有絳.

(1) 위나라의 선조는 본래 주나라와 같은 성이며, 문왕의 아들 필공(畢公) 고(高)의 후손이다. 한때, 나라가 단절되었으나, 먼 후손이 있었으며, 이름을 필만(畢萬)이라고 했다. 필만은 진(晉)나라를 섬겼으며, 위(魏)에 성읍(城邑)을 두고 다스렸다. 그로부터 몇 대 후에, 강(絳)이라는 후손이 있었다.

어구설명 제1과 ㅇ魏之先祖(위지선조) : 위나라의 선조, (1) ㅇ魏之先 本與周同姓(위지선 본여주동성) : 위나라의 선조는 본래 주나라와 같은 성이며, ㅇ文王子畢公高之後也(문왕자 필공고지후야) : 문왕의 아들 필공(畢公) 고(高)의 후손이다. ㅇ國絕 有苗裔(국절 유묘예) : 〈도중에〉 나라가 단절했다. 〈그러나〉 먼 후손이 있었으며, ㅇ曰畢萬(왈필만) : 이름을 필만(畢萬)이라고 했다. ㅇ事晉 邑于魏(사진 읍우위) : 〈필만은〉 진(晉)나라를 섬겼으며, 위(魏)에 봉해졌다. 「읍우위(邑于魏)」는 「성읍(城邑)을 위(魏)에 두다.」ㅇ數世有絳(수세유강) : 그로부터 몇 대 후에, 강(絳)이라는 후손이 있었다.

(2) 絳後四世曰桓子者, 與韓·趙共滅知氏而分之. 桓子之孫, 曰文侯斯者, 以周威烈王命爲侯. 以卜子夏·田子方爲師. 過段干木之閭必式. 四方賢士多歸之.

(2) 강(絳) 다음에 사 대를 지나, 환자(桓子)라는 사람이 있었

다. 환자는 한씨(韓氏)와 조씨(趙氏)와 함께 지씨(知氏)를 멸하고, 그 영토를 나누어 가졌다. 환자의 손자, 문후사(文侯斯)가 있었으며, 주(周)의 위열왕(威烈王)의 명으로 후(侯)가되었다. 〈문후사는 공자의 문인〉 복상(卜商) 즉 자하(子夏 : 字)와 전자방(田子方)을 스승으로 삼고, 글을 배웠다. 단간목(端干木)이라는 은군자가 사는 마을 문 앞을 자나갈 때는 반드시, 식(式)의 예를 차렸다. 사방의 현명한 선비가 많이 〈문후사(文侯斯)를〉 따르고 모여들었다.

어구 설명 (2) ○絳後四世曰桓子者(강후사세왈환자자) : 강(絳) 다음에 사 대를 지나, 환자(桓子)가 있었다. ○與韓·趙共滅知氏而分之(여한·조공멸지씨이분지) : 환자가 한씨(韓氏)와 조씨(趙氏)와 함께 지씨(知氏)를 멸하고, 그 영토를 나누어가졌다. ○桓子之孫, 曰文侯斯者,(환자지손 왈문후사자) : 환자의 손자, 문후사(文侯斯)가 있었다. ○以周威烈王命爲侯(이주위열왕명위후) : 주(周)의 위열왕(威烈王)의 명으로후(侯)가 되었다. ○以卜子夏·田子方爲師(이복자하·전자방위사) : 〈공자의 문인〉 복상(卜商) 자하(子夏 : 字)와 전자방(田子方)을 스승으로 삼고, 글을 배웠다. ○過端干木之閭必式(과단간목지려필식) : 단간목(端干木)이라는 은군자(隱君子)가 사는 마을 문 앞을 자나갈 때는 반드시, 식(式)했다. 「식(式)」은 수레의 횡목(橫木)에 손을 얹고 경의를 표하는 예(禮). ○四方賢士多歸之(사방현사다귀지) : 사방의 현명한 선비가 많이 〈문후사(文侯斯)를〉 따르고 모여들었다.

| 백문 | 제1과 **魏之先祖**

(1) [魏]之先, 本與周同姓, 文王子畢公高之後也. 國絕. 有苗裔, 曰畢萬. 事晉邑于魏. 數世有絳.

(2) 絳後四世曰桓子者, 與韓·趙共滅知氏而分之. 桓子之孫, 曰文侯斯者, 以周威烈王命爲侯. 以卜子夏·田子方爲師. 過段干木之閭必式. 四方賢士多歸之.

제2과 田子方

(1) 文侯之子擊, 遇子方于道, 下車伏謁. 子方不爲禮. 擊怒曰, 富貴者驕人乎, 貧賤者驕人乎.

(1) 문후(文侯)의 아들 격(擊)이 길에서 전자방(田子方)을 만나자 수레에서 내려 엎드려 절을 했다. 그런데 전자방이 예를 차리지 않았다. 이에 후(侯)의 신분인 격(擊)이 노하고 전자방에게 말했다. 「선생은 부귀한 사람이기에 남에게 교만하게 하십니까? 빈천한 사람이기에 남에게 교만하게 하십니까?」

여구 설명 제2과 ○田子方(전자방) : 학문과 덕행이 높은 학자, (1) ○文侯之子擊(문후지자격) : 문후(文侯)의 아들, 격(擊)이, ○遇子方于道(우자방우도) : 길에서 전 자방을 만나자, ○下車伏謁(하차복알) : 수레에서 내려 엎드려 절을 했다. 〈전

자방은 격(擊)의 아버지 문후의 스승이다. 그래서 격이 공
손히 절을 했다.〉 ㅇ子方不爲禮(자방불위례) : 그런데 전
자방이 예를 차리지 않았다. ㅇ擊怒曰(격노왈) :〈후(侯)의
신분인〉 격(擊)이 노하고 〈전자방에게〉 말했다. ㅇ富貴者
驕人乎(부귀자교인호) :〈선생은〉 부귀한 사람이기에 남에
게 교만하게 하십니까? ㅇ貧賤者驕人乎(빈천자교인호) :
빈천한 사람이기에, 남에게 교만하게 하십니까?

(2) 子方曰, 亦貧賤者驕人耳. 富貴者安敢驕人. 國
君而驕人, 失其國, 大夫而驕人, 失其家. 夫士貧賤
者言不用, 行不合, 則納履而去耳. 安往而不得貧賤
哉. 擊謝之.

(2) 전자방이 대답해서 말했다. 「저는 역시 빈천한 사람이기
에 거만하게 합니다. 부귀를 누리는 사람이 어찌 남에게 교
만하게 합니까? 만약에 나라의 임금이 교만하게 하면, 그 나
라를 잃습니다. 대부가 교만하게 하면, 자기 집안을 망칩니
다. 그러나 빈천한 선비는 자기의 말이 〈임금에게〉 쓰이지
않거나, 자기의 행할 바가 도에 맞지 않으면, 즉시 신을 신
고, 〈그 나라에서〉 떠나버립니다.」 선비는 어디에 간들 빈천
을 얻지 못하겠습니까. 〈선비는 항상 도를 지키는 까닭으로
거만하게 마련이다.〉 격(擊)은 〈화를 낸 것을〉 사과했다.

어구 설명 (2) ㅇ子方曰(자방왈) : 전자방이 대답해서 말했다. ㅇ亦貧
賤者驕人耳(역빈천자교인이) : 저는 역시 빈천한 사람이기

에 거만하게 합니다. ㅇ富貴者安敢驕人(부귀자안감교인) : 부귀를 누리는 사람이 어찌 남에게 교만하게 합니까? ㅇ國君而驕人, 失其國,(국군이교인 실기국) : 나라의 임금이 교만하게 하면, 그 나라를 잃습니다. ㅇ大夫而驕人, 失其家.(대부이교인 실기가) : 대부가 교만하게 하면, 자기 집안을 망칩니다. ㅇ夫士貧賤者(부사빈천자) : 그러나, 빈천한 선비는, ㅇ言不用, 行不合,(언불용 행불합) : 자기의 말이 〈임금에게〉 쓰이지 않거나, 자기의 행할 바가 〈임금과〉 맞지 않으면, ㅇ則納履而去耳(칙납리이거이) : 즉시 신을 신고, 〈임금이나 나라에서〉 떠나버립니다. ㅇ安往而不得貧賤哉(안왕이부득빈천재) : 〈도를 지키는 선비는〉 어디에 간들 빈천하지 않겠습니까. 〈선비는 빈천하게 마련이다. 그러므로 언제나 어느 경우에나, 도를 지키는 까닭으로, 남에게 거만하게 마련이다.〉 ㅇ擊謝之(격사지) : 격(擊)은 〈전자방의 말을 알아듣고〉 〈화를 낸 것을〉 사과했다.

| 백문 | 제2과 田子方

(1) 文侯之子擊, 遇子方于道, 下車伏謁. 子方不爲禮. 擊怒曰, 富貴者驕人乎, 貧賤者 驕人乎.

(2) 子方曰, 亦貧賤者驕人耳. 富貴者安敢驕人. 國君而驕人, 失其國, 大夫而驕人, 失其家. 夫士貧賤者言不用, 行不合, 則納履而去耳. 安往而不得貧賤哉. 擊謝之.

제3과 李克擧相

(1) 文侯謂李克曰, 先生嘗敎寡人. 家貧思良妻, 國亂思良相. 今所相, 非魏成則翟璜. 二子何如.

⑴ 위(魏)나라의 문후(文侯)가 이극(李克)에게 말했다. 「선생은 전에 나에게 『집안이 가난할 때에는 좋은 아내를 생각하고, 나라가 어지러울 때에는 현명한 재상을 생각한다.』고 가르쳐 주었소. 지금 〈내가〉 재상으로 삼고자 하는 사람은 위성(魏成)이 아니면 적황(翟璜)이오. 선생은 그 두 사람을 어떻게 보시오.」

어구설명 제3과 ㅇ李克擧相(이극거상) : 이극(李克)이 〈위나라 문후(文侯)에게〉 재상(宰相)을 천거함. ⑴ ㅇ文侯謂李克曰(문후위이극왈) : 문후가 이극에게 말했다. ㅇ先生嘗敎寡人(선생상교과인) : 선생은 전에 나에게 가르쳐 주었소. ㅇ家貧思良妻(가빈사량처) : 집안이 가난할 때에는 좋은 아내를 생각하고, ㅇ國亂思良相(국난사량상) : 나라가 어지러울 때에는 현명한 재상을 생각한다. ㅇ今所相(금소상) : 지금 〈내가〉 재상으로 삼고자 하는 바, 사람은, ㅇ非魏成則翟璜(비위성즉적황) : 위성이 아니면 즉 적황이거늘, ㅇ二子何如(이자하여) : 그 두 사람을 어떻게 보시오.

(2) 克曰, 居視其所親, 富視其所與, 達視其所擧,

窮視其所不爲, 貧視其所不取. 五者足以定之矣. 卜
子夏 · 田子方 · 端干木, 成所擧也. 乃相成.

(2) 이극이 다음과 같이 말했다. 「평소에는 그가 친애하거
나, 친근하게 여기는 바가 무엇인가를 살펴보고, 부귀를 누
리게 될 때에는 그가 재물을 〈누구에게 무엇을 위해〉 쓰는
가를 살펴보고, 높이 올라 영달한 때에는 그가 천거하는 사
람이나 높이는 일이 무엇인가를 살펴보고, 일이 막히고 곤란
에 처했을 때에는 그가 〈도에 어긋나는 일을〉 하지 않는 지
를 살펴보고, 빈한하게 되었을 때에도 그가 〈불의(不義)의
재물을〉 취하지 않는 가를 살펴보아야 합니다. 이상의 다섯
가지 조건을 살펴보면 족히 결정할 수 있습니다. 「복자하 ·
전자방 · 단간목」 세 사람도 다 위성이 천거한 현인들입니
다.」 결국 위성이 재상이 되었다.

어구 설명 (2) ㅇ克曰(극왈) : 이극이 말했다. ㅇ居視其所親(거시기소
친) : 평소에 평범하게 살 때에는, 그가 친애하거나, 친근
하게 여기는 바가 무엇인가를 살펴보고, ㅇ富視其所與(부
시기소여) : 부귀를 누리게 된 때에는 그가 재물을 〈누구
에게 무엇을 위해〉 쓰는 가를 살펴보고, ㅇ達視其所擧(달
시기소거) : 높이 올라 영달한 때에는 그가 천거하는 사람
이나 높이는 일이 무엇인가를 살펴보고, ㅇ窮視其所不爲
(궁시기소불위) : 일이 막히고 곤란에 처했을 때에는 그가
〈도에 어긋나는 일을〉 하지 않는 지를 살펴보고, ㅇ貧視其
所不取(빈시기소불취) : 빈한하게 되었을 때에도 그가 〈불
의(不義)의 재물을〉 취하지 않는 가를 살펴보아야 합니다.

ㅇ五者足以定之矣(오자족이정지의) : 이상의 다섯 가지 조건을 살펴보면, 족히 결정할 수 있습니다. ㅇ卜子夏·田子方·端干木, 成所擧也.(복자하·전자방·단간목 성소거야) : 복자하·전자방·단간목, 세 사람은 다 위성(魏成)이 천거한 현인들입니다. ㅇ乃相成(내상성) : 결국 위성이 재상이 되었다.

| 백문 | **제3과 李克擧相**

(1) 文侯謂李克曰, 先生嘗敎寡人. 家貧思良妻, 國難思良相. 今所相, 非魏成則翟璜. 二子何如.

(2) 克曰, 居視其所親, 富視其所與, 達視其所擧, 窮視其所不爲, 貧視其所不取. 五者足以定之矣. 卜子夏·田子方·端干木, 成所擧也. 乃相成.

제4과 吳起將軍

(1) 有衞人吳起者. 初仕魯. 魯欲使起擊齊. 而起娶齊女. 疑之. 起殺妻以求將, 大破齊師. 或曰, 起殘忍薄行人也. 起恐得罪歸魏.

(1) 위(衞)나라 사람 오기는, 애당초 노(魯)나라에서 벼슬을 했다. 노나라는 그로 하여금 제(齊)나라를 공격하려고 했다. 그러나 오기는 이미 제나라 여자를 취해서 처로 삼고 있었음

으로 〈노나라 사람들이〉 그를 의심했다. 이에 오기는 자기 처를 죽이고 대장되기를 구했다. 〈그리고 노나라의 대장이 되어〉 제나라 군대를 크게 무찔렀다. 그러자, 어떤 사람이 〈그를 시기하고〉 「오기는 잔인하고 행실이 경박한 사람이다.」라고 중상했다. 오기는 죄를 입을까 겁을 내고, 위(魏)나라에 와서, 귀의(歸依)했다.

여구 설명 　제4과 ㅇ吳起將軍(오기장군) : 장군 오기는 졸병들과 고락(苦樂)을 같이 했다. (1) ㅇ有衛人吳起者(유위인오기자) : 위(衛)나라 사람 오기는, ㅇ初仕魯(초사로) : 처음에는 노(魯)나라에서 벼슬을 했다. ㅇ魯欲使起擊齊(노욕사기격제) : 노나라는 그로 하여금 제(齊)나라를 공격하려고 했다. ㅇ而起娶齊女(이기취제녀) : 그러나 오기는 〈이미〉 제나라 여자를 취해서 처로 삼고 있었다. ㅇ疑之(의지) : 그래서 〈노나라 사람들이〉 그를 의심했다. ㅇ起殺妻以求將(기살처이구장) : 이에, 오기는 자기 처를 죽이고, 대장되기를 구했다. ㅇ大破齊師(대파제사) : 〈그리고 노나라의 대장이 되어,〉 제나라 군대를 크게 무찔렀다. ㅇ或曰 起殘忍薄行人也(혹왈 기잔인박행인야) : 그러자, 어떤 사람이 〈그를 시기하고〉 「오기는 잔인하고 행실이 경박한 사람이다.」라고 중상했다. ㅇ起恐得罪歸魏(기공득죄귀위) : 오기는 죄를 입을까 겁을 내고, 위(魏)에 귀의(歸依)했다.

(2) 文侯以爲將, 拔秦五城. 起與士卒同衣食. 卒有病疽. 起吮之. 卒母聞而哭曰, 往年吳公吮其父. 不

旋踵死敵. 今又吮其子. 妾不知其死所矣.

(2) 위(魏)나라 문후(文侯)가 그를 장군으로 삼았다. 오기는
〈위군(魏軍)을 지휘하여〉 진(秦)에 〈진격하여〉 성(城) 다섯
개를 점령했다. 오기 장군은 사병들과 의식(衣食)을 같이 했
다. 병졸 한 사람이 등창을 앓자 장군은 입으로 고름을 빨아
주었다. 그 병졸의 모친이 그 말을 듣고, 통곡을 하며 말했
다. 「왕년에 오 장군이 아이 아버지의 〈등창을〉 빨아주었으
며, 〈고마움에 감격한 그의 아버지는 싸움터에서〉 발꿈치를
돌리지 않고, 〈싸우다가〉 적진에서 전사했다. 지금 또 장군
이 그 아들의 등창을 빨아주었으니 나는 결국 자식 놈이 죽
는 장소를 알지 못할 것이오.」

어구 설명 (2) ㅇ文侯以爲將(문후이위장) : 위(魏)나라 문후(文侯)가
그를 장군으로 삼았다. ㅇ拔秦五城(발진오성) : 그는 〈위
나라 군대를 이끌고〉 진(秦)나라에 〈진격하여〉 성(城) 다섯
개를 점령했다. ㅇ起與士卒同衣食(기여사졸동의식) : 오기
장군은 사병들과 의식(衣食)을 같이 했다. ㅇ卒有病疽(졸
유병저) : 졸병 한 사람이 등창을 앓자, 疽(등창 저). ㅇ起
吮之(기연지) : 장군 오기가 입으로 고름을 빨아주었다. 吮
(빨 연). ㅇ卒母聞而哭曰(졸모문이곡왈) : 그 병졸의 모친
이 그 말을 듣고, 통곡을 하며 말했다. ㅇ往年吳公吮其父
(왕년오공연기부) : 왕년에 오장군(吳將軍)이 그 아이 아버
지의 〈등창을〉 빨아주었으며, ㅇ不旋踵死敵(불선종사적) :
〈고마움에 감격한 그의 아버지는 싸움터에서〉 발꿈치를
돌리지 않고, 〈용감히 싸우다가〉 적진에서 전사했습니다.

踵(발꿈치 종). ㅇ今又吮其子(금우연기자) : 지금 또 장군이 그 아들의 등창을 빨아주었으니, ㅇ妾不知其死所矣(첩부지기사소의) : 나는 결국 자식 놈이 죽는 장소를 알지 못할 것이오.

| 백문 | 제4과 吳起將軍

(1) 有衞人吳起者. 初仕魯. 魯欲使起擊齊. 而起娶齊女. 疑之. 起殺妻以求將, 大破齊師. 或曰, 起殘忍薄行人也. 起恐得罪歸魏.

(2) 文侯以爲將, 拔秦五城. 起與士卒同衣食. 卒有病疽. 起吮之. 卒母聞而哭曰, 往年吳公吮其父. 不旋踵死敵. 今又吮其子. 妾不知其死所矣.

제5과 不修德 人皆敵

(1) 文侯卒, 子擊立. 是爲武侯. 武侯浮西河而下. 中流顧謂吳起曰, 美哉山河之固,. 魏國之寶也.

(1) 위(魏)나라의 문후(文侯)가 죽고, 아들 격(擊)이 자리에 올랐다. 그가 바로 무후(武侯)다. 무후는 배를 타고 황하를 내려가다가 중류에서 오기를 돌아보고 말했다. 「참으로 아름답고 좋구나, 자연 산하가 그대로 견고한 요새로다. 이것이 바로 위나라의 보배로다.」

여구 설명 제5과 ㅇ不修德 人皆敵(불수덕 인개적) : 임금이 덕을 닦지 않으면, 모든 사람이 적이 된다. (1) ㅇ文侯卒(문후졸) : 위(魏)나라의 문후(文侯)가 죽고, ㅇ子擊立(자격립) : 아들 격(擊)이 자리에 올랐다. ㅇ是爲武侯(시위무후) : 그가 바로 무후(武侯)다. ㅇ武侯浮西河而下(무후부서하이하) : 무후는 배를 타고 황하를 내려가다, 「서하(西河)」는 황하(黃河)다. ㅇ中流顧謂吳起曰(중류고위오기왈) : 중류에서 오기를 돌아보고 말했다. ㅇ美哉山河之固, 魏國之寶也.(미재 산하지고 위국지보야) : 「참으로 아름답고 좋구나, 자연의 산과 강이 그대로 견고한 요새로다. 이것이 바로 위나라의 보배로다.」

(2) 起曰, 在德不在險. 昔三苗氏, 左洞庭, 右彭蠡, 禹滅之. 桀之居, 左河·濟, 右泰·華, 伊闕在其南, 羊腸在其北, 湯放之. 紂之國, 左孟門, 右太行, 恆山在其北, 大河經其南, 武王殺之. 若不修德, 舟中人皆敵國也. 武侯曰, 善.

(2) 오기가 말했다. 「〈나라의 보배는〉 임금의 덕에 있지, 험난한 요새에 있는 것이 아닙니다. 옛날의 삼묘씨의 나라는 왼편에는 동정호가 있고, 오른편에는 팽려택(彭蠡澤)이 있어, 〈자연의 요새를 이루었으나〉 결국은 우(禹)에게 멸망 당했습니다. 하(夏)나라의 마지막 왕, 걸(桀)이 있던 곳은 좌로는 황하(黃河)와 제수(濟水)가 흐르고, 우로는 태산(泰山)과

화산(華山)이 솟아 있고, 남에는 이궐산(伊闕山 : 河南省)이
있고, 북으로는 양장판(羊腸坂 : 山西省)이 있어, 〈자연의 요
새였습니다.〉〈그러나, 덕을 잃은 걸은〉〈덕이 높은 은(殷)
나라의〉 탕왕에게 추방되었습니다. 〈은나라의 마지막 왕〉
주(紂)의 나라는, 좌에는 맹문산(孟門山), 우에는 태행산(太
行山)이 있고, 그 북쪽에는 황산(恒山)이 있고, 남으로는 대
하(大河 : 黃河)가 흘러 〈역시 자연의 요새였습니다.〉〈그러
나〉 그도 주(周) 무왕(武王)에게 멸살(滅殺)되었습니다. 만약
에 임금님도 덕을 닦지 않으시면, 이 배 안에 모든 사람들
이, 적국처럼 될 것입니다.」〈그 말을 듣고〉 위나라 무후는
「참으로 옳은 말이다.」라고 했다.

어구 설명 (2) ○起日, 在德不在險.(기왈 재덕부재험) : 오기가 말했
다. 「〈보배스러움은〉 임금의 덕에 있지, 험난한 요새에 있
는 것이 아닙니다.」 ○昔三苗氏, 左洞庭, 右彭蠡, 禹滅
之.(석삼묘씨 좌동정 우팽려 우멸지) : 옛날의 삼묘씨의
나라는 왼편에는 동정호가 있고, 오른편에는 팽려택(彭蠡
澤)이 있어, 〈자연의 요새를 이루었으나〉 결국은 우(禹)에
게 멸망 당했습니다. 「삼묘씨(三苗氏)」는 황제(黃帝) 때의
미개한 묘족(苗族)들의 나라. 현 강서(江西), 호남(湖南),
호북(湖北) 일대. ○桀之居(걸지거) : 하(夏)나라의 마지막
왕, 걸(桀)이 있던 나라는, ○左河 · 濟, 右泰 · 華, 伊闕在
其南, 羊腸在其北,(좌하 · 제 우태 · 화 이궐재기남 양장재
기북) : 좌로는 황하(黃河)와 제수(濟水)가 흐르고, 우로는
태산(泰山)과 화산(華山)이 있고, 남에는 이궐산(伊闕山 :

河南省)이 있고, 북으로는 양장판(羊腸坂 : 山西省)이 있
어,〈자연의 요새였다.〉ㅇ湯放之(탕방지) :〈그러나, 덕을
잃은 걸은〉〈덕이 높은 은(殷)나라의〉탕왕에게 추방되었
다. ㅇ紂之國(주지국) :〈은나라의 마지막 왕〉주(紂)의 나
라는, ㅇ左孟門, 右太行, 恒山在其北, 大河經其南,(좌맹문
우태행 항산재기북대하경기남) : 좌에는 맹문산(孟門山),
우에는 태행산(太行山)이 있고, 그 북쪽에는 황산(恒山)이
있고, 남으로는 대하(大河 : 黃河)가 흘러〈역시 자연의 요
새다.〉ㅇ武王殺之(무왕살지) : 그도 주(周) 무왕(武王)에
게 멸살(滅殺)되었다. ㅇ若不修德, 舟中人皆敵國也.(약부
수덕 주중인개적국야) : 만약에 임금님도 덕을 닦지 않으
시면, 이 배 안에 모든 사람들이 적국처럼 될 것입니다. ㅇ武
侯曰, 善.(무후왈 선) : 무후가「참으로 옳은 말이다.」라고
했다.

(3) 武侯卒. 子惠王罃立. 東敗於齊, 將軍龐涓與太
子申皆死. 南敗於楚, 西喪地於秦. 乃卑辭厚幣, 以
招賢者. 孟子至. 而不用. 子襄王立. 孟子去之齊.

(3) 무후가 죽고, 그의 아들 혜왕(惠王) 앵(罃)이 뒤를 이었
다. 〈그러나〉동쪽에서는 제(齊)나라와 싸워 패하고, 장군
방연(龐涓)과 태자 신(申)이 모두 전사했다. 남쪽에서는 초
(楚)에게 패했으며, 서쪽으로는 진(秦)에게 땅을 빼앗겼다.
그래서〈위혜왕은〉말을 낮추고 후한 예물로 현명한 사람들

을 초빙했다. 이에 맹자도 왔다. 그러나 혜왕은 등용하지 않았다. 혜왕의 아들 양왕(襄王)이 자리에 오르자, 맹자는 위(魏)나라를 떠나, 제(齊)나라로 갔다.

[어구 설명] (3) ○武侯卒(무후졸) : 무후가 죽고, ○子惠王罃立(자혜왕앵립) : 그의 아들 혜왕(惠王) 앵(罃)이 뒤를 이었다. ○東敗於齊(동패어제) : 동쪽에서는 제(齊)나라와 싸워 패하고, ○將軍龐涓與太子申皆死(장군방연여태자신개사) : 장군 방연(龐涓)과 태자 신(申)이 모두 전사했다. ○南敗於楚(남패어초) : 남쪽에서는 초(楚)에게 패했으며, ○西喪地於秦(서상지어진) : 서쪽으로는 진(秦)에게 땅을 빼앗겼다. ○乃卑辭厚幣 以招賢者(내비사후폐 이초현자) : 그래서, 〈위혜왕은〉 말을 낮추고 후한 예물로, 현명한 사람들을 초빙했다. ○孟子至 而不用(맹자지 이불용) : 이에 맹자도 왔다. 그러나 혜왕은 등용하지 않았다. ○子襄王立 孟子去之齊(자양왕립 맹자거지제) : 혜왕의 아들 양왕(襄王)이 자리에 오르자, 맹자는 위(魏)나라를 떠나, 제(齊)나라로 갔다.

| 백문 | 제5과 不修德 人皆敵

(1) 文侯卒, 子擊立. 是爲武侯. 武侯浮西河而下. 中流顧謂吳起曰, 美哉山河之固, 魏國之寶也.

(2) 起曰, 在德不在險. 昔三苗氏, 左同庭, 右彭蠡, 禹滅之. 桀之居, 左河·濟, 右泰·華, 伊闕在其南, 羊腸在其北, 湯放之. 紂之國, 左孟門, 右太行, 恆山在其北, 大河經其南, 武王殺之. 若不修德, 舟中人皆敵國也. 武侯曰, 善.

(3) 武侯卒. 子惠王罃立. 東敗於齊, 將軍龐涓與太子申皆死. 南敗
於楚, 西喪地於秦. 乃卑辭厚幣, 以招賢者. 孟子至. 而不用. 子
襄王立. 孟子去之齊.

제6과 張儀

(1) 魏人有張儀者. 與蘇秦同師. 嘗遊楚, 爲楚相所
辱. 妻慍有語. 儀曰, 視吾舌, 尙在否.

⑴ 위(魏)나라 사람으로 장의(張儀)라는 자가 있었다. 소진
(蘇秦)과 같은 스승에게 배웠다. 장의는 일찍이 초(楚)나라
에 가서, 유세했으며, 〈그때에〉 초나라의 재상에게 욕을 보
고 〈돌아왔다.〉 그러자 그의 처가 성을 내고 잔소리를 했다.
장의는 〈자기 처를 보고〉 말했다. 「여보, 잘 보시오. 나의
혀가 아직 붙어 있는지 없는지.」

어구 설명 제6과 ○張儀(장의) : 전국시대(戰國時代)에 활약했던 권
모술책에 뛰어난 유세가(遊說家)다. (1) ○魏人有張儀者
(위인유장의자) : 위(魏)나라 사람으로 장의(張儀)라는 자
가 있었다. ○與蘇秦同師(여소진동사) : 소진(蘇秦)과 같
은 스승에게 배웠다. 즉 귀곡(鬼谷)에게 종횡술(從橫術)을
배웠다. ○嘗遊楚(상유초) : 장의는 일찍이 초(楚)나라에
가서 유세했으며, ○爲楚相所辱(위초상소욕) : 〈그때에〉

초나라의 재상에게 욕을 보았다. 〈조나라 재상이 베푸는 술
잔치에 참석했다. 그때에, 재상의 옥돌이 분실되자, 장의가
혐의를 받고, 수백 대의 매를 맞은 일이 있었다.〉 ㅇ妻慍有
語(처온유어) : 〈그래서 욕을 보고 돌아온 자기 남편에게〉
그의 처가 성을 내고 잔소리를 했다. ㅇ儀曰, 視吾舌, 尙在
否.(의왈 시오설 상재부) : 장의는 〈자기 처를 보고〉 말했
다.「여보, 잘 보시오. 나의 혀가 아직 붙어 있는지 없는
지.」

(2) 蘇秦約從時, 激儀使入秦. 儀曰, 蘇君之時, 儀何
敢言. 蘇秦去趙而從解. 儀專爲橫, 連六國以事秦.

(2) 소진(蘇秦)이 합종(合從)을 성사하고, 재상이 되었을 때,
계획적으로 장의(張儀)를 격분시켜서, 진(秦)나라에 들어가,
벼슬을 얻게 했다. 〈이와 같은 사실을 나중에 알게 된〉 장의
가 말했다.「소진(蘇秦)이 합종(合從)으로 육국(六國)의 상
(相)으로 있는 동안에는, 내가 어찌 감히 내 말을 하겠는가.」
그리고 후에, 소진이 조나라를 떠나고 함종(合從)이 해체되
자 장의는 전적으로 종횡을 추진했으며 여섯 나라를 횡으로
묶어 진을 섬기게 했다.

어구 설명 (2) ㅇ蘇秦約從時(소진약종시) : 소진(蘇秦)이 합종(合從)을
　　　성사하고, 재상이 되었을 때, 〈제11장 제7과 참조〉. ㅇ激儀
　　　使入秦(격의사입진) : 계획적으로 장의(張儀)를 격분 시켜
　　　서, 진(秦)나라에 들어가, 벼슬을 얻게 했다. 〈소진은 출세

한 자기를 찾아온 장의를 고의로 푸대접하고 천대하고, 화를 내게 했다. 그리고 소진은 은밀히 사람을 시켜, 장의를 진나라에 가게 하고, 또 뒤로 공작금을 뿌려, 장의로 하여금, 진나라의 고관이 되게 했다. 장의는 이와 같은 사실을 나중에 알게 되었다.〉 ○儀曰, 蘇君之時, 儀何敢言.(의왈 소군지시 의하감언) : 장의가 말했다. 「소진(蘇秦)이 합종(合從)으로 육국(六國)의 상(相)으로 있는 동안에는, 나 장의(張儀)가 어찌 감히 내 말을 하겠는가.」〈즉 자기의 연횡설(連橫說)을 적극적으로 펴지 않겠다는 뜻.〉 ○蘇秦去趙而從解(소진거조이종해) : 그 후에, 소진이 조나라를 떠나고, 합종(合從)이 해체되자, ○儀專爲橫(의전위횡) : 장의는 전적으로 연횡을 추진했으며, ○連六國以事秦(연육국이사진) : 여섯 나라를 횡으로 묶어, 진을 섬기게 했다.

(3) 秦惠王時, 儀嘗以秦兵伐魏, 得一邑, 復以與魏. 而欺魏割地以謝秦. 歸爲秦相. 已而出爲魏相. 實爲秦也. 襄王時, 復歸相秦. 已而復出相魏, 以卒.

(3) 진나라 혜왕 때에 장의는 진군(秦軍)으로 하여금 위(魏)를 공격하고, 성(城) 하나를 점령했다. 그러나 다시 위에게 돌려주었다. 그리고 위나라를 속이고, 위로 하여금 땅을 쪼게 진에게 바치고 사죄하게 했다. 그리고 돌아가 진나라의 재상이 되었다.
〈이와 같이 권모술수를 이리저리 쓴 다음에〉 〈장의는〉 나가서 위나라의 재상이 되었다. 〈장의가 능숙한 언변과 술수로 위왕(魏王)의 신임을 얻어, 재상이 되었으나, 그 모두가〉 실은 진나라를 위한 술책이었다. 〈그래서〉 진양왕 때에, 다시 〈진으로〉 돌아와 진의 재상이 되었다. 그리고 난 다음에 장의는 다시 나가서 위나라의 재상이 되었다. 〈이와 같이 간교한 술책으로 들락날락 하면서, 이 나라 저 나라의 재상을 지내다가〉 그는 죽었다.

<u>어구 설명</u> (3) ㅇ秦惠王時(진혜왕시) : 진나라 혜왕 때에, ㅇ儀嘗以秦兵伐魏, 得一邑,(의상이진병벌위 득일읍) : 장의는 진군(秦軍)으로 하여금 위(魏)를 공격하고, 성(城) 하나를 점령했다. ㅇ復以與魏(부이여위) : 그러나 다시 위에게 돌려주었다. ㅇ而欺魏割地以謝秦(이기위할지이사진) : 그리고 위나라를 속이고 위로 하여금 땅을 쪼개 진에게 바치고 사죄하게 했다. ㅇ歸爲秦相(귀위진상) : 그리고 돌아가 진나라의 재상이 되었다. ㅇ已而出爲魏相(이이출위위상) : 그리고 난 다음에 〈장의는〉 나가서 위나라의 재상이 되었다. ㅇ實爲秦也(실위진야) : 〈장의가 능숙한 언변과 술수로 위왕(魏王)의 신임을 얻어, 재상이 되었으나, 그 모두가〉 실은 진나라를 위한 술책이었다. ㅇ襄王時(양왕시) : 〈그래서〉 진양왕(秦襄王) 때에, ㅇ復歸相秦(부귀상진) : 다시 〈진으로〉 돌아와서, 진의 재상이 되었다. ㅇ已而復出相魏(이이부출상위) : 그리고 난 다음에 장의는 다시 나가서 위나라의 재상이 되었다. ㅇ以卒(이졸) : 〈이와 같이 간교한 술책으로 들락날락하면서, 이 나라 저 나라의 재상을 지내다가, 마침내〉 그는 죽었다.

| 백문 | 제6과 張儀

(1) 魏人有張儀者. 與蘇秦同師. 嘗遊楚, 爲楚相所辱. 妻慍有語. 儀曰, 視吾尙在否.

(2) 蘇秦約從時, 激儀使入秦. 儀曰, 蘇君之時, 儀何敢言. 蘇秦去趙而從解. 儀專爲橫, 連六國以事秦.

(3) 秦惠王時, 儀嘗以秦兵伐魏, 得一邑, 復以與魏. 而欺魏割地以謝秦. 歸爲秦相. 已而出爲魏相. 實爲秦也. 襄王時, 復歸相秦. 已而復出相魏, 以卒.

제7과 信陵君 · 魯仲連

(1) 魏安釐王立, 封公子無忌爲信陵君. 無忌愛人下士. 食客三千人.

(1) 위나라 안리왕(安釐王)이 자리에 올랐다. 그는 공자, 무기를 신릉군에 봉했다. 무기는 모든 사람을 사랑하고, 선비에게 겸손했으며, 그의 식객이 삼천 명이나 되었다.

어구 설명 제7과 ○信陵君 · 魯仲連(신릉군 · 노중련) : 신릉군은 곧 공자 무기다. 사군자(四君子)의 한 사람. 노중련은 강직한 충신. (1) ○魏安釐王立(위안리왕립) : 위나라 안리왕(安釐王)이 자리에 올랐다. 「리(釐)」를 「희(禧)」로 읽기도 한다. ○封公子無忌爲信陵君(봉공자무기위신릉군) : 공자, 무기

를 신릉군에 봉했다. ㅇ無忌愛人下士(무기애인하사) : 무
기는 모든 사람을 사랑하고, 선비에게 겸손했다. ㅇ食客三
千人(식객삼천인) : 그의 식객이 삼천 명이나 되었다.

(2) 秦攻趙. 魏王使晉鄙救之. 秦昭王欲移兵先擊救者. 王恐, 止晉鄙兵, 壁于鄴, 又使新垣衍說趙, 共尊秦爲帝.

(2) 진(秦)나라가 조(趙)나라를 공격하자 위(魏)나라 왕은 진
비(晉鄙) 장군으로 하여금 조를 구원하게 했다. 그러자, 진
소왕(昭王)이 병력을 이동해서 〈조나라를〉 구원하는 위나라
를 먼저 치려고 했다. 이에 위왕이 겁을 먹고 진비의 군대를
중도에서 멈추게 하고 〈조에서 가까운〉 업(鄴) 성안에 있게
했다. 또 신원연(新垣衍)을 사신으로 보내서 조나라를 설득
하고 〈두 나라가〉 함께 진을 높이고 제(帝)로 삼자고 했다.

어구 설명 (2) ㅇ秦攻趙(진공조) : 진나라가 조나라를 공격하자, ㅇ魏
王使晉鄙救之(위왕사진비구지) : 위나라 왕이 진비(晉鄙)로
하여금 조를 구원하게 했다. ㅇ秦昭王欲移兵先擊救者(진소
왕욕이병선격구자) : 그러자, 진(秦)나라 소왕(昭王)이 병력
을 이동해서, 구원을 하려는 위(魏)나라를 먼저 치려고 했
다. ㅇ王恐(왕공) : 이에 위나라 왕이 겁을 먹고, ㅇ止晉鄙
兵, 壁于鄴,(지진비병 벽우업) : 진비(晉鄙)로 하여금 진격
을 멈추고 업(鄴)의 성안에서 굳게 지키게 했다. ㅇ又使新垣
衍(우사신원연) : 또 신원연(新垣衍)을 사자로 보내서, ㅇ說

趙 共尊秦爲帝(설조 공존진위제) : 조(趙)나라를 설득하고 〈두 나라가〉 함께 진(秦)을 높이고, 제(帝)로 삼자고 했다. 결국 조(趙)에게 항복을 권한 것이다.

(3) 魯仲連往見衍曰, 彼秦者棄禮義上首功之國也. 卽肆然帝天下, 則連有蹈東海而死耳. 衍再拜曰, 先生天下士也. 吾不敢復言帝秦矣.

(3) 노중련이 신원연(新垣衍)을 찾아가서 말했다. 「그놈들, 진(秦)은 예의를 버리고, 목을 베는 공만을 높이는 〈동물처럼 무도한〉 나라요. 그런데도 함부로 그 놈들을 천하의 제왕으로 받든다면 노중련은 즉시 동해에 가서 죽을 것이오.」 그러자 신원연이 말했다. 「선생님은 참으로 천하의 선비이십니다. 저는 다시는 진을 제왕으로 삼자는 말을 하지 않겠습니다.」

어구 설명 (3) ㅇ魯仲連往見衍曰(노중련왕견연왈) : 노중련이 신원연(新垣衍)을 찾아가서 말했다. ㅇ彼秦者棄禮義上首功之國也(피진자기예의상수공지국야) : 그놈들, 진(秦)은 예의를 버리고, 목을 베는 공만을 높이는 〈동물처럼 무도한〉 나라다. ㅇ卽肆然帝天下(즉사연제천하) : 그런데도 함부로 그 놈들을 천하의 제왕으로 받든다면, ㅇ則連有蹈東海而死耳(즉련유도동해이사이) : 곧 노중련은 동해에 가서 죽을 것이오. ㅇ衍再拜曰(연재배왈) : 신원연이 말했다. ㅇ先生天下士也, 吾不敢復言帝秦矣.(선생천하사야 오불감부언제진

의) : 선생은 참으로 천하의 선비이십니다. 저는 다시는 진
을 제왕으로 삼자는 말을 하지 않겠습니다.

| 백문 | 제7과 信陵君 · 魯仲連

(1) 魏安釐王立, 封公子無忌爲信陵君. 無忌愛人下士. 食客三千人.

(2) 秦攻趙. 魏王使晉鄙救之. 秦昭王欲移兵先擊救者. 王恐. 止晉
鄙兵, 壁于鄴, 又使新垣衍說趙, 共尊秦爲帝.

(3) 魯仲連往見衍曰, 彼秦者棄禮義上首功之國也. 卽肆然帝天下,
則連有蹈東海而死耳. 衍再拜曰, 先生天下士也. 吾不敢復言帝
秦矣.

제8과 信陵君 · 侯嬴

(1) 趙平原君夫人, 無忌姉也. 趙急. 使者冠蓋相望,
責救於無忌. 無忌請於王, 及使賓客游說萬端, 王不
聽.

(1) 조나라 평원군의 부인은 무기의 누이다. 그래서 조나라
가 〈진의 공격을 받고〉 다급해지자 〈조나라로부터〉 사자들
이 줄줄이 위나라로 와, 무기 즉 신릉군에게 구원을 요청했
다. 이에 무기는 안리왕(安釐王)에게 구원을 청했으며 또 빈
객 즉 식객을 시켜 여러 가지로 왕을 설득했다. 그래도 왕은

듣지 않았다.

어구 설명 제8과 ㅇ信陵君·侯嬴(신릉군·후영) : 다 위(魏)나라 사람
으로, 진(秦)에 반대하고, 조(趙)를 돕고자 했다. (1) ㅇ趙平
原君夫人(조평원군부인) : 조나라 평원군의 부인은, ㅇ無忌
姉也(무기자야) : 무기의 누이였다. ㅇ趙急(조급) : 조나라
가 〈진의 공격을 받고〉 다급해지자, ㅇ使者冠蓋相望(사자
관개상망) : 〈조나라의〉 사자들이 줄줄이 위나라로 왔다.
「冠蓋相望(관개상망)」은 「사자가 쓴 관모(冠帽)와 수레 위
에 일개(日蓋)를 서로 바라본다.」는 뜻이다. 즉 「사자가 줄
지어 왔다.」로 풀이한다. ㅇ責救於無忌(책구어무기) : 무기
즉 신릉군에게 구원을 요청했다. ㅇ無忌請於王(무기청어
왕) : 무기가 위나라 왕, 즉 안리왕(安釐王)에게 구원을 청
했으며, ㅇ及使賓客游說萬端(급사빈객유세만단) : 또 빈객
(賓客 즉 食客)을 시켜 여러 가지로 유세하게 했다. ㅇ王不
聽(왕불청) : 그래도 왕은 듣지 않았다.

(2) 客侯嬴敎無忌禱於王幸姬, 竊得晉鄙兵符, 且薦
力士朱亥與俱, 謂, 晉鄙合符而疑, 則擊殺而奪其
軍. 一如嬴言, 得兵以進, 大破秦兵, 解邯鄲圍. 而
無忌不敢歸魏.

(2) 식객 후영(侯嬴)이 무기에게 방도를 가르쳐 주었다. 「왕
이 사랑하는 총희(寵姬)에게 부탁을 해서 진비(晉鄙) 장군에
게 내린 병부(兵符)의 반쪽을 훔쳐내서 〈그것을 지닌 사람을

진비에게 보내, 거짓 왕명을 전하게 하되,〉 그때에 역사(力
士) 주해(朱亥)를 함께 따라가게 하십시오.」 그리고 또 말했
다. 「장군 진비가 병부를 맞춰보고도 의심을 하면, 즉시 그
를 격살하고, 그의 군대의 지휘권을 탈취하십시오.」〈무기
즉 신릉군은〉 후영의 말대로 하고 〈군대를〉 탈취하여, 진격
하고, 진군(秦軍)을 크게 무찔렀으며, 〈조나라 수도〉 감단
(邯鄲)의 포위를 풀었다. 그러나 〈임금을 속인 죄로〉 무기는
감히 위나라로 돌아오지 못했다.

어구 설명 (2) ㅇ客侯嬴敎無忌(객후영교무기) : 식객 후영(侯嬴)이 무
기에게 방도를 가르쳐 주었다. ㅇ禱於王幸姬(도어왕행희) :
왕의 사랑을 받는 총희(寵姬)에게 부탁을 해서, ㅇ竊得晉鄙
兵符(절득진비병부) : 진비(晉鄙) 장군에게 내린 병부(兵符)
의 반쪽을 훔쳐내서, 〈그것을 지닌 사람을 진비에게 보내,
거짓 왕명을 전하게 하되,〉 ㅇ且薦力士朱亥與俱(차천역사
주해여구) : 또한 역사(力士) 주해(朱亥)를 함께 따라가게
하십시오. ㅇ謂(위) : 그리고 또 말했다. ㅇ晉鄙合符而疑(진
비합부이의) : 장군 진비가 병부를 맞춰보고도 의심을 하
면, ㅇ則擊殺而奪其軍(즉격살이탈기군) : 즉시 그를 격살하
고, 그의 군대 즉 지휘권을 탈취하십시오. ㅇ一如嬴言(일여
영언) : 〈무기 즉 신릉군은〉 후영의 말대로 하고, ㅇ得兵以
進(득병이진) : 〈지휘권과 군대를〉 얻어 진격하고, ㅇ大破
秦兵(대파진병) : 진군(秦軍)을 크게 무찔렀으며, ㅇ解邯鄲
圍(해감단위) : 〈조나라 수도〉 감단(邯鄲)의 포위를 풀었다.
ㅇ而無忌不敢歸魏(이무기불감귀위) : 그러나 〈임금을 속인
죄로〉 무기는 감히 위나라로 돌아오지 못했다.

| 백문 | 제8과 信陵君 · 侯嬴

(1) 趙平原君夫人, 無忌姉也. 趙急. 使者冠蓋相望, 責救於無忌. 無忌請於王, 及使賓客游說萬端, 王不聽.

(2) 客侯嬴敎無忌禱於王幸姬, 竊得晉鄙兵符, 且薦力士朱亥與俱, 謂, 晉鄙合符而疑, 則擊殺而奪其軍. 一如嬴言, 得兵以進, 大破秦兵, 解邯鄲圍. 而無忌不敢歸魏.

제9과 無忌卒而魏滅

(1) 秦伐魏. 魏患之, 使人請無忌. 不肯歸. 客毛公 · 薛公見曰, 魏急, 而公子不恤. 一旦秦克大梁, 夷先王宗廟, 公子何面目立於天下乎.

(1) 진(秦)이 위(魏)를 공격하자, 위나라 사람들이 걱정을 했다. 그래서 사람들이 〈조(趙)나라에 머물고 있는〉 무기에게 「〈돌아와서, 위나라를 구하라고〉」 청했다. 그래도 무기는 〈위나라로〉 돌아오려고 하지 않았다. 그러자 식객(食客), 모공(毛公)과 설공(薛公)이 무기를 보고 말했다. 「위나라가 위급한데, 그대 공자께서 구휼(救恤)하지 않으십니까. 〈그러다가〉 하루아침에 〈위나라의 국도〉 대량(大梁)이 함락되고, 선왕을 모신 종묘가 파괴되면, 공자는 무슨 면목을 하고, 천하 모든 사람 앞에 나서겠습니까.」

어구 설명 제9과 ○ 無忌卒而魏滅(무기졸이위멸) : 무기 즉 신릉군(信陵君)이 죽고, 위나라도 멸망했다. (1) ○ 秦伐魏(진벌위) : 진(秦)이 위(魏)를 공격하자, ○ 魏患之(위환지) : 위나라 사람들이 걱정을 했다. ○ 使人請無忌(사인청무기) : 그래서, 사람들이 무기에게 「〈돌아와서〉〈위나라를 구하라고〉」청했다. ○ 不肯歸(불긍귀) : 그래도 무기는 〈위나라로〉 돌아오려고 하지 않았다. ○ 客毛公 · 薛公見曰(객모공 · 설공견왈) : 〈그러자〉 식객인 모공(毛公)과 설공(薛公)이 무기를 보고 말했다. ○ 魏急, 而公子不恤.(위급 이공자불휼) : 「위나라가 위급한데, 그대 공자께서 구휼(救恤)하지 않으십니까.」 ○ 一旦秦克大梁(일단진극대량) : 「〈그러다가〉하루아침에 〈위나라의 국도〉 대량(大梁)이 함락되고,」 ○ 夷先王宗廟(이선왕종묘) : 「선왕을 모신 종묘가 파괴된다면,」 ○ 公子何面目立於天下乎(공자하면목립어천하호) : 「공자는 무슨 면목을 하고, 천하 모든 사람 앞에 나서겠습니까.」

(2) 無忌趣駕還. 諸侯聞無忌爲魏將, 皆遣救. 無忌率五國兵, 敗秦兵於河外, 追至函谷關而還.

(2) 무기는 수레를 독촉하여 〈위나라로〉 돌아왔다. 제후들은 무기가 위나라에 장군이 되었다는 말을 듣고, 다 군대를 파견하여 〈위나라를〉 구원했다. 무기는 다섯 나라의 연합군을 이끌고, 황하 이남에서, 진군(秦軍)을 무찔렀으며, 진군(秦軍)을 추격해서 함곡관 밖으로 몰아내고 돌아왔다.

어구 설명 (2) ㅇ無忌趣駕還(무기취가환) : 무기는 수레를 독촉하여 돌아
왔다. 「취(趣)」는 「서두르다, 독촉하다.」의 뜻이다. ㅇ諸侯聞無
忌爲魏將(제후문무기위위장) : 제후들은 무기가 위나라에 장군
이 되었다는 말을 듣고, ㅇ皆遣救(개견구) : 모두 군대를 파견
하여 〈위나라를〉 구원했다. ㅇ無忌率五國兵(무기솔오국병) :
무기는 다섯 나라의 연합군을 이끌고, ㅇ敗秦兵於河外(패진
병어하외) : 황하 남쪽에서, 진군(秦軍)을 무찔렀다. 하남
성(河南省)을 흐르는 황하(黃河)의 북쪽을 「하내(河內)」,
남쪽을 「하외(河外)」라고 한다. ㅇ追至函谷關而還(추지함
곡관이환) : 진군(秦軍)을 추격해서 함곡관 밖으로 몰아내
고 돌아왔다.

(3) 無忌卒. 十八年而魏王假立. 後又二年, 秦王政
遣兵伐魏, 殺王假, 而滅魏爲郡.

(3) 무기가 죽었다. 그리고 18년이 지나, 가(假)가 위나라의
왕이 되었다. 그리고 다시 2년이 되었을 때, 진(秦)나라의 왕
정(政 : 즉 秦始皇)이 병력을 파견하여 위(魏)나라를 토벌하
고, 위나라의 왕 가(假)를 죽이고, 위나라를 멸하고, 진나라
의 한 군(郡)으로 편입했다.

어구 설명 (3) ㅇ無忌卒(무기졸) : 무기가 죽었다. ㅇ十八年而魏王假
立(십팔년이위왕가립) : 그리고 18년이 지나, 가(假)가 위
나라의 왕이 되었다. ㅇ後又二年(후우이년) : 그리고 다시
2년이 되었을 때, ㅇ秦王政遣兵伐魏(진왕정견병벌위) : 진

(秦)나라의 왕 정(政) 즉 진시황(秦始皇)이 병력을 파견하여 위(魏)나라를 토벌하고, ○殺王假(살왕가) : 위나라의 왕 가(假)를 죽였다. ○而滅魏爲郡(이멸위위군) : 그리고 위나라를 멸하고, 진나라의 한 군(郡)으로 삼았다.

| 백문 | 제9과 **無忌卒而魏滅**

(1) 秦伐魏. 魏患之, 使人請無忌. 不肯歸. 客毛公·薛公見曰, 魏急, 而公子不恤. 一旦秦克大梁, 夷先王宗廟, 公子何面目立於天下乎.

(2) 無忌趣駕還. 諸侯聞無忌爲魏將, 皆遣救. 無忌率五國兵, 敗秦兵於河外, 追至函谷關而還.

(3) 無忌卒. 十八年而魏王假立. 後又二年, 秦王政遣兵伐魏, 殺王假, 而滅魏爲郡.

제14장 韓

「제14장 한(韓)」도 사략(史略) 원본에는 「하나의 긴 문장」으로 기술했다. 이 책에서는 학습의 편의를 위해서 「제14장 한(韓)」을 「총 3과」로 나누고, 각과(各課) 마다 「과의 제목」을 필자가 임의로 붙였다. 다음과 같다.

제1과 한세계(韓世系)
제2과 섭정·섭앵(聶政·聶嫈)
제3과 신불해·소후(申不害·昭侯)

전국시대의 한(韓)은 약소국에 속했다. 사략(史略)은 특히 섭정(聶政), 신불해(申不害), 소후(昭侯)에 초점을 맞추었다.

제1과 韓世系

(1) [韓]之先, 本與周同姓, 武王子韓侯之後也. 國絕. 其後裔事晉爲韓氏. 韓武子之三世曰厥. 厥五世至康子, 與趙·魏共滅知氏. 又二世曰景侯虔. 以周威烈王命爲侯.

(1) 한나라의 선조는 본래 주(周)와 같은 성이며, 주무왕(周武王)의 아들 한후(韓侯)의 후손이다. 그 후, 한동안 나라가 단절했으나, 그 후예가 진(晉)나라를 섬기고, 한씨(韓氏)가

되었다. 한무자(韓武子)의 삼 세를 궐(厥)이라 했다. 궐(厥) 다음 5세를 거쳐 강자(康子)에 이르자, 그는 조씨(趙氏)와 위씨(魏氏)와 함께 지씨(知氏)를 멸했다. 그 다음 2세가 경후(景侯) 건(虔)이다. 주위렬왕(周威烈王)의 명으로 후(侯)가 되었다.

어구 설명 │ 제1과 ㅇ韓世系(한세계) : 한(韓)나라의 세계(世系). (1) ㅇ韓之先, 本與周同姓,(한지선 본여주동성) : 한나라의 선조는 본래 주(周)와 같은 성이다. ㅇ武王子韓侯之後也(무왕자한후지후야) : 주무왕(周武王)의 아들 한후(韓侯)의 후손이다. ㅇ國絕(국절) : 그 후, 한후의 나라가 단절했으나, ㅇ其後裔事晉爲韓氏(기후예사진위한씨) : 그 후예가 진(晉)나라를 섬기고, 한씨(韓氏)가 되었다. ㅇ韓武子之三世曰厥(한무자지삼세왈궐) : 한무자(韓武子)의 삼 대손을 궐(厥)이라 했다. ㅇ厥五世至康子(궐오세지강자) : 궐(厥) 다음 5세를 거쳐 강자(康子)에 이르자, ㅇ與趙魏共滅知氏(여조위공멸지씨) : 〈강자는〉 조씨(趙氏)와 위씨(魏氏)와 함께 지씨(知氏)를 멸했다. ㅇ又二世曰景侯虔(우이세왈경후건) : 그 다음, 2대가 바로 경후(景侯) 건(虔)이다. 虔(정성 건) ; 공경하다. 단정한 모양. ㅇ以周威烈王命爲侯(이주위렬왕명위후) : 주위렬왕(周威烈王)의 명으로 후(侯)가 되었다.

│ 백문 │ 제1과 **韓世系**

(1) [韓]之先, 本與周同姓, 武王子韓侯之後也. 國絕. 其後裔事晉爲韓氏. 韓武子之三世曰厥. 厥五世至康子, 與趙·魏共滅知氏. 又二世曰景侯虔. 以周威烈王命爲侯.

제2과 聶政 · 聶嫈

(1) 韓相俠累, 與濮陽嚴仲子有惡. 仲子聞軹人聶政
之勇, 以黃金百鎰, 爲政母壽, 欲因以報仇. 政曰, 老
母在. 政身未可以許人也. 及母卒, 仲子乃使政圖之.

(1) 한(韓)의 재상 협루(俠累)는 복양(濮陽 : 河北省의 縣名)
의 엄중자(嚴仲子)를 미워하고 악하게 대했다. 이에 엄중자
는 지(軹 : 河南省)에 사는 섭정(聶政)이 용맹하다는 말을 듣
고 황금 백 일(鎰)을 바치고, 섭정의 모친의 수(壽)를 축원했
으며, 아울러 〈자기의 원수를〉 갚아주기를 바랐다. 섭정이
말했다.「노모가 살아 계심으로 아직은 내 몸을 남에게 허락
할 수 없다.」그 후, 노모가 돌아가시자, 엄중자는 사람을 통
해, 섭정에게 일을 도모하라고 말했다.

어구 설명   제2과 ㅇ聶政 · 聶嫈(섭정 · 섭앵) : 의협(義俠)한 사나이
섭정과, 그의 누이 섭앵. (1) ㅇ韓相俠累(한상협루) : 한 나
라의 재상, 협루(俠累)는, ㅇ與濮陽嚴仲子有惡(여복양엄중
자유악) : 복양(濮陽 : 河北省의 縣名) 사람 엄중자(嚴仲子)
를 미워하고 악하게 대했다. 〈재상 협루가 백관이 모인 조
정에서 엄중자에게 심하게 욕을 하고 모욕을 가했다. 이에
엄중자가 칼을 뽑았다. 그래서 죄를 짓고 국외로 도망갔으
며 복수할 사람과 기회를 노렸던 것이다.〉 ㅇ仲子聞軹人聶
政之勇(중자문지인섭정지용) : 엄중자는 지(軹 : 河南省)에
사는 섭정(聶政)이 용맹하다는 말을 듣고, ㅇ以黃金百鎰

(이황금백일) : 황금 백 일(鎰)을 바치고, 「일(鎰)」은 24량
이다. ○爲政母壽(위정모수) : 섭정의 모친의 수(壽)를 축
원했으며, ○欲因以報仇(욕인이보구) : 아울러 〈자기의 원
수를〉 갚아주기를 바랐다. ○政曰, 老母在. 政身未可以許
人也.(정왈 노모재 정신미가이허인야) : 섭정이 말했다.
「노모가 살아 계심으로, 아직은 내 몸을 남에게 허락할 수
없다.」○及母卒(급모졸) : 그러자, 노모가 돌아가시자, ○仲
子乃使政圖之(중자내사정도지) : 엄중자는 사람을 통해,
섭정에게 일을 도모하라고 말했다.

(2) 俠累方坐府. 兵衛甚嚴. 政直入刺之, 因自皮面 抉眼. 韓人暴其尸於市, 購問莫能識.

(2) 협루는 재상부(宰相府) 안에 앉아 있었으며 호위병들의
경계가 심히 삼엄했다. 그러나 섭정은 곧바로 들어가, 협루
를 칼로 찔러 죽였다. 그리고 섭정은 자신의 얼굴 가죽을 벗
기고, 두 눈을 파고 〈자신의 정체를 알지 못하게 했다.〉 한
나라 사람들은 섭정의 시체를 시중에 내다 놓고, 현상금을
걸고, 그의 신분을 알려고 했다. 그러나 끝내 알아내지 못했
다.

어구 설명 (2) ○俠累方坐府(협루방좌부) : 협루는 재상부(宰相府) 안
에 앉아 있었으며, ○兵衛甚嚴(병위심엄) : 호위병들의 경
계가 심히 삼엄했다. ○政直入刺之(정직입자지) : 그러나
섭정은 곧바로 들어가, 협루를 칼로 찔러 죽였다. ○因自

皮面抉眼(인자피면결안) : 그리고 섭정은 자신의 얼굴 가죽을 벗기고 두 눈을 파고 〈자신의 정체를 알지 못하게 스스로 난도질했다.〉 ㅇ韓人暴其尸於市(한인폭기시어시) : 한나라 사람들은 섭정의 시체를 시중에 내다 놓고, ㅇ購問莫能識(구문막능식) : 현상금을 걸고, 그의 신분을 알려고 했으나, 아무도 그를 아는 사람이 없었다.

(3) 姉嫈往哭之日, 是深井里聶政也. 以妾在故, 重自刑以絶蹤. 妾奈何畏沒身之誅, 終沒賢弟之名. 遂死政尸旁.

(3) 그러자, 섭정의 누이, 섭앵(聶嫈)이 달려와서, 통곡을 하며 말했다. 「이 사람은 바로 심정리(深井里)에 사는 〈나의 남동생〉 섭정(聶政)입니다. 나에게 연루될 것이 두려워서, 스스로 혹심하게 자신을 난도질하고, 정체를 감추려 한 것입니다. 그러나 나는 어찌 내 자신이 주살되는 것을 겁내고, 끝까지 현명한 남동생의 이름을 매몰되게 하겠습니까.」 그녀도 마침내 남동생 섭정의 시체 곁에서 자결해 죽었다.

어구 설명 (3) ㅇ姉嫈往哭之日(자앵왕곡지왈) : 그러자, 섭정의 누이, 섭앵(聶嫈)이 달려와서, 통곡을 하며 말했다. ㅇ是深井里聶政也(시심정리섭정야) : 이 사람은 바로 심정리(深井里)에 사는 〈나의 남동생〉 섭정(聶政)입니다. ㅇ以妾在故(이첩재고) : 〈누이인〉 나에게 연루될 것을 두려워서, ㅇ重自刑以絶蹤(중자형이절종) : 스스로 혹심하게 자신을 난도질하고, 정체를 감추려 한 것입니다. ○妾奈何畏沒身之誅(첩내하외몰신지주) : 그러나 나는 어찌 내 자신이 주살 되는 것을 겁내고, ○終沒賢弟之名(종몰현제지명) : 끝까지 현명한 남동생의 이름을 매몰되게 하겠습니까. ○遂死政尸旁(수사정시방) : 〈그녀는〉 마침내, 남동생 섭정의 시체 곁에서 자결해 죽었다.

| 백문 | 제2과 **聶政·聶嫈**

(1) 韓相俠累, 與濮陽嚴仲子有惡. 仲子聞軹人聶政之勇, 以黃金百鎰, 爲政母壽, 欲因以報仇. 政曰, 老母在. 政身未可以許人也. 及母卒, 仲子乃使政圖之.

(2) 俠累方坐府. 兵衛甚嚴. 政直入刺之, 因自皮面抉眼. 韓人暴其尸於市, 購問莫能識.

(3) 姊嫈往哭之日, 是深井里聶政也. 以妾在故, 重自刑以絕蹤. 妾奈何畏沒身之誅, 終沒賢弟之名. 遂死政尸旁.

제3과 昭侯·申不害

(1) 景侯四世, 至哀侯, 徙都鄭. 哀侯二世, 至昭侯. 鄭人申不害, 以黃老刑名之學, 爲昭侯相. 國治兵強.

(1) 경후 다음, 4세를 지나, 애후에 이르러, 도읍을 정(鄭)으로 옮겼다. 애후 다음 2세를 지나, 소후에 이르렀다. 정(鄭)

나라 사람, 신불해(申不害)가 「황로형명의 학문」으로 소후의
재상이 되어, 나라를 잘 다스리고 무력을 강화했다.

[어구 설명] 제3과 ㅇ昭侯·申不害(소후·신불해) : 한(韓)나라의 소후
가 신불해를 재상으로 삼고, 잘 다스리고 또 무력을 강화
했다. ⑴ ㅇ 景侯四世, 至哀侯, 徒都鄭.(경후사세 지애후
사도정) : 경후 다음, 4세를 지나, 애후에 이르러, 도읍을
정(鄭)으로 옮겼다. ㅇ哀侯二世, 至昭侯.(애후이세 지소후)
: 애후 다음 2세를 지나, 소후에 이르렀다. ㅇ鄭人申不害,
以黃老刑名之學,(정인신불해 이황로형명지학) : 정(鄭)나
라 사람, 신불해(申不害)가 「황로형명」의 학문으로, 「황로
형명의 학문[黃老刑名之學]」은 「황제(黃帝)와 노자(老子)
의 무위자연의 도리와 법대로 형벌을 가하는 법가(法家)
사상」이다. 관중(管仲), 이리(李悝), 신불해(申不害), 상앙
(商鞅), 한비(韓非) 등이 다 이에 속한다. ㅇ爲昭侯相. 國治
兵强.(위소후상 국치병강) : 소후의 재상이 되어, 나라를
잘 다스리고 무력을 강화했다.

⑵ 昭侯有弊絝. 命藏之, 不以賜左右. 侍者曰, 君
亦不仁者矣. 昭侯曰, 明主愛一嚬一笑. 嚬有爲嚬
者. 笑有爲笑者. 今袴豈特嚬笑哉. 吾必待有功者.

⑵ 소후에게 헌 바지 하나가 있었으며, 〈그 헌 바지를〉 창고
에 저장하라고 명하고, 좌우 신하에게 내려 주지 않았다. 그
러자, 측근의 시신(侍臣)들이 「임금님도 역시 인자(仁慈)하

지 못하다.」고 말했다. 그러자, 소후가 말했다. 「현명(賢明)한 군주는 한 번 찡그리거나, 웃는 것도 신중하게 한다. 임금이 찡그리면, 따라서 찡그리는 신하가 있을 것이며, 임금이 웃으면, 따라서 웃는 신하가 있게 된다. 지금 나의 바지를 어찌 찡그리고 웃는 것에 비하랴. 나는 반드시 공을 세운 사람을 기다려, 바지를 내려 줄 것이다.」

여구 설명 (2) ㅇ昭侯有弊絝(소후유폐고) : 소후에게 헌 바지 하나가 있었으며, ㅇ命藏之, 不以賜左右.(명장지 불이사좌우) : 〈그 헌 바지를〉 창고에 저장하라고 명하고, 좌우 신하에게 내려주지 않았다. ㅇ侍者曰, 君亦不仁者矣.(시자왈 군역불인자의) : 그러자, 측근의 시신(侍臣)들이 「임금님도 역시 인자(仁慈)하지 못하다.」고 불평을 했다. ㅇ昭侯曰(소후왈) : 그러자, 소후가 말했다. ㅇ明主愛一嚬一笑(명주애일빈일소) : 현명(賢明)한 군주는 한 번 찡그리거나, 웃는 것도 신중하게 한다. 「애(愛)」를 여기서는, 「신중하게 하다.」로 풀이했다. ㅇ嚬有爲嚬者(빈유위빈자) : 임금이 찡그리면, 따라서 찡그리는 신하가 있을 것이며, ㅇ笑有爲笑者(소유위소자) : 임금이 웃으면, 따라서 웃는 신하가 있게 된다. ㅇ今絝豈特嚬笑哉(금고기특빈소재) : 지금 나의 바지를 어찌 찡그리고 웃는 것에 비하랴. 더 귀중한 것이다. ㅇ吾必待有功者(오필대유공자) : 나는 반드시 공을 세운 사람을 기다려, 바지를 내려 줄 것이다.

(3) 昭侯卒. 子宣惠王立. 三世至桓惠王. 韓上黨守

降趙. 致趙受秦兵, 而有長平之敗. 又一世至王安
秦王政遣將虜安, 遂滅韓爲郡.

(3) 소후가 죽고 아들 선혜왕이 자리에 올랐다. 그리고 3세
를 거쳐, 환혜왕이 되었다. 〈그때에〉 한 나라의 상당(上黨)
의 군수(郡守)가, 〈진(秦)의 공격을 받고 위태롭게 되자, 진
나라에 뺏기느니, 차라리〉 조나라에 항복하고 넘겨주었다.
그래서 조나라가 진나라의 무력 공격을 받게 되었으며, 그
결과 장평(長平)에서 크게 패하고 말았다. 그리고 다시 1세
를 지나 안왕(安王)에 이르렀다. 그러자 진(秦)나라의 정(政
: 秦始皇)이 군대를 파견하여, 한(韓)나라의 안왕(安王)을 포
로로 잡고, 드디어 한(韓)을 멸하고, 진(秦)나라의 한 군으로
만들었다.

어구설명 (3) ㅇ昭侯卒. 子宣惠王立.(소후졸 자선혜왕립) : 소후가
죽자, 아들 선혜왕이 자리에 올랐다. ㅇ三世至桓惠王(삼
세지환혜왕) : 그리고 3세를 거쳐, 환혜왕이 되었다. ㅇ韓
上黨守降趙(한상당수항조) : 〈그때에〉 한 나라의 상당(上
黨)의 군수(郡守)가, 〈진(秦)의 공격을 받고 위태롭게 되
자, 진나라에 뺏기느니, 차라리 하고〉 조나라에 항복하고
넘겨주었다. ㅇ致趙受秦兵(치조수진병) : 그래서 조나라
가 진나라의 무력 공격을 받게 되었으며, ㅇ而有長平之敗
(이유장평지패) : 그 결과 장평(長平)에서 크게 패하고 말
았다. ㅇ又一世至王安(우일세지왕안) : 그리고 다시 1세를
지나 안왕(安王)에 이르렀다. ㅇ秦王政遣將虜安(진왕정견

장로안) : 진(秦)나라의 정(政 : 秦始皇)이 군대를 파견하여, 한(韓)나라의 안왕(安王)을 포로로 잡았다. ㅇ遂滅韓爲郡(수멸한위군) : 드디어 한(韓)을 멸하고, 진(秦)나라의 한 군으로 만들었다.

| 백문 | **제3과 申不害·昭侯**

⑴ 景侯四世, 至哀侯, 徙都鄭. 哀侯二世, 至昭侯. 鄭人申不害, 以黃老刑名之學, 爲昭侯相. 國治兵强.

⑵ 昭侯有弊絝. 命藏之, 不以賜左右. 侍者曰, 君亦不仁者矣. 昭侯曰, 明主愛一嚬一笑. 嚬有爲嚬者. 笑有爲笑者. 今絝豈特嚬笑哉. 吾必待有功者.

⑶ 昭侯卒. 子宣惠王立. 三世至桓惠王. 韓上黨守降趙. 致趙受秦兵, 而有長平之敗. 又一世至王安. 秦王政遣將虜安, 遂滅韓爲郡.

제15장 楚

　「제15장 초(楚)」도 사략(史略) 원본에는 「하나의 긴 문장」으로 기술했다. 이 책에서는 학습의 편의를 위해서 「제14장 초(楚)」를 「총 6과」로 나누고, 각과(各課)마다 「과의 제목」을 필자가 임의로 붙였다. 다음과 같다.

　제1과 초세계(楚世系)

　제2과 초장왕(楚莊王)

　제3과 장의기초왕(張儀欺楚王)

　제4과 굴원투멱라(屈原投汨羅)

　제5과 춘신군(春申君)

　제6과 초멸어진(楚滅於秦)

　전국시대의 초(楚)는 남쪽에 대국이다. 그래서 그 나라의 영향력이 컸으며, 많은 인재가 나타나 활약했다. 그러나 결국은 진(秦)나라의 무력과 장의(張儀)의 권모술수에 넘어가 패망하고 말았다. 조국의 패망을 비분강개(悲憤慷慨)한 굴원(屈原)은 독특한 남방의 시문학 즉 초사(楚辭)로써 억울함을 읊었다.

제1과 楚世系

(1) [楚]之先, 出自顓頊. 顓頊之子, 爲高辛火正, 命曰祝融. 弟吳回復居其職. 吳回二世, 有季連者. 得

芈姓.

(1) 초나라의 선조는 전욱(顓頊)에서 나왔다. 전욱의 아들 여(黎)가 부친 고양씨(高陽氏)의 직책인 화정(火正)을 이었다. 그래서 「축융(祝融)」의 호(號)를 내려 받았다. 동생 오회(吳回)도 그 관직(官職)을 지냈으며, 다음 2세를 지나, 계련(季連)이란 자손 때에, 「미(芈)」라는 성을 얻었다.

어구 설명 제1과 ㅇ楚世系(초세계) : 초나라 선조의 계통. (1) ㅇ[楚]之先, 出自顓頊.(초지선 출자전욱) : 초나라의 선조는 전욱(顓頊)에서 나왔다. 「전욱(顓頊)」은 오제(五帝)의 한 사람. ㅇ顓頊之子(전욱지자) : 전욱의 아들, 이름은 여(黎)다. ㅇ爲高辛火正(위고신화정) : 〈아버지〉 고양씨(高陽氏)의 직책인 화정(火正)을 이어 받았다. 「고신(高辛)」은 바로 「고양씨(高陽氏)」다. 「화정(火正)」은 「불을 관장하는 벼슬.」 ㅇ命曰祝融(명왈축융) : 「축융」이라는 호(號)를 내려 받았다. ㅇ弟吳回復居其職(제오회부거기직) : 동생 오회(吳回)도 그 관직(官職)을 지냈다. ㅇ吳回二世, 有季連者. 得芈姓.(오회이세 유계련자 득미성) : 오회 다음 2세를 지나, 계련(季連)이란 자손이 있었으며, 〈그때에〉 「미(芈)」라는 성을 얻었다.

(2) 季連之後有鬻熊, 事周文王. 成王封其子熊繹於丹陽. 至夷王時, 楚子熊渠者僭爲王.

(2) 계련의 후손 육웅(鬻熊)이 주(周)의 문왕(文王)을 섬겼다.

〈무왕의 아들〉 성왕(成王)이 〈육웅의〉 아들 웅역(熊繹)을 단
양(丹陽)에 봉했다. 주나라 이왕(夷王) 때에 초나라의 후손
웅거(熊渠)가 멋대로 왕(王)을 참칭(僭稱)했다.

어구설명 (2) ㅇ季連之後有鬻熊(계련지후유육웅) : 계련의 후손 육
웅(鬻熊)이, 「鬻」은 「육」으로 읽는다. ㅇ事周文王(사주문
왕) : 주(周)의 문왕(文王)을 섬겼다. ㅇ成王封其子熊繹於
丹陽(성왕봉기자웅역어단양) : 〈주무왕의 아들〉 성왕(成
王)이 〈육웅의〉 아들 웅역(熊繹)을 단양에 봉했다. ㅇ至夷
王時(지이왕시) : 주나라 이왕(夷王) 때에 ㅇ楚子熊渠者僭
爲王(초자웅거자참위왕) : 초나라 자작(子爵)에 불과한 웅
거(熊渠)가 멋대로 왕(王)이라 참칭(僭稱)했다. 「초자(楚
子)」는 「초를 다스리는 자작(子爵)」이라는 뜻이다.

(3) 十一世至春秋, 有曰武王. 益强大. 至文王始都郢. 成王與齊桓公盟召陵, 尋與宋襄公爭霸, 後與晉文公戰城濮.

(3) 〈왕을 자칭한 웅거 다음〉 11대를 지나, 춘추시대가 되었
다. 〈춘추시대가 되자〉 초나라를 무왕(武王)이 다스렸고, 더
욱 강대해졌다. 다시 문왕에 이르러, 영(郢)을 국도로 삼았
다. 그리고 초나라 성왕이 제나라 환공과 소릉(昭陵)에서 동
맹을 맺었으며, 그 다음에 송나라 양공과 패권을 다투었다.
다시 후에는 진(晉)나라 문공과 성복(城濮)에서 싸웠다.

어구 설명 (3) ㅇ十一世至春秋(십일세지춘추) :〈왕을 자칭(自稱)한 웅거 다음〉 11대를 지나, 춘추시대가 되었다. ㅇ有曰武王. 益强大.(유왈무왕 익강대) : 초나라를 무왕(武王)이 다스렸고, 더욱 강대해졌다. ㅇ至文王始都郢(지문왕시도영) : 초나라 문왕에 이르러, 영(郢)을 국도로 삼았다. ㅇ成王與齊桓公盟召陵(성왕여제환공맹소릉) : 초나라 성왕이 제나라 환공과 소릉(昭陵)에서 동맹을 맺었다. ㅇ尋與宋襄公爭霸(심여송양공쟁패) : 그 다음에 송나라 양공과 패권을 다투었다. ㅇ後與晉文公戰城濮(후여진문공전성복) : 후에는 진(晉)나라 문공과 성복(城濮)에서 싸웠다.

| 백문 | 제1과 楚世系

(1) [楚]之先, 出自顓頊. 顓頊之子, 爲高辛火正, 命曰祝融. 弟吳回復居其職. 吳回二世, 有季連者. 得半姓.

(2) 季連之後有鬻熊, 事周文王. 成王封其子熊繹於丹陽. 至夷王時, 楚子熊渠者僭爲王.

(3) 十一世至春秋, 有曰武王. 益强大. 至文王始都郢. 成王與齊桓公盟召陵, 尋與宋襄公爭霸, 後與晉文公戰城濮.

제2과 楚莊王

(1) 歷穆王至莊王. 卽位三年不出令, 日夜爲樂. 令國中, 敢諫者死. 伍擧曰, 有鳥在阜. 三年不蜚不鳴.

是何鳥也. 王曰, 三年不飛, 飛將衝天. 三年不鳴, 鳴將驚人.

⑴ 목왕을 거쳐, 장왕에 이르렀다. 장왕은 임금이 된 지, 삼 년이 되어도, 이렇다 할 정령을 내놓지 않고, 낮과 밤을 연락(宴樂)으로 지샜다. 그러면서 전국에 영을 내렸다. 즉 「감히 자기에게 간언을 하는 자를 사형에 처하겠다.」〈그럼에도 불구하고〉 오거가 〈장왕에게 질문의 말을〉 했다. 「새가 언덕에 앉아 있으되, 삼 년 동안 날지도 않고, 울지도 않으니, 그게 무슨 새이겠습니까?」 왕이 대답했다. 「삼 년을 날지 않았으니, 나는 날에는 하늘을 뚫고 올라갈 것이다. 삼 년을 울지 않았으니, 우는 날에는 모든 사람을 놀라게 할 것이다.」

어구 설명　제2과 ㅇ楚莊王(초장왕) : 초나라의 장왕, 그가 초나라를 비약적으로 강대하게 만들었다. ⑴ ㅇ歷穆王至莊王(역목왕지장왕) : 목왕을 거쳐, 장왕에 이르렀다. ㅇ卽位三年不出令(즉위삼년불출령) : 장왕은 임금이 된 지, 삼 년이 되어도, 이렇다 할 정령을 내놓지 않고, ㅇ日夜爲樂(일야위락) : 낮과 밤을 연락(宴樂)으로 지샜다. ㅇ令國中, 敢諫者. 死(영국중 감간자사) : 그러면서 전국에 영을 내렸다. 「감히 자기에게 간언을 하는 자를 사형에 처하겠다.」ㅇ伍擧曰(오거왈) : 〈그럼에도 불구하고 충신〉 오거(伍擧)가 〈장왕에게 질문을〉 했다. ㅇ有鳥在阜. 三年不蜚不鳴. 是何鳥也.(유조재부 삼년불비불명 시하조야) : 「새가 언덕에 앉아 있으되, 삼 년 동안 날지도 않고, 울지도 않으니, 그게 무슨 새이겠습니까?」 ○王曰(왕왈) : 왕이 대답했다.「蜚」는「飛」와 같다. ○三年不飛, 飛將衝天.(삼년불비 비장충천) : 삼 년을 날지 않았으니, 나는 날에는 하늘을 뚫고 올라갈 것이다. ○三年不鳴, 鳴將驚人.(삼년불명 명장경인) : 삼 년을 울지 않았으니, 우는 날에는 모든 사람을 놀라게 할 것이다.

(2) 蘇從亦入諫. 王乃左執從手, 右抽刀, 以斷鐘鼓之懸. 明日聽政, 任伍擧·蘇從. 國人大悅. 又得孫叔敖爲相, 遂霸諸侯.

(2) 소종(蘇從)이라는 충신도 역시 들어가 간언을 올렸다. 그러자 왕은 왼손으로는 소종(蘇從)의 손을 잡고, 바른손으로는 칼을 뽑아들고, 〈그 자리에서〉 악기를 매어 단 줄을 끊었다. 〈즉 연락(宴樂)을 고만 두겠다는 굳을 결의를 표시한 것이다.〉 그리고 이튿날부터 조정에 나가 정사를 돌보았으며, 충신 오거와 소종을 임용했다. 이에 국민들이 크게 기뻐했다. 또 현인 손숙오(孫叔敖)를 등용해 재상으로 삼았다. 마침내, 제후의 패자가 되었다.

여구 설명 (2) ○蘇從亦入諫(소종역입간) : 소종(蘇從)이라는 충신도 역시 들어가 간언을 올렸다. ○王乃左執從手(왕내좌집종수) : 그러자, 왕은 왼 손으로는 소종(蘇從)의 손을 잡고, ○右抽刀(우추도) : 바른 손으로는 칼을 뽑아들고, ○以斷

鐘鼓之懸(이단종고지현) : 〈그 자리에서〉 악기를 매어 단 줄을 끊었다. 〈즉 연락(宴樂)을 고만 두겠다는 군을 결의를 표시한 것이다.〉 ○明日聽政(명일청정) : 이튿날부터 조정에 나가 정사를 돌보았다. ○任伍擧蘇從(임오거소종) : 오거와 소종을 등용해 썼다. ○國人大悅(국인대열) : 국민들이 크게 기뻐했다. ○又得孫叔敖爲相(우득손숙오위상) : 또 현인 손숙오(孫叔敖)를 등용해 재상으로 삼았다. ○遂霸諸侯(수패제후) : 마침내, 제후의 패자가 되었다.

| 백문 | 제2과 楚莊王

(1) 歷穆王至莊王. 卽位三年不出令, 日夜爲樂. 令國中, 敢諫者死. 伍擧曰, 有鳥在阜. 三年不蜚不鳴. 是何鳥也. 王曰, 三年不飛, 飛將衝天. 三年不鳴, 鳴將驚人.

(2) 蘇從亦入諫. 王乃左執從手, 右抽刀, 以斷鐘鼓之懸. 明日聽政, 任伍擧·蘇從. 國人大悅. 又得孫叔敖爲相, 遂霸諸侯.

제3과 張儀欺楚王

(1) 歷共王·康王·郟敖·靈王·平王·昭王·惠王·簡王·聲王·悼王·肅王·宣王·威王, 至懷王.

(1) 「공왕·강왕·겹오·영왕·평왕·소왕·혜왕·간왕·성왕·도왕·숙왕·선왕·위왕을 거쳐 회왕」에 이르렀다.

어구 설명 제3과 ○張儀欺楚王(장의기초왕) : 장의가 초나라의 회왕 (懷王)을 속이다. (1) ○歷共王 · 康王 · 陜敖 · 靈王 · 平王 · 昭 王 · 惠王 · 簡王 · 聲王 · 悼王 · 肅王 · 宣王 · 威王, 至懷王 : 「공 왕 · 강왕 · 겹오 · 영왕 · 평왕 · 소왕 · 혜왕 · 간왕 · 성왕 · 도왕 · 숙왕 · 선왕 · 위왕을 거쳐 회왕」에 이르렀다. 郟(고을이름 겹).

(2) 秦惠王欲伐齊, 患楚與從親, 乃使張儀說楚王 曰, 王閉關而絕齊, 請獻商 · 於之地六百里. 懷王信 之, 使勇士北辱齊王. 齊王大怒, 而與秦合.

(2) 진(秦) 혜왕(惠王)이 제(齊)를 정벌하려고 했으나, 초가 제와 합종(合從)을 맺은 것이 걱정이 되었다. 그래서 장의 (張儀)를 사신으로 보내서 초왕(楚王)을 설득하며 말했다. 「왕께서 국경의 관문을 닫고, 제나라와 국교를 단절한다면, 〈진(秦)이〉 상(商)과 어(於)의 땅, 육백 리를 쪼개 바치겠습 니다.」 초나라 회왕은 〈그 말을〉 믿고 용사를 북으로 보내, 제(齊)나라의 민왕(湣王)을 모욕했다. 그러나 제나라 왕은 대 노하고, 즉시 진나라와 동맹을 맺었다.

어구 설명 (2) ○秦惠王欲伐齊(진혜왕욕벌제) : 진(秦) 혜왕(惠王)이 제(齊)를 정벌하려고 했으나, ○患楚與從親(환초여종친) : 초가 제와 합종(合從)을 맺은 것이 걱정이 되었다. ○乃使 張儀說楚王曰(내사장의설초왕왈) : 그래서 장의(張儀)를 사신으로 보내서 초왕(楚王)을 설득하며 말했다. ○王閉關

而絶齊(왕폐관이절제) : 「왕께서 국경의 관문을 닫고, 제나라와 국교를 단절하면,〉 ㅇ請獻商·於之地六百里(청헌상·어지지륙백리) : 〈진(秦)이〉 상(商)과 어(於)의 땅 육백리를 바치겠습니다.」 ㅇ懷王信之(회왕신지) : 초나라 회왕은 〈그 말을〉 믿고, ㅇ使勇士北辱齊王(사용사북욕제왕) : 용사를 북으로 보내, 제(齊)나라의 민왕(湣王)을 모욕했다. ㅇ齊王大怒 而與秦合(제왕대노 이여진합) : 제나라 왕이 대노하고, 즉시 진나라와 동맹을 맺었다.

(3) 楚使受地於秦. 儀曰, 地從某至某, 廣袤六里. 懷王大怒, 伐秦大敗.

(3) 초(楚)의 사신이 진(秦)으로부터 땅을 받으려고 하자, 장의가 「땅은 여기서 여기까지, 그 넓이는 6리입니다.」라고 말했다. 초(楚)나라 회왕(懷王)은 크게 노하고, 진을 공격했다. 그러나 도리어 크게 패했다.

어구 설명 (3) ㅇ楚使受地於秦(초사수지어진) : 초(楚)의 사신이 진(秦)으로부터 땅을 받으려고 하자, ㅇ儀曰, 地從某至某, 廣袤六里.(의왈 지종모지모 광무육리) : 장의가 「땅은 여기서 여기까지, 그 넓이는 6리입니다.」라고 말했다. ㅇ懷王大怒(회왕대노) : 초(楚)나라 회왕(懷王)은 크게 노하고, ㅇ伐秦大敗(벌진대패) : 진(秦)을 쳤다. 그러나 도리어 크게 패했다.

| 백문 | 제3과 張儀欺楚王

(1) 歷共王·康王·郟敖·靈王·平王·昭王·惠王·簡王·聲王·悼王·肅王·宣王·威王, 至懷王.

(2) 秦惠王欲伐齊, 患楚與從親, 乃使張儀說楚王曰, 王閉關而絶齊, 請獻商·於之地六百里. 懷王信之, 使勇士北辱齊王. 齊王大怒, 而與秦合.

(3) 楚使受地於秦. 儀曰, 地從某至某, 廣袤六里. 懷王大怒. 伐秦大敗.

제4과 屈原投汨羅

(1) 秦昭王與懷王盟于黃棘. 旣而遺書懷王. 願與君王會武關. 屈平不可. 子蘭勸王行. 秦人執之, 以歸.

(1) 진나라 소왕은 황극(黃棘 : 河南省)에서 초나라 회왕과 동맹을 맺었다. 그리고 또 회왕에게 글을 보내어, 무관(武關 : 陝西省)에서 두 임금이 만나기를 원했다. 이에, 굴원은 「안된다.」고 반대했다. 그러나 〈회왕의 아들〉 자란(子蘭)과 〈뇌물을 받은 다른 간신들은〉 왕에게 가기를 권했다. 결국 진(秦)은 〈초회왕을〉 체포하여, 진나라로 돌아가 〈감금했다.〉

어구 설명 제4과 ○屈原投汨羅(굴원투멱라) : 굴원이 스스로 멱라강에 몸을 던져 죽었다. 「汨(빠질 골)」을 여기서는 「강 이름 멱」으로 읽는다. 「굴원」은 친제파(親齊派)에 속하는 충신으로, 악독한 진(秦)에 속지 말기를 강력히 주장했다. 그러나 우매한 회왕(懷王)은 진(秦)나라의 뇌물을 받은 간신들의 참언을 믿고, 도리어 충신 굴원을 소외하고 추방했다. 그래서 그는 장편의 초사(楚辭), 「이소(離騷)」 등을 읊으며 억울한 심전을 토로하며 방황하다가 자결했던 것이다. ⑴ ○秦昭王與懷王盟于黃棘(진소왕여회왕맹우황극) : 진나라 소왕은 황극(黃棘 : 河南省)에서 초나라 회왕과 동맹을 맺었다. ○旣而遺書懷王(기이유서회왕) : 그리고 또 회왕에게 글을 보내고, ○願與君王會武關(원여군왕회무관) : 무관(武關 : 陝西省)에서 두 임금이 만나기를 원했다. ○屈平不可(굴평불가) : 굴원은 「안 된다」고 반대했다. 평(平)은 굴원의 이름이다. ○子蘭勸王行(자란권왕행) : 〈회왕의 아들〉 자란(子蘭)과 〈뇌물을 받은 다른 간신들은〉 왕에게 가기를 권했다. ○秦人執之以歸(진인집지이귀) : 결국 진(秦)은 〈초회왕을〉 체포하여, 진나라로 돌아가 〈감금했다.〉

⑵ 楚人立其子頃襄王. 懷王卒於秦. 楚人憐之, 如悲親戚.

⑵ 초나라 사람들은 그의 아들 경양왕을 왕으로 세웠다. 잡혀간 회왕은 결국 진나라에서 죽었다. 이에, 초나라 사람들은 〈불쌍하게 죽은〉 회왕을 자기네 친척 같이 애도하고 연민했다.

어구설명 (2) ㅇ楚人立其子頃襄王(초인립기자경양왕) : 초나라 사람들은 그의 아들 경양왕을 왕으로 세웠다. ㅇ懷王卒於秦(회왕졸어진) : 잡혀간 회왕은 결국 진나라에서 죽었다. ㅇ楚人憐之 如悲親戚(초인련지 여비친척) : 초나라 사람들은 〈불쌍하게 죽은〉 회왕을 자기네 친척 같이 애도하고 연민했다.

(3) 初屈平爲懷王所任, 以讒見疏, 作離騷以自怨. 至頃襄王時, 又以譖遷江南. 遂投汨羅以死.

(3) 초나라의 굴평은, 〈처음에는〉 회왕의 신임을 받았다. 그러나 참언에 의해서 소외되고 쫓겨났다. 편의 시, 「이소(離騷)」를 지어 자신의 원한을 토로했다. 경양왕 때에 재차 참언에 의해 강남으로 추방되었으며 마침내 멱라강에 몸을 던져 죽었다.

어구설명 (3) ㅇ初屈平爲懷王所任(초굴평위회왕소임) : 초나라의 굴평은, 〈처음에는〉 회왕의 신임을 받았다. 굴원의 이름이 「평(平)」이다. ㅇ以讒見疏(이참견소) : 참언에 의해서 소외되고 쫓겨났다. 讒(참소할 참) ; 거짓을 꾸며 남을 모함하다. 아첨하다. 중상하다. ㅇ作離騷以自怨(작이소이자원) : 장편의 시, 「이소(離騷)」를 지어, 자신의 원한을 토로했다. ㅇ至頃襄王時(지경양왕시) : 경양왕 때에, ㅇ又以譖遷江南(우이참천강남) : 또 참언에 의해 강남으로 추방되었으며, ㅇ遂投汨羅以死(수투골라이사) : 드디어 멱라강에 몸을 던져 죽었다.

(4) 秦拔郢. 楚徙於陳. 頃襄王卒. 考烈王立. 又徙於壽春.

(4) 진나라는 초나라의 수도 영(郢)을 파괴했다. 초나라는 진(陳)으로 옮겼다. 경양왕이 죽고, 고열왕이 자리에 오르자, 또 도읍을 수춘(壽春 : 安徽省 春縣)으로 옮겼다.

어구 설명 (4) ○秦拔郢(진발영) : 진나라는 초나라의 수도 영(郢)을 파괴했다. ○楚徙於陳(초사어진) : 초나라는 진(陳)으로 옮겼다. ○頃襄王卒(경양왕졸) : 경양왕이 죽고, ○考烈王立(고열왕립) : 고열왕이 되자, ○又徙於壽春(우사어수춘) : 또 도읍을 수춘(壽春 : 安徽省 春縣)으로 옮겼다.

| 백문 | 제4과 屈原投汨羅

(1) 秦昭王與懷王盟于黃棘. 旣而遺書懷王. 願與君王會武關. 屈平不可. 子蘭勸王行. 秦人執之, 以歸.

(2) 楚人立其子頃襄王. 懷王卒於秦. 楚人憐之, 如悲親戚.

(3) 初屈平爲懷王所任, 以讒見疏, 作離騷以自怨. 至頃襄王時, 又以譖遷江南. 遂投汨羅以死.

(4) 秦拔郢. 楚徙於陳. 頃襄王卒. 考烈王立. 又徙於壽春.

제5과 春申君

(1) 春申君黃歇行相事. 當是時, 齊有孟嘗君, 魏有信陵君, 趙有平原君, 楚有春申君. 皆好客.

⑴ 춘신군 황헐(黃歇)이 초나라의 재상의 일을 맡아보았다. 당시 즉 전국시대에는, 제나라에는 맹상군이 있었고, 위나라에는 신릉군이 있었고, 조나라에는 평원군이 있었고, 초나라에는 춘신군이 있었으며, 〈이들 네 사람의 군자는〉 다 많은 식객을 두고 또 잘 대접했다.

> 여구 설명 | 제5과 ㅇ春申君(춘신군) : 초나라의 춘신군, 전국시대의 사군자(四君子)의 한 사람. ⑴ ㅇ春申君黃歇行相事(춘신군 황헐행상사) : 춘신군 황헐(黃歇)이 초나라의 재상의 일을 맡아보았다. ㅇ當是時(당시시) : 당시, 즉 전국시대에는, ㅇ齊有孟嘗君(제유맹상군) : 제나라에는 맹상군이 있었고, ㅇ魏有信陵君(위유신릉군) : 위나라에는 신릉군이 있었고, ㅇ趙有平原君(조유평원군) : 조나라에는 평원군이 있었고, ㅇ楚有春申君(초유춘신군) : 초나라에는 춘신군이 있었으며, ㅇ皆好客(개호객) : 이들 네 사람의 군자는 다 많은 식객을 두고 또 잘 대접했다.

(2) 春申君食客三千餘人. 平原君使人於春申君, 欲夸楚, 爲玳瑁簪, 刀劍室飾以珠玉. 春申君上客, 皆

蹀珠履以見之. 趙使大慙. 趙人荀卿至楚. 春申君以
爲蘭陵令.

(2) 춘신군의 식객은 삼천여 명이나 되었다. 조나라의 평원
군이 식객을 춘신군에게 보냈다. 그때에, 〈자기가 식객을 잘
대접한다는 사실을〉 초나라에 자랑하고 싶어서, 대모의 비
녀를 꽂게 하고, 도검(刀劍)의 칼집을 주옥으로 장식했다. 한
편 초나라의 춘신군의 상객들은 모두가 구슬로 장식한 신을
신고 나타났다. 그래서 조나라 사신들이 크게 창피를 당했
다. 조나라 사람 순경(荀卿 : 荀子)이 초나라에 오자, 춘신군
은 순자를 난릉(蘭陵 : 山東省의 지명)의 현령(縣令)에 임명
했다.

어구 설명 (2) ㅇ春申君食客三千餘人(춘신군식객삼천여인) : 춘신군
의 식객은 삼천여 명이나 되었다. ㅇ平原君使人於春申君
(평원군사인어춘신군) : 조나라의 평원군이 식객을 춘신군
에게 보냈다. ㅇ欲夸楚(욕과초) : 그때에, 〈자기가 식객을
잘 대접한다는 사실을〉 초나라에 자랑하고 싶어서,「夸」는
「誇(자랑할 과)」와 같다. ㅇ爲玳瑁簪(위대모잠) : 대모의
비녀를 꽂게 하고, ㅇ刀劍室飾以珠玉(도검실식이주옥) : 도
검(刀劍)의 칼집을 주옥으로 장식했다. ㅇ春申君上客(춘신
군상객) : 한편 초나라의 춘신군의 상객들은, ㅇ皆蹀珠履
以見之(개섭주리이견지) : 모두가 구슬로 장식한 신을 신
고 나타났다. ㅇ趙使大慙(조사대참) : 그래서 조나라 사신
들이 크게 창피를 당했다. ㅇ趙人荀卿至楚(조인순경지초)

: 조나라 사람 순경(荀卿 : 荀子)이 초나라에 왔으며, ㅇ春
申君以爲蘭陵令(춘신군이위란릉령) : 춘신군은 순자를 난
릉(蘭陵 : 山東省의 지명)의 현령(縣令)에 임명했다.

| 백문 | 제5과 春申君

(1) 春申君黃歇行相事. 當是時, 齊有孟嘗君, 魏有信陵君, 趙有平
   原君, 楚有春申君. 皆好客.

(2) 春申君食客三千餘人. 平原君使人於春申君, 欲夸楚, 爲玳瑁簪,
   刀劍室飾以珠玉. 春申君上客, 皆躡珠履以見之. 趙使大慙. 趙
   人荀卿至楚. 春申君以爲蘭陵令.

굴원(屈原)

제6과 楚滅於秦

(1) 梨園以妹獻春申君. 有娠. 而後納之考烈王. 是
生幽王. 園使盜殺春申君, 以滅口, 以專楚政.

(1) 이원(梨園)이라는 간신(奸臣)이 자기 누이를 춘신군에게
바치고, 애를 배자, 〈그 누이를〉 고열왕(考烈王)의 후궁으로
바쳤다. 그래서 유왕(幽王)을 낳았다. 〈사실은 춘신군의 아
들이다.〉 그러자 이원(梨園)은 은밀히 자객을 시켜 춘신군을
죽이고, 입을 막고, 비밀이 새지 않게 했으며, 초나라 정치
를 멋대로 주물렀다.

어구 설명	제6과 ㅇ楚滅於秦(초멸어진) : 초가 진에게 멸망 당하다. (1) ㅇ梨園以妹獻春申君(이원이매헌춘신군) : 이원(梨園)이라는 간신(奸臣)이 자기 누이를 춘신군에게 바치고, ㅇ有娠(유신) : 애를 배자, ㅇ而後納之考烈王(이후납지고열왕) : 〈그 누이를〉 고열왕(考烈王)의 후궁으로 바쳤다. ㅇ是生幽王(시생유왕) : 그래서 유왕(幽王)을 낳았다. 〈사실은 춘신군의 아들이다.〉 ㅇ園使盜殺春申君(원사도살춘신군) : 그러자 이원(梨園)은 자객을 시켜 춘신군을 죽이고, ㅇ以滅口(이멸구) : 입을 막고, 비밀이 새지 않게 하고, ㅇ以專楚政(이전초정) : 초나라 정치를 멋대로 주물렀다.

(2) 幽王卒. 弟哀王爲楚人所弑. 而立其庶兄負芻.

秦王政遣將破楚, 虜負芻, 滅楚爲郡.

(2) 유왕이 죽고, 그의 동생 애왕이 초나라 사람에게 피살되었다. 그래서 그의 서형 부추(負芻)가 자리에 올랐다. 〈이렇게 초나라가 어지럽게 되자,〉 진나라의 왕, 정(政 : 秦始皇)이 장군을 파견하여 초나라를 무찌르고 부추를 포로로 잡았으며, 초나라를 멸하고 진나라의 한 군(郡)으로 흡수해버렸다.

어구 설명 (2) ㅇ幽王卒(유왕졸) : 유왕이 졸하고, ㅇ弟哀王爲楚人所弑(제애왕위초인소시) : 그의 동생 애왕이 초나라 사람에게 피살되었다. ㅇ而立其庶兄負芻(이립기서형부추) : 그래서 그의 서형 부추(負芻)가 자리에 올랐다. 〈이렇게 초나라가 어지럽게 되자〉 ㅇ秦王政遣將破楚(진왕정견장파초) : 진나라의 왕 정(政 : 秦始皇)이 장군을 파견하여 초나라를 무찌르고, ㅇ虜負芻(노부추) : 부추를 포로로 잡았으며, ㅇ滅楚爲郡(멸초위군) : 초나라를 멸하고 진나라의 한 군(郡)으로 흡수했다.

| 백문 | 제6과 **楚滅於秦**

(1) 梨園以妹獻春申君. 有娠. 而後納之考烈王. 是生幽王. 園使盜殺春申君, 以滅口, 以專楚政.

(2) 幽王卒. 弟哀王爲楚人所弑. 而立其庶兄負芻. 秦王政遣將破楚, 虜負芻, 滅楚爲郡.

제16장 燕

　사략(史略) 원본에는 「연(燕)」을 「하나의 긴 문장」으로 기술했다. 이 책에서는 학습의 편의를 위해서 「제16장 연(燕)」을 「총 5과」로 나누고, 각과(各課) 마다 「과의 제목」을 필자가 임의로 붙였다. 다음과 같다.
　　제1과 소왕문곽외(昭王問郭隗)
　　제2과 선종외시(先從隗始)
　　제3과 악의(樂毅)
　　제4과 태자단 · 형가(太子丹 · 荊軻)
　　제5과 진멸연(秦滅燕)
　전국시대의 연(燕)은 북쪽에 위치한 약소국이다. 그래서 항상 여러 나라의 간섭과 침략에 시달려야 했다. 그러므로 특히 자주성(自主性)이 강한 사람들의 활동이 돋보인다. 그러나 연(燕)도 결국은 진(秦)에게 멸망 당했다.

제1과 昭王問郭隗

⑴ [燕]姬姓, 召公奭之所封也. 三十餘世, 至文公, 嘗納蘇秦之說, 約六國爲從. 文公卒, 易王噲立. 十年, 以國讓其相子之, 南面行王事, 而噲老不聽政, 顧爲臣. 國大亂. 齊伐燕取之, 醢子之而殺噲.

(1) 연나라도 〈주(周)와 같은〉 희성(姬姓)이다. 〈주무왕(周武王)의 동생〉 소공(召公) 석(奭)이 봉해진 나라다. 그로부터 30여 대가 지나, 문공(文公)에 이르러, 일찍이 소진(蘇秦)의 주장을 받아들여, 육국(六國)과 합종(合從)을 맺었다. 문공이 죽고, 이왕(易王) 쾌(噲)가 자리에 올랐다. 그는 10년이 되자, 임금 자리를 재상 자지(子之)에게 물려주고, 〈자지로 하여금〉 남면(南面)하고 왕 노릇을 하게 했다. 그리고 〈임금이었던〉 쾌(噲)는 늙어서도 국정(國政)을 돌보지 않았으며, 도리어 신하노릇을 했다. 〈그래서 나라가〉 크게 문란하고 흩어졌다. 이에, 제(齊)나라가 연(燕)나라를 토벌하고 점령했으며, 자지(子之)를 죽여 소금에 절이고 또 쾌(噲)도 죽였다.

어구 설명 제1과 ㅇ昭王問郭隗 (소왕문곽외) : 연(燕)나라의 소공이 곽외에게 묻다. (1) ㅇ[燕]姬姓, 召公奭之所封也.(연희성 소공석지소봉야) : 연나라도 〈주(周)와 같은〉 희성(姬姓)이다. 〈주무왕(周武王)의 동생〉 소공(召公) 석(奭)이 봉해진 나라다. ㅇ 三十餘世至文公(삼십여세지문공) : 30여 세가 지나, 문공(文公)에 와서, ㅇ嘗納蘇秦之說, 約六國爲從.(상납소진지설 약육국위종) : 일찍이 소진(蘇秦)의 주장을 받아들여, 육국(六國)과 합종(合從)을 맺었다. ㅇ文公卒 易王噲立(문공졸 이왕쾌립) : 문공이 죽고, 이왕(易王) 쾌(噲)가 자리에 올랐다. ㅇ十年, 而國讓其相子之,(십년 이국양기상자지) : 〈이왕 쾌는〉 10년이 되자, 국왕의 자리를 재상 자지(子之)에게 물려주고, ㅇ南面行王事(남면행왕사) : 〈자

지로 하여금, 임금 자리에 앉아,〉 남면(南面)하고 왕 노릇을 하게 했다. 임금은 남쪽으로 신하를 바라보고, 신하는 북쪽으로 임금을 바라본다. ㅇ而噲老不聽政(이쾌로불청정) : 그리고〈임금이었던〉쾌(噲)는 늙어서도 국정(國政)을 돌보지 않았으며, ㅇ顧爲臣(고위신) : 도리어 신하노릇을 했다. ㅇ國大亂(국대란) :〈그래서, 연나라가〉크게 문란하고 흩어졌다. ㅇ齊伐燕取之(제벌연취지) :〈그 틈을 타고〉제(齊)나라가 연(燕)나라를 토벌하고 점령했으며, ㅇ醢子之而殺噲(해자지이살쾌) : 자지(子之)를 죽여, 소금에 절이고 또 쾌(噲)도 죽였다.

(2) 燕人立太子平爲君. 是爲昭王. 弔死問生, 卑辭厚幣, 以招賢者. 問郭隗曰, 齊因孤之國亂而襲破燕. 孤極知燕小不足以報. 誠得賢士, 與共國, 以雪先王之恥, 孤之願也. 先生視可者. 得身事之.

(2) 연나라 사람들은 태자 평(平)을 세웠다. 그가 바로 소왕(昭王)이다. 소왕은 죽은 사람들을 잘 장사 지내주고, 산 사람들을 잘 돌보고 위문하여〈백성들을 잘 살게 해 주었다.〉또 그는 말을 낮추어 예양(禮讓)하고, 예물을 후하게 주고 현명한 선비들을 초빙했다. 소왕은 곽외에게 물으며 말했다. 「전에는 제(齊)가 우리의 혼란을 틈타서, 우리나라, 연(燕)을 습격하고 파괴했소. 허나 연의 국력이 작아서, 즉각 복수하지 못함을 나는 잘 알고 있소. 그러므로 참으로 현명

한 사람을 얻어, 함께 나라를 다스려 일으켜 가지고, 선왕이
받은 창피를 설욕하는 것이 나의 소원이오. 그러니, 선생께
서 〈나의 소망을〉 이루게 할 〈현인을 찾아, 나로 하여금〉 만
나 보게 해주시오. 그러면 내가 몸소 그를 잘 섬기리다.」

어구 설명 (2) ㅇ燕人立太子平爲君. 是爲昭王.(연인입태자평위군 시
위소왕) : 연나라 사람들은 태자 평(平)을 세웠으니, 그가
바로 소왕(昭王)이다. ㅇ弔死問生(조사문생) : 죽은 사람들
을 잘 장사 지내주고, 산 사람들을 잘 돌보고 위문하다. 즉
백성들을 잘 살게 돌보고 또 장례(葬禮)나 제례(祭禮) 등
제반 예절을 돈독히 시행했다. ㅇ卑辭厚幣, 以招賢者.(비
사후폐 이초현자) : 임금이 말을 낮추어 예양(禮讓)하고,
예물을 후하게 주고 현명한 선비들을 초빙했다. ㅇ問郭隗
曰(문곽외왈) : 곽외에게 물으며 말했다. ㅇ齊因孤之國亂
而襲破燕(제인고지국란이습파연) : 전에는 제(齊)가 우리
의 혼란을 틈타서, 연(燕)을 습격하고 파괴했소. ㅇ孤極知
燕小不足以報(고극지연소부족이보) : 허나 연의 국력이 작
아서, 즉각 복수하지 못함을 나는 잘 알고 있소. ㅇ誠得賢
士 與共國(성득현사 여공국) : 참으로 현명한 사람을 얻어,
함께 나라를 다스려 일으켜 가지고, ㅇ以雪先王之恥, 孤之
願也.(이설선왕지치 고지원야) : 선왕이 받은 창피를 설욕
하는 것이 나의 소원이오. ㅇ先生視可者(선생시가자) : 선
생께서 〈나의 소망을〉 이루게 할 〈현인을〉 만나게 해주시
오. ㅇ得身事之(득신사지) : 그러면 내가 몸소 그를 잘 섬
기리다.

| 백문 | 제1과 昭王問郭隗

(1) [燕]姬姓, 召公奭之所封也. 三十餘世, 至文公, 嘗納蘇秦之說, 約
六國爲從. 文公卒, 易王噲立. 十年, 以國讓其相子之, 南面行王
事, 以噲老不聽政, 顧爲臣. 國大亂. 齊伐燕取之, 醢子之而殺噲.

(2) 燕人立太子平爲君. 是爲昭王. 弔死問生, 卑辭厚幣, 以招賢者.
問郭隗曰, 齊因孤之國亂而襲破燕. 孤極知燕小不足以報. 誠得
賢士, 與共國, 以雪先王之恥, 孤之願也. 先生視可者. 得身事之.

제2과 先從隗始

(1) 隗曰, 古之君, 有以千金使涓人求千里馬者. 買
死馬骨五百金而返. 君怒. 涓人曰, 死馬且買之. 況
生者乎. 馬今至矣. 不期年, 千里馬至者三.

(1) 곽외가 다음과 같이 말했다. 「옛날에 어떤 임금님이 〈신
변에서 잡일을 처리하는 하급 관리인〉 연인(涓人)으로 하여
금, 천금의 돈을 가지고 가서, 천리마(千里馬)를 사오게 한
일이 있었습니다. 그러자, 그 연인은 죽은 말의 뼈를, 오백
금을 주고 사 가지고 돌아왔습니다. 그래서 임금님이 화를
내고, 꾸짖자, 그 연인이 말했습니다. 『죽은 말도 〈큰돈을
내고 샀으니〉 산 말은 더 큰돈을 주고 살 것이 아니겠느냐
하고 소문이 날 것입니다. 〈따라서〉 천리마가 금세 나타날

것입니다.』 과연 일 년이 못되어, 천리마가 세 마리나 나타
나 〈사들였다고 합니다.〉

어구 설명 제2과 ㅇ先從隗始(선종외시) : 우선 외(隗)부터 시작하십
시오. 임금이「천하의 현명한 선비를 초빙하여 잘 모시겠
다.」고 하자, 곽외(郭隗)가「나부터 잘 대접을 하라.」고 말
한 것이다. (1) ㅇ隗曰(외왈) : 곽외가 말했다. ㅇ古之君(고
지군) : 옛날의 임금으로「——한 사람이 있었다.(有——
者.)」「——한 일이 있었다.」ㅇ有以千金使涓人求千里馬者
(유이천금사연인구천리마자) :「연인(涓人)으로 하여금, 천
금의 돈을 가지고 가서, 천리마(千里馬)를 사오게 한 임금
이 있었다.」「연인(涓人)」은 임금 신변에서 잡일을 처리하
는 낮은 관리다.「천리마(千里馬)」는 하루에 천리를 달릴
수 있는 준마(駿馬). ㅇ買死馬骨五百金而返(매사마골오백
금이반) : 그 연인이 죽은 말의 뼈를, 오백 금을 주고 사 가
지고 돌아왔다. ㅇ君怒(군노) : 그래서 임금이 화를 내고,
꾸짖자, ㅇ涓人曰(연인왈) : 연인이 다음과 같이 말했다.
ㅇ死馬且買之, 況生者乎. 馬今至矣.(사마차매지 황생자호
마금지의) :「죽은 말도 〈큰돈을 내고 샀으니〉 산 말은 더
큰돈을 주고 살 것이 아니겠느냐 하고 소문이 날 것입니
다. 〈따라서〉 천리마가 금세 나타날 것입니다.」ㅇ不期年
千里馬至者三(불기년 천리마지자삼) : 과연 일 년이 못되
어, 천리마가 세 마리나 나타나 〈사들였다.〉

(2) 今, 王必欲致士, 先從隗始. 況賢於隗者, 豈遠

千里哉. 於是昭王爲隗改築宮, 師事之.

(2) 〈곽외의 말 계속〉「지금 임금님께서 반드시, 현명한 선비를 초치(招致)하시겠다면, 우선 저부터 높이 대우를 해주십시오. 〈그러면 소문이 퍼질 것이니,〉 하물며 저보다 더 현명한 선비가, 어찌 천리를 멀다고 하겠습니까? 즉 불원천리하고 올 것입니다.」 그래서, 소왕은 곽외를 위해서, 궁전을 개축하고, 그를 스승으로 모시고 섬겼다.

어구 설명 (2) ○今, 王必欲致士, 先從隗始.(금왕필욕치사 선종외시) : 지금 임금님께서 반드시, 현명한 선비를 초치(招致)하시겠다면, 우선 저부터 높이 대우를 해주십시오. 〈그러면 소문이 퍼질 것이며, 그렇게 되면,〉 ○況賢於隗者, 豈遠千里哉.(황현어외자 기원천리재) : 하물며, 저보다 더 현명한 선비가, 어찌 천리를 멀다고 하겠습니까? 즉 불원천리하고 올 것입니다. ○於是昭王爲隗改築宮, 師事之.(어시소왕 위외개축궁 사사지) : 그래서, 소왕은 곽외를 위해 궁전을 개축하고, 그를 스승으로 모시고 섬겼다.

| 백문 | 제2과 先從隗始

(1) 隗曰, 古之君, 有以千金使涓人求千里馬者. 買死馬骨五百金而返. 君怒. 涓人曰, 死馬且買之. 況生者乎. 馬今至矣. 不期年, 千里馬至者三.

(2) 今, 王必欲致士, 先從隗始. 況賢於隗者, 豈遠千里哉. 於是昭王爲隗改築宮, 師事之.

제3과 樂毅

(1) 於是士爭趨燕. 樂毅自魏往. 以爲亞卿, 任國政. 已而使毅伐齊. 入臨淄. 齊王出走. 毅乘勝, 六月之 間, 下齊七十餘城. 惟莒·卽墨不下. 昭王卒, 惠王 立.

⑴ 〈소왕이 곽의의 말을 듣고, 현명한 선비들을 초청하자,〉 선비들이 앞을 다투어 연나라로 모여들었다. 악의도 위(魏) 에서 연(燕)으로 갔으며 아경(亞卿)이 되어, 국정을 담당했 다. 그러다가 〈소왕이〉 악의로 하여금 제(齊)나라를 치게 했 으며, 악의가 〈제나라의 국도〉 임치(臨淄)를 점령하고 입성 하자, 제왕(齊王)이 국외로 도망갔다. 악의는 승승장구하고 여섯 달 사이에 제나라의 성읍(城邑) 70여 개를 함락시켰다. 오직 거(莒)와 즉묵(卽墨) 두 성만은 함락되지 않았다. 소왕 이 죽고, 혜왕이 자리에 올랐다.

어구 설명 제3과 樂毅(악의) : 소왕(昭王) 때에, 위(魏)에서 초빙해 온 장군이다. 그의 힘으로 작은 나라 연(燕)이 강한 제군(齊 軍)을 격파할 수 있었다. (1) ㅇ於是士爭趨燕(어시사쟁추 연) : 〈소왕이 곽의의 말을 듣고, 현명한 선비들을 초청하 자,〉 선비들이 앞을 다투어, 연나라로 모여들었다. ㅇ樂毅 自魏往(악의자위왕) : 악의도 위(魏)에서 연(燕)으로 갔으 며, ㅇ以爲亞卿, 任國政.(이위아경 임국정) : 아경(亞卿)이

되어, 국정을 담당했다. ㅇ而已使毅伐齊(이이사의벌제) :
그러다가, 〈소왕이〉 악의로 하여금 제(齊)나라를 치게 했
으며, ㅇ入臨淄(입림치) : 악의가 〈제나라의 국도〉 임치(臨
淄)를 점령하고 입성하자, ㅇ齊王出走(제왕출주) : 제왕(齊
王)은 국외로 도망갔다. ㅇ毅乘勝, 六月之間,(의승승 육월
지간) : 악의는 승승장구하고, 여섯 달 사이에, ㅇ下齊七十
餘城(하제칠십여성) : 제나라의 성읍(城邑), 70여 개를 함
락시켰다. ㅇ惟莒卽墨不下(유거즉묵불하) : 오직 거(莒)와
즉묵(卽墨) 두 성만은 함락되지 않았다. ㅇ昭王卒 惠王立
(소왕졸 혜왕립) : 〈그러다가〉 소왕이 죽고, 혜왕이 자리에
올랐다.

(2) 惠王爲太子, 已不快於毅. 田單乃縱反間曰, 毅
與新王有隙, 不敢歸. 以伐齊爲名. 齊人惟恐他將
來, 卽墨殘矣.

(2) 혜왕은 태자 때부터, 악의 장군을 좋지 않게 여겼다. 〈한
편 제나라 장군〉 전단(田單)은 간첩을 사방으로 풀어서 〈악
의를 중상하는〉 말을 퍼뜨렸다. 「악의는 새 임금과 사이가
좋지 않음으로 감히 연(燕)으로 돌아가지 못하고, 제(齊)를
친다는 명목으로 〈그냥 머물러 있다.〉 그러나 우리가 두려
워하는 것은 〈악의가 아니다.〉 다른 장군이 와서 즉묵(卽墨)
을 칠 것을 겁내고 있다.」

어구 설명 (2) ㅇ惠王爲太子, 已不快於毅.(혜왕위태자 이불쾌어의) :

혜왕은 태자 때부터, 악의 장군을 좋지 않게 여겼다. ㅇ田 單乃縱反閒曰(전단내종반간왈) : 〈한편 제나라 장군〉 전단 (田單)은 간첩을 사방으로 풀어서 〈악의를 중상하는〉 말을 퍼뜨렸다. ㅇ毅與新王有隙(의여신왕유극) : 악의는 새 임 금과 사이가 좋지 않음으로, ㅇ不敢歸. 以伐齊爲名.(불감 귀 이벌제위명) : 감히 연(燕)으로 돌아갈 수가 없어, 제 (齊)를 친다는 명목으로 〈그냥 머물러 있다.〉ㅇ齊人惟恐 他將來, 卽墨殘矣.(제인유공타장래 즉묵잔의) : 우리가 두 려워하는 것은 〈악의가 아니다.〉 다른 장군이 와서 즉묵 (卽墨)을 칠 것을 겁낼 뿐이다.

(3) 惠王果疑毅, 乃使騎劫代將, 而召毅. 毅奔趙. 田單遂得破燕, 而復齊城.

(3) 〈역선전과 모략의 말을 듣고〉 혜왕은 과연 악의 장군을 의심했으며 즉시 기겁(騎劫)으로 하여금 대장을 교체하고 악 의를 소환했다. 악의는 조(趙)나라로 도망갔다. 그래서 제 (齊)나라의 장군 전단(田單)은 연(燕)을 격파하고 성을 다시 수복할 수 있었다.

어구 설명 (3) ㅇ惠王果疑毅(혜왕과의의) : 〈역선전과 모략의 말을 듣 고〉 혜왕은 과연 악의 장군을 의심했으며, ㅇ乃使騎劫代將 (내사기겁대장) : 즉시 기겁(騎劫)으로 하여금, 대장을 교체 하고, ㅇ而召毅(이소의) : 그리고, 악의를 소환했다. ㅇ毅奔 趙(의분조) : 악의는 조(趙)나라로 도망갔다. ㅇ田單遂得破

燕, 而復齊城.(전단수득파연 이부제성) : 그래서, 제(齊)나
라의 장군 전단(田單)은 연(燕)을 격파하고 〈잃었던〉 성을
다시 수복할 수 있었다.

| 백문 | 제3과 樂毅

(1) 於是士爭趨燕. 樂毅自魏往. 以爲亞卿, 任國政, 而已使毅伐齊.
入臨淄. 齊王出走. 毅乘勝, 六月之間, 下齊七十餘城. 惟莒·卽
墨不下. 昭王卒, 惠王立.

(2) 惠王爲太子, 已不快於毅. 田單乃縱反間曰, 毅與新王有隙, 不
敢歸. 以伐齊爲名. 齊人惟恐他將來, 卽墨殘矣.

(3) 惠王果疑毅, 乃使騎劫代將, 而召毅. 毅奔趙. 田單遂得破燕, 而
復齊城.

제4과 太子丹 · 荊軻

(1) 惠王後, 有武成王 · 孝王, 至王喜. 喜太子丹質
於秦. 秦王政不禮焉. 怒而亡歸. 怨秦欲報之. 秦將
軍樊於期, 得罪亡之燕. 丹受而舍之.

(1) 혜왕 다음에 무성왕(武成王)과 효왕(孝王)을 거쳐, 왕 희
(喜)가 자리에 올랐다. 〈전에〉 희의 태자, 단(丹)이 인질이
되어, 진(秦)에 머문 일이 있었다. 그때에 진왕(秦王) 정(政 :
진시황)이 무례하게 대했음으로, 단이 화를 내고 도망해서,

연으로 돌아왔다. 그래서 태자 단은 진나라 왕을 원망하고 보복하려고 했다. 〈그 무렵에〉 진나라의 장군 번어기(樊於期)가 죄를 짓고, 연(燕)으로 도망을 왔다. 태자 단은 그를 객관에 머물러 살게 했다.

어구 설명 │ 제4과 ㅇ太子丹 · 荊軻(태자단 · 형가) : 연(燕)나라의 태자, 단(丹)과, 진시황(秦始皇)을 암살하려던 협객 형가(荊軻). (1) ㅇ惠王後(혜왕후) : 혜왕 다음에, ㅇ有武成王 · 孝王(유무성왕 · 효왕) : 무성왕(武成王)과 효왕(孝王)을 거쳐, ㅇ至王喜(지왕희) : 왕 희(喜)가 자리에 올랐다. ㅇ喜太子 丹質於秦(희태자 단질어진) : 희의 태자, 단(丹)은 〈전에〉 인질이 되어 진(秦)에 머문 일이 있었다. ㅇ秦王政不禮焉(진왕정불례언) : 그때에, 진왕(秦王) 정(政 : 秦始皇)이 무례하게 대했음으로, ㅇ怒而亡歸(노이망귀) : 단(丹)이 화를 내고 도망해서, 연나라로 돌아왔다. ㅇ怨秦欲報之(원진욕보지) : 그리고 진을 원망하고 보복하려고 했다. ㅇ秦將軍樊於期, 得罪亡之燕.(진장군번어기 득죄망지연) : 〈그 무렵에〉 진나라의 장군 번어기(樊於期)가 죄를 짓고, 연(燕)나라로 도망을 왔으며, ㅇ丹受而舍之(단수이사지) : 태자 단이 그를 객관에 머물러 살게 했다.

---

(2) 丹聞衞人荊軻賢, 卑辭厚禮請之. 奉養無不至. 欲遣軻. 軻請得樊將軍首及燕督亢地圖以獻秦. 丹不忍殺於期. 軻自以意諷之曰, 願得將軍之首, 以獻秦王. 必喜而見臣. 臣左手把其袖, 右手揕其胸, 則

將軍之仇報, 而燕之恥雪矣. 於期遂慨然自刎.

(2) 태자 단은 위나라 사람 형가가 현명하고 용기가 있다는 말을 듣고, 말은 낮추고 예를 후하게 갖추고, 그에게 청을 했다. 〈즉 진시황을 제거해 달라는 청을 했다.〉 그리고 태자 단은 형가를 더없이 극진하게 봉양했다. 마침내 태자 단이 형가를 〈진(秦)나라로〉 보내려고 하자, 형가가 〈어려운〉 요청을 했다. 「번장군의 머리와, 연나라 땅, 독항(督亢)의 지도를 가지고 가서, 진왕(秦王)에게 바치게 해주십시오.」 〈그래야 진왕이 만나 줄 것이다.〉 태자 단은 〈차마〉 번어기 장군을 죽일 수 없다고 〈주저했다.〉 〈그러자 형가는 직접 번어기 장군에게 가서〉 자기의 의도를 〈솔직히〉 털어놓고 알아듣게 말했다. 「장군의 머리를 진왕(秦王)에게 바칠 수 있게 허락해 주십시오. 〈그러면 진왕이〉 기꺼이 저를 만나 줄 것입니다. 그러면 저는 왼손으로 그의 소매를 잡고, 바른손으로 그의 가슴을 찌를 것입니다. 그래야 장군도 복수를 하고, 연나라도 설욕(雪辱)하게 될 것입니다.」 범어기 장군은 마침내 의분에 넘쳐 스스로 자문하고 죽었다.

어구 설명 (2) ㅇ丹聞衞人荊軻賢(단문위인형가현) : 태자 단은 위나라 사람 형가가 현명하고 용기가 있다는 말을 듣고, ㅇ卑辭厚禮請之(비사후례청지) : 말은 낮추고 예를 돈독히 갖추고, 그에게 청을 했다. 〈즉 진시황을 제거해 달라는 청을 했다.〉 ㅇ奉養無不至(봉양무부지) : 태자 단은 형가를〉 더없이 극진하게 봉양했다. ㅇ欲遣軻(욕견가) : 〈마침내〉

단이 형가를 〈진(秦)나라로〉 보내려고 하자, ㅇ軻請(가청)
: 형가가 요청을 했다. ㅇ得樊將軍首(득번장군수) : 번 장
군의 목과, ㅇ及燕督亢地圖以獻秦(급연독항지도이헌진) :
〈연나라 땅, 독항(督亢)의 지도를 가지고 가서 진왕(秦王)
에게 바치게 해달라고 요청했다. 〈그래야 진왕이 만나 줄
것이다.〉 ㅇ丹不忍殺於期(단불인살어기) : 태자 단은 〈차
마〉 번어기 장군을 죽일 수 없어서, 〈주저했다.〉 ㅇ軻自以
意諷之曰(가자이의풍지왈) : 〈그러자, 형가는 직접 번어기
장군에게 가서〉 자기의 의도를 〈솔직히〉 털어놓고 알아듣
게 말했다. ㅇ願得將軍之首, 以獻秦王.(원득장군지수 이헌
진왕) :「장군의 머리를 진왕(秦王)에게 바칠 수 있게 허락
해 주십시오. ㅇ必喜而見臣(필희이견신) : 〈그러면 진왕이〉
기꺼이 저를 만나 줄 것입니다.」ㅇ臣左手把其袖(신좌수파
기수) : 그러면 저는 왼손으로 그의 소매를 잡고, ㅇ右手揕
其胸(우수침기흉) : 바른손으로 그의 가슴을 찌를 것입니
다. 揕(찌를 침). ㅇ則將軍之仇報(즉장군지구보) : 그러면,
장군의 복수도 하고, ㅇ而燕之恥雪矣(이연지치설의) : 또
연나라도 설욕(雪辱)하게 될 것입니다. ㅇ於期遂慨然自刎
(어기수개연자문) : 번어기 장군은 마침내 의분에 넘쳐, 스
스로 자문하고 죽었다. 刎(목 벨 문).

| 백문 | 제4과 太子丹 · 荊軻

(1) 惠王後, 有武成王 · 孝王, 至王喜. 喜太子丹質於秦. 秦王政不禮
焉. 怒而亡歸. 怨秦欲報之. 秦將軍樊於期, 得罪亡之燕. 丹受而
舍之.

⑵ 丹聞衞人荊軻賢, 卑辭厚禮請之. 奉養無不至. 欲遣軻. 軻請得
樊將軍首及燕督亢地圖以獻秦. 丹不忍殺於期. 軻自以意諷之
曰, 願得將軍之首, 以獻秦王. 必喜而見臣. 臣左手把其袖, 右手
揕其胸, 則將軍之仇報, 而燕之恥雪矣. 於期遂慨然自刎.

제5과 秦滅燕

⑴ 丹奔往, 伏哭. 乃以函盛其首. 又嘗求天下之利
匕首, 以藥焠之, 以試人, 血如縷立死. 乃裝遣軻.
行至易水, 軻曰, 風蕭蕭兮易水寒. 壯士一去兮不復
還. 于時白虹貫日. 燕人畏之.

⑴ 〈번(樊) 장군이 자결했다는 말을 듣고〉 태자 단은 즉각
달려가, 엎드려 통곡을 했다. 그리고 그의 목을 상자에 담았
다. 한편 일찍이 구해 두었던 천하에서 이름난, 날카로운 비
수(匕首)에 독약을 발라서 다시 달궜다. 그래가지고 사람에
게 시험해 보았다. 〈칼을 살짝 맞고도, 사람은〉 실 줄기 같
은 피를 흘리고 직사했다. 〈태자 단은〉 형가(荊軻)에게 행장
을 갖추고 〈진나라로〉 가게 했다. 형가 일행은, 역수(易水)
에 이르러, 형가는 〈다음과 같은〉 시를 읊었다.
『바람은 쓸쓸하게 불고, 역수의 강물은 차기만 하구나. 장사
는 한 번 가고, 다시 돌아오지 않으리라.』

이때에, 흰 무지개가 태양을 꿰뚫고 가려 덮었다. 연나라 사람들이 겁을 먹고 두려워했다.

어구 설명 제5과 ㅇ秦滅燕(진멸연) : 태자 단(丹)과 형가(荊軻)가 실패하자, 진(秦)은 즉각 연(燕)나라를 쳐 없앴다. (1) ㅇ丹奔往伏哭(단분왕 복곡) : 〈번(樊) 장군이 자결했다는 말을 듣고〉 태자 단은 즉각 달려가, 엎드려 통곡을 했다. ㅇ乃以函盛其首(내이함성기수) : 그리고 그의 목을 상자에 담았다. ㅇ又嘗求天下之利匕首(우상구천하지리비수) : 한편 일찍이 구해 두었던 천하에서 이름난, 날카로운 비수(匕首)에, ㅇ以藥焠之(이약쉬지) : 〈칼날에〉 독약을 발라서 다시 달궜다. 焠(담금질할 쉬). ㅇ以試人(이시인) : 그래가지고 사람에게 시험해 보았다. ㅇ血如縷立死(혈여루립사) : 〈칼을 맞자〉 실 줄기 같은 피를 흘리고 직사했다. ㅇ乃裝遣軻(내장견가) : 〈태자 단은〉 형가(荊軻)에게 행장을 갖추고 〈진나라로〉 가게 했다. ㅇ行至易水(행지역수) : 형가 일행은, 역수(易水)에 이르러, ㅇ軻曰(가왈) : 형가는 〈다음과 같은〉 시를 읊었다. ㅇ風蕭蕭兮易水寒(풍소소혜역수한) : 바람은 쓸쓸하게 불고, 역수의 강물은 차기만 하구나. ㅇ壯士一去兮不復還(장사일거혜불복환) : 장사는 한 번 가고, 다시 돌아오지 않으리라. ㅇ于時白虹貫日(우시백홍관일) : 이때에, 흰 무지개가 태양을 가려 덮었다.「백홍관일(白虹貫日)」은「흰 무지개가 해를 꿰뚫는다.」즉「전란이 일어나, 임금을 위태롭게 한다.」는 상징이다. ㅇ燕人畏之(연인외지) : 연나라 사람들이 겁을 먹고 두려워했다.

(2) 軻至咸陽. 秦王政大喜見之. 軻奉圖進. 圖窮而
匕首見. 把王袖揕之. 未及身. 王驚起絕袖. 軻逐之.
環柱走. 秦法羣臣侍殿上者, 不得操尺寸兵. 左右以
手搏之. 且曰, 王負劍. 遂拔劍斷其左股. 軻引匕首
擿王. 不中. 遂體解以徇.

(2) 형가가 〈진나라 수도〉 함양(咸陽)에 도달하자, 진왕(秦
王) 정(政 : 秦始皇)이 크게 반기고 만나주었다. 〈사전에 번
(樊) 장군의 목을 바치고, 또 영토를 바친다고 했음으로, 기
꺼이 만난 것이다.〉형가가 지도를 받쳐 들고 임금 앞으로
나가, 〈두루말이〉 지도를 펴 보이고, 끝 속에 〈숨겨두었던〉
비수가 나타나자, 〈형가는〉 왕의 소매를 움켜잡고, 그의 가
슴에 비수를 꽂았다. 그러나 칼날이 미쳐 몸에 닿기 전에,
진시황이 놀래, 벌떡 일어나, 〈잡힌〉 소매를 뿌리치고 몸을
피했다. 형가가 진시황을 쫓자, 진시황은 기둥을 돌며 피했
다. 그때의 진나라 법으로, 궁전에서 임금을 모시는 신하는,
척촌(尺寸)의 무기도 몸에 지니지 못하게 되어 있었다. 〈그
러므로〉 좌우의 신하들도 맨 손으로 자객(刺客) 형가(荊軻)
를 쳐 막으며, 한편으로는 큰 소리로 말했다. 「임금님 칼을
등에 업으세요.」〈임금 허리에 찬, 칼이 너무 길어서, 그대
로는 뽑을 수가 없었다. 그래서 칼을 등에 업고 뽑으라고 한
것이다.〉마침내 임금은 긴 칼을 뽑아서, 형가의 바른쪽 다
리를 베었다. 이에 형가는 비수를 당겨 잡고, 왕에게 날렸으

나 맞지 않았다. 드디어, 형가는 전신에 칼을 맞고, 해체되
고 죽었다.

어구 설명 (2) ○軻至咸陽(가지함양) : 형가가 〈진나라 수도〉 함양(咸
陽)에 도달하자, ○秦王政大喜見之(진왕정대희견지) : 진
왕(秦王) 정(政 : 秦始皇)이 크게 기뻐하고 형가를 만났다.
〈사전에 번(樊) 장군의 목을 바치고, 또 영토를 바친다고
했음으로, 기꺼이 만난 것이다.〉 ○軻奉圖進(가봉도진) :
형가가 지도를 받쳐 들고 임금 앞으로 나갔다. ○ 圖窮而
匕首見(도궁이비수견) : 〈임금 앞에서 두루말이〉 지도를
펴 보이고, 끝에 숨겨두었던 비수가 나타났다. ○把王袖
揕之(파왕수 침지) : 〈그러자, 형가는〉 왕의 소매를 움켜잡
고, 진시황 가슴에 비수를 꽂았다. 揕(찌를 침). ○未及身(미
급신) : 칼날이 미쳐 몸에 닿기 전에, ○王驚起絕袖(왕경기
절수) : 진시황이 놀래, 벌떡 일어나, 〈잡힌〉 소매를 뿌리치
고 떨어졌다. ○軻逐之(가축지) : 형가가 진시황을 쫓아가
자, ○環柱走(환주주) : 진시황이 기둥을 돌며 몸을 피했
다. ○秦法羣臣侍殿上者(진법군신시전상자) : 그때의 진나
라 법으로, 궁전에서 임금을 모시는 신하는, ○不得操尺寸
兵(부득조척촌병) : 척촌(尺寸)의 무기도 몸에 지니지 못하
게 되어 있었다. ○左右以手搏之(좌우이수박지) : 〈그러므
로〉 좌우의 신하들도 맨 손으로 자객(刺客) 형가(荊軻)를
쳐 막으며, ○且曰(차왈) : 한편으로는 큰 소리로 말했다.
○王負劍(왕부검) :「임금님 칼을 등에 업으세요.」〈임금
허리에 찬, 칼이 너무 길어서, 그대로는 뽑을 수가 없었다.
그래서 칼을 등에 업고 뽑으라고 한 것이다〉 ○遂拔劍斷其

左股(수발검단기좌고) : 마침내 임금은 긴 칼을 뽑아서, 형가의 바른쪽 다리를 베었다. ㅇ軻引匕首擿王 不中(가인비수적왕 불중) : 이에 형가는 비수를 당겨 잡고, 왕에게 날렸으나, 맞지 않았다. 擿(들출 적). ㅇ遂體解以徇(수체해이순) : 마침내, 형가는 전신에 칼을 맞고, 해체가 되었으며, 순사(殉死)했다.

(3) 秦王大怒, 益發兵伐燕. 喜斬丹以獻. 後三年, 秦兵虜喜, 遂滅燕爲郡.

(3) 진시황은 대노하고 더욱 많은 군대를 동원하여 연나라를 토벌했다. 연나라의 왕 희(喜)가 태자 단(丹)을 죽이고 〈진나라에〉 바쳤다. 그 후 삼 년 만에, 진나라 군대가 연나라 임금 희(喜)를 포로로 잡았으며, 결국 연(燕)을 멸하고, 〈진(秦)나라의〉 한 군(郡)으로 편입했다.

어구설명 (3) ㅇ秦王大怒(진왕대노) : 진시황은 대노하고, ㅇ益發兵伐燕(익발병벌연) : 더욱 많은 군대를 동원하여 연나라를 토벌했다. ㅇ喜斬丹以獻(희참단이헌) : 연나라의 왕 희(喜)가 태자 단(丹)을 죽이고 〈진나라에〉 바쳤다. ㅇ後三年(후삼년) : 그 후 삼 년 만에, ㅇ秦兵虜喜(진병로희) : 진나라 군대가 연나라 임금 희(喜)를 포로로 잡았으며, ㅇ遂滅燕爲郡(수멸연위군) : 드디어 연(燕)을 멸하고 〈진(秦)나라의〉 한 군(郡)으로 편입했다.

| 백문 | 제5과 秦滅燕

(1) 丹奔往, 伏哭. 乃以函盛其首. 又嘗求天下之利匕首, 以藥焠之, 以試人, 血如縷立死. 乃裝遣軻. 行至易水, 軻曰, 風蕭蕭兮易水寒. 壯士一去兮不復還. 于時白虹貫日. 燕人畏之.

(2) 軻至咸陽. 秦王政大喜見之. 軻奉圖進. 圖窮而匕首見. 把王袖揣之. 未及身. 王驚起絕袖. 軻逐之. 環柱走. 秦法羣臣侍殿上者, 不得操尺寸兵. 左右以手搏之. 且曰, 王負劍. 遂拔劍斷其左股. 軻引匕首擿王. 不中. 遂體解以徇.

(3) 秦王大怒, 益發兵伐燕. 喜斬丹以獻. 後三年, 秦兵虜喜, 遂滅燕爲郡.

형가(荊軻)

제17장 秦

「제17장 진(秦)」은 전국시대 강대국으로서의 진(秦)나라 기록이다. 즉 진시황(秦始皇)이 천하를 통일하기 전의 진(秦)의 정책과 세력 확대 및 뛰어난 인물들을 적은 것이다. 사략(史略) 원본에는 「진(秦)」을 「하나의 긴 문장」으로 기술했다. 그러나 이 책에서는 학습의 편의를 위해서 「제17장」을 「총 11과」로 나누고, 과(課) 마다 「제목」을 임의로 붙였다. 다음과 같다.

진(秦)은 법가사상(法家思想), 부국강병(富國强兵), 신상필벌(信賞必罰) 및 권모술수(權謀術數)로 천하를 통일했다. 그들에게는 신의(信義)도 도덕(道德)도 없었다. 오직 무력에 의한 승리만이 목적이었다.

제1과 秦之先祖

(1) [秦]之先, 本顓頊之裔. 曰大業者, 生柏翳. 舜賜姓嬴氏.

(1) 진나라 선조는 본래 전욱(顓頊)의 후예다. 대업(大業)이라고 하는 사람이 백예(柏翳)를 낳았으며, 순임금으로부터 영씨(嬴氏)라는 성을 내려 받았다.

> **어구 설명** 제1과 ○秦先係(진선계) : 진나라 선조의 계통. (1) ○[秦]之先(진지선) : 진나라 선조는, ○本顓頊之裔(본전욱지예) : 본래 전욱(顓頊)의 후예다. ○曰大業者, 生柏翳.(왈대업자 생백예) : 대업(大業)이라고 하는 사람이 백예(柏翳)를 낳았으며, ○舜賜姓嬴氏(순사성영씨) : 순임금으로부터 영씨(嬴氏)라는 성을 내려 받았다.

(2) 其後有蜚廉. 蜚廉子曰女防. 女防之後有非子. 好馬. 爲周孝王, 主馬於汧·渭之間. 馬大蕃息. 分土爲附庸, 邑之秦. 閱二世, 至秦仲, 始大.

(2) 그 후손에 비렴(蜚廉)이라는 사람이 있었다. 비렴의 아들을 여방(女防)이라 했다. 여방의 후손으로, 비자(非子)라는 사람이 있었다. 비자는 말을 잘 사육했으며, 주효왕(周孝王)을 위해, 견수(汧水)와 위수(渭水) 사이에서, 말을 사육했다.

말이 퍽 많이 번식하자, 주효왕(周孝王)은 비자(非子)에게 토
지를 나누어주고, 부속국으로 만들고, 진(秦)을 성읍(城邑)
으로 삼게 했다. 그 다음, 2대를 거쳐, 진중(秦仲)에 이르러,
비로소 크게 되었다.

여구 설명 (2) ㅇ其後有蜚廉(기후유비렴) : 그 후손에 비렴(蜚廉)이란
사람이 있었다. ㅇ蜚廉子曰女防(비렴자왈여방) : 비렴의
아들을 여방(女防)이라 했다. ㅇ女防之後有非子(여방지후
유비자) : 여방의 후손으로, 비자(非子)라는 사람이 있었
다. ㅇ好馬. 爲周孝王,(호마 위주효왕) : 비자는 말을 잘 사
육했으며, 주효왕(周孝王)을 위해, ㅇ主馬於汧渭之閒(주마
어견위지간) : 견수(汧水)와 위수(渭水) 사이에서, 말을 사
육했다.「견·위(汧·渭)」는 강 이름, 다 섬서성(陝西省)에
있다. ㅇ馬大蕃息(마대번식) : 말이 크게 번식했다. ㅇ分土
爲附庸(분토위부용) : 주효왕(周孝王)이 비자(非子)에게 토
지를 나누어주고, 부속국으로 만들고, ㅇ邑之秦(읍지진) :
진(秦)을 성읍(城邑)으로 삼게 했다. ㅇ閱二世, 至秦仲, 始
大.(열이세 지진중 시대) : 그 다음 2대를 거쳐, 진중(秦仲)
에 이르러, 비로소 크게 되었다.

(3) 歷莊公至襄公. 犬戎殺幽王, 襄公救周有功. 封
爲諸侯, 賜以岐西地. 歷文公·寧公·出子·武公·德
公·宣公·成公, 至繆公.

(3) 〈초나라는〉 장공을 거쳐, 양공에 이르렀다. 그때에, 견융

(犬戎)이 주(周)나라 유왕(幽王)을 죽였다. 그때에, 진(秦)의 양왕(襄王)이 주(周)를 돕고, 공을 세웠음으로, 주(周)가 진(秦)을 제후(諸侯)에 봉하고, 기(岐)의 서쪽의 땅을 내려주었다. 진(秦)나라는 「문공 · 영공 · 출자 · 무공 · 덕공 · 선공 · 성공」을 거쳐, 무공(繆公)에 이르렀다.

어구 설명 (3) ㅇ歷莊公至襄公(역장공지양공) : 장공을 거쳐, 양공에 이르렀다. ㅇ犬戎殺幽王(견융살유왕) : 그때에, 견융(犬戎)이 주(周)나라 유왕(幽王)을 죽였다. ㅇ襄公救周有功(양공구주유공) : 그때에, 진의 양왕(襄王)이 주를 돕고, 공을 세웠다. ㅇ封爲諸侯(봉위제후) : 제후에 봉하고, ㅇ賜以岐西地(사이기서지) : 기(岐)의 서쪽의 땅을 주었다. ㅇ歷文公 · 寧公 · 出子 · 武公 · 德公 · 宣公 · 成公(역문공 · 녕공 · 출자 · 무공 · 덕공 · 선공 · 성공) : 「문공 · 영공 · 출자 · 무공 · 덕공 · 선공 · 성공」을 거쳐, ㅇ至繆公(지무공) : 무공에 이르렀다.

| 백문 | **제1과 秦之先祖**

(1) [秦]之先, 本顓頊之裔. 曰大業者, 生柏翳. 舜賜姓嬴氏.

(2) 其後有蜚廉. 蜚廉子曰女防. 女防之後有非子. 好馬. 爲周孝王, 主馬於汧 · 渭之閒. 馬大蕃息. 分土爲附庸, 邑之秦. 閱二世, 至秦仲, 始大.

(3) 歷莊公至襄公. 犬戎殺幽王, 襄公救周有功. 封爲諸侯, 賜以岐西地. 歷文公 · 寧公 · 出子 · 武公 · 德公 · 公宣 · 公成公, 至繆公.

제2과 百里傒

(1) 有百里傒者, 故虞大夫也. 爲繆公夫人媵. 亡秦
走宛. 楚人執之. 繆公聞其賢, 以五羖羊皮贖得之,
授之政. 號曰五羖大夫. 百里傒進其友蹇叔, 以爲上
大夫.

(1) 백리혜라는 사람이 있었다. 원래는 우(虞)나라의 대부였
으며, 무공의 부인의 잉자(媵者)로 따라온 시종(侍從)이었
다. 그가 진(秦)을 버리고 완(宛)으로 도망갔으며, 초(楚)나
라 사람들이 그를 잡아 가두었다.
무공은 그가 현명하다는 말을 듣고, 다섯 마리 검은 양가죽
을 대가로 주고, 백리혜를 구출했으며, 그에게 정치를 맡겼
으며, 「오고대부(五羖大夫)」라고 호칭했다. 백리혜는 자기
친구, 건숙(蹇叔)을 천거하고 상대부(上大夫)로 삼았다.

어구 설명 제2과 ○百里傒(백리혜) : 진(秦)나라 무공(繆公)을 도운 현
대부(賢大夫). (1) ○有百里傒者(유백리혜자) : 백리혜라는
사람이 있었다. ○故虞大夫也(고우대부야) : 원래는 우(虞)
나라의 대부로, 「우(虞)」는 산서성(山西省)에 있는 작은 나
라. ○爲繆公夫人媵(위무공부인잉) : 「무공부인(繆公夫人)」
의 잉자(媵者)였다. 「잉자(媵者)」는 시집가는 제후(諸侯)의
딸을 따라 함께 가는 시종(侍從). ○亡秦走宛(망진주완) :
진(秦)을 탈출하여 완(宛)으로 도망갔다. ○楚人執之(초인

집지) : 초(楚)나라 사람들이 그를 잡아 가두었다. ㅇ繆公
聞其賢(무공문기현) : 무공은 그가 현명하다는 말을 듣고,
ㅇ以五羖羊皮贖得之(이오고양피속득지) : 다섯 마리 검은
양가죽을 대가로 주고, 백리혜를 구출했으며, ㅇ授之政(수
지정) : 그에게 정치를 맡겼다. ㅇ號曰五羖大夫(호왈오고대
부) : 그래서 〈백리혜를〉 오고대부(五羖大夫)라고 호칭했
다. ㅇ百里傒進其友蹇叔(백리혜진기우건숙) : 백리혜는 자
기 친구, 건숙(蹇叔)을 천거하고 상대부(上大夫)로 높였다.

| 백문 | 제2과 **百里傒**

(1) 有百里傒者, 故虞大夫也. 爲繆公夫人媵. 亡秦走宛. 楚人執之.
繆公聞其賢, 以五羖羊皮贖得之, 授之政. 號曰五羖大夫. 百里
傒進其友蹇叔, 以爲上大夫.

제3과 秦繆公

(1) 繆公送晉惠公歸晉. 已而倍秦, 合戰于韓. 繆公
爲晉軍所圍. 岐下有嘗食公馬者三百人. 馳冒晉軍
晉解圍. 遂脫繆公以反.

(1) 진(秦)나라 무공(繆公)은 〈국외에 망명해 있던〉「진혜공
(晉惠公)」에게 병력을 딸려서, 자기 나라 진(晉)에 돌아가 임
금이 되게 했다. 그러하거늘 「진혜공」이 진(秦)나라를 배반

하고, 더욱이 한(韓)나라 땅(河南省 韓城)에서, 진군(秦軍)에게 공격을 가했다. 그래서 무공(繆公)은 진군(晉軍)에게 포위되었다.

당시 기산(岐山) 기슭에는, 전에 무공(繆公)의 말을 잡아서먹은 원주민(原住民) 삼백 명이 살고 있었다. 이들이 달려와서 진군(晉軍)을 무찔러, 진군(晉軍)의 포위망이 뚫었다. 그래서 결국 진(秦)나라 무공(繆公)이 탈출하고 무사히 돌아올수 있었다.

어구 설명 제3과 ○秦繆公(진무공) : 진(秦)의 무공(繆公), ⑴ ○繆公送晉惠公歸晉(무공송진혜공귀진) : 무공은 〈국외에 망명해 있던〉「진혜공(晉惠公)」에게 병력을 딸려서, 자기 나라 진(晉)에 돌아가 임금이 되게 했다. ○已而倍秦(이이배진) : 그러하거늘 얼마 후「진혜공」이 진(秦)나라를 배반했다. ○合戰于韓(합전우한) : 더욱이「진혜공」은 한(韓)나라 땅(河南省 韓城)에서, 진군(秦軍)에게 공격을 가했다. ○繆公爲晉軍所圍(무공위진군소위) : 무공(繆公)은 진군(晉軍)에게 포위되었다. ○岐下有嘗食公馬者三百人(기하유상식공마자삼백인) : 기산(岐山) 기슭에는, 전에 무공(繆公)의 말을 잡아서 먹은 원주민(原住民) 삼백 명이 살고 있었다. ○馳冒晉軍(치모진군) : 그들이 달려와서 진군(晉軍)을 무찔렀다. ○晉解圍(진해위) : 그래서 진군(晉軍)의 포위망이 풀렸으며, ○遂脫繆公以反(수탈무공이반) : 결국 진(秦)나라 무공(繆公)이 탈출하고 무사히 돌아올 수 있었다.

(2) 先是繆公亡善馬. 野人共得而食之. 吏逐得, 欲
去之. 公曰, 食善馬不飮酒傷人. 皆賜酒而赦之. 至
是聞秦擊晉, 皆願從, 推鋒爭死以報德.

(2) 오래 전에, 무공(繆公)은 자기의 좋은 말을 분실한 일이
있었다. 그때에, 원주민들이 합세해서, 그 말을 잡아먹었던
것이다. 이에, 진(秦)나라 관리가 그들을 추적해서, 체포하
고, 다 죽이려고 했다. 그때에, 무공(繆公)이 말했다.「좋은
말을 잡아먹고, 술을 안마시면, 사람들이 상한다.」그리고
무공(繆公)은 〈말을 잡아먹은〉 모든 사람에게 술을 내려주
고, 너그럽게 용서해 주었다. 〈과거에 그런 일이 있었다.〉
그러자, 지금에 와서, 진(秦)의 무공(繆公)이 진(晉)의 혜공
(惠公)을 친다는 말을 듣고, 그들 원주민들이 저마다 자원하
고 쫓아와서 창칼을 추켜세우고, 결사적으로 싸워 〈지난날
의〉 은덕에 보답했던 것이다.

어구 설명 (2) ㅇ先是繆公亡善馬(선시무공망선마) : 오래 전에, 무공
(繆公)은 자기의 좋은 말을 분실한 일이 있었다. ㅇ野人共
得而食之(야인공득이식지) : 즉 원주민들이 합세해서, 그
말을 잡아먹었던 것이다. ㅇ吏逐得, 欲去之.(이축득 욕거
지) : 진(秦)나라 관리가 그들을 추적해서, 체포하고 다 죽
이려고 했다. ㅇ公曰, 食善馬不飮酒傷人.(공왈 식선마불
음주상인) : 그때에, 무공(繆公)이 말했다.「좋은 말을 잡
아먹고, 술을 안마시면, 사람들이 상한다.」ㅇ皆賜酒而赦
之(개사주이사지) : 무공(繆公)은 〈말을 잡아먹은〉 모든

사람에게 술을 내려주고, 너그럽게 용서해 주었다. 〈과거에 그런 일이 있었다.〉 ○至是聞秦擊晉(지시문진격진) : 그때에, 진(秦)의 무공(繆公)이 진(晉)의 혜공(惠公)을 친다는 말을 듣고, ○皆願從(개원종) : 원주민들이 저마다 자원하고 쫓아와서, ○推鋒爭死以報德(추봉쟁사이보덕) : 창칼을 추켜세우고, 결사적으로 싸워 〈지난날의〉 은덕에 보답했던 것이다.

(3) 繆公後又送晉文公歸國. 立而霸諸侯. 晉文公卒. 秦遣孟明襲鄭, 因破滑. 晉襄公, 敗之崤. 繆公不替孟明, 修國政. 後伐晉得志, 遂霸西戎.

(3) 진(秦) 무공(繆公)은 다음에 또 진(晉)의 문공(文公)을 도와서, 진(晉)나라에 돌아가, 〈혜공(惠公) 다음에 자리에 오르게 했다.〉 문공(文公)은 자리에 올라, 나중에는 제후의 패자가 되었다. 진문공이 죽자 진(秦)나라는 백리혜(百里傒)의 아들 맹명(孟明)을 파견하여, 정(鄭)나라를 습격했으며, 아울러 골(滑)을 점령했다. 〈골(滑)은 하남성(河南省)에 있는 진(晉)의 요새다.〉 이에 진(晉)의 양공(襄公)이 진군(秦軍)을 효산(崤山 : 河南省)에서 격파했다. 그래도 무공(繆公)은 맹명(孟明)을 교체하지 않고, 그대로 국정을 다스리게 했다. 후에 진(秦)은 진(晉)을 토벌하고, 뜻을 이루었으며, 마침내, 서융(西戎)의 패자가 되었다.

| 어구 설명 | (3) ○繆公後又送晉文公歸國(무공후우송진문공귀국) : 진(秦) 무공(繆公)은 다음에 또 진(晉)의 문공(文公)을 도와서, 진(晉)나라에 돌아가, 〈혜공(惠公) 다음에 자리에 오르게 했다.〉〈진(晉)나라 혜공(惠公)은 이오(夷吾 : 弟)고, 문공(文公)은 중이(重耳 : 兄)다. 두 형제는 다 여희(驪姬)를 피해서 국외로 망명했다. 그녀가 죽자, 먼저 동생 혜공이 귀국했고, 다음에 형 문공이 귀국했다. 이들은 다 진(秦) 무공(繆公)의 후원을 받았다. ○立而霸諸侯(입이패제후) : 문공(文公 : 형 重耳)이 임금 자리에 올라, 〈잘 해서〉 나중에는 제후의 패자가 되었다. ○晉文公卒(진문공졸) : 진문공이 죽자, ○秦遣孟明襲鄭(진견맹명습정) : 진(秦)나라는 백리혜(百里傒)의 아들 맹명(孟明)을 파견하여, 정(鄭)나라를 습격했으며, ○因破滑(인파골) : 아울러 골(滑)을 점령했다. 「골(滑)」은 하남성(河南省)에 있는 진(晉)의 요새다. ○晉襄公敗之崤(진양공패지효) : 이에 〈문공 다음에 자리에 오른〉 진(晉)의 양공(襄公)이 진군(秦軍)을 효산(崤山 : 河南省)에서 격파했다. ○繆公不替孟明, 修國政.(무공불체맹명 수국정) : 그래도 무공(繆公)은 맹명(孟明)을 교체하지 않고, 그대로 국정을 다스리게 했다. ○後伐晉得志(후벌진득지) : 후에 진(秦)은 진(晉)을 토벌하고 뜻을 이루었으며, ○遂霸西戎(수패서융) : 마침내, 서융(西戎)의 패자가 되었다. |

| 백문 | 제3과 秦繆公

(1) 繆公送晉惠公歸晉. 已而倍秦, 合戰于韓. 繆公爲晉軍所圍. 岐下有嘗食公馬者三百人. 馳冒晉軍. 晉解圍. 遂脫繆公以反.

(2) 先是繆公亡善馬. 野人共得而食之. 吏逐得, 欲去之. 公曰, 食善
馬不飮酒傷人. 皆賜酒而赦之. 至是聞秦擊晉, 皆願從, 推鋒爭死
以報德.

(3) 繆公後又送晉文公歸國. 立而霸諸侯. 晉文公卒. 秦遣孟明襲
鄭, 因破滑. 晉襄公, 敗之崤. 繆公不替孟明, 修國政. 後伐晉得
志, 遂霸西戎.

제4과 孝公 · 商鞅

(1) 歷康公 · 共公 · 桓公 · 景公 · 哀公 · 惠公 · 悼公 ·
厲公 · 共公 · 躁公 · 懷公 · 靈公 · 簡公 · 惠公 · 出子 ·
獻公, 至孝公.

⑴ 진(秦)나라는 〈다음과 같은 여러 임금 즉〉「강공 · 공공 ·
환공 · 경공 · 애공 · 혜공 · 도공 · 여공 · 공공 · 조공 · 회공 · 영
공 · 간공 · 혜공 · 출자 · 헌공」 등을 거쳐, 효공에 이르렀다.
〈즉 효공이 자리에 올랐다.〉

어구 설명 제4과 ㅇ孝公 · 商鞅(효공 · 상앙) : 진(秦)을 부강(富强)하
게 만든 「임금 효공과 재상 상앙」 ⑴ ㅇ歷(역) : 다음과 같
은 여러 임금을 거쳐, 「강공 · 공공 · 환공 · 경공 · 애공 · 혜
공 · 도공 · 여공 · 공공 · 조공 · 회공 · 영공 · 간공 · 혜공 · 출
자 · 헌공」을 거쳐, ㅇ至孝公(지효공) : 효공에 이르렀다.

즉 효공이 자리에 올랐다.

(2) 河山以東, 强國六, 小國十餘. 皆以夷狄遇秦, 擯不與諸侯之會盟. 孝公下令. 賓客·羣臣, 有能出奇計强秦者, 吾其尊官與之分土.

(2) 황하(黃河)와 화산(華山) 이동의 중원(中原)에는 강한 나라가 여섯이 있고 작은 나라가 십여 개 있었다. 그러나 이들 중원의 모든 나라는 진(秦)을 이적(夷狄)과 같이 대우했으며, 제후들이 회합하고 동맹을 맺는 경우에도 〈진을〉 배척했다. 그래서 효공이 영을 내렸다. 빈객이나 군신을 불문하고, 능히 기묘한 계책으로 진나라를 강하게 만들 수 있는 사람에게는 임금이 직접, 그에게 벼슬을 높여주고 또 영토를 나누어 주겠다.

여구 설명 (2) ○河山以東(하산이동) : 황하(黃河)와 화산(華山) 이동의 중원(中原)에는, ○强國六(강국륙) : 강한 나라가 여섯이 있고, ○小國十餘(소국십여) : 작은 나라가 십여 개 있었다. ○皆以夷狄遇秦(개이이적우진) : 이들 중원의 모든 나라는 진(秦)을 이적(夷狄)과 같이 대우했으며, ○擯不與諸侯之會盟(빈불여제후지회맹) : 제후들이 회합하고 동맹을 맺는 경우에도 〈진을〉 배척했다. ○孝公下令(효공하령) : 그래서, 효공이 영을 내렸다. ○賓客群臣(빈객군신) : 빈객이나 군신을 불문하고,「빈객(賓客)」은「외국에서 온 인사(人士)」. ○有能出奇計强秦者(유능출기계강진자) : 능히

기묘한 계책으로 진나라를 강하게 만들 수 있는 사람에게
는, ㅇ吾其尊官與之分土(오기존관여지분토) : 임금인 내가
직접, 그에게 벼슬을 높여주고 또 영토를 나누어주겠다.

(3) 衞公孫鞅入秦, 因嬖人景監以見, 說以帝道·王道, 三變爲霸道, 而後及强國之術. 公大悅, 欲變法恐天下議己. 鞅曰, 民不可與慮始, 而可與樂成.

(3) 위(衞)나라 사람, 공손앙(公孫鞅)이 진(秦)에 들어왔다.
그리고 임금에게 사랑을 받는 경감(景監)을 통해 임금을 만
났다. 상앙은 먼저, 제도(帝道)와 왕도(王道)를 논하고, 세
번째는 〈제도나 왕도와 전연 다른〉 패도를 설명했다. 그러
고 나서, 〈현실적인〉 부국강병(富國强兵)의 정책을 자세히
설명했다. 효공은 크게 기뻐했으며, 부국강병을 위해, 변법
(變法)하려고 했다. 〈즉 상앙이 주장하는 법가사상(法家思
想)을 바탕으로 나라를 다스리려고 했다.〉 그러나, 천하의
모든 사람들이 자기를 비난할까 겁을 냈다. 〈그러자〉 상앙
이 말했다. 「백성들과는 시작할 때, 근심걱정을 함께 나눌
수 없습니다. 〈시작할 때는 임금이 혼자, 책임을 지고 고생
을 해야 한다.〉 그리고 성공한 다음에, 즐거움을 백성과 함
께 하면 됩니다.」

어구 설명 (3) ㅇ衞公孫鞅入秦(위공손앙입진) : 위(衞)나라 사람, 공
손앙(公孫鞅)이 진(秦)에 들어왔다. 「공손앙(公孫鞅)」은 즉

「상앙(商鞅)」이다. ○因嬖人景監以見(인폐인경감이견) : 임금에게 사랑을 받는 경감(景監 : 낮은 벼슬)을 통해 임금을 만났다. ○說以帝道王道(설이제도왕도) : 먼저, 「제도(帝道)와 왕도(王道)」를 논하고, ○三變爲霸道(삼변위패도) : 세 번째는 〈제도나 왕도와 전연 다른〉 패도를 설명했다. ○而後及强國之術(이후급강국지술) : 그리고 나서, 〈현실적인〉 부국강병(富國强兵)의 술책을 논했다. ○公大悅(공대열) : 효공은 크게 기뻐했다. ○欲變法(욕변법) : 효공은 부국강병을 위해 변법(變法)하려고 했다. 즉 상앙이 주장하는 법가사상(法家思想)을 바탕으로 나라를 다스리려고 했다. ○恐天下議己(공천하의기) : 천하의 모든 사람들이 자기를 비난할까 겁을 냈다. 〈그러자〉 ○鞅曰(앙왈) : 상앙이 말했다. ○民不可與虞始(민불가여우시) : 백성들과는 시작할 때, 근심걱정을 함께 나눌 수 없습니다. ○而可與樂成(이가여락성) : 그리고 성공한 다음에 즐거움을 백성과 함께 하면 된다.

| 백문 | 제4과 孝公 · 商鞅

(1) 歷康公 · 共公 · 桓公 · 景公 · 哀公 · 惠公 · 悼公 · 厲公 · 共公 · 躁公 · 懷公 · 靈公 · 簡公 · 惠公 · 出子 · 獻公, 至孝公.

(2) 河山以東, 强國六, 小國十餘. 皆以夷狄遇秦, 擯不與諸侯之會盟. 孝公下令. 賓客 · 羣臣, 有能出奇計强秦者, 吾其尊官與之分土.

(3) 衞公孫鞅入秦, 因嬖人景監以見, 說以帝道王道, 三變爲霸道, 而後及强國之術. 公大悅, 欲變法, 恐天下議己. 鞅曰, 民不可與虞始, 而可與樂成.

제5과 信賞必罰

(1) 卒定令, 令民爲什伍, 相收司連坐. 不告姦者腰斬, 告姦者, 與斬敵同賞, 匿姦者, 與降敵同罰, 有軍功者, 各以率受爵, 爲私鬪者, 各以輕重被刑. 大小戮力, 本業耕織, 致粟帛多者, 復其身, 事末利, 及怠而貧者, 擧以爲收孥.

⑴ 드디어 법령이 제정되었다. 백성들을 10가구 혹은 5가구 단위로 묶고 서로 감시하고 책임을 지는 연좌제(連坐制)를 적용했다. 죄진 사람을 고발하지 않으면, 허리를 잘라 죽였다. 죄인을 고발한 사람에게는 〈싸움터에서〉 적의 머리를 벤 자와 같은 상을 내렸다. 죄인을 숨긴 자에게는 적군에 투항한 자와 같은 벌을 내렸다. 싸움터에서 무공을 세운 자에게는 등급에 따라 작위(爵位)를 내려주었다. 사사로운 싸움을 한 자들은 그 경중에 따라 형벌을 가했다. 노소남녀(老少男女)가 저마다의 힘을 합치고, 농사짓고 베 짜는 것을 본업으로 삼게 했다. 〈즉 가족 모두가 생산을 근본으로 삼게 했다.〉 나라에 곡물이나 포백(布帛)을 많이 바친 자에게는 조세나 부역을 면제해 주었다. 말단적인 이득을 취하는 사람 혹은 태만해서 가난하게 사는 자들은, 그 처자까지 잡아들여, 관노(官奴)로 만들었다.

어구 설명 제5과 ㅇ信賞必罰(신상필벌) : 국가에 공을 세우면 상을 주고, 죄를 진 사람은 반드시 벌을 준다. 진(秦)나라를 부국강병(富國强兵)으로 만든 상앙(商鞅)의 법은 다른 것이 아니다. 철저한 전체주의적 조직으로 국민을 묶고, 생산을 높이고, 군사훈련을 강화했으며, 이탈자는 무자비하게 처벌한 것이다. (1) ㅇ卒定令(졸정령) : 가혹한 법령이 제정되었다. ㅇ令民爲什伍(영민위십오) : 백성들을 10가구 혹은 5가구 단위로 묶고, ㅇ相收司連坐(상수사련좌) : 서로 감시하고 책임을 지고, 〈그 단위 조직 안에서, 한 사람이 죄를 지면, 다른 사람도 죄를 함께 지는〉 연좌제(連坐制)를 적용했다. ㅇ不告姦者腰斬(불고간자요참) : 죄진 사람을 고발하지 않으면, 허리를 잘라 죽였다. ㅇ告姦者, 與斬敵同賞.(고간자 여참적동상) : 죄인을 고발한 사람에게는 〈싸움터에서〉 적의 머리를 벤 자와 같은 상을 내렸다. ㅇ匿姦者, 與降敵同罰,(익간자 여강적동벌) : 죄인을 숨긴 자에게는 적군에 투항한 자와 같은 벌을 내렸다. ㅇ有軍功者, 各以率受爵,(유군공자 각이율수작) : 싸움터에서 무공을 세운 자에게는 등급에 따라 작위(爵位)를 내려주었다. ㅇ爲私鬪者, 各以輕重被刑.(위사투자 각이경중피형) : 사사로운 싸움을 한 자들은 그 경중에 따라 형벌을 가했다. 鬪는 鬭의 본자. 鬭는 鬪의 속자. 싸울 투. 싸우다. 겨루다. 경쟁하다. 鬦는 속자임. 간체는 斗이다. ㅇ大小戮力(대소륙력) : 노소남녀(老少男女)가 저마다의 힘을 합치고, ㅇ本業耕織(본업경직) : 농사짓고, 베 짜는 것을 본업으로 삼게 했다. 〈즉 가족 모두가 생산을 근본으로 삼게 했다.〉 ㅇ致粟帛多者, 復其身,(치속백다자 부기신) : 나라에 곡물이나 포백(布帛)을 많이 바친 자에게는 〈그 사람만큼의〉 조세나 부역을 면제해 주었다. ○事末利(사말리) : 말단적인 이득을 취하는 사람, 〈농업이 근본생산이다. 이(利)를 취하는 상업은 말단이다.〉 ○及怠而貧者, 擧以爲收孥.(급태이빈자거이위수노) : 태만해서 가난하게 사는 자들을 그 처자까지 다 거두어, 관노(官奴)로 만들었다.

(2) 令旣具, 未布. 立三丈之木於國都市南門, 募民, 有能徙北門者予十金. 民怪之. 莫敢徙. 復曰, 能徙者予五十金. 有一人, 徙之. 輒予五十金. 乃下令.

(2) 법령을 다 만들고, 시행하기 전에, 〈상앙은 다음과 같은 일을 했다.〉 즉 세 길의 긴 장대를 도성 남문(南門)에 세워놓고, 백성들 중에서 〈그 장대를〉 북문(北門)에 옮겨 놓는 자에게 십 금을 주겠다고 〈상금을 걸고〉 〈그렇게 할 사람을〉 모집했다. 사람들이 의아하게 여기고, 아무도 옮기는 자가 없었다. 그러자, 다시 「옮기는 사람에게는 50금을 주겠다.」고 말했다. 그러자, 한 사람이 〈장대를〉 옮겼다. 이에 즉각 약속한 대로 50금을 주었다. 〈그와 같이 국가에서 한 말은 꼭 지킨다는 실례를 보여주고〉 즉시 모든 법령을 공포하고 시행했다.

어구 설명 (2) ○令旣具(영기구) : 법령을 다 만들었다. ○未布(미포) : 법령을 공포하기 전에, ○立三丈之木於國都市南門(입삼

장지목어국도시남문) : 세 길의 긴 장대를 도성 남문(南門)
에 세워놓고, ○募民, 有能徙北門者予十金.(모민 유능사북
문자여십금) : 백성들 중에서〈그 장대를〉북문(北門)에 옮
겨 놓는 자에게 십 금을 주겠다고〈상금을 걸고〉〈그렇게
할 사람을〉모집했다. ○民怪之, 莫敢徙.(민괴지 막감사) :
사람들이 의아하게 여기고, 아무도 옮기는 사람이 없었다.
○復曰, 能徙者予五十金.(부왈 능사자여오십금) : 그러자
다시「옮기는 사람에게는 50금을 주겠다.」고 말했다. ○有
一人徙之(유일인사지) : 한 사람이〈장대를〉옮겼다. ○輒
予五十金(첩여오십금) : 나라에서 즉시 약속한 대로 50금
을 주었다.〈그와 같이 국가에서 한 말은 꼭 지킨다는 실
례를 보여주고,〉○乃下令(내하령) : 즉시 모든 법령을 공
포했다.

(3) 太子犯法. 鞅曰, 法之不行, 自上犯之. 君嗣不可
施刑. 刑其傅公子虔, 黥其師公孫賈. 秦人皆趨令.

(3) 태자가 법을 범하자, 상앙이 말했다.「국법이 행해지지
않는 까닭은 윗사람이 법을 어기기 때문이다.」
〈그러나 태자는〉임금을 이어받는 몸이라, 형법을 가할 수
없어서, 태자의 뒤를 보아주는 공자 건(虔)을 벌주었으며,
또 태자의 스승 공손가(公孫賈)를 묵형(墨刑)에 처했다. 그러
자, 진나라 사람들은 다 법을 따랐다.

어구설명 (3) ○太子犯法(태자범법) : 태자가 법을 범하자, ○鞅曰,

法之不行, 自上犯之.(앙왈 법지불행 자상범지) : 상앙이 말했다. 「국법이 행해지지 않는 까닭은 윗사람이 법을 어기기 때문이다.」 ㅇ君嗣不可施刑(군사불가시형) : 〈그러나 태자는〉 임금을 이어받는 몸이라, 형법을 가할 수 없어서, ㅇ刑其傅公子虔(형기부공자건) : 태자의 뒤를 보아주는 공자 건(虔)을 벌주었으며, ㅇ黥其師公孫賈(경기사공손가) : 태자의 스승 공손가(公孫賈)를 묵형(墨刑)에 처했다. 즉 이마에 검게 문신을 가한다. ㅇ秦人皆趨令(진인개추령) : 진나라 사람들은 다 법을 따랐다.

| 백문 | **제5과 信賞必罰**

(1) 卒定令, 令民爲什伍, 相收司連坐. 不告姦者腰斬, 告姦者, 與斬敵同賞, 匿姦者, 與降敵同罰, 有軍功者, 各以率受爵, 爲私鬪者, 各以輕重被刑. 大小戮力, 本業耕織, 致粟帛多者, 復其身, 事末利, 及怠而貧者, 擧以爲收孥.

(2) 令旣具, 未布. 立三丈之木於國都市南門, 募民, 有能徙北門者子十金. 民怪之, 莫敢徙. 復曰, 能徙者子五十金. 有一人, 徙之. 輒子五十金. 乃下令.

(3) 太子犯法. 鞅曰, 法之不行, 自上犯之. 君嗣不可施刑. 刑其傅公子虔, 黥其師公孫賈. 秦人皆趨令.

제6과 法弊至此

(1) 行之十年. 道不拾遺, 山無盜賊, 家給人足, 民勇
於公戰, 怯於私鬪, 鄕邑大治. 初言令不便者, 來言
令便. 鞅曰, 皆亂法之民也. 盡遷之邊. 民莫敢議.

⑴ 진나라에서 법을 10년 간 엄하게 시행했다. 그러자, 사람
들은 길에 물건이 떨어져도 주워 갖지를 않게 되었으며, 산
에도 도적이 없게 되었으며, 집안 살림이 풍족하고 사람들이
저마다 만족하게 지냈다. 백성들은 나라를 위한 싸움에는 용
감했으나, 사사로운 싸움에는 겁을 내고 싸우지를 않게 되었
다. 시골이나 지방의 성읍(城邑)이 다 잘 다스려졌으며, 처음
에 법령에 대해서 불평하던 자들이 나중에는 와서 좋다고 말
했다. 상앙은 「모두가 법을 어지럽히는 사람」이라고 말하고,
모두 잡아다가, 변경지대로 추방했다. 이에 사람들은 감히
법령에 대해서, 〈좋다, 나쁘다 하고〉 말하지 않게 되었다.

어구 설명 제6과 ㅇ法弊至此(법폐지차) : 법의 폐단이 여기에도 이르
렀는가. 〈상앙(商鞅)이 자기가 만든 혹독한 법에 자기가 피
해를 입게 되자, 한탄한 말이다.〉 (1) ㅇ行之十年(행지십
년) : 진나라에서 법을 10년 간, 엄하게 시행했다. ㅇ道不
拾遺(도불습유) : 그래서, 사람들은 길에 물건이 떨어져도
주워 갖지를 않게 되었으며, ㅇ山無盜賊(산무도적) : 산속
에도 도적이 없게 되었으며, ㅇ家給人足(가급인족) : 집안

살림이 풍족하고 사람들이 저마다 만족하게 지냈다. ○民勇於公戰(민용어공전) : 백성들은 나라를 위한 싸움에는 용감했으나, ○怯於私鬪(겁어사투) : 사사로운 싸움에는 겁을 내고 싸우지를 않았다. ○鄕邑大治(향읍대치) : 시골이나 지방의 성읍(城邑)이 다 잘 다스려졌다. ○初言令不便者, 來言令便.(초언령불편자 내언령편) : 처음에 법령에 대해서 불평하던 자들이 나중에는 와서 좋다고 말했다. ○鞅曰, 皆亂法之民也.(앙왈 개란법지민야) : 상앙은 「그들 모두를 법을 어지럽히는 사람」이라고 말하고, ○盡遷之邊(진천지변) : 모두 잡아다가, 변경지대로 추방했다. ○民莫敢議(민막감의) : 그러자, 사람들은 감히 법령에 대해서 〈좋다, 나쁘다 하고〉 말하지 않았다.

(2) 令民, 父子兄弟同室內息者爲禁, 廢井田, 開阡陌, 更爲賦稅法. 秦人富強. 封鞅商·於十五邑, 號曰商君.

(2) 백성에게 〈다음과 같이〉 영을 내렸다. 「부모형제가 한 집안에서, 함께 사는 것을 금한다.」〈각자가 별거하고 저마다 독립해서, 가정을 꾸며야 한다. 그래야 호구(戶口)의 수도 늘고, 생산이나 세금 징수도 증가하게 마련이다.〉 정전제(丁田制)를 폐지하고, 농토를 새로 개간하고, 종횡(縱橫)으로 경계를 반듯하게 정했다. 또 부역(賦役)이나 조세(租稅)의 법령을 전면적으로 개정했다. 이렇게 해서, 진(秦)나라와 국

민들이 부강(富强)하게 되자, 효왕(孝王)은 앙(鞅)을 상(商)
과 어(於)라는, 두 땅에 봉하고, 상군(商君)이라 호를 내렸
다.

어구 설명 (2) ㅇ令民(영민) : 백성에게 〈다음과 같이〉 영을 내렸다.
ㅇ父子兄弟同室內息者爲禁(부자형제동실내식자위금) : 부
모형제가 한 집안에서, 함께 사는 것을 금한다. 〈각자가
별거하고 저마다 독립해서, 가정을 꾸며야 한다. 그래야
호구(戶口)의 수도 늘고, 생산이나 세금 징수도 증가하게
마련이다.〉 ㅇ廢井田(폐정전) : 정전제를 폐지하고, ㅇ開
阡陌(개천맥) : 농토를 새로 개간하고, 종횡(縱橫)으로 경
계를 반듯하게 정했다. 「천(阡)」은 남북(南北)으로 난 길이
나 경계, 맥(陌)은 동서(東西)로 난 길이나 경계. ㅇ更爲賦
稅法(갱위부세법) : 또 부역(賦役)이나 조세(租稅)의 법령
을 전면적으로 개정했다. ㅇ秦人富强(진인부강) : 진(秦)나
라와 국민들이 부강(富强)하게 되었다. ㅇ封鞅商·於十五
邑(봉앙상·어십오읍) : 그러자, 효왕(孝王)은 앙(鞅)을 상
(商)과 어(於)라는, 두 땅에 봉하고, ㅇ號曰商君(호왈상군)
: 상군(商君)이라 호를 내렸다.

(3) 孝公薨, 惠文王立. 公子虔之徒, 告鞅欲反. 鞅
出亡. 欲止客舍. 舍人曰, 商君之法, 舍人無驗者坐
之. 鞅歎曰, 爲法之弊, 一至此哉.

(3) 효공이 죽고, 혜문왕이 자리에 올랐다. 〈혜문왕을 돌보

았던〉 공자 건(虔)이 상앙(商鞅)이 모반(謀反)할 거라고 무고
했다. 그래서 상앙은 도망했으며, 변경지대에 있는 객사(客
舍)에 묵으려고 했다. 그러나 여관 주인이 말했다. 「상군이
정한 법으로, 증명서가 없는 사람을 묵게 하면, 죄를 받는
다.」하고 〈거절했다.〉 이에 상앙이 한탄하고 말했다. 「내가
만든 법의 폐단이 이 지경에 이르렀구나.」

어구 설명 (3) ㅇ孝公薨, 惠文王立.(효공훙 혜문왕립) : 효공이 죽고,
혜문왕이 자리에 올랐다. ㅇ公子虔之徒, 告鞅欲反.(공자건
지도 고앙욕반) : 〈혜문왕을 돌보았던〉 공자 건(虔)이 상앙
(商鞅)이 모반(謀反)할 거라고 무고했다. ㅇ鞅出亡(앙출망)
: 상앙이 도망을 했으며, ㅇ欲止客舍(욕지객사) : 변경지대
에 있는 객사(客舍)에 묵으려고 했다. ㅇ舍人曰, 商君之法,
舍人無驗者坐之.(사인왈 상군지법 사인무험자좌지) : 여관
주인이 말했다. 「상군이 정한 법으로, 증명서가 없는 사람
을 묵게 하면 죄를 받는다.」 하고 〈거절했다.〉 ㅇ鞅歎曰(앙
탄왈) : 상앙이 한탄하고 말했다. ㅇ爲法之弊, 一至此
哉.(위법지폐 일지차재) : 내가 만든 법의 폐단이 이 지경
에 이르렀구나.

(4) 去之魏. 魏不受, 內之秦. 秦人車裂而徇. 鞅用
法酷. 步過六尺者有罰. 棄灰於道者被刑. 嘗臨渭論
囚. 渭水盡赤.

(4) 상앙(商鞅)이 위(魏)나라에 갔으나, 위나라에서는 그를

받아주지 않고, 〈도리어 그를 잡아서,〉 진(秦)나라로 되돌려 주었다. 진나라 사람들은 상앙을 거열형(車裂刑)에 처하고, 〈자기가 만든 법을〉 따라 죽게 했다. 〈허기는〉 상앙은 법을 가혹하게 시행했다. 〈밭의 길이를 정할 때〉 일보(一步)를 여섯 자보다 크게 정하는 사람을, 벌에 처했다. 〈비료로 쓸 재를〉 길에 내다 버리는 사람도 형벌에 처했다. 한때는 위수(渭水)에서 죄인을 처형해서, 위수의 강물이 온통 붉은 피로 넘쳤다.

여구 설명 (4) ○去之魏. 魏不受, 內之秦.(거지위 위불수 내지진) : 상앙(商鞅)이 위(魏)나라에 갔으나, 위나라에서는 그를 받아주지 않고, 〈도리어 그를 잡아서〉 진(秦)나라로 되돌려 주었다. ○秦人車裂而徇(진인거열이순) : 진나라 사람들은 상앙(商鞅)을 거열형(車裂刑)에 처하고, 법을 따라 죽게 했다. 「거열형(車裂刑)」은 머리와 사지(四肢)를 다섯 마리 말에 묶고, 저마다 끌어당기어, 다섯 토막으로 찢어 죽이는 형벌. ○鞅用法酷(앙용법혹) : 상앙은 법을 가혹하게 시행했다. ○步過六尺者(보과육척자) : 〈밭의 길이를 정할 때,〉 일보(一步)를 여섯 자보다 크게 정하는 사람은, ○有罰(유벌) : 벌에 처했다. ○棄灰於道者被刑(기회어도자피형) : 〈비료로 쓸 재를〉 길에 내다 버리는 사람도 형벌에 처했다. ○嘗臨渭論囚. 渭水盡赤.(상림위론수 위수진적) : 한때는 위수(渭水)에서 죄인을 처형해서, 위수의 강물이 온통 붉은 피로 넘쳤다.

| 백문 | 제6과 法弊至此

(1) 行之十年. 道不拾遺, 山無盜賊, 家給人足, 民勇於公戰, 怯於
私鬪, 鄕邑大治. 初言令不便者, 來言令便. 鞅曰, 皆亂法之民
也. 盡遷之邊. 民莫敢議.

(2) 令民, 父子兄弟同室內息者爲禁, 廢井田, 開阡陌, 更爲賦稅法.
秦人富強. 封鞅商·於十五邑, 號曰商君.

(3) 孝公薨, 惠文王立. 公子虔之徒, 告鞅欲反. 鞅出亡. 欲止客舍. 舍
人曰, 商君之法, 舍人無驗者坐之. 鞅歎曰, 爲法之弊, 一至此哉.

(4) 去之魏. 魏不受, 內之秦. 秦人車裂而徇. 鞅用法酷. 步過六尺者
有罰. 棄灰於道者被刑. 嘗臨渭論囚. 渭水盡赤.

제7과 甘茂伐韓

(1) 惠文王薨, 子武王立. 武王使甘茂伐韓. 武曰, 宜
陽大縣, 其實郡也. 今倍數險, 行千里, 攻之難.

(1) 진(秦)나라 혜문왕이 죽고, 아들 무왕(武王)이 자리에 올
랐다. 무왕은 장군, 감무(甘武)를 시켜 한(韓)나라를 치게 했
다. 그러자 감무 장군이 말했다. 〈한나라의 도읍〉 의양(宜陽
: 河南省)은 큰 현이라고 하지만, 실은 군에 불과한 작은 성
입니다. 지금 〈대군을 이끌고〉 수많은 험난한 곳을 지나 뒤
에 등지고, 천리를 행군하여 가서, 그곳을 공략한다는 것은

어려운 일입니다.

어구 설명 제7과 ○甘茂伐韓(감무벌한) : 〈진(秦)나라 무왕(武王)이〉
감무(甘武) 장군을 시켜 한(韓)을 치게 했다. ⑴ ○惠文王薨
(혜문왕훙) : 혜문왕이 죽고, ○子武王立(자무왕립) : 아들
무왕이 자리에 올랐다. ○武王使甘茂伐韓(무왕사감무벌한)
: 무왕은 장군, 감무를 시켜 한나라를 치게 했다. ○武曰(무
왈) : 그러자, 감무 장군이 말했다. ○宜陽大縣(의양대현) :
〈한나라의 도읍〉 의양(宜陽 : 河南省)은 큰 현이라고 하지
만, ○其實郡也(기실군야) : 실은 군에 불과한 작은 도성이
다. ○今倍數險, 行千里, 攻之難.(금배수험행천리 공지난)
: 지금 〈대군을 이끌고〉 수많은 험난한 곳을 지나 뒤에 등
지고, 천리를 행군하여 가서, 그곳을 공략한다는 것은 어
려운 일입니다.

⑵ 魯人有與曾參同姓名者. 殺人. 人告其母. 母織
自若. 及三人告之, 母投杼下機, 踰牆而走. 臣賢不
及曾參. 王之信臣, 又不如其母. 疑臣者非特三人.
臣恐大王之投杼也.

⑵ 〈무왕의 명을 받은 감무 장군이 다음과 같이 말했다.〉
「옛날에 노(魯)나라 사람으로 〈공자의 제자〉 증삼(曾參)과
같은 성명을 가진 사람이 있었으며, 그가 살인을 했습니다.
그러자, 어떤 사람이 〈진짜 공자의 제자인 증삼의〉 어머니
에게 가서 〈당신 아들이 살인을 했다고〉 고했습니다. 그래

도 〈아들을 믿는〉 어머니는 태연자약하게 베를 짜고 〈놀라
지 않았습니다.〉〈그러나〉계속해서 세 사람이 와서 〈당신
아들이 살인을 했다고〉고하자, 마침내 〈진짜 증삼의〉 어머
니도 북을 버리고, 베틀에서 내려와, 담을 넘어 몸을 피했다
고 합니다.」〈이런 한 예를 들어 말하고 감부 장군이 다시
말했다.〉「신의 현명함은 증삼에 못 미치고 임금님의 신에
대한 믿음 또한 〈아들을 믿는〉 증삼의 어머님만 못하십니
다. 한편 주변에는 신을 의심하고 〈저를 무고할 사람이〉 세
사람뿐만 아니고 〈더 많습니다.〉 그러므로 신은 걱정합니
다.」〈주변에서 여러 사람이 무고를 하면〉 결국 대왕도 신을
〈의심하시고 증자의 어머니 같이〉 북을 던지실 것이라 겁이
납니다.

어구 설명 (2) ㅇ魯人有與曾參同姓名者(노인유여증삼동성명자) : 옛
날에 노(魯)나라 사람으로 〈공자의 제자〉 증삼(曾參)과 같
은 성명을 가진 사람이 있었으며, ㅇ殺人(살인) : 그가 살인
을 했다. ㅇ人告其母(인고기모) : 어떤 사람이 〈진짜 공자
의 제자인 증삼의〉 어머니에게 가서 〈당신 아들이 살인을
했다고〉 고했습니다. ㅇ母織自若(모직자약) : 그래도 〈아들
을 믿는〉 어머니는 태연자약하게 베를 짜고 〈놀라지 않았
습니다.〉 ㅇ及三人告之(급삼인고지) : 〈그러나〉 계속해서
세 사람이 와서 〈당신 아들이 살인을 했다고〉 고하자, ㅇ母
投杼下機(모투저하기) : 〈진짜 증삼의〉 어머니도 북을 버리
고, 베틀에서 내려와, ㅇ踰牆而走(유장이주) : 담을 넘어
몸을 피했다고 합니다. ㅇ臣賢不及曾參(신현불급증삼) :

신의 현명함은 증삼에 못 미치고, ○王之信臣(왕지신신) : 임금님의 신에 대한 믿음 또한, ○又不如其母(우불여기모) : 그 어머님만 못하실 것입니다. ○疑臣者非特三人(의신자 비특삼인) : 주변에는 신을 의심하고〈저를 무고할 사람이〉 세 사람뿐만 아니고〈더 많을 것입니다.〉○臣恐大王之投 杼也(신공대왕지투저야) : 그러므로 신은 걱정합니다.〈주 변에서 여러 사람이 무고를 하면〉결국 대왕도 신을〈의심 하시고 증자의 어머니 같이〉북을 던지실 것이 아닌가,〈겁 이 납니다.〉

(3) 魏文侯使樂羊伐中山. 三年而後拔之. 反而論功. 文侯示之謗書一篋. 再拜曰, 非臣之功. 君之力也.

(3)〈이것도 감무 장군이 무왕에게 한 말이다.〉
「위(魏)나라 문후(文侯)가 악양(樂羊)을 시켜 중산(中山)이라 는 작은 나라를 치게 했습니다. 삼 년에 걸친〈싸움 끝에〉 공략을 했으며 돌아와 공을 논하는 자리에서, 문후가〈자기 에게 보낸〉악양을 비방하는 글을 한 상자나 내어 보였습니 다. 이에, 악양이 임금에게 재배하고 아뢰었습니다.〈중산을 함락한〉공은 소신의 공이 아니고, 임금님의 힘입니다.」

어구 설명 (3)〈이것도 감무 장군이 한 말이다.〉○魏文侯使樂羊伐中 山(위문후사악양벌중산) : 위(魏)나라 문후(文侯)가 악양 (樂羊)을 시켜 중산(中山)이라는 작은 나라를 치게 했습니 다. ○三年而後拔之(삼년이후발지) : 삼 년에 걸친〈싸움

끝에〉 공략을 했으며, ○反而論功(반이론공) : 돌아와서
공을 논하는 자리에서, ○文侯示之謗書一篋(문후시지방서
일협) : 문후는 〈여러 사람이 보낸〉 악양을 비방하는 글을
한 상자나 내어 보였습니다. ○再拜曰(재배왈) : 이에, 악
양이 임금에게 재배하고 아뢰었습니다. ○非臣之功 君之
力也(비신지공 군지력야) : 〈중산을 함락한〉 공은 소신의
공이 아니고, 임금님의 힘입니다.

(4) 今臣羈旅之臣也. 樗里子·公孫奭, 挾韓而譏, 王必聽之. 王曰, 寡人弗聽. 乃盟于息壤.

(4) 〈감무의 말 계속〉「지금 저는 타국에서 와서, 벼슬을 사
는 신하입니다. 〈그러므로〉 저리자와 공손석이 한 나라를
끼고, 저를 비방하면, 임금님은 그들의 말을 들으시겠지요.」
그러자 임금이 「나는 그들의 말을 듣지 않겠다.」고 말했다.
그래서 〈임금과 감무는〉 식양(息壤 : 地名)에서 맹서를 했
다.

어구 설명 (4) ○今臣羈旅之臣也(금신기려지신야) : 〈감무의 말 계속〉
「지금 저는 타국에서 와서, 벼슬을 사는 신하입니다.」「감
무(甘武)」는 원래 초(楚)에서 왔다. 羈(굴레 기)는 羈의 속
자. 재갈. 끌다. 나그네살이. 羈旅(기려) ; 나그네. 羈旅之
臣⇒羈旅之臣(기려지신) ; 다른 나라에서 와서 정식 신하가
되지 않고 한때 몸을 의탁한 나그네로서의 신하. ○樗里
子·公孫奭, 挾韓而譏, 王必聽之.(저리자·공손석 협한이기

왕필청지) :「저리자와 공손석이 한 나라를 끼고, 저를 비방하면, 임금님은 그들의 말을 들으시겠지요.」「저리자(樗里子)」는 진(秦) 혜문왕(惠文王)의 동생이며, 어머니가 한(韓)나라 사람이다. 「공손석(公孫奭)」은 원래 한(韓)나라의 공자다. ○王曰, 寡人弗聽.(왕왈 과인불청) : 임금은 「나는 그들의 말을 듣지 않겠다.」고 말했다. ○乃盟于息壤(내맹우식양) : 그래서, 임금과 감무는 식양(息壤 : 地名)에서 맹서를 했다.

(5) 茂伐宜陽. 五月而不拔. 二人果爭之. 武王召茂, 欲罷兵. 茂曰, 息壤在彼. 王乃悉起兵佐茂, 遂拔之.

(5) 감무 장군이 의양을 공격하고, 다섯 달이 되어도, 함락시키지 못하자, 과연 두 사람이 다투어〈감무를 비방했다.〉이에 무왕도 감무 장군을 불러, 공격을 그만 두라고 했다. 그러자, 감무가 말했다.「〈제가 임금님과 맹서한〉식양 땅이 바로 저기 있습니다.」그래서, 임금이 모든 무력을 동원해서, 감무 장군을 도왔으며, 드디어 의양을 공략했다.

어구 설명 (5) ○茂伐宜陽. 五月而不拔. 二人果爭之.(무벌의양 오월이불발 이인과쟁지) : 감무 장군이 의양을 공격하고, 다섯 달이 되어도, 함락시키지 못하자, 과연 두 사람이 다투어〈감무를 비방했다.〉○武王召茂, 欲罷兵.(무왕소무 욕파병) : 이에 무왕도 감무 장군을 불러, 공격을 그만 두라고 했다. ○茂曰, 息壤在彼.(무왈 식양재피) : 그러자, 감무가 말했다.「〈제가 임금님과 맹서한〉 식양 땅이 바로 저기 있습니다.」ㅇ 王乃悉起兵佐茂, 遂拔之.(왕내실기병좌무 수발지) : 그래서, 임금이 모든 무력을 동원해서, 감무 장군을 도왔으며, 드디어 의양을 공략했다.

(6) 武王有力, 好戲. 力士任鄙·烏獲·孟說, 皆至大官. 王與孟說擧鼎, 絶脈死.

(6) 무왕은 완력이 세고, 힘 자랑하고 놀기를 좋아했다. 〈그래서〉 역사(力士) 임비(任鄙), 오획(烏獲), 맹열(孟說)을 다 높은 벼슬에 등용했다. 하루는 무왕이 맹열과 〈힘 자랑을 하며〉 솥을 들어 올리다가, 혈맥이 끊어져 죽었다.

어구설명 (6) ㅇ武王有力, 好戲.(무왕유력 호희) : 무왕은 완력이 세고, 힘 자랑하고 놀기를 좋아했다. ㅇ力士任鄙·烏獲·孟說, 皆至大官.(역사임비 오획 맹열 개지대관) : 〈그래서〉 역사(力士)임비(任鄙)·오획(烏獲)·맹열(孟說)이 다 높은 벼슬에 올랐다. ㅇ王與孟說擧鼎, 絶脈死.(왕여맹설거정 절맥사) : 무왕은 맹열과 〈힘 자랑을 하며〉 솥을 들어 올리려다가, 혈맥이 끊어져서 죽었다.

| 백문 | 제7과 武王使甘茂伐韓

(1) 惠文王薨, 子武王立. 武王使甘茂伐韓. 武曰, 宜陽大縣, 其實郡也. 今倍數險, 行千里, 攻之難.

(2) 魯人有與曾參同姓名者. 殺人. 人告其母. 母織自若. 及三人告

之, 母投杼下機, 踰牆而走. 臣賢不及曾參. 王之信臣. 又不如其
母. 疑臣者非特三人. 臣恐大王之投杼也.

(3) 魏文侯使樂羊伐中山. 三年而後拔之. 反而論功. 文侯示之謗書
一篋. 再拜曰, 非臣之功. 君之力也.

(4) 今臣羇旅之臣也. 樗里子·公孫奭, 挾韓而議, 王必聽之. 王曰,
寡人弗聽. 乃盟于息壤.

(5) 茂伐宜陽. 五月而不拔. 二人果爭之. 武王召茂, 欲罷兵. 茂曰,
息壤在彼. 王乃悉起兵佐茂. 遂拔之.

(6) 武王有力, 好戲. 力士任鄙·烏獲·孟說, 皆至大官. 王與孟說舉,
鼎 絕脈死.

제8과 范睢 (1)

(1) 弟昭襄曰稷立. 有魏人范睢者. 嘗從須賈使齊.
齊王聞其辯口, 乃賜之金及牛·酒. 賈疑睢以國陰事
告齊, 歸告魏相魏齊. 魏齊怒, 笞擊睢, 折脅拉齒.
睢佯死. 卷以簀, 置廁中, 使醉客更溺之, 以懲後.

⑴ 〈진(秦)나라의 무왕(武王)이 죽고,〉 동생 소양왕(昭襄王)
직(稷)이 뒤를 이었다. 〈한편〉 위(魏)나라 사람으로 범휴(范
睢)라는 사람이 있었다. 일찍이 위나라의 대부(大夫) 수가(須
賈)를 따라, 제(齊)나라로 사신으로 간 일이 있었다. 〈그때에〉

제나라 임금이 〈범휴의 현명하고 유창한〉 변론을 듣고 감동
하여 즉시 범휴에게 황금과 술과 소고기를 내려주었다. 그러
자 대부 수가(須賈)는 그가 나라의 비밀을 제왕에게 알려준
줄 의심을 했으며 돌아와서 위나라 재상, 위제(魏齊)에게 무
고했다. 위제는 노하고 범휴를 심하게 매질하고, 갈빗대를
꺾고, 이가 부러지게 했다. 범휴가 죽은 척 하자, 시체를 삿
자리에 말아서 측간에 내다 버리고 술 취한 사람으로 하여금
〈그 위에〉 오줌을 싸게 했다. 그렇게 함으로써 징벌의 본보
기로 삼았던 것이다.

어구 설명 제8과 范雎-1(범휴-1) : 원래는 위(魏)나라 사람이며, 위
나라의 대부(大夫) 수가(須賈)의 종자(從者)였다. 무고에
의해, 그는 위나라 재상 위제(魏齊)에게 혹독하게 매를 맞
고 죽을 지경에 이르렀다. 그러나 요행히 살아난 그는 변
성명(變姓名) 하고, 진(秦)나라에 들어가, 마침내 승상(丞
相)이 되었으며, 종국에는 통쾌하게 복수를 했다. (1) ㅇ弟
昭襄曰稷立(제소양왈직립) : 〈진(秦)나라의 무왕(武王)이
죽고〉 동생 소양왕(昭襄王) 직(稷)이 뒤를 이었다. ㅇ有魏
人范雎者(유위인범휴자) : 〈한편〉 위(魏)나라 사람으로 범
휴(范雎)라는 사람이 있었다.(범수라고 한 책도 있다.) ㅇ嘗
從須賈使齊(상종수가사제) : 일찍이 위나라의 대부(大夫)
수가(須賈)를 따라, 제(齊) 나라로 사신으로 간 일이 있었
다. ㅇ齊王聞其辯口(제왕문기변구) : 〈그때에〉 제나라 임
금이 〈범휴의 현명하고 유창한〉 변론을 듣고 감동하여, ㅇ乃
賜之金及牛酒(내사지금급우주) : 즉시 범휴에게 황금과 술

과 소고기를 내려주었다. ○賈疑睢以國陰事告齊(가의휴이
국음사고제) : 그러자, 대부 수가(須賈)는 그가 나라의 비
밀을 제왕에게 알려 준 줄 의심을 했으며, ○歸告魏相魏齊
(귀고위상위제) : 돌아와서 위나라 재상, 위제(魏齊)에게
무고했다. ○魏齊怒(위제노) : 위제는 노하고, ○笞擊睢
(태격휴) : 범휴를 심하게 매질하고, ○折脅拉齒(절협랍
치) : 갈빗대를 꺾고, 이를 부러뜨렸다. ○睢佯死(휴양사)
: 범휴가 죽은 척 하자, ○卷以簀(권이책) : 시체를 삿자리
에 말아서, ○置厠中(치측중) : 측간에 내다 버리고, ○使
醉客更溺之(사취객갱익지) : 술 취한 사람으로 하여금 〈그
위에〉 오줌을 싸게 했다. ○以懲後(이징후) : 그렇게 함으
로써, 징벌의 본보기로 삼았던 것이다.

(2) 睢告守者得出, 更姓名曰張祿. 秦使者王稽至
魏, 潛載與歸, 薦于昭襄王, 以爲客卿. 敎以遠交近
攻之策. 時穰侯魏冉用事. 睢說王廢之, 而代爲丞
相, 號應侯. 魏使須賈聘秦. 睢敝衣閒步, 往見之.

(2) 범휴는 문지기에게 애걸하여 간신히 살아날 수 있었다.
성명을 장록(張祿)이라고 바꾸었다. 마침, 진(秦)나라의 사
자, 왕계(王稽)가 위(魏)나라에 왔으며, 왕계가 아무도 모르
게 자기 수레에 장록을 숨겨 태우고, 진나라로 돌아왔다. 그
리고 소양왕에게 천거하여, 장록을 객경(客卿)으로 삼았다.
〈이에 장록은〉 진왕(秦王)에게 「원교근공(遠交近攻)」의 정책

을 가르쳐 주었다. 당시 진나라는 양우(穰侯) 위염(魏冄)이 정사를 다스리고 있었다. 범휴는 임금에게 말하여, 위염을 고만두게 하고 자기가 대신 승상(丞相)이 되었으며, 응후(應侯)라고 호칭했다. 때마침, 위나라의 사신 수가(須賈)가 진(秦)나라에 문안 인사를 드리러 왔다. 범휴는 떨어진 옷을 걸치고, 아무도 모르게 걸어가서, 수가를 만났다.

어구 설명 (2) ○睢告守者得出(휴고수자득출) : 범휴는 문지기에게 애걸하여 간신히 살아날 수 있었다. ○更姓名曰張祿(갱성명왈장록) : 성명을 장록(張祿)이라고 바꾸었다. ○秦使者王稽至魏(진사자왕계지위) : 마침, 진(秦)나라의 사자, 왕계(王稽)가 위(魏)나라에 왔으며, ○潛載與歸(잠재여귀) : 왕계가 아무도 모르게 자기 수레에 장록을 숨겨 태우고, 진나라로 돌아왔다. ○薦于昭襄王, 以爲客卿.(천우소양왕 이위객경) : 소양왕에게 천거하여, 장록을 객경(客卿)으로 삼았다. ○敎以遠交近攻之策(교이원교근공지책) : 〈이에 장록은〉 진왕(秦王)에게 「원교근공(遠交近攻)」의 정책을 가르쳐 주었다. 「원교근공」은 「먼 나라와 친교하고 가까운 나라를 공격한다.」는 전술이다. ○時穰侯魏冄用事(시양후 위염용사) : 당시 진나라는 양우(穰侯) 위염(魏冄)이 정사를 다스리고 있었다. ○睢說王廢之(휴설왕폐지) : 범휴는 임금에게 말하여, 위염을 고만두게 하고, ○而代爲丞相, 號應侯.(이대위승상 호응후) : 자기가 대신 승상(丞相)이 되었으며, 응후(應侯)라고 호칭했다. ○魏使須賈聘秦(위사 수가빙진) : 때마침, 위나라의 사신 수가(須賈)가 진(秦)나라에 문안 인사를 올리러 왔다. ○睢敝衣閒步, 往見之.(휴

폐의한보 왕견지) : 범휴는 떨어진 옷을 걸치고, 아무도 모르게 걸어가서, 수가를 만났다.

| 백문 | 제8과 范睢 (1)

(1) 弟昭襄曰稷立. 有魏人范睢者. 嘗從須賈使齊. 齊王聞其辯口, 乃賜之金及牛·酒. 賈疑睢以國陰事告齊, 歸告魏相魏齊. 魏齊怒, 笞擊睢, 折脅拉齒. 睢佯死. 卷以簀, 置厠中, 使醉客更溺之, 以懲後.

(2) 睢告守者得出, 更姓名曰張祿. 秦使者王稽至魏, 潛載與歸, 薦于昭襄王, 以爲客卿. 敎以遠交近攻之策. 時穰侯魏冉用事. 睢說王廢之, 而代爲丞相, 號應侯. 魏使須賈聘秦. 睢敝衣閒步, 往見之.

제9과 范睢 (2)

(1) 賈驚曰, 范叔固無恙乎. 留坐飮食. 曰, 范叔一寒如此哉. 取一綈袍贈之. 遂爲賈御至相府, 曰, 我爲君先入通于相君. 賈見其久不出, 問門下. 門下曰, 無范叔. 鄕者吾相張君也. 賈知見欺, 乃膝行入謝罪.

(1) 수가(須賈)가 놀라며 말했다. 〈죽은 줄 알았던 범휴가 살아서 나타났음으로〉「범숙, 그대는 원래 탈 없이 살아 있었

구려.」〈그리고, 수가는 초라하게 보이는 범휴를〉 자리에 앉게 하고, 음식을 대접하며 말했다. 「헌데, 범숙, 그대는 여전히 그와 같이 빈한하게 지내는 구려.」 그리고 두꺼운 비단 두루마기 한 벌을 주었다. 드디어, 〈마부로 변장한 범휴가〉 수레를 몰고 수가(須賈)를 태우고, 승상부(丞相府)에 도달하자, 말했다. 「제가 나라를 위해서 먼저 들어가, 승상에게 고하겠습니다.」〈그리고 범휴가 먼저 들어갔다.〉 그러나 수가는 한참 기다려도 〈범휴가〉 나타나지 않자, 문지기에게 물었다. 그러자, 문지기가 말했다. 「범숙(范叔)이란 사람은 없습니다. 아까 들어가신 분은, 바로 우리나라의 승상, 장군(張君)이십니다.」 수가는 비로소, 자기가 속은 줄 알았으며 즉시 무릎걸음으로 기어 들어가, 승상 장록(張祿)에게 사죄했다.

어구 설명 제9과 ㅇ 范雎-2(범휴-2) : 범휴의 후반부다. (1) ㅇ 賈驚曰(가경왈) : 수가가 놀라며 말했다. 〈죽은 줄 알았던 범휴가 살아서 나타났음으로〉 ㅇ 范叔固無恙乎(범숙고무양호) : 「범숙, 그대는 원래 탈 없이 계셨군요.」 ㅇ 留坐飮食 曰(유좌음식 왈) : 〈수가가 범휴를〉 자리에 앉게 하고 음식을 대접하며 말했다. ㅇ 范叔一寒如此哉(범숙일한여차재) : 「헌데, 범숙, 그대는 여전히 그와 같이 빈한하구려.」 ㅇ 取一綈袍贈之(취일제포증지) : 그리고 두꺼운 비단 두루마기 한 벌을 주었다. 綈(깁 제), 袍(핫옷 포). ㅇ 遂爲賈御至相府(수위가어지상부) : 드디어, 〈마부로 변장한 범휴가〉 수레를 몰고 수가(須賈)를 태우고, 승상부(丞相府)에 도달하자,

ㅇ曰(왈) : 말했다. ㅇ我爲君先入通于相君(아위군선입통우
상군) : 「제가 나리를 위해서 먼저 들어가, 승상에게 고하
겠습니다.」〈그리고 범휴가 먼저 들어갔다.〉ㅇ賈見其久不
出(가견기구불출) : 수가는 한참 기다려도 〈범휴가〉 나타
나지 않자, ㅇ問門下(문문하) : 문지기에게 물었다. ㅇ門下
曰(문하왈) : 그러자, 문지기가 말했다. ㅇ無范叔(무범숙) :
범숙(范叔)이란 사람은 없습니다. ㅇ鄕者吾相張君也(향자
오상장군야) : 아까 들어가신 분은, 〈범숙이 아니고〉 바로
우리나라의 승상, 장군(張君)이십니다. ㅇ賈知見欺(가지견
기) : 수가는 비로소, 자기가 속은 줄 알았으며, ㅇ乃膝行
入謝罪(내슬행입사죄) : 즉시 무릎걸음으로 기어 들어가,
승상 장록(張祿)에게 사죄했다.

(2) 睢坐責讓之日, 爾所以得不死者, 以綈袍戀戀尙
有故人之意爾. 乃大供具, 請諸侯賓客, 置莝豆其前
而馬食之, 使歸告魏王日, 速斬魏齊頭來. 不然且屠
大梁.

(2) 진(秦)나라의 승상(丞相) 범휴(范睢)가 수가(須賈)를 책망
하며 말했다. 「그대가 죽지 않을 수 있었던 까닭은 〈조금 전
에〉 그대가 나에게 솜옷을 주고, 옛날의 정을 그리워하는 기
미가 보였기 때문이다.」
그리고 잔치 준비를 하고 제후들과 빈객을 초대하고 잔치를
벌였다. 그러나 수가 앞에는 좌두(莝豆 : 짚을 쓸고 콩을 섞

은 말 사료)를 놓고, 말같이 여물을 먹게 했다. 그리고 수가
를 돌려보내면서 말했다.「위나라 왕에게 일러라. 당장 위제
(魏齊)의 머리를 베어 보내라. 안 그러면, 위나라의 도읍 대
량(大梁)을 도살하겠다.」고 일러라.

어구 설명 (2) ○睢坐責讓之曰(휴좌책양지왈) : 진(秦)나라의 승상(丞
相) 범휴(范睢)가 수가(須賈)를 책망하며 말했다.「양(讓)」
도 책망한다는 뜻. ○爾所以得不死者(이소이득불사자) :
그대가 죽지 않을 수 있었던 까닭은, ○以綈袍戀戀尙有故
人之意爾(이제포연연상유고인지의이) : 〈조금 전에〉 그대
가 나에게 솜옷을 주고, 옛날의 정을 그리워하는 기미가
보였기 때문이다. ○乃大供具(내대공구) : 그리고 잔치 준
비를 하고, ○請諸侯賓客(청제후빈객) : 제후들과 빈객을
초대하고 잔치를 벌였다. ○置莝豆其前而馬食之(치좌두기
전이마사지) : 그러나 수가 앞에는 좌두(莝豆 : 짚을 쓸고
콩을 섞은 말 사료)를 놓고, 말같이 여물을 먹게 했다. ○使
歸告魏王曰(사귀고위왕왈) : 그리고 수가를 돌려보내면서
말했다.「위나라 왕에게 일러라.」 ○速斬魏齊頭來(속참위
제두래) :「당장 위제(魏齊)의 머리를 베어 보내라.」고 일러
라. ○不然且屠大梁(불연차도대량) :「안 그러면, 위나라
도읍 대량(大梁)을 도살하겠다.」고 일러라.

(3) 賈歸告魏齊. 魏齊出走而死. 睢旣得志于秦, 一
飯之德必償, 睢眦之怨必報.

(3) 수가는 위나라로 돌아가 위제(魏齊)에게 말했다. 위제는 겁을 먹고 도망가서 죽었다. 범휴는 진나라에서 뜻을 이루었으며, 그는 한 끼의 밥을 베풀어준 은덕에도 반드시 보답하고, 자기에게 눈을 흘겨본 사람에게도 반드시 원한을 갚았다.

어구 설명 (3) ○賈歸告魏齊(가귀고위제) : 수가는 위나라로 돌아가 위제(魏齊)에게 말했다. ○魏齊出走而死(위제출주이사) : 위제는 겁을 먹고 도망가서 죽었다. ○睢旣得志于秦(휴기득지우진) : 범휴는 진나라에서 뜻을 이루었다. ○一飯之德必償(일반지덕필상) : 그는 한 끼의 밥을 베풀어준 은덕에도 반드시 보답하고, ○睚眦之怨必報(애자지원필보) : 자기에게 눈을 흘겨본 사람에게도 반드시 원한을 갚았다. 睚(눈초리 애), 眦(흘길 자)

| 백문 | 제9과 范睢 (2)

(1) 賈驚曰, 范叔固無恙乎. 留坐飮食, 曰, 范叔一寒如此哉. 取一綈袍贈之. 遂爲賈御至相府, 曰, 我爲君先入通于相君. 賈見其久不出, 問門下. 門下曰, 無范叔. 鄕者吾相張君也. 賈知見欺, 乃膝行入謝罪.

(2) 睢坐責讓之曰, 爾所以得不死者, 以綈袍戀戀尙有故人之意爾. 乃大供具, 請諸侯賓客, 置莝豆其前而馬食之, 使歸告魏王曰, 速斬魏齊頭來. 不然且屠大梁.

(3) 賈歸告魏齊. 魏齊出走而死. 睢旣得志于秦, 一飯之德必償, 睚眦之怨必報.

제10과 周亡於秦

(1) 王旣用雎策, 歲加兵三晉, 斬首數萬. 周赧王恐, 與諸侯約從, 欲伐秦. 秦攻周. 赧王入秦, 頓首請罪, 盡獻其邑三十六. 周亡.

⑴ 진(秦)나라 왕이 범휴(范雎)의 계략을 채용하고, 해마다 삼진(三晉)에 대해서 무력 공격을 가했으며, 수만 명의 목을 베었다. 이에, 주(周)의 난왕(赧王)은 겁을 내고 다른 나라의 제후들과 결탁하여 진을 치려고 했다. 그러나 진이 〈앞질러〉 주왕실(周王室)을 무력으로 쳐 엎었다. 그래서 난왕(赧王)은 진나라에 끌려가 머리를 땅에 대고, 사죄하고, 주에 속해 있던 36개의 성읍(城邑)을 다 바쳤다. 이로써 주나라는 완전히 멸망했다.

어구 설명 제10과 ㅇ周亡於秦(주망어진) : 주(周)나라가 결국 난왕(赧王) 때에 진(秦)에 의해 멸망한다. ⑴ ㅇ王旣用雎策(왕기용휴책) : 왕이 범휴(范雎)의 계략을 따르고 썼으며, ㅇ歲加兵三晉(세가병삼진) : 해마다 삼진(三晉)에 대해서 무력 공격을 가했다. 「삼진(三晉)」은 「한(韓)·위(魏)·조(趙)」 세 나라. ㅇ斬首數萬(참수수만) : 수만 명의 목을 베었다. ㅇ周赧王恐(주난왕공) : 주나라의 마지막 왕 난왕(赧王)은 겁을 내고, ㅇ與諸侯約從(여제후약종) : 다른 나라의 제후들과 약종(約從)하고, ㅇ欲伐秦(욕벌진) : 진을 치려고 했다. ㅇ秦攻周(진공주) : 진이 〈앞질러, 이름만 남아 있는〉 「주왕실(周王室)」을 무력으로 쳐 엎었다. ㅇ赧王入秦(난왕입진) : 그래서, 난왕(赧王)이 진나라에 끌려가, ㅇ頓首請罪(돈수청죄) : 머리를 땅에 대고, 사죄하고 빌었으며, ㅇ盡獻其邑三十六(진헌기읍삼십륙) : 주(周)에 속해 있던 36개의 성읍(城邑)을 다 바쳤다. ㅇ周亡(주망) : 이로써, 주나라는 완전히 멸망했다.

(2) 秦將武安君白起, 與范睢有隙. 廢爲士伍, 賜劍死于杜郵. 王臨朝而歎曰, 內無良將, 外多強敵. 睢懼.

(2) 진(秦)나라의 장군 무안군(武安君) 백기(白起)는 범휴(范睢)와 사이가 좋지 않았다. 그래서 범휴는 백기 장군을 강등하여 병사로 만들었고, 결국은 〈백기에게〉 검을 내려, 두우(杜郵)에서 죽게 했다. 그러자, 진(秦)의 소양왕(昭襄王)이 조회에 임하여 한탄하며, 말했다. 「안으로 좋은 장수가 없으면, 밖으로 강한 적이 많게 되는 법이다. 〈은근히 범휴를 비난한 말이다.〉」 이에, 범휴는 겁을 먹었다.

어구 설명 (2) ㅇ秦將武安君白起(진장무안군백기) : 진(秦)나라의 장군 무안군(武安君) 백기(白起)와, ㅇ與范睢有隙(여범휴유극) : 범휴(范睢)는 서로 사이가 벌어지고 좋지 않았다. ㅇ廢爲士伍(폐위사오) : 그래서 범휴는 백기 장군을 강등하고, 병사로 만들었으며, ㅇ賜劍死于杜郵(사검사우두우)

: 결국은 〈범휴는〉〈백기 장군에게〉 검을 내려, 두우(杜郵)에서 죽게 했다. ㅇ王臨朝而歎曰(왕림조이탄왈) : 그러자, 진나라 소양왕(昭襄王)이 조회에 임하여 한탄하며, 말했다. ㅇ內無良將 外多强敵(내무량장 외다강적) : 안으로 좋은 장수가 없으면, 밖으로 강한 적이 많게 되는 법이다. 〈은근히, 범휴를 비난한 말이다.〉 ㅇ睢懼(휴구) : 범휴는 겁을 먹었다.

(3) 蔡澤曰, 四時之序, 成功者去. 睢稱病. 澤代之. 昭襄王薨, 子孝文王柱立. 薨. 子莊襄王楚立. 薨. 嗣爲王者政也. 遂幷六國. 是爲秦始皇帝.

(3) 채택(蔡澤)이 말했다. 「사계절이 바뀌어 돌아가듯, 공을 이루면 물러나는 법이다.」 범휴는 병을 핑계하고, 자리에서 물러났으며, 그 자리를 채택이 대신했다. 소양왕(昭襄王)이 죽고, 아들 효문왕(孝文王) 주(柱)가 자리에 올랐다. 〈효문왕(孝文王)이〉 죽고, 아들 장양왕(莊襄王) 초(楚)가 자리에 올랐다. 〈장양왕(莊襄王)이〉 죽고, 뒤를 이어 임금이 된 자가 바로 정(政)이다. 정(政)은 마침내 육국(六國)을 병탄(幷呑)하고 〈천하를 통일했으니〉 그가 바로 진시황제(秦始皇帝)이다.

어구 설명 (3) ㅇ蔡澤曰, 四時之序, 成功者去.(채택왈 사시지서 성공자거) : 채택이 말했다. 「사계절이 바뀌어 돌아가듯, 공을 이루면 물러나는 법이다.」 ㅇ睢稱病. 澤代之.(휴칭병 택대지) : 범휴는 병을 핑계하고, 자리에서 물러났으며, 그 자

리를 채택이 대신했다. ㅇ昭襄王薨, 子孝文王柱立.(소양왕
훙 자효문왕주립) : 소양왕(昭襄王)이 죽고, 아들 효문왕
(孝文王) 주(柱)가 자리에 올랐다. ㅇ薨. 子莊襄王楚立.(훙
자장양왕초립) : 〈효문왕(孝文王)이〉 죽고, 아들 「장양왕
(莊襄王) 초(楚)」가 자리에 올랐다. ㅇ薨. 嗣爲王者政也.(훙
사위왕자정야) : 〈장양왕(莊襄王)이〉 죽고, 뒤를 이어 임금
이 된 자가 바로 정(政)이다. ㅇ遂幷六國. 是爲秦始皇
帝.(수병륙국 시위진시황제) : 정(政)은 마침내 육국(六國)
을 병탄(幷吞)하고 〈천하를 통일했으니〉 그가 바로 진시황
제(秦始皇帝)이다.

| 백문 | **제10과 周亡於秦**

(1) 王旣用睢策, 歲加兵三晉, 斬首數萬. 周赧王恐, 與諸侯約從, 欲
伐秦. 秦攻周. 赧王入秦, 頓首請罪, 盡獻其邑三十六. 周亡.

(2) 秦將武安君白起, 與范睢有隙. 廢爲士伍. 賜劍死于杜郵. 王臨
朝而歎曰, 內無良將, 外多强敵. 睢懼.

(3) 蔡澤曰, 四時之序, 成功者去. 睢稱病. 澤代之. 昭襄王薨, 子孝
文王柱立. 薨. 子莊襄王楚立. 薨. 嗣爲王者政也. 遂幷六國. 是
爲秦始皇帝.

진시황의 무덤에 있는 병사

제11과 遂幷於秦

(1) 黃帝以來, 天下列百里之國萬區. 蓋自中國以達于四裔. 中國之制, 可攷於王制者, 九州千七百七十三國. 古之建侯, 各君其國, 各子其民, 而宗主於天子. 歷夏·殷至周, 強幷弱, 大吞小, 春秋十二國外, 存者無幾, 戰國存者六七. 至是遂幷於秦.

(1) 황제(黃帝)이래, 천하에 줄지어 나타난 「백리(百里) 사방(四方)의 나라」가 만(萬) 개나 되며, 이들 나라들은 모두, 중원(中原)의 중심 국가에서부터, 사방으로 퍼져 나간 후손의 나라에까지 미친다.〈즉 포괄한다.〉중국의 제도로〈예기(禮記)의〉왕제편(王制篇)을 기준으로 고증할 수 있는 나라는 구주(九州)에 「천 칠백 칠십 삼(1773) 개의 나라」가 있었다. 옛날에는〈각 지방에 있는 작은 나라마다〉임금(侯)을 세우고, 나라를 다스리고, 백성들을 사랑했다. 그러나 모든 작은 나라들이〈하늘 아래의 지상세계를 통괄해서 다스리는〉천자(天子)를 「으뜸가는 중심적 주체[宗主]」로 삼고 높였다.〈그러나〉「한(夏)·은(殷)·주(周)」삼대(三代)를 거치면서, 강한 나라가 약한 나라를 병합하고, 큰 나라가 작은 나라를 병탄(幷呑) 했으며, 춘추시대에는 12개국 외로, 살아남은 나라가 얼마 안 되고, 전국시대에는 살아남은 나라가 6, 7개국이었다.〈그러나〉진시황(秦始皇) 때에 와서, 마침내〈이들도〉다,

진(秦)에게 통합되었다.

어구 설명 제11과 ○遂幷於秦(수병어진) : 드디어 진(秦)에게 통합되었다. (1) ○黃帝以來, 天下列百里之國萬區.(황제이래 천하열백리지국만구) : 황제(黃帝)이래, 천하에 줄지어 나타난 「백리(百里) 사방(四方)의 나라」가 만(萬) 개나 되며, ○蓋自中國以達于四裔(개자중국이달우사예) : 이들 나라들은 모두, 중원(中原)의 중심 국가에서부터, 사방으로 퍼져 나간 후손의 나라에까지 미친다. 〈즉 포괄한다.〉「사예(四裔)」를 「사방으로 뻗어 나간 후손의 나라」로 풀이했다. ○中國之制, 可攷於王制者,(중국지제 가고어왕제자) : 중국의 제도로 〈예기(禮記)의〉 왕제편(王制篇)을 기준으로 고증할 수 있는 나라만도, ○九州千七百七十三國(구주천칠백칠십삼국) : 구주(九州)에만 「천 칠백 칠십 삼(1773) 개의 나라」가 된다. ○古之建侯, 各君其國, 各子其民,(고지건후 각군기국 각자기민) : 옛날에는 〈각 지방에 있는 작은 나라마다〉 임금(侯)을 세우고, 나라를 다스리고, 백성들을 사랑했다. 「후(侯)」는 「작은 지방 국가의 임금, 제후(諸侯)」, 「군기국(君其國)」은 「저마다의 나라를 임금으로써 다스리다.」의 뜻. 「자기민(子其民)」은 「자기 나라의 백성을 자식 같이 사랑하고 자애(慈愛)한다.」는 뜻이다. ○而宗主於天子(이종주어천자) : 그러나, 모든 작은 나라들이 〈하늘 아래의 지상세계를 통괄해서 다스리는〉 천자(天子)를 「으뜸가는 중심적 주체[宗主]」로 삼고 높였다. ○歷夏 · 殷至周(역하 · 은지주) : 〈그러나〉「한(夏) · 은(殷) · 주(周)」 삼대(三代)를 거치면서, ○强倂弱, 大呑小,(강병약 대탄소) : 강한 나라가 약한 나라를 병합하고, 큰 나라가 작은 나라를 병탄(併呑)했으며, ㅇ春秋十二國外, 存者無幾,(춘추십이국외 존자무기) : 춘추시대에는 12개국 외로, 살아남은 나라가 얼마 안 되고, 그 十二國의 이름은 魯·衞·晉·鄭·曹·蔡·燕·齊·宋·陳·楚·秦이다. ㅇ戰國存者六七(전국존자육칠) : 전국시대에는 살아남은 나라가 6, 7개 국가였다. 그 七國의 이름은 秦·楚·燕·齊·韓·魏·趙이다. ㅇ至是遂併於秦(지시수병어진) : 〈그러나〉 진시황(秦始皇) 때에 와서, 마침내, 진(秦)에게 다 통합되었다.

| 백문 | 제11과 遂幷於秦

(1) 黃帝以來, 天下列百里之國萬區. 蓋自中國以達于四裔. 中國之制, 可攷於王制者, 九州千七百七十三國. 古之建侯, 各君其國, 各子其民, 而宗主於天子. 歷夏·殷至周, 强併弱, 大吞小, 春秋十二國外, 存者無幾, 戰國存者六七. 至是遂併於秦.

진시황제(秦始皇帝)

제8편 秦始皇

　사략(史略) 원본 「제1권」에는 「편(篇)」이라는 항목명(項目名) 없이 「태고(太古), 삼황(三皇), 오제(五帝), 하(夏), 은(殷), 주(周), 춘추전국(春秋戰國)」으로 나누어 기술했다. 그것을 이 책에서는 「제1편 太古—제7편 春秋戰國」으로 항목을 설정했다. 이 책의 「제8편 진시황(秦始皇)」은 「사략 원본 제2권」의 전반부 「진(秦)」이다. 「제8편 진시황(秦始皇)」은 진시황이 천하를 통일한 다음의 기술이며, 이를 다시 다음과 같이 「20과」로 나누어 풀이했다.

　　제1과 진시황제(秦始皇帝)　　제2과 이사(李斯)

　　제3과 시황제(始皇帝)　　　　제4과 군현제(郡縣制)

　　제5과 구불사약(求不死藥)　　제6과 만리장성(萬里長城)

　　제7과 분서갱유(焚書坑儒)　　제8과 아방궁(阿房宮)

　　제9과 시황붕(始皇崩)　　　　제10과 이세황제(二世皇帝)

　　제11과 진승위왕(陳勝爲王)　　제12과 유방항우(劉邦項羽)

　　제13과 시살난세(弑殺亂世)　　제14과 이사멸족(李斯滅族)

　　제15과 지록위마(指鹿爲馬)　　제16과 우상장군(羽上將軍)

　　제17과 영살조고(嬰殺趙高)　　제18과 패공관대(沛公寬大)

　　제19과 역이기(酈食其)　　　　제20과 진망(秦亡)

　도덕(道德)도 신의(信義)도 없이 천하를 통일한 「진시황」은 결국 「도덕도 신의도 없는 악인에게」 배반을 당했다. 또 「불로장생(不老長生)」을 원한 그는 일찍 죽고 말았다. 동시에, 간악한 조고(趙高)나, 야심가 이사(李斯)도 비참하게 멸족(滅族)되었다.

제1과 秦始皇帝

(1) [秦始皇帝] 名政, 始生于邯鄲. 昭襄王時, 孝文王柱爲太子. 有庶子楚, 爲質于趙. 陽翟大賈呂不韋適趙, 見之曰, 此奇貨可居. 乃適秦.

(1) 진나라의 시황제는 이름이 정이다. 그는 애초에 조나라 서울 함단에서 출생했다. 전에 진나라 소양왕 때에 효문왕 주(柱)가 태자가 되었다. 〈그 태자 효문왕의〉 서자, 초(楚)가 인질이 되어, 조나라 한단(邯鄲)에 살고 있었다. 양적(陽翟)의 큰상인 여불위가 그를 보고 말했다. 「이것은 진기한 상품이다. 〈즉 인질로 잡혀있는 초는 장차 크게 써먹을 수 있는 귀중한 상품과 같은 존재다.〉」 그리고 〈여불위가 공작을 하기 위해〉 즉시 진(秦)나라로 갔다.

어구 설명 (1) ○秦始皇帝(진시황제) : 진나라의 시황제는, ○名政(명정) : 이름이 정이다. ○始生于邯鄲(시생우함단) : 애초에 함단(邯鄲)에서 태어났다. 「함단」은 전국시대의 조(趙)나라의 서울. ○昭襄王時(소양왕시) : 일찍이 진나라 「소양왕」 때에, ○孝文王柱爲太子(효문왕주위태자) : 「효문왕」 주(柱)가 태자가 되었다. ○有庶子楚(유서자초) : 〈태자 효문왕의〉 서자 초(楚)가 있었다. 「서자(庶子)」는 곧 첩실(妾室)의 아들이다. ○爲質于趙(위질우조) : 〈그 초가〉 인질이 되어, 조나라 한단(邯鄲)에 살고 있었다. ○陽翟大賈(양적대가) : 양적(陽翟 : 지명, 河南省)의 대상(大商), ○呂不韋適趙(여불위적조)

: 여불위가 마침 조나라에 갔다가, ㅇ見之(견지) : 만나보고, 〈즉 장사꾼 여불위가 인질이 되어 한단에 살고 있는 초(楚)를 만나보고,〉 ㅇ曰(왈) : 말했다. ㅇ此奇貨可居(차기화가거) : 이것은 진기한 상품이다. 〈즉 인질로 잡혀있는 초는 장차 크게 써먹을 수 있는 귀중한 상품과 같은 존재다.〉 ㅇ乃適秦(내적진) : 〈여불위가 공작을 하기 위해〉 즉시 진(秦)나라로 갔다.

| 보충 | 「진나라 임금은 소양왕」 ―「그의 태자가 효문왕 주(柱)」 ―「그의 서자 초(楚 혹은 子楚)가 조(趙)나라에 인질로 가 있었다.」 그때에, 여불위(呂不韋)가 인질이 되어 조나라 한단(邯鄲)에 살고 있는 초(楚)를 보고 『차기화가거(此奇貨可居)』라 말하고 공작을 했다.

(2) 因太子妃華陽夫人之姉, 以說妃, 立楚爲適嗣.

(2) 태자의 비 화양부인의 누이를 통해서, 비를 설득하고, 〈조에 인질로 가 있는〉 초(楚)를 적자로 삼게 했다.

| 어구 설명 | (2) ㅇ因太子妃華陽夫人之姉, 以說妃,(인태자비화양부인지자 이설비) : 태자의 비, 화양부인(華陽夫人)의 누이를 통해서, 비를 설득하여, 「태자의 비」는 곧 「소양왕(昭襄王)」의 태자 「효문왕(孝文王) 주(柱)」의 부인이다. ㅇ立楚爲適嗣(입초위적사) : 〈조나라에 인질로 가 있는〉 초(楚)를 「태자 주(柱)」의 적자로 세웠다.

| 보충 | 태자 효문왕(孝文王) 주(柱)의 부인은 화양부인(華陽夫人)이다. 그러나 아들이 없었다. 여불위는 비의 누이를 통해

서 다음과 같이 설득했다. 「초(楚)를 아들로 삼아라. 장차 남편 효문왕 주(柱)가 임금이 될 것이며, 그대의 아들 초(楚)가 뒤를 이을 것이다. 그러면 그대도 든든하게 된다. 만약에 아들이 없으면, 그대는 외로운 신세가 될 것이다.」

(3) 不韋因納邯鄲美姬. 有娠而獻于楚. 生政. 實呂氏.

(3) 여불위는 한단의 미녀를 받아들여, 자기 자식을 배게 하고, 〈그 미녀를〉 초(楚)의 처로 바쳤다. 〈그리하여〉 그녀가 정(政)을 낳았으니, 실은 여씨(呂氏)이다.

어구 설명 (3) ㅇ不韋(불위) : 〈한편〉 여불위는, ㅇ因納邯鄲美姬(인납감단미희) : 한단(邯鄲)의 미인을 첩으로 삼고서, 「인(因)」은 「그래 가지고」의 뜻이다. ㅇ有娠(유신) : 자식을 배게 했다. ㅇ而獻于楚(이헌우초) : 그리고 〈그 미녀를〉 초(楚)에게 바쳤다. ㅇ생정(生政) : 그 미녀가 정(政)을 낳았다. 「정(政)」이 곧 나중의 진시황이다. ㅇ實呂氏(실여씨) : 실은 여씨다. 〈겉으로는 조에 인질로 가 있었던 초(楚)의 아들이지만, 실은 여불위의 아들이다.〉

(4) 孝文王立. 三日而薨. 楚立. 是爲莊襄王. 四年薨. 政生十三歲矣. 遂立爲王. 母爲太后.

(4) 〈소양왕(昭襄王)이 죽고〉 효문왕(孝文王)이 자리에 올랐

으나, 3일 만에 죽었으며, 〈조나라에 인질로 가 있던〉 초(楚)
가 자리에 올랐으니, 이가 바로 장양왕(莊襄王)이다. 〈그러나
그도〉 4년 만에 죽었다. 이때에, 정(政)은 나이 13세였으나,
마침내 자리에 올랐으며, 생모(生母)가 태후(太后)가 되었다.

| 어구 설명 | (4) ○孝文王立(효문왕립) : 〈진나라 소양왕(昭襄王)이 죽
고〉 효문왕(孝文王)이 임금 자리에 올랐다. ○三日而薨(삼
일이훙) : 그러나 삼일 만에 죽었으며, ○楚立(초립) : 〈조
나라에 인질로 가 있던〉 초(楚)가 올랐다. ○是爲莊襄王(시
위장양왕) : 이가 곧 장양왕(莊襄王)이다. ○四年薨(사년
훙) : 〈그러나〉 장양왕도 4년 만에 죽었다. ○政生十三歳
矣(정생십삼세의) : 〈그때에〉 정(政)은 나이가 13세였으나,
○遂立爲王(수립위왕) : 드디어 자리에 올라 임금이 되었
으며, ○母爲太后(모위태후) : 〈정(政)을 낳은〉 어머니가
태후(太后)가 되었다.

| 보충 | 소양왕(昭襄王) 죽고 ― 효문왕(孝文王) 올랐으나, 3일 만
에 죽고 ― 초(楚)가 장양왕(莊襄王)이 되었으나, 4년 만에
죽다. ― 이때 정(政)의 나이 13세로 임금이 되고, 생모가
태후가 됨.

(5) 不韋在莊襄王時, 已爲秦相國, 至是封文信侯.
太后復與不韋通.

(5) 여불위는 장양왕 때, 이미 진나라의 상국(相國)이 되었
다. 그리고 정(政)이 임금이 되자 문신후(文信侯)에 봉해졌

다. 그리고 태후는 다시 여불위와 밀통(密通)했다.

> **어구 설명** (5) ○不韋在莊襄王時(불위재장양왕시) : 여불위는 장양왕
> 때에, ○已爲秦相國(이위진상국) : 이미 진나라의 상국(相
> 國)이 되었다. 「상국(相國)」은 재상과 같다. ○至是封文信
> 侯(지시봉문신후) : 〈정(政)이 임금이 된〉 이때에는 문신후
> (文信侯)에 봉해졌다. ○太后復與不韋通(태후부여불위통)
> : 태후는 다시 여불위와 밀통(密通)했다.

(6) 王旣長. 不韋事覺自殺. 太后廢處別宮, 茅焦諫, 母子乃復如初.

(6) 왕이 성장하자, 여불위의 모든 불미스러운 일이 발각되
었으며 이에 여불위는 자살했다. 한편 태후도 폐해지고 별궁
에 쫓겨나 감금되었다. 그러나 신하 모초(茅焦)가 간했음으
로 어머니 태후와 아들 임금이 다시 처음 같이 대궐에서 살
게 되었다.

> **어구 설명** (6) ○王旣長(왕기장) : 왕이 성장한 다음에, ○不韋事覺自
> 殺(불위사각자살) : 여불위의 모든 불미스러운 일이 발각되
> 었으며, 따라서 여불위는 자살했다. ○太后廢(태후폐) : 태
> 후도 폐해지고, ○處別宮(처별궁) : 별궁에 쫓겨나 감금되었
> 다. ○茅焦諫(모초간) : 〈제나라에서 온〉 신하 모초(茅焦)가
> 간했음으로, ○母子乃復如初(모자내복여초) : 어머니 태후
> 와 아들 임금이 다시 처음 같이 대궐에서 지나게 되었다.

| 백문 | 제1과 秦始皇帝

(1) [秦始皇帝] 名政, 始生于邯鄲. 昭襄王時, 孝文王柱爲太子. 有
庶子楚, 爲質于趙. 陽翟大賈呂不韋適趙, 見之曰, 此奇貨可居.
乃適秦.

(2) 因太子妃華陽夫人之姊, 以說妃, 立楚爲適嗣. 不韋因納邯鄲美
姬. 有娠而獻于楚. 生政. 實呂氏.

(3) 孝文王立. 三日而薨. 楚立. 是爲莊襄王. 四年薨. 政生十三歲
矣. 遂立爲王. 母爲太后. 不韋在莊襄王時, 已爲秦相國, 至是封
文信侯. 太后復與不韋通.

(4) 王旣長. 不韋事覺自殺. 太后廢處別宮, 茅焦諫, 母子乃復如初.

여불위(呂不韋)

제2과 李斯

(1) 秦宗室大臣議曰, 諸侯人來仕者, 皆爲其主游說耳. 請, 一切逐之. 於是大索逐客.

(1) 진나라의 종실 출신의 대신들이 진시황에게 건의를 하고 다음과 같이 말했다. 「〈원래 진나라 출신이 아니고〉 여러 제후국에서 와서 〈진나라에서〉 벼슬을 사는 자들은, 모두가 자기 나라를 위해서 정책을 말하는 것이다. 〈그러므로〉 그들을 모두 축출하시오.」 하고 청원했다. 이에 〈진나라는〉 〈객지 출신인 유세객들을〉 대대적으로 색출해서 축출했다.

여구설명 (1) ㅇ秦宗室大臣議曰(진종실대신의왈) : 진나라의 종실 출신의 대신들이 진시황에게 건의를 하고 다음과 같이 말했다. ㅇ諸侯人來仕者(제후인래사자) : 〈원래 진나라 출신이 아니고〉 여러 제후국에서 와서 〈진나라에서〉 벼슬을 사는 자들은, ㅇ皆爲其主游說耳(개위기주유설이) : 모두가 제나라 임금을 위해서 유세를 하는 것이다. ㅇ請, 一切逐之.(청일체축지) : 「〈그러므로〉 그들을 모두 축출하십시오.」 하고 청원했다. ㅇ於是大索逐客(어시대삭축객) : 이에 〈진나라는〉 〈객지 출신인 유세객(遊說客) 즉 정책을 제시하는 정객들을〉 대대적으로 색출해서 축출했다.

(2) 客卿李斯上書曰, 昔穆公取由余於戎, 得百里奚

於宛, 迎蹇叔於宋, 求丕豹公孫枝於晉, 幷國二十,
遂霸西戎.

(2) 객경 이사가 글을 올려 말했다. 옛날에 진나라의 목공은
유여를 융에서 취했고, 백리해(百里奚)를 완(宛)에서 얻었
고, 송나라에서 건숙(蹇叔)을 영입했고, 비표(丕豹), 공손지
(公孫枝)를 진(晉)나라에서 구해서 썼습니다. 그래서 목공은
이들을 활용하여 20여 국을 병탄하고 마침내 서융의 패자가
되었습니다.

어구 설명 (2) ○客卿李斯上書曰(객경이사상서왈) : 객경 이사가 글
을 올려 말했다. 「객경(客卿)」은 외국에서 와서 높은 벼슬
을 사는 고관이란 뜻이다. ○昔穆公取由余於戎(석목공취
유여어융) : 전에, 진나라의 목공은 유여를 융에서 취해서
썼다. 「목공(穆公)」은 즉 무공(繆公), 「유여(由余)」는 서융
(西戎) 사람이다. ○得百里奚於宛(득백리해어완) : 백리해
(百里奚)를 완(宛)이란 나라에서 얻어서 썼다. ○迎蹇叔於
宋(영건숙어송) : 송나라에서 건숙(蹇叔)을 영입해 썼다.
건국은 원래 기주(岐州)의 사람이다. 그가 송(宋)에 있을
때에, 백리해(百里奚)가 그를 목공(穆公)에게 추천해 쓰게
했다. ○求丕豹公孫枝於晉(구비표공손지어진) : 비표(丕
豹), 공손지(公孫枝)를 진(晉)나라에서 구해서 썼다. 「비
표」는 원래 진(晉)나라 사람이다. 그의 부친은 진의 대부였
으나, 진혜공(晉惠公)에게 살해되었다. 그래서 아들 「비
표」가 진(秦)으로 왔다. 「공손지」는 기주(岐州) 사람이다.
그도 진(晉)을 거쳐 진(秦)에 왔다. ○幷國二十(병국이십) :

목공은 이들을 활용하여 20여 국을 병탄(倂呑)하고, ㅇ遂
霸西戎(수패서융) : 마침내, 서융의 패자가 되었다.

(3) 孝公用商鞅之法, 諸侯親服, 至今治强. 惠王用
張儀之計, 散六國從, 使之事秦. 昭王得范雎. 强公
室. 此四君者, 皆以客之功. 客何負於秦哉.

(3) 〈이사의 말 계속〉「효공은 상앙의 법을 채용하고 제후들
을 친복(親服)케 했고, 〈그 덕으로〉 오늘에도 강하게 다스리
고 있습니다. 혜왕은 장의의 계략을 채택하여, 육국(六國)의
합종(合從)을 부수고 〈모든 나라로 하여금〉 진을 섬기게 만
들었습니다. 소왕은 범수를 얻어 왕실의 힘을 강화했습니
다. 이상의 네 임금은 다 다른 나라의 인재들의 공을 활용해
서 진나라를 강하게 만들었습니다. 한편 그들 객경들도 하등
진나라에 배반하는 일이 없었습니다.」

어구 설명 (3) ㅇ孝公用商鞅之法, 諸侯親服, 至今治强.(효공용상앙지
법 제후친복 지금치강) : 효공은 상앙의 법을 채용하고 제
후들을 친복(親服)케 했고, 〈그 덕으로〉 오늘에도 강하게
다스리고 있다. ㅇ惠王用張儀之計, 散六國從, 使之事
秦.(혜왕용장의지계 산육국종 사지사진) : 혜왕은 장의의
계략을 채택하여, 육국(六國)의 합종(合從)을 부수고 〈모든
나라로 하여금〉 진을 섬기게 만들었다. ㅇ昭王得范雎, 强
公室.(소왕득범수 강공실) : 소왕은 범수를 얻어 왕실의 힘
을 강화했다. ㅇ此四君者, 皆以客之功.(차사군자 개이객지

공) : 이상의 네 임금은 다 다른 나라의 인재들의 공을 활
용해서 〈진 나라를 강하게 만들었다.〉 ㅇ 客何負於秦哉(객
하부어진재) : 그러니 그들 객경들이 어찌 진나라 이득에
어긋납니까.

(4) 泰山不讓土壤, 故大. 河海不擇細流, 故深. 今
乃棄黔首, 以資敵國, 卻賓客, 以業諸侯. 所謂籍寇
兵, 而齎盜糧者也.

(4) 〈이사의 말 계속〉「태산은 작은 토양도 물리치지 않음으
로써 큰 산이 되고 강이나 바다는 작은 물줄기를 마다하지
않기 때문에 깊게 됩니다. 만약에 백성들은 내쫓아서, 적국
의 인력을 증강하게 하고, 귀중한 객경(客卿)들을 배척하고,
다른 나라 임금을 위해 일을 하게 한다면, 이른바, 적에게 무
기를 빌려주고, 도적에게 양식을 갖다 주는 것입니다.」

어구 설명 (4) ㅇ 泰山不讓土壤, 故大.(태산불양토양 고대) : 태산은
작은 토양도 물리치지 않음으로써 큰 산이 되고, ㅇ 河海不
擇細流, 故深.(하해불택세류 고심) : 강이나 바다는 작은 물
줄기를 마다하지 않기 때문에 깊게 된다. ㅇ 今乃棄黔首, 以
資敵國,(금내기검수 이자적국) : 만약에 백성들은 내쫓아
서, 적국의 인력을 증강하게 하고, ㅇ 卻賓客, 以業諸侯.(각
빈객 이업제후) : 〈외국에서 온〉 귀중한 객경(客卿)들을 배
척하고, 다른 나라 임금을 위해 일을 하게 한다면, ㅇ 所謂
籍寇兵, 而齎盜糧者也.(소위적구병 이재도량자야) : 〈그러

한 것을〉 이른바, 적에게 무기를 빌려주고, 도적에게 양식
을 갖다 주는 것이라 합니다.

(5) 王乃聽李斯, 復其官, 除逐客令. 斯楚人. 嘗學於
荀卿. 秦卒用其謀倂天下. 有韓非者. 善刑名. 爲韓使
秦, 因上書. 王悅之. 斯疾而閒之. 遂下吏. 斯遺之藥
令自殺.

(5) 진시황은 즉시 이사의 말을 받아들이고 그의 관직을 되돌
리고 또 축객령을 철회했다. 이사는 본래 초(楚)나라 사람이
며, 전에 순경(荀卿)에게 글을 배웠다. 진나라는 결국 이사의
계략을 써서 천하를 통합했던 것이다. 한편 한비(韓非)라는 사
람이 형명학(刑名學)을 잘 했다. 한비가 한(韓)나라의 사신으
로 진(秦)나라에 와서 진시황에게 글을 올렸으며, 진시황이 좋
아했다. 이사가 한비를 미워하고, 〈임금과의〉 사이를 뜨게 하
고, 마침내 한비를 감옥에 가두었다. 그리고 이사는 〈감옥에
갇힌 한비에게〉 독약을 내려, 자살하게 했다.

어구 설명 (5) ㅇ王乃聽李斯(왕내청이사) : 진시황은 즉시 이사의 말
을 받아들이고, ㅇ復其官, 除逐客令.(복기관 제축객령) :
이사의 관직을 되돌려주고 축객령(逐客令)을 철회했다.
「축객령(逐客令)」은 외국에서 온 선비들을 축출하는 명령.
ㅇ斯楚人. 嘗學於荀卿.(사초인 상학어순경) : 이사는 본래
초(楚)나라 사람이며, 전에 순경(荀卿)에게 글을 배웠다.

○秦卒用其謀倂天下(진졸용기모병천하) : 진나라는 마침
내 이사의 계략을 써서 천하를 통합했던 것이다. ○有韓非
者. 善刑名.(유한비자 선형명) : 한비(韓非)라는 사람이 있
었으며, 형명학(刑名學)을 잘 했다. 「형명학(刑名學)」은
「법가(法家)」에 속하며, 신상필벌(信賞必罰)을 강조한다.
○爲韓使秦(위한사진) : 한비가 한(韓)나라의 사신으로 진
(秦)나라에 왔다. ○因上書王悅之(인상서왕열지) : 그래서
한비(韓非)가 진시황에게 글을 올렸으며, 진시황이 좋아했
다. ○斯疾而閒之(사질이간지) : 이사(李斯)가 한비(韓非)를
미워하고, 〈중상 모략하여〉〈임금으로부터〉 사이를 뜨게
하고, ○遂下吏(수하리) : 마침내 한비를 감옥에 가두었
다. 「하리(下吏)」는 「옥리(獄吏)에게 떨어지게 했다, 즉 감
옥에 가두었다.」의 뜻이다. ○斯遺之藥令自殺(사유지약영
자살) : 이사는 〈갇힌 한비에게〉 독약을 내려 죽게 했다.

| 백문 | 제2과 李斯

(1) 秦宗室大臣議曰, 諸侯人來仕者, 皆爲其主游說耳. 請, 一切逐
之. 於是大索逐客.

(2) 客卿李斯上書曰, 昔穆公取由余於戎, 得百里奚於宛, 迎蹇叔於
宋, 求丕豹公孫枝於晉, 幷國二十, 遂霸西戎.

(3) 孝公用商鞅之法, 諸侯親服, 至今治强. 惠王用張儀之計, 散六
國從, 使之事秦. 昭王得范睢, 强公室. 此四君者, 皆以客之功.
客何負於秦哉.

(4) 泰山不讓土壤, 故大. 河海不擇細流, 故深. 今乃棄黔首, 以資敵
國, 卻賓客, 以業諸侯. 所謂籍寇兵, 而齎盜糧者也.

(5) 王乃聽李斯, 復其官, 除逐客令. 斯楚人. 嘗學於荀卿. 秦卒用其
謀併天下. 有韓非者. 善刑名. 爲韓使秦, 因上書. 王悅之. 斯疾
而閒之, 遂下吏. 斯遺之藥令自殺.

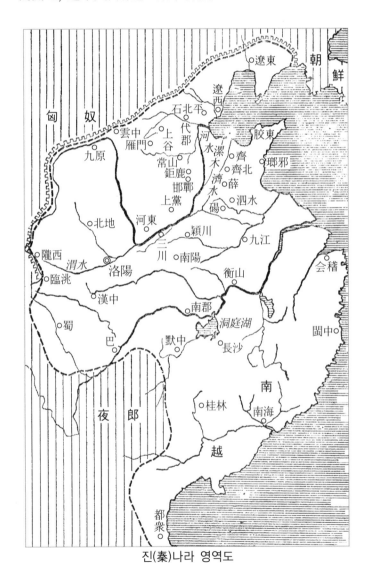

진(秦)나라 영역도

제3과 始皇帝

⑴ 十七年, 內史勝滅韓, 十九年, 王翦滅趙, 二十三年, 王賁滅魏, 二十四年, 王翦滅楚, 二十五年, 王賁滅燕, 二十六年, 王賁滅齊.

⑴ 진시황 17년에는 내사 승(勝)이 한(韓)나라를 멸했다. 19년에는 왕전(王翦)이 조(趙)나라를 멸했다. 23년에는 왕분(王賁)이 위(魏)나라를 멸했다. 24년에는 왕전이 초(楚)나라를 멸했다. 25년에는 왕분이 연(燕)나라를 멸했다. 26년에는 왕분이 제(齊)나라를 멸했다.

어구 설명 ⑴ ○十七年, 內史勝滅韓,(십칠년 내사승멸한) : 진시황 17년에는 내사 승(勝)이 한(韓)나라를 멸했다. 「내사(內史)」는 관명(官命), 입법(立法)과 군사(軍事)를 겸했다. ○十九年, 王翦滅趙.(십구년 왕전멸조) : 19년에는 왕전(王翦)이 조(趙)나라를 멸했다. ○二十三年, 王賁滅魏,(이십삼년 왕분멸위) : 23년에는 왕분(王賁)이 위(魏)나라를 멸했다. ○二十四年, 王翦滅楚,(이십사년 왕전멸초) : 24년에는 왕전이 초(楚)나라를 멸했다. ○二十五年, 王賁滅燕,(이십오년 왕분멸연) : 25년에는 왕분이 연(燕)나라를 멸했다. ○二十六年, 王賁滅齊.(이십륙년 왕분멸제) : 26년에는 왕분이 제(齊)나라를 멸했다.

(2) 秦王初幷天下, 自以德兼三皇, 功過五帝. 更號
曰皇帝. 命謂制, 令謂詔, 自稱曰朕.

(2) 진나라 왕이 처음으로 천하를 통합하였으며 또 자신의
덕이 삼황(三皇)을 겸하고 공이 오제(五帝)보다 크다는 이유
로써 호를 고쳐 황제(皇帝)라 부르게 했다. 그리고 자기의
명(命)을 제(制)라 하고, 영(令)을 조(詔)라 했으며, 자신을
짐(朕)이라 일컬었다.

어구 설명 (2) ㅇ秦王初幷天下(진왕초병천하) : 진나라 왕이 처음으로
천하를 통합하였으며, ㅇ自以(자이) : 자신의 〈공덕이〉 ─
하다는 이유로써, ㅇ德兼三皇(덕겸삼황) : 덕이 삼황(三
皇)을 겸하고, ㅇ功過五帝(공과오제) : 공이 오제(五帝)보
다 더 크다는 〈이유로써,〉 ㅇ更號曰皇帝(갱호왈황제) : 호
를 고쳐 황제(皇帝)라 부르게 했다. ㅇ命謂制(명위제) : 자
기의 명(命)을 제(制)라 하고, ㅇ令謂詔(영위조) : 자기의
영(令)을 조(詔)라 했으며, ㅇ自稱曰朕(자칭왈짐) : 자신을
짐(朕)이라 일컬었다.

(3) 制曰, 死而以行爲諡, 則是子議父, 臣議君也.
甚無謂. 自今以來, 除諡法, 朕爲始皇帝, 後世以計
數, 二世三世至于萬世, 傳之無窮.

(3) 제(制) 즉 영(令)을 내려 말했다. 「임금이 죽은 다음에 〈생
전의 행한 바에 따라〉 시호(諡號)를 정하는 일은 자식이 아

버지를 평하고 신하가 임금을 평가하는 것이며 참으로 말이
안 되는 짓이다. 이제부터 앞으로는 시호법(諡號法)을 폐지
하고 짐을 '시황제'라 하고 후대는 대를 헤아려서 2대 황
제, 3대 황제라고 부르며, 만대에 이를 것이며 끝없이 이어
나갈 것이다.」

어구 설명 (3) ○制曰(제왈) : 제를 내려 말했다. ○死而以行爲諡 (사
이이행위시) : 임금이 죽은 다음에 〈생전의 행한 바에 따
라〉 시호(諡號)를 정하는 것은, ○則是子議父(칙시자의부)
: 즉 자식이 아버지를 평하고, ○臣議君也(신의군야) : 신
하가 임금을 평가하는 것이며, ○甚無謂(심무위) : 참으로
말이 안 되는 짓이다. ○自今以來(자금이래) : 이제부터 앞
으로는, ○除諡法(제시법) : 시호법(諡號法)을 폐지한다.
○朕爲始皇帝(짐위시황제) : 짐이 시황제가 되고, 즉 내가
첫 번째 황제가 된다. ○後世以計數(후세이계수) : 후세에
는 대를 헤아려서, ○二世三世(이세삼세) : 2대 황제, 3대
황제라고 부른다. 즉 임금의 시호를 폐기한다는 뜻. ○至
于萬世(지우만세) : 만대에 이를 것이며, ○傳之無窮(전지
무궁) : 끝없이 이어나갈 것이다.

(4) 收天下兵, 聚咸陽, 銷以爲鍾·鐻·金人十二. 重
各千石. 徙天下豪富於咸陽, 十二萬戶.

(4) 진시황은 천하의 무기를 다 거두어 함양에 모아다가 녹
여서 종과 '종 걸이' 및 동상(銅像) 12개를 만들었다. 저마

다의 무게가 천 석(石) 즉 12만근이나 되었다. 한편 천하의
큰 부자들을 〈강제로〉 함양으로 이주(移住)시켰으니 그 수가
12만 호나 되었다.

어구설명 (4) ○收天下兵(수천하병) : 〈진시황은〉 천하의 무기를 다
거두어, ○聚咸陽(취함양) : 진나라의 수도 함양에 모아다
가, 「함양(咸陽)」은 현 「섬서성(陝西省) 서안부(西安府)」.
○銷以爲鍾·鐻·金人十二(소이위종·거·금인십이) : 〈무기
를〉 녹여서 종과 '종 걸이' 및 동상(銅像) 12개를 만들었다.
「거(鐻)」는 종을 매다는 구조물, 「금인(金人)」의 「금(金)」은
「쇠(鐵)」나 「동(銅)」의 뜻이다. ○重各千石(중각천석) : 저마
다의 무게가 천 석(石)이다. 「1석(石)」은 120근(斤), 「1천
석」은 12만근이다. ○徙天下豪富於咸陽(사천하호부어함양)
: 천하의 큰 부자들을 〈강제로〉 함양으로 이주(移住)시켰
다. ○十二萬戶(십이만호) : 그 수가 12만 호나 된다.

| 백문 | 제3과 始皇帝

(1) 十七年, 內史勝滅韓, 十九年, 王翦滅趙, 二十三年, 王賁滅魏,
二十四年, 王翦滅楚, 二十五年, 王賁滅燕, 二十六年, 王賁滅齊.

(2) 秦王初幷天下, 自以德兼三皇, 功過五帝. 更號曰皇帝, 命謂制,
令謂詔, 自稱曰朕.

(3) 制曰, 死而以行爲諡, 則是子議父, 臣議君也. 甚無謂. 自今以
來, 除諡法, 朕爲始皇帝, 後世以計數, 二世三世至于萬世, 傳之
無窮.

(4) 收天下兵, 聚咸陽, 銷以爲鍾·鐻·金人十二. 重各千石. 徙天下
豪富於咸陽, 十二萬戶.

제4과 郡縣制

(1) 丞相王綰等言, 燕・齊・荊地遠. 不置王無以鎭
之. 請立諸子. 始皇下其議.

⑴ 승상 왕관 등이 청원했다. 「연(燕), 제(齊), 초(楚)는 거리
가 멀기 때문에 임금을 두지 않으면 다스리기 어렵습니
다. 그러므로 임금님의 공자들을 그 지방의 임금으로 세우십시
오.」 진시황은 〈그 일을〉 신하들에게 의논하게 했다.

여구 설명 │ 제4과 ㅇ郡縣制(군현제) : 진나라는 〈주(周)의 봉건제(封建
制)를 폐하고〉 군현제로 개혁했다. 즉 전국을 임금이 직접
통치하는 제도다. ⑴ ㅇ丞相王綰等言(승상왕관등언) : 승
상 왕관 등이 말했다. ㅇ燕・齊・荊地遠(연・제・형지원) :
〈현 북경 근처에 있는〉 연(燕) 지방이나, 〈산동에 있는〉 제
(齊) 지방이나, 형만(荊蠻)의 땅, 초(楚)지방은 〈진나라 수
도 함양에서〉 거리가 멀기 때문에, 진시황의 아버지의 이
름이 「자초(子楚)」다. 그래서 「초나라」라고 하지 않고, 「형
만」이라고 했다. ㅇ不置王無以鎭之(불치왕무이진지) : 임
금을 두지 않으면 다스리기 어렵다. ㅇ請立諸子(청립제자)
: 〈임금님의〉 여러 공자들을 그 지방의 임금으로 세우기를
청했다. ㅇ始皇下其議(시황하기의) : 진시황은 〈그 일을〉
신하들에게 의논하게 했다.

(2) 廷尉李斯曰, 周武王所封子弟同姓甚衆. 後屬疏遠, 相攻擊如仇讐. 今海內賴陛下神靈, 一統皆爲郡縣. 諸子功臣, 以公賦稅, 賞賜之, 甚足易制. 天下無異意, 則安寧之術也. 置諸侯不便.

(2) 정위(廷尉) 이사가 다음과 같이 말했다. 「주무왕은 아들이나 동생 및 성이 같은 일가의 많은 사람들을 〈지방 국가의 임금으로 봉(封) 하고 저마다 다스리게 했습니다. 그러나 후일에는 서로 소원하게 되고, 제후들이 서로 원수처럼 공격하고 싸웠습니다. 지금은 폐하의 신령하신 위세의 덕택으로 전국이 하나로 통일되고, 전 국토가 군과 현이 되었습니다. 여러 왕자들이나 공신들은, 공적으로 거두어들인 조세로써, 〈나라에서 직접〉 상여를 내려주시면, 지극히 용이하게 〈전국을〉 다스리고 관장할 수 있습니다. 그렇게 하면 천하에 다른 뜻을 품을 자가 없게 됩니다. 그것이 곧 천하를 편안하게 하는 방법입니다. 제후를 두면 도리어 불편합니다.」

어구 설명 (2) ㅇ廷尉李斯曰(정위이사왈) : 정위 이사가 말했다. 「정위(廷尉)」는 형벌을 관장하는 법무장관에 해당한다. ㅇ周武王所封子弟同姓甚衆(주무왕소봉자제동성심중) : 주나라의 무왕은 아들이나 동생 및 성이 같은 일가의 많은 사람들을 〈지방 국가의 임금으로 봉(封) 하고 저마다 다스리게 했다.〉 ㅇ後屬疏遠(후속소원) : 〈그러나〉 후일에는 서로 소원하게 되고, ㅇ相攻擊如仇讐(상공격여구수) : 〈지방의 임금 즉 제후(諸侯)들이〉원수처럼 서로 공격하고 싸웠다.
〈주나라의 봉건제가 무너지고 후일에는 춘추 및 전국의 난
세가 뒤따랐음을 지적한 것이다.〉ㅇ今海內賴陛下神靈(금
해내뢰폐하신령) : 지금은 폐하의 신령하신 위세의 덕택으
로 해내 즉 전국이, ㅇ一統皆爲郡縣(일통개위군현) : 하나
로 통일되고 전국이 〈한나라의〉 군과 현이 되었다. ㅇ諸子
功臣(제자공신) : 여러 왕자들이나 공신들은, ㅇ以公賦稅
賞賜之(이공부세상사지) : 공적으로 거두어들인 조세로 상
을 내려주시면, ㅇ甚足易制(심족이제) : 지극히 용이하게
다스리고 관장할 수 있다. 「제(制)」는 「다스리고 조정한
다.」는 뜻. ㅇ天下無異意(천하무이의) : 〈그와 같이 군현제
(郡縣制)로 다스리면〉 천하에 다른 뜻을 품을 자가 없게 된
다. ㅇ則安寧之術也(칙안녕지술야) : 그것이 곧 천하를 편
안하게 하는 술책이다. ㅇ置諸侯不便(치제후불편) : 각 지
방에 제후를 두면 도리어 불편하다.

(3) 始皇曰, 天下初定. 又復立國, 是樹兵也. 而求
其寧息, 豈不難哉. 廷尉議是. 分天下爲三十六郡,
置守·尉·監.

(3) 진시황이 말했다. 「천하가 이제 막 안정되었는데 다시
제후의 나라를 세우는 것은 바로 사방에 무기를 심어 놓고
〈전쟁을 하게 만드는 것과 같다.〉 그래가지고 편안하기를
바란다 한들 그 어찌 어렵지 않겠느냐. 정위 이사의 주장이
옳다.」〈그리고 진시황은〉 천하를 38개의 군으로 나누고 〈각

군마다, 임금이 직접 임명한〉 수(守 : 행정장관), 위(尉 : 무관), 감(監 : 감찰관)을 배치했다.

<u>어구 설명</u> (3) ○始皇曰(시황왈) : 진시황이 말했다. ○天下初定(천하초정) : 천하가 이제 막 안정되었는데, ○又復立國(우부립국) : 또 다시 〈제후로 하여금〉 여러 나라를 세우게 하는 것은, ○是樹兵也(시수병야) : 사방에 무기를 심어 놓고 〈전쟁을 하게 만드는 것이다.〉 ○而求其寧息(이구기녕식) : 그래가지고 편안하기를 바란다 한들, ○豈不難哉(기불난재) : 어찌 어렵지 않겠느냐. ○廷尉議是(정위의시) : 정위 이사의 주장이 옳다. ○分天下爲三十六郡(분천하위삼십륙군) : 천하를 38개의 군으로 나누고, 이때의 「군(郡)」은 행정구역, ○置守·尉·監(치수·위·감) : 〈각 군마다, 임금이 임명한〉 수(守 : 행정장관 군수), 위(尉 : 무관을 겸한 보좌관), 감(監 : 감찰관)을 배치했다.

| 백문 | 제4과 郡縣系制

(1) 丞相王綰等言, 燕·齊·荊地遠. 不置王無以鎭之. 請立諸子. 始皇下其議.

(2) 廷尉李斯曰, 周武王所封子弟同姓甚衆. 後屬疏遠, 相攻擊如仇讐. 今海內賴陛下神靈, 一統皆爲郡縣. 諸子功臣, 以公賦稅, 賞賜之, 甚足易制. 天下無異意, 則安寧之術也. 置諸侯不便.

(3) 始皇曰, 天下初定. 又復立國, 是樹兵也. 而求其寧息, 豈不難哉. 廷尉議是. 分天下爲三十六郡, 置守·尉·監.

제5과 求不死藥

(1) 二十八年, 始皇東行郡縣, 上鄒嶧山, 立石頌功業, 上泰山, 立石封祠祀. 旣下. 風雨暴至. 休樹下. 封其松爲五大夫. 禪于梁父.

(1) 진시황 28년에 진시황은 처음으로 동쪽으로 가서 그곳의 군(郡)과 현(縣)을 순시했다. 〈산동성에 있는〉 추역산에 올라가 석비(石碑)를 세우고, 자기의 공적을 칭송했다. 다시 태산(泰山)에 올라가 〈역시 자기의 공적을 기록한〉 석비를 세웠으며, 또 흙을 돋아 제단(祭壇)을 만들고 〈하늘에〉 제사를 올렸다. 그리고 내려오자, 폭풍우가 심하게 몰아쳤다. 이에 나무 밑에서 〈폭풍우를〉 피했으며, 그 나무에게 「오대부(五大夫)」의 작위를 내렸다. 〈그리고 다시〉 〈태산 아래에 있는〉 양보산(梁父山)에 올라가 토지 및 산천의 신에게 제사를 올렸다.

어구 설명 (1) ㅇ二十八年(이십팔년) : 진시황 28년, ㅇ始皇東行郡縣(시황동행군현) : 진시황이 처음으로 동쪽으로 가서 그곳의 군(郡)과 현(縣)을 시찰했다. ㅇ上鄒嶧山(상추역산) : 추역산에 올라가, 산동성(山東省)에 있는 산. ㅇ立石頌功業(입석송공업) : 석비(石碑)를 세워 자기의 공적을 칭송했다. ㅇ上泰山立石(상태산입석) : 태산(泰山)에 올라가 〈역시 자기의 공적을 기록한〉 석비를 세웠다. ㅇ封祠祀(봉사사) : 흙을 돋아 제단(祭壇)을 만들고, 〈하늘에〉 제사를 올

렸다. ○旣下. 風雨暴至.(기하 풍우폭지) : 태산에서 내려
오자, 폭풍우가 심하게 몰아쳤다. ○休樹下(휴수하) : 나무
밑에서 〈폭풍우를〉 피했으며, ○封其松爲五大夫(봉기송위
오대부) : 〈진시황은〉 그 나무에게 「오대부(五大夫)」의 작
위를 내렸다. 「오대부」는 높은 벼슬 이름. ○禪于梁父(선
우량부) : 〈그리고 다시〉 〈태산 아래에 있는〉 양보산(梁父
山)에 올라가 산천(山川)의 신에게 제사를 올렸다. 「봉
(封)」은 천신(天神)을 모시는 제사, 「선(禪)」은 지기(地祇)
를 모시는 제사, 합해서 「봉선(封禪)」이라고 한다. 고래(古
來)로 왕은 태산에 올라가 봉선(封禪)을 했다.

(2) **遂東遊海上. 方士齊人徐市等,上書, 請與童男
童女入海, 求蓬萊·方丈·瀛洲三神山仙人, 及不死
藥. 如其言遣市等行.**

(2) 드디어 〈진시황이 배를 타고〉 동해 바다에 나갔다. 그때
에 방사(方士)라고 자처하는 제(齊)나라 사람, 서불(徐市=芾
: 불)이 글을 올리고 진시황에게 청했다. 「때 묻지 않은 동남
과 동녀와 함께 바다를 건너, 봉래(蓬萊)·방장(方丈)·영주
(瀛洲)에 가서, 삼신산(三神山)의 신선(神仙)을 만나고, 아울
러 불사약(不死藥)을 구해오겠습니다.」 이에 〈욕심이 많은
진시황은〉 서불의 말대로 〈막대한 돈을 들여 큰 배를 만들고
동남동녀들을 딸려서〉 서불 일행을 파견했다. 〈물론 그 결
과는 실패로 돌아갔다. 말하자면 진시황은 천하의 사기꾼 서

불에게 속은 것이다.〉

어구 설명 (2) ㅇ遂東遊海上(수동유해상) : 드디어 〈진시황이 배를 타
고〉 동해 바다에 나갔다. ㅇ方士齊人徐巿等上書(방사제인
서시등상서) : 방사(方士)라고 자처하는 제(齊)나라 사람,
서불(徐巿=芾 : 불)이 글을 올리고 ㅇ請(청) : 진시황에게
청했다. ㅇ與童男童女入海(여동남동녀입해) : 〈자기가〉 동
남과 동녀와 함께 바다를 건너가, ㅇ求蓬萊・方丈・瀛洲(구
봉래・방장・영주) : 〈바다 멀리〉「봉래(蓬萊)・방장(方
丈)・영주(瀛洲)」에 가서, ㅇ三神山仙人(삼신산선인) : 삼
신산(三神山)의 신선(神仙)을 만나고, ㅇ及不死藥(급불사
약) : 아울러 불사약(不死藥)을 구해오겠다고 〈진시황에게
청을 했다.〉 ㅇ如其言(여기언) : 〈욕심이 많고, 죽지 않고,
오래 살고 싶어 하는 진시황은〉 서불(徐巿=芾)의 말대로
〈막대한 돈을 들여 큰 배를 만들고 동남동녀들을 딸려서〉
ㅇ遣市等行(견시등행) : 서불 일행을 파견했다. 〈물론 그
결과는 실패로 돌아갔다. 말하자면 진시황은 천하의 사기
꾼 서불에게 속은 것이다.〉

(3) 始皇浮江至湘山. 大風, 幾不能渡. 問博士曰, 湘
君何神. 對曰, 堯女舜妻. 始皇大怒, 伐其樹赭其山.

(3) 진시황이 장강(長江)에 배를 띄우고 〈동정호(洞庭湖) 남
쪽〉 상산(湘山)에 이르렀다. 그때에 큰바람이 불어 도저히
강을 건널 수가 없었다. 이에 진시황이 박사에게「상산의 신

은 어떤 신이냐」고 물었다. 박사가 「요임금의 딸, 순임금의 처입니다.」라고 대답하자, 진시황이 크게 노하고, 나무를 모조리 베고, 그 산을 붉은 산으로 만들었다.

<u>어구 설명</u> (3) ○始皇浮江至湘山(시황부강지상산) : 진시황은 장강(長江)에 배를 띄우고 〈동정호(洞庭湖) 남쪽〉 상산(湘山)에 이르렀다. ○大風, 幾不能渡.(대풍 기불능도) : 큰바람이 불어 도저히 강을 건널 수가 없었다. ○問博士曰, 湘君何神.(문박사왈 상군하신) : 진시황이 박사에게 「상산의 신은 어떤 신이냐」고 물었다. ○對曰, 堯女舜妻.(대왈 요녀순처) : 박사가 「요임금의 딸, 순임금의 처입니다.」라고 대답했다. 즉 아황(娥黃)과 여영(女英)이다. ○始皇大怒(시황대노) : 진시황이 크게 노하고, ○伐其樹赭其山(벌기수자기산) : 나무를 모조리 베고 그 산을 벌거숭이로 만들었다.

| 백문 | 제5과 求不死藥

(1) 二十八年, 始皇東行郡縣, 上鄒嶧山, 立石頌功業, 上泰山, 立石封祠祀. 旣下. 風雨暴至. 休樹下. 封其松爲五大夫. 禪于梁父.

(2) 遂東遊海上. 方士齊人徐市等, 上書, 請與童男童女入海, 求蓬萊·方丈·瀛洲 三神山仙人, 及不死藥. 如其言遣市等行.

(3) 始皇浮江至湘山. 大風, 幾不能渡. 問博士曰, 湘君何神. 對曰, 堯女舜妻. 始皇大怒, 伐其樹赭其山.

제6과 萬里長城

(1) 韓人張良, 以五世相韓, 韓亡欲爲報仇. 始皇東遊, 至博浪沙中, 良令力士操鐵椎擊始皇. 誤中副車. 始皇驚, 求弗得. 令天下大索.

(1) 한(韓)나라 사람 장량은 그 집안이 5대에 걸쳐 한나라의 재상을 지냈다. 〈진(秦)나라 때문에〉 자기 나라가 망했음으로, 원수를 갚으려고 했다. 진시황이 동쪽을 순시하고 「박랑사」에 이르렀을 때, 장량은 역사로 하여금 철퇴를 휘둘러 진시황을 치게 했다. 그러나 잘못하여 부차(副車)에 맞았다. 진시황은 놀랐으며, 장량을 잡으려고 했으나, 못 잡았다. 이에 천하에 영을 내려 대대적으로 수색했다.

어구 설명 (1) ㅇ韓人張良(한인장량) : 한(韓)나라 사람 장량, 「장량(張良)」은 나중에 한(漢) 고조(高祖) 유방(劉邦)을 도왔다. ㅇ以五世相韓(이오세상한) : 장량의 집안은 5대에 걸쳐 한(韓)나라의 재상을 지냈다. ㅇ韓亡欲爲報仇(한망욕위보구) : 〈진(秦)나라 때문에〉한나라가 망했음으로, 원수를 갚으려고 했다. ㅇ始皇東遊(시황동유) : 진시황이 동쪽을 순시하고, ㅇ至博浪沙中(지박랑사중) : 「박랑사(河南省에 있는 지명)」에 이르자, ㅇ良令力士操鐵椎擊始皇(양령력사조철추격시황) : 장량이 역사로 하여금 철퇴(鐵槌)를 휘둘러 진시황을 치게 했다. ㅇ誤中副車(오중부차) : 그러나 잘못하

여 부차(副車)에 맞았다. 「부차」는 위장으로 뒤따르는 수
레. ㅇ始皇驚(시황경) : 진시황은 놀랐으며, ㅇ求弗得(구불
득) : 장량을 잡으려 했으나, 끝내 못 잡았다. ㅇ令天下大
索(영천하대삭) : 천하에 영을 내려 대대적으로 수색했다.

(2) 三十一年, 更臘爲嘉平. 三十二年, 始皇巡北邊.
方士盧生入海還, 奏錄圖書. 曰, 亡秦者胡也. 始皇
乃遣蒙恬發兵三十萬人, 北伐匈奴, 築長城. 起臨洮
至遼東. 延袤萬餘里, 威振匈奴.

(2) 진시황 31년에 〈연말에 지내는 제사 이름〉 납(臘)을 가
평(嘉平)이라고 고쳤다. 진시황 32년에, 왕이 북방 변경지대
를 순시했다. 그때에, 노생이라는 방사가 동해(東海)에서 돌
아와서, 「녹도서」를 바쳐 올리고 말했다. 「장차 진(秦)을 망
치게 할 나라는 호(胡)입니다.」 이에 진시황은 즉시 몽념 장
군을 파견하고, 무장 군인 30만 명을 출동시켜, 북쪽의 흉노
를 토벌했다. 아울러 장성을 축성했으며, 임조에서 요동까
지 〈성을 쌓고〉 총 길이가 만 여리나 되었다. 그 위세가 흉
노에게 떨쳤다.

어구설명 (2) ㅇ三十一年, 更臘爲嘉平.(삼십일년 갱랍위가평) : 진시
황 31년에 〈연말에 지내는 제사 이름〉 납(臘)을 가평(嘉平)
이라고 고쳤다. 〈참고〉 하(夏)는 청사(淸祀), 은(殷)은 가평
(嘉平), 주(周)는 대사(大蜡) 혹은 납(臘)이라 했다. ㅇ三十

二年, 始皇巡北邊.(삼십이년 시황순북변) : 진시황 32년에, 왕이 북방 변경지대를 순시했다. ㅇ方士盧生入海還(방사로생입해환) : 노생이라는 방사가 동해(東海)에서 돌아와서, ㅇ奏錄圖書, 曰,(주록도서 왈) : 「녹도서」를 바쳐 올리고 말했다. 「녹도서(錄圖書=籙圖書)」는 도술(道術)의 책. ㅇ亡秦者胡也(망진자호야) : 장차 진(秦)을 망치게 할 나라는 호(胡)다. ㅇ始皇乃遣蒙恬(시황내견몽념) : 진시황은 즉시 몽념 장군을 파견했다. ㅇ發兵三十萬人(발병삼십만인) : 무장 군인 30만 명을 출동시켜, ㅇ北伐匈奴(북벌흉노) : 북쪽의 흉노를 토벌했다. ㅇ築長城(축장성) : 장성을 축성했다. ㅇ起臨洮至遼東(기림조지료동) : 임조에서 요동까지 〈성을 쌓고〉, ㅇ延袤萬餘里(연무만여리) : 총 길이가 만여리나 되었다. ㅇ威振匈奴(위진흉노) : 위세를 흉노에게 떨쳤다.

| 백문 | 제6과 萬里長城

(1) 韓人張良, 以五世相韓, 韓亡欲爲報仇. 始皇東遊, 至博浪沙中, 良令力士操鐵椎擊始皇. 誤中副車. 始皇驚, 求弗得. 令天下大索.

(2) 三十一年, 更臘爲嘉平. 三十二年, 始皇巡北邊. 方士盧生入海還, 奏錄圖書. 曰, 亡秦者胡也. 始皇乃遣蒙恬發兵三十萬人, 北伐匈奴, 築長城. 起臨洮至遼東. 延袤萬餘里, 威振匈奴.

제7과 焚書坑儒

⑴ 三十四年, 丞相李斯上書曰, 異時諸侯竝爭, 厚招遊學. 今天下已定, 法令出一. 百姓當家, 則力農工, 士則學習法令.

⑴ 진시황 34년에 승상 이사가 글을 올려 말했다. 「전에는 제후들이 세력을 서로 다투었으며, 떠돌이 학자들을 후하게 대접하고 초빙했습니다. 그러나 지금은 천하가 하나로 통일되었으며, 법령이 임금으로부터 나옵니다. 그러므로 백성들은 저마다 자기 집안을 다스리고, 저마다 농경이나 공업에만 힘을 기울이면 되고, 선비는 곧 법령만을 학습하면 됩니다.」

어구 설명 제7과 ○焚書坑儒(분서갱유) : 책을 불태우고 유학자를 구덩이에 묻었다. 진시황이 이사(李斯)의 건의에 따라 취한 야만적 행동이다. ⑴ ○三十四年(삼십사년) : 진시황 34년에, ○丞相李斯上書曰(승상이사상서왈) : 승상 이사가 글을 올려 말했다. ○異時諸侯竝爭(이시제후병쟁) : 전에 제후가 세력을 서로 다투고 있을 때는, ○厚招遊學(후초유학) : 〈제후들이〉 떠돌이 학자들을 후하게 대접하고 초빙했다. ○今天下已定(금천하이정) : 지금은 천하가 하나로 통일되었으며, ○法令出一(법령출일) : 모든 법령이 임금으로부터 나온다. ○百姓當家(백성당가) : 백성들은 저마다 자기 집안을 다스려야 하며, ○則力農工(즉력농공) : 〈따라서〉 농경이나 공업에만 힘을 기울이면 되고, ○士則學習法

슈(사즉학습법령) : 선비는 바로 법령만을 학습하면 된다.

(2) 今諸生不師今, 而學古, 以非當世, 惑亂黔首. 聞令下, 則各以其學議之. 入則心非, 出則巷議, 率輩下, 以造謗.

(2) 〈이사의 말 계속〉「지금의 여러 학자들은 오늘을 배우려 하지 않고, 옛날만을 배우려고 합니다. 그래가지고 오늘의 세상을 비난하거나 그르다 하고, 대중들을 현혹하거나 어지럽히고 있습니다. 〈그들은〉 정령이 내렸다는 말을 들으면, 즉시 자기가 아는 학문을 바탕으로 비판을 가하고, 집안에서는 마음속으로 비난하거나 그르다고 생각하고, 밖에 나와서는 사회적으로 물의를 일으키게 하고 또 많은 사람들을 이끌고 〈국가와 정책을〉 비방하고 있습니다.」

어구 설명 (2) ㅇ今諸生不師今, 而學古,(금제생불사금 이학고) : 지금의 여러 학자들은 오늘을 배우려하지 않고, 옛날만을 배우려고 한다. ㅇ以非當世, 惑亂黔首.(이비당세 혹란검수) : 그래가지고 오늘의 세상을 비난하거나 그르다 하고, 대중들을 현혹하거나 어지럽히고 있다. ㅇ聞令下(문령하) : 〈그들은〉 정령이 내렸다는 말을 들으면, ㅇ則各以其學議之(즉각이기학의지) : 이내, 자기가 아는 학문을 바탕으로 비판을 하고, ㅇ入則心非(입즉심비) : 집안에 있을 때는 마음속으로 비난하거나 그르다고 생각하고, ㅇ出則巷議(출즉항의) : 밖에 나와서는 사회적으로 물의를 일으키게 하고,

ㅇ率羣下, 以造謗.(솔군하 이조방) : 많은 사람들을 이끌고 〈국가와 정책을〉 비방하고 있다.

(3) 臣請, 史官非秦記, 皆燒之, 非博士官所職, 天下有藏詩書百家語者, 皆詣守尉, 雜燒之. 有偶語詩書者棄市. 以古非今者族. 所不去者. 醫藥·卜筮·種樹之書. 若有欲學法令, 以吏爲師. 制曰, 可.

(3) 「신은 청합니다.」〈이사(李斯)의 말〉「국가의 기록을 담당하는 관리나 관청에서는 진(秦)을 비난하는 모든 기록을 다 소각해버리고, 〈국가에서 임명한〉 박사관(博士官)이 직무상 〈보유하고 있는〉 글이나 책이 아닌 것 즉 천하 모든 사람들이 간직하고 있는 시경(詩經), 서경(書經) 및 제자백가(諸子百家)의 책들은 모두 군(郡)의 수(守)·위(尉)에게 바쳐 전부 소각하게 합니다. 만약에 서로 만나서 시경이나 서경을 말하는 자들이 있으며, 잡아다가 「기시(棄市)」하고, 옛날을 기준으로 하고 오늘을 비난하는 자는 멸족(滅族)에 처합니다. 버리지 않는 책은 의약(醫藥)·복서(卜筮) 및 농경[種樹]에 관한 책들이며, 만약에 오늘의 법령을 배우려는 사람이 있으면, 관리를 선생으로 삼고 배우게 해야 합니다.」〈이와 같은 이사의 청원을〉 진시황이 「좋다」고 재가했다.

어구 설명 (3) ㅇ臣請(신청) : 「신은 청합니다.」〈이사(李斯)의 말〉ㅇ史官(사관) : 국가의 기록을 담당하는 관리나 관청, ㅇ非

秦記 皆燒之(비진기 개소지) : 진(秦)을 비난하는 모든 기록을 다 소각해버린다. ㅇ非博士官所職(비박사관소직) :〈국가에서 임명한〉박사관(博士官)이 직무상〈보유하고 있는〉글이나 책이 아닌 것, ㅇ天下有藏詩書百家語者(천하유장시서백가어자) : 천하 모든 사람들이 간직하고 있는 시경(詩經), 서경(書經) 및 제자백가(諸子百家)의 책들은, ㅇ皆詣守尉 雜燒之(개예수위 잡소지) : 각 군(郡)의 수(守)·위(尉)에게 바쳐 전부 소각하게 한다. ㅇ有偶語詩書者棄市(유우어시서자기시) : 만약에 서로 만나서 시경이나 서경을 말하는 자들은 잡아,「기시(棄市)」한다.「기시」는 사형에 처하고 시체를 장터에 내다 버리는 형벌. ㅇ以古非今者族(이고비금자족) : 옛날을 기준으로 하고 오늘을 비난하는 자는 멸족(滅族)에 처한다. ㅇ所不去者(소불거자) : 버리지 않을 책은, ㅇ醫藥·卜筮種·樹之書(의약·복서·종수지서) : 의약(醫藥), 복서(卜筮) 및 농경[種樹]에 관한 책들 뿐이다. ㅇ若有欲學法令(약유욕학법령) : 만약에 오늘의 법령을 배우려는 사람이 있으면, ㅇ以吏爲師(이리위사) : 관리를 선생으로 삼고 배워야 한다. ㅇ制曰, 可.(제왈 가) : 진시황이〈이사의 건의를〉「좋다」고 재가(裁可)했다.

(4) 三十五年, 侯生盧生, 相與譏議始皇, 因亡去. 始皇大怒曰, 盧生等, 吾尊賜之甚厚. 今乃誹謗我. 諸生在咸陽者, 吾使人廉問, 或爲妖言, 以亂黔首. 於是使御史悉案問. 諸生傳相告引, 乃自除. 犯禁者

四百六十四人, 皆坑之咸陽.

(4) 진시황 35년에 후생과 노생이 함께 진시황을 비방하고, 진나라에서 탈출했다. 이에 진시황은 대노하고 말했다. 「나는 〈전에〉 노생 등을 존중하고 후하게 재물을 내려주었거늘, 〈지금〉 그자들이 나를 비방하기에, 함양에 있는 모든 학자들을 사람을 시켜 조사해 보았다. 〈그랬더니〉 혹자는 요망한 소리를 하고 백성들을 어지럽히고 있다고 하더라.」〈진시황은 이렇게 말하고〉 어사로 하여금 〈모든 학자들을〉 철저히 검거하고 심문했다. 〈그러자〉 학자들이 서로 남에게 〈죄를〉 미루어 씌우고 또 서로 고발하고 자신만은 빠지려고 했다. 〈그 결과〉 범법자로서 〈죄에 걸린 자가〉 464명이나 되고, 모두 함양에서 구덩이에 묻혀 죽음을 당했다.

> **어구 설명** (4) ○三十五年(삼십오년) : 진시황 35년에, ○侯生盧生(후생로생) : 후생과 노생이, 「생(生)」은 방사(方士) 혹은 학자라는 뜻이다. ○相與譏議始皇(상여기의시황) : 서로 모여 진시황을 비방하고 비난했다. ○因亡去(인망거) : 그리고, 진나라를 뒤로하고 도망갔다. ○始皇大怒曰(시황대노왈) : 진시황이 대노하고 말했다. ○盧生等, 吾尊賜之甚厚.(노생 등 오존사지심후) : 나는 노생 등을 존중하고 후하게 대하고 또 재물을 내려주었거늘, ○今乃誹謗我(금내비방아) : 지금 〈그자들이〉 나를 비방한다. ○諸生在咸陽者(제생재함양자) : 함양에 있는 모든 학자들을, ○吾使人廉問(오사인렴문) : 내가 사람을 시켜 조사해 보았더니, 「염문(廉

間)」은 「검찰심문(檢察審問)」의 뜻이다. ○或爲妖言, 以亂
黔首.(혹위요언 이란검수) : 혹자는 요망한 소리를 하고 백
성들을 어지럽히고 있었다. ○於是使御史悉案問(어시사어
사실안문) : 그래서 어사로 하여금 〈모든 학자들을〉 철저히
검거하고 심문했다. 「어사(御史)」는 검찰관(檢察官)과 같
다. ○諸生傳相告人(제생전상고인) : 〈그러자〉 학자들이 서
로 남에게 〈죄를〉 미루어 씌우고 또 서로 고발하고, ○乃自
除(내자제) : 자신은 빠지려고 했다. ○犯禁者四百六十四人
(범금자사백육십사인) : 범법자로서 〈죄에 걸린 사람이〉
464명이나 되고, ○皆坑之咸陽(개갱지함양) : 모두 함양에
서 구덩이에 묻혀 죽음을 당했다.

(5) 長子扶蘇曰, 諸生皆誦法孔子. 今, 上皆重法繩之. 臣恐天下不安. 始皇怒, 使扶蘇北監蒙恬軍於上郡.

(5) 진시황의 장자 부소가 말했다.「그들 모든 학자들은 공
자의 〈책이나 가르침을〉 송독(誦讀)하고 법도(法度)로 삼고
있습니다. 〈그런데〉 지금 임금님께서 법을 엄중하게 적용하
고 또 그들을 가혹하게 처벌하시니, 저는 천하가 불안해질까
두렵습니다.」〈부소가 간언을 하자〉 진시황을 노하고, 부소
를 북쪽 상군(上郡-陝西省 延安)에 귀양보내서 몽념의 군사
로 하여금 감시하게 했다.

어구설명 (5) 長子扶蘇曰(장자부소왈) : 진시황의 장자 부소가 말했다. ㅇ諸生皆誦法孔子(제생개송법공자) : 그들 모든 학자들은 공자의 〈책이나 가르침을〉송독(誦讀)하고 법도(法度)로 삼고 있다. ㅇ今上皆重法繩之(금상개중법승지) : 〈그런데〉지금 임금님께서 법을 엄중하게 적용하고 또 그들을 가혹하게 처벌했다. ㅇ臣恐天下不安(신공천하불안) : 저는 천하가 불안해질까 두렵다. ㅇ始皇怒(시황노) : 〈장자 부소가 간언을 하자〉진시황을 노하고, ㅇ使扶蘇北監蒙恬軍於上郡(사부소북감몽념군어상군) : 부소로 하여금 북쪽 상군(上郡-陝西省 延安)에 귀양보내서 몽념의 군사로 하여금 감시하게 했다. 「상군(上郡)」은 섬서성(陝西省)의 지명.

| 백문 | 제7과 **焚書坑儒**

(1) 三十四年, 丞相李斯上書曰, 異時諸侯竝爭, 厚招遊學. 今天下已定, 法令出一. 百姓當家, 則力農工, 士則學習法令.

(2) 今諸生不師今, 而學古, 以非當世, 惑亂黔首. 聞令下, 則各以其學議之. 入則心非, 出則巷議, 夸主以爲名, 異取以爲高, 率羣下, 以造謗.

(3) 臣請, 史官非秦記, 皆燒之, 非博士官所職, 天下有藏詩書百家語者, 皆詣守尉, 雜燒之. 有偶語詩書者棄市. 以古非今者族. 所不去者, 醫藥·卜筮·種樹之書. 若有欲學法令, 以吏爲師. 制曰, 可.

(4) 三十五年, 侯生盧生, 相與譏議始皇, 因亡去. 始皇大怒曰, 盧生等, 吾尊賜之甚厚. 今乃誹謗我. 諸生在咸陽者, 吾使人廉問, 或爲妖言, 以亂黔首. 於是使御史悉案問. 諸生傳相告人, 乃自除.

犯禁者四百六十四人, 皆坑之咸陽.

(5) 長子扶蘇曰, 諸生皆誦法孔子. 今, 上皆重法繩之. 臣恐天下不安. 始皇怒,使扶蘇北監蒙恬軍於上郡.

제8과 阿房宮

(1) 始皇以爲, 咸陽人多, 先王宮庭小. 乃營作朝宮渭南上林苑中, 先作前殿阿房. 東西五百步, 南北五十丈, 上可坐萬人, 下可建五丈旗. 周馳爲閣道. 自殿下直抵南山. 表南山之顚以爲闕, 爲複道, 自阿房渡渭, 屬之咸陽. 以象天極閣道絶漢抵營室也. 阿房宮未成. 成欲更擇令名. 天下謂之阿房宮.

(1) 진시황은 『함양은 인구가 증가했음으로 선왕 때의 궁정이 비좁다.』고 생각했다. 그래서 조궁(朝宮)을 위수(渭水) 남쪽 상림원(上林苑) 안에 세웠다. 먼저 맨 앞의 궁전을 아방(阿房)이라는 곳에 세웠다. 그 규모는 동서가 5백 보(步), 남북이 50장(丈)이며, 궁전 안에는 만 명이 앉을 수 있고 또 궁전 아래에는 5장(丈) 높이의 기(旗)를 세울 수 있게 꾸몄다. 궁전 둘레에는 〈밖으로 달려 갈 수 있는〉 각도(閣道)를 만들었다. 또 궁전 밑에서 남산에 직통하는 〈도로도 만들었

으며〉 또 남산 정상에 높이 잘 나타나 보이게[表] 궁문[宮門
=闕]을 만들었다. 또 복도(複道 : 이중도로)를 만들었다. 〈그
복도는〉 아방에서 위수를 넘어 함양에 이어진다. 〈그 복도는〉
〈다음과 같이 하늘의 별(星)을 본 따서 만든 것이다.〉 즉 천
극성(天極星)이 각도성좌(閣道星座)를 따라 한수(漢水) 즉 은
하수(銀河水)를 건너서, 영실성좌(營室星座)에 도달한다. 아
방궁을 완성하지 못하고 〈진시황이 죽었다.〉 원래, 완성된
다음에 더 좋은 이름을 택하려고 했으나, 〈진시황이 죽었으
므로〉 세상 사람들은 그대로 아방궁이라 불렀다.

어구 설명 ⑴ ○始皇以爲(시황이위) : 진시황이 생각했다. ○咸陽人多
(함양인다) : 진나라의 서울 함양은 인구가 증가했고, ○先
王宮庭小(선왕궁정소) : 선왕 때부터 쓰던 궁정은 작고 좁
다. 〈여기까지가 생각했다에 걸린다.〉 ○乃營作朝宮(내영
작조궁) : 조궁(朝宮)을 새로 만들었다. 「조궁(朝宮)」은 임
금이 신하들의 조례를 받는 궁전이다. ○渭南上林苑中(위
남상림원중) : 위수(渭水) 남쪽 상림원(上林苑) 안에 세웠
다. ○先作前殿阿房(선작전전아방) : 먼저 맨 앞의 궁전을
아방(阿房)이란 곳에 세웠다. ○東西五百步(동서오백보) :
그 규모는 동서가 5백 보(步), ○南北五十丈(남북오십장) :
남북이 50장(丈), ○上可坐萬人(상가좌만인) : 위에는 만
명이 앉을 수 있다. ○下可建五丈旗(하가건오장기) : 궁전
아래에는 5장(丈) 높이의 기(旗)를 세울 수 있다. ○周馳爲
閣道(주치위각도) : 궁전 둘레에는 〈밖으로 달려 갈 수 있
는〉 각도(閣道)를 만들었다. 「각도(閣道)」는 궁전과 궁전을

연결하는 고가도로(高架道路)다. ○自殿下直抵南山(자전
하직저남산) : 또 궁전 밑에서 남산에 직통하는 〈고가도로
도 만들었으며〉, ○表南山之顚以爲闕(표남산지전이위궐) :
남산 정상에 높이 잘 나타나 보이게[表] 궁문[宮門=闕]을
만들었다. ○爲複道(위복도) : 또 이중 도로를 만들었다.
○自阿房渡渭, 屬之咸陽.(자아방도위 속지함양) : 〈그 복
도는〉 아방에서 위수를 넘어 함양에 이어진다. ○以象(이
상) : 그 복도는 다음과 같이 하늘의 별(星)을 본 따서 만
든 것이다. ○天極閣道絶漢抵營室也(천극각도절한저영실
야) : 천극성(天極星)이 각도성좌(閣道星座)를 따라 한수
(漢水) 즉 은하수(銀河水)를 건너서, 영실성좌(營室星座)
에 도달한다. ○阿房宮未成(아방궁미성) : 아방궁을 완성
하지 못하고, 〈진시황이 죽었다.〉 ○成欲更擇令名(성욕갱
택령명) : 원래, 완성된 다음에 더 좋은 이름을 택하려고
했으나, 〈진시황이 죽었으므로〉 ○天下謂之阿房宮(천하위
지아방궁) : 천하 사람들은 그대로 아방궁이라 불렀다.

| 백문 | 제8과 阿房宮

⑴ 始皇以爲, 咸陽人多, 先王宮庭小. 乃營作朝宮渭南上林苑中,
   先作前殿阿房. 東西五百步, 南北五十丈, 上可坐萬人, 下可建
   五丈旗. 周馳爲閣道. 自殿下直抵南山. 表南山之顚以爲闕, 爲
   複道, 自阿房渡渭, 屬之咸陽. 以象天極閣道絶漢抵營室也. 阿
   房宮未成. 成欲更擇令名. 天下謂之阿房宮.

제9과 始皇崩

(1) 始皇爲人, 天性剛戾自用, 天下事無大小, 皆決於上. 至以衡石量書. 日夜有程, 不得休息. 貪於權勢至如此.

(1) 진시황은 사람됨이 천성으로 강경하고 배타적이고 자기 고집이 세었다. 천하의 일을 크나 작으나 막론하고 모두 다 〈임금인 자신이〉 위에서 결재했다. 심지어 저울에 달아서 서류의 분량을 정했으며, 낮이나 밤이나 〈서류를 처리할〉 순서와 분량을 정하였음으로, 휴식할 수도 없었다. 진시황은 이와 같이 권세에 대한 탐욕이 심했다.

어구 설명 (1) ○始皇爲人(시황위인) : 진시황은 사람됨이, ○天性剛戾自用(천성강려자용) : 천성으로 강경하고 배타적이고 자기 고집이 세었다. 「戾(어그러질 려)」를 「배타적」으로 풀었다. 「自用」을 「자기 고집이 세다.」로 풀었다. ○天下事無大小(천하사무대소) : 천하의 일은 대소(大小)를 막론하고, ○皆決於上(개결어상) : 모든 일을 〈임금인 자신이〉 위에서 결재했다. ○至以衡石量書(지이형석량서) : 심지어 저울에 달아서 서류의 분량을 정했다. 「형석(衡石)」의 「衡」은 저울, 「石」은 저울 추, ○日夜有程(일야유정) : 낮이나 밤이나 〈서류를 처리할〉 순서와 분량을 정하고, ○不得休息(부득휴식) : 따라서 휴식할 수도 없었다. ○貪於權

勢至如此(탐어권세지여차) : 그와 같이 권세에 대한 탐욕
이 심했다.

(2) 秦有出使者. 還, 遇人持璧授之. 曰, 爲吾遺滈 池君. 明年祖龍死.

(2) 진나라에〈진시황에 명을 받고〉외국에 사신으로 나갔다
가 돌아오는 사람이 있었다.〈그가 길에서〉만난 사람이 들
고 있던 옥돌을 넘겨주면서 말했다.「〈이 옥돌을〉나 대신
호지군(滈池君).에게 갖다 주시오.」그 이듬해에 조룡(祖龍)
즉 진시황이 죽었다.

어구 설명 (2) ㅇ秦有出使者(진유출사자) : 진나라에〈진시황에 명을
받고〉외국에 사신으로 나간 사람이 있었다. ㅇ還(환) : 그
가〈사명을 다하고〉진나라로 돌아오는 길에서, ㅇ遇人持
璧授之(우인지벽수지) : 만난 사람이 들고 있던 옥돌을 넘
겨주면서, ㅇ曰(왈) :〈길에서 만난 사람이 사신에게〉말했
다. ㅇ爲吾遺滈池君(위오유호지군) :〈이 옥돌을〉나 대신
〈그대가〉호지군(滈池君).에게 갖다가 주시오.「호지군(滈
池君)」은「호지(滈池)의 귀신」, 즉 진시황을 비유한 말이
다.「호지(滈池)」는 섬서성(陝西省) 함양(咸陽) 부근에 있
는 호수다. ㅇ明年祖龍死(명년조룡사) : 그 이듬해에 조룡
(祖龍) 즉 진시황이 죽었다.

(3) 三十七年, 始皇出遊. 丞相斯·小子胡亥·宦者
趙高從. 始皇崩於沙丘平臺. 秘不發喪. 詐爲受詔,
立胡亥, 賜扶蘇死. 載始皇輻輬車中, 以一石鮑魚亂
其臭, 至咸陽始發喪. 胡亥卽位. 是爲二世皇帝.

(3) 37년에 진시황이 멀리 나가 전국을 돌았다. 그때에 승상
이사(李斯), 작은 아들 호해(胡亥), 환관 조고(趙高)가 따라
갔다. 진시황은 사구 평대에서 죽었다. 〈그러나 조고와 이사
는〉 진시황의 사망을 비밀로 하고 발표하지 않았다. 그리고
거짓으로 조서를 받은 것처럼 꾸미고, 작은 아들 호해를 임
금에 올리고, 큰아들 태자, 부소에게는 죽음을 내렸다. 〈조
고와 이사는〉 죽은 진시황의 시체를 온량 차에 실었다. 그리
고 수레 안에 120근의 포어(鮑魚)를 싣고 〈부패하는 시체의〉
냄새를 〈비린내 나는 생선 냄새로〉 혼동케 했다. 〈그들은〉
수도 함양에 와서 비로소 진시황의 죽음을 발표했으며, 호해
를 자리에 오르게 했으니, 그가 바로 진나라 제2세 황제이
다.

어구 설명 (3) ㅇ三十七年(삼십칠년) : 진시황 37년에, 즉 13세에 임
금이 된지 37년이 되었다. ㅇ始皇出遊(시황출유) : 진시황
이 멀리 나가 전국을 돌았다. ㅇ丞相斯·小子胡亥·宦者趙
高從(승상사·소자호해·환자조고종) : 그때에, 승상 이사
(李斯), 작은 아들 호해(胡亥), 환관 조고(趙高)가 따라갔
다. ㅇ始皇崩於沙丘平臺(시황붕어사구평대) : 진시황은 사
구 평대에서 붕어(崩御)했다. 「사구(沙丘)」는 하남성(河南

省)에 있으며, 「평대(平臺)」에 궁전(宮殿)이 있다. ○秘不發喪(비불발상) : 진시황의 사망을 비밀로 하고 발표하지 않았다. ○詐爲受詔(사위수조) : 〈조고와 이사가 짜고〉 거짓으로 조서를 받은 것처럼 꾸미고, ○立胡亥(입호해) : 작은 아들 호해를 임금에 올리고, ○賜扶蘇死(사부소사) : 큰 아들 태자, 부소에게는 죽음을 내렸다. ○載始皇輬輬車中(재시황온량차중) : 죽은 진시황의 시체를 온량차 안에 싣고 〈돌아왔다.〉「온량차(輬輬車)」는 궁실(宮室) 같이 꾸민 수레, 창문을 열면 시원하고, 창문을 닫으면 따뜻하다. ○以一石鮑魚亂其臭(이일석포어란기취) : 수레에 120근의 포어(鮑魚 : 소금에 절인 생선)를 싣고 〈부패하는 시체의〉 냄새를 〈비린내 나는 생선 냄새로〉 혼동케 하였다. ○至咸陽始發喪(지함양시발상) : 수도 함양에 와서 비로소 진시황의 죽음을 발표했다. ○胡亥卽位(호해즉위) : 호해를 자리에 오르게 했다. ○是爲二世皇帝(시위이세황제) : 그가 바로 제2세 황제이다.

| 백문 | 제9과 始皇崩

(1) 始皇爲人, 天性剛戾自用, 天下事無大小, 皆決於上. 至以衡石量書. 日夜有程, 不得休息. 貪於權勢至如此.

(2) 秦有出使者. 還, 遇人持璧授之. 曰, 爲吾遺滈池君. 明年祖龍死.

(3) 三十七年, 始皇出遊. 丞相斯・小子胡亥・宦者趙高從. 始皇崩於沙丘平臺. 秘不發喪. 詐爲受詔, 立胡亥, 賜扶蘇死. 載始皇輬輬車中, 以一石鮑魚亂其臭, 至咸陽始發喪. 胡亥卽位. 是爲二世皇帝.

제10과 二世皇帝

⑴ [二世皇帝] 名胡亥, 元年, 東行郡縣. 謂趙高曰,
吾欲悉耳目之所好, 窮心志之樂, 以終吾年. 高曰,
陛下嚴法刻刑, 盡除故臣, 更置所親信, 則高枕肆志
矣. 二世然之, 更爲法律, 務益刻深. 公子·大臣多
僇死.

⑴ 진나라 2세 황제의 이름은 호해다. 2년에 동쪽으로 가
서 군현(郡縣)을 순시했다. 〈그때에 호해는〉 조고에게 말했
다.「나는 마냥 귀와 눈의 즐거움을 다 누리고 싶다. 또 마
음 내키는 대로 쾌락을 다 취하고 평생토록 안락하게 살고
싶다.」〈그러자 음흉하고 간악한 내시〉 조고(趙高)가 말했
다.「폐하께서 법을 엄하게 만들고 형벌을 가혹하게 집행하
십시오. 또 오래된 신하들을 모조리 제거하고 친히 믿는 신
하들로 교체하십시오. 그러면 베개를 높이고 잠을 자고
또 마음대로 일을 할 수 있습니다.」2세 호해는 〈고조의〉
말대로 했다. 즉 법률을 더욱 엄하게 고치고, 더욱 가혹하
게 형벌을 가했다. 〈그래서〉 공자나 대신들을 많이 살육(殺
戮)했다.

어구 설명 ⑴ ○[二世皇帝] 名胡亥(이세황제 명호해) : 진나라 2세
황제의 이름은 호해다. ○元年, 東行郡縣.(원년 동행군현)

: 〈호해는〉 2년에 동쪽으로 가서 군현(郡縣)을 순시했다. ○謂趙高曰(위조고왈) : 〈그때에 어리고 무식한 임금 호해 는〉 조고에게 말했다. ○吾欲悉耳目之所好(오욕실이목지 소호) : 나는 마냥 귀와 눈의 즐거움을 다 누리고 싶다. 〈즉 관능적 즐거움을 마냥 누리고 싶다.〉 ○窮心志之樂, 以終 吾年.(궁심지지락 이종오년) : 또 마음 내키는 대로 쾌락을 다 취하고, 평생토록 안락하게 살고 싶다. ○高曰(고왈) : 〈그러자 음흉하고 간악한 내시〉 조고(趙高)가 말했다. ○陛 下嚴法刻刑(폐하엄법각형) : 폐하께서 법을 엄하게 만들 고, 형벌을 가혹하게 집행하십시오. ○盡除故臣(진제고신) : 또 오래된 신하들을 모조리 제거하고, ○更置所親信(갱 치소친신) : 친히 믿는 신하들로 교체하십시오. ○則高枕 肆志矣(즉고침사지의) : 그러면 베개를 높이고 〈편히 잠 을 자고〉, 또 마음대로 무슨 일이든지 할 수 있다. ○二世 然之(이세연지) : 2세는 그의 말대로 했다. ○更爲法律(갱 위법률) : 법률을 더욱 엄하게 고치고, ○務益刻深(무익각 심) : 더욱 가혹하게 형벌을 가했다. ○公子・大臣多僇死 (공자・대신다륙사) : 〈그래서〉 공자나 대신들을 많이 살 육(殺戮)했다.

| 백문 | 제10과 二世皇帝

(1) [二世皇帝] 名胡亥, 元年, 東行郡縣. 謂趙高曰, 吾欲悉耳目之 所好, 窮心志之樂, 以終吾年. 高曰, 陛下嚴法刻刑, 盡除故臣, 更置所親信, 則高枕肆志矣. 二世然之, 更爲法律, 務益刻深. 公 子・大臣多僇死.

제11과 陳勝爲王

⑴ 陽城人陳勝字涉. 少與人傭畊. 輟畊之隴上, 悵
然久之曰, 苟富貴無相忘. 傭者笑曰, 若爲傭畊, 何
富貴也. 勝大息曰, 嗟乎, 燕雀安知鴻鵠之志哉.

⑴ 양성 사람, 진승은 자(字)가 섭(涉)이다. 일찍이 남을 위
해 품팔이 농사를 지었다. 경작을 다 마치고 밭둑으로 올라
가자 한참동안 창연하게 탄식한 다음에 말했다. 「만약에 〈장
차〉 부귀를 누리게 되면, 서로 잊지 말자.」〈다른〉 품팔이
일꾼이 웃으며 말했다. 「너 같은 품팔이 일꾼이, 어떻게 부
귀를 누리게 될 것이냐?」 진승이 크게 탄식하고 말했다. 「아
아! 제비나 참새 같은 좀팽이가 어찌 봉황새나 따오기 같은
큰 새의 뜻을 알겠나.」

어구 설명 ⑴ ㅇ陽城人陳勝字涉(양성인진승자섭) : 양성 사람, 진승
은 자(字)가 섭(涉)이다. ㅇ少與人傭畊(소여인용경) : 젊어
서 남에게 품팔이 농사를 지었다. 「畊(경)」은 「경(耕)」의
옛글자. ㅇ輟畊之隴上(철경지롱상) : 경작을 다 마치고 밭
둑으로 올라가, ㅇ悵然久之曰(창연구지왈) : 한참동안 창
연하게 탄식한 다음에 말했다. ㅇ苟富貴無相忘(구부귀무
상망) : 만약에 〈장차〉 부귀를 누리게 되면, 서로 잊지 말
자. ㅇ傭者笑曰(용자소왈) : 〈다른〉 품팔이 일꾼이 웃으며
말했다. ㅇ若爲傭畊(약위용경) : 너 같은 품팔이 일꾼이,

ㅇ何富貴也(하부귀야) : 어떻게 부귀를 누리게 될 것이냐?
ㅇ勝大息曰(승대식왈) : 진승이 크게 탄식하고 말했다. ㅇ嗟
乎, 燕雀安知鴻鵠之志哉.(차호 연작안지홍곡지지재) : 아아!
제비나 참새 같은 좀팽이가 어찌 봉황새나 따오기 같은 큰
새의 뜻을 알겠나.

(2) 至是與吳廣起兵于蘄. 時發閭左戌漁陽. 勝·廣
爲屯長. 會大雨, 道不通. 乃召徒屬曰, 公等失期.
法當斬. 壯士不死則已, 死則擧大名. 王侯將相, 寧
有種乎. 衆皆從之.

(2) 〈각지에서 반란이 일어나고, 진나라가 혼란에 빠지자〉
진승(陳勝)은 오광(吳廣)과 함께 기(蘄 : 安徽省)에서 무력
봉기를 했다. 〈당시 진나라는 전란에 시달려 징발해 쓸 병졸
이 부족했다.〉 그래서 여좌(閭左)에 사는 빈민들까지 징발해
서 어양(漁陽 : 河北省)의 수비에 충당을 했다. 〈그때에〉 진
승과 오광이 주둔군의 대장이었다. 〈그런데〉 마침 큰 장맛
비가 내려, 길이 막혔으므로 〈징발된 병졸들을 이동해 가지
못했다.〉 〈그래서 진승과 오광은〉 징발된 사람들을 다 모아
놓고 말했다. 「저나 여러분들이나, 길이 막혀 정해진 기일을
지키지 못했소. 〈그러므로〉 법에 따라, 마땅히 처형되어야
할 것이오. 남자 대장부는 죽을 각오가 없으면, 아무 일도
못하오. 그러나 죽을 각오로 목숨을 버린다면 크게 이름을

떨칠 수 있소. 임금이나 제후나 장군이나 재상들도 〈다 같은
사람이오. 어찌 특별한 씨종이겠소. 〈그러니 우리도 들고 일
어납시다.〉」모든 사람이 호응하고 따랐다.

어구 설명 (2) ㅇ至是與吳廣起兵于蘄(지시여오광기병우기) : 〈천하
가 혼란에 빠지자〉〈진승은〉오광(吳廣)과 함께 기(蘄 :
安徽省의 지명)에서 무력 봉기를 했다. ㅇ時發閭左(시발
려좌) : 〈당시 진나라는 전란에 시달려 징발해 쓸 병졸이
부족했다〉〈그래서 여좌(閭左)에 사는 빈민들까지 징발해
썼다.「여좌(閭左)」는 마을 대문 왼쪽에 사는 빈민들이란
뜻. 평상시에는 부역을 면제했다. ㅇ戍漁陽(수어양) : 〈빈
민들까지 징발해서〉어양(漁陽 : 河北省의 지명)의 수비에
충당했다. ㅇ勝·廣爲屯長(승·광위둔장) : 그때 진승과
오광이 주둔군의 대장이 되었다.〈병졸들을 인솔하고 진지
에 가야 했다.〉ㅇ會大雨, 道不通.(회대우 도불통) : 마치
큰 장맛비가 내려, 길이 막혔다. 〈그래서 징발된 빈민들을
이동해 가지 못했다.〉ㅇ乃召徒屬曰(내소도속왈) : 〈그래
서 진승과 오광은〉징발된 사람들을 다 모아놓고 말했다.
ㅇ公等失期. 法當斬.(공등실기 법당참) : 〈우리들이나〉여
러분들은 〈길이 막혀〉정해진 기일을 지키지 못했소. 〈그
러므로〉법에 따라, 마땅히 처형되어야 할 것이오. ㅇ壯士
不死則已(장사불사칙이) : 남자 장사는 죽을 각오가 없으
면, 아무 일도 못합니다. ㅇ死則擧大名(사칙거대명) : 죽을
각오로 목숨을 버린다면 크게 이름을 떨칠 수 있습니다.
ㅇ王侯將相, 寧有種乎.(왕후장상 영유종호) : 임금이나 제
후나 장군이나 재상들도 〈다 같은 사람이오.〉어찌 특별한

종자이겠소. 〈그러니 우리도 들고 일어납시다.〉 o 衆皆從
之(중개종지) : 모든 사람이 호응하고 따랐다.

**(3) 乃詐稱公子扶蘇·項燕, 稱大楚. 勝自立爲將軍,
廣爲都尉. 大梁張耳·陳餘, 詣軍門上謁. 勝大喜,
自立爲王, 號張楚. 諸郡縣苦秦法, 爭殺長吏以應涉.**

(3) 〈진승과 오광은 자기들을〉 진나라의 공자 부소(扶蘇)와
초나라의 대장 항연(項燕)이라고 사칭(詐稱)하고 또 나라 이
름을 대초(大楚)라고 일컬었다. 그리고 진승은 스스로 장군
이 되고, 오광은 도위가 되었다. 그러자 대량(大梁)의 장이
(張耳)와 진여(陳餘)가, 그들의 군영에 와서 알현을 청하고
〈진승을 받들었다.〉 진승은 크게 기뻐하고, 스스로 임금이
되었으며, 국호를 장초(張楚)라고 했다. 그러자, 〈그간에 진
나라〉 악법에 시달리던 여러 군이나 현의 사람들이 들고일
어나, 다투듯이 진나라의 장관들을 살해하고 진승에 호응했
다.

어구 설명 (3) o 乃詐稱公子扶蘇·項燕(내사칭공자부소·항연) : 〈진
승과 오광은 자기들을〉 진나라의 공자 부소(扶蘇)와 초나
라의 대장 항연(項燕)이라고 사칭(詐稱)을 했으며, o 稱大
楚(칭대초) : 나라 이름을 대초(大楚)라고 일컬었다. o 勝自
立爲將軍(승자립위장군) : 진승은 스스로 장군이 되고, o
廣爲都尉(광위도위) : 오광은 도위가 되었다. o 大梁張

耳·陳餘(대량장이·진여) : 그러자 대량(大梁)의 장이(張耳)와 진여(陳餘)가, ○詣軍門上謁(예군문상알) : 그들의 군영에 와서 알현을 청하고〈진승을 받들었다.〉○勝大喜, 自立爲王,(승대희 자립위왕) : 진승은 크게 기뻐하고, 스스로 임금이 되었으며, ○號張楚(호장초) : 국호를 장초(張楚)라고 했다. ○諸郡縣苦秦法(제군현고진법) : 그러자, 여러 군이나 현에서 진나라 법에 고통을 당하던 사람들이 듣고 일어나, ○爭殺長吏以應涉(쟁살장리이응섭) : 다투어 진나라의 장관들을 살해하고 진승에 호응했다.

(4) 謁者從東方來, 以反者聞. 二世怒, 下之吏. 後使者至. 上問之. 曰, 羣盜鼠竊狗偸, 不足憂也. 上悅.

(4) 알자(謁者)가 동방의 소식을〈사실대로〉반란이 심하다고 아뢰었다. 그러자 이세가 노하고 그를 감옥에 가두었다. 다음의 다른 사자가 오자 임금이 묻자, 그 사자가 임금에게 말했다.「떼도적이나, 쥐 같은 절도, 혹은 개 같은 도적들이라, 걱정하실 것이 못됩니다.」하고 말했다. 그러자, 임금이 좋아했다.

어구 설명 (4) ○謁者從東方來(알자종동방래) : 알자가 동방의 소식을〈사실대로〉아뢰었다. 이때의「알자(謁者)」는 각지의 사정을 보고하는 사람의 뜻이다. ○以反者聞(이반자문) :〈사실대로〉반란이 심하다고 아뢰었다. ○二世怒(이세노) : 이세가 노하고, ○下之吏(하지리) : 그를 감옥에 떨어뜨

렸다. ○後使者至(후사자지) : 다음의 다른 사자가 오자,
○上問之(상문지) : 임금이 묻자, ○曰, 羣盜鼠竊狗偸, 不
足憂也.(왈 군도서절구투 부족우야) : 사자가 임금에게 「떼
도적이나, 쥐 같은 절도, 혹은 개 같은 도적들이라, 걱정하
실 것이 못된다.」고 말했다. ○上悅(상열) : 그러자, 임금
이 좋아했다.

(5) 陳勝以所善陳人武臣爲將軍, 耳·餘爲校尉, 使
徇趙地. 至趙, 武臣自立爲趙王.

(5) 진승은 자기가 좋아하는, 진(陳)나라 사람, 무신(武臣)을
장군으로 삼고, 장이(張耳)와 진여(陳餘)를 교위로 삼고, 조
(趙)나라 각지를 돌면서 복종을 권유하게 했다. 〈그러나 그
들은〉 조나라에 가자, 무신(武臣) 자신이 조나라 임금으로
자리에 올랐다.

어구 설명 (5) ○陳勝以所善(진승이소선) : 진승은 자기가 좋아하는,
○陳人武臣爲將軍(진인무신위장군) : 진(陳)나라 사람, 무
신(武臣)을 장군으로 삼고, ○耳·餘爲校尉,(이·여위교위)
: 장이(張耳)와 진여(陳餘)를 교위로 삼고, ○使徇趙地(사
순조지) : 조(趙)나라 각지를 돌면서 복종을 권유하게 했
다. ○至趙, 武臣自立爲趙王.(지조 무신자립위조왕) : 〈그
들은〉 조나라에 가자, 무신(武臣) 자신이 조나라 임금으
로 자리에 올랐다.

| 백문 | 제11과 **陳勝爲王**

(1) 陽城人陳勝字涉. 少與人傭畊. 輟畊之隴上, 悵然久之曰, 苟富貴無相忘. 傭者笑曰, 若爲傭畊, 何富貴也. 勝大息曰, 嗟乎, 燕雀安知鴻鵠之志哉.

(2) 至是與吳廣起兵于蘄. 時發閭左戍漁陽. 勝廣爲屯長. 會大雨, 道不通. 乃召徒屬曰, 公等失期. 法當斬. 壯士不死則已, 死則擧大名. 王侯將相, 寧有種乎. 衆皆從之.

(3) 乃詐稱公子扶蘇·項燕, 稱大楚. 勝自立爲將軍, 廣爲都尉. 大梁張耳·陳餘, 詣軍門上謁. 勝大喜, 自立爲王, 號張楚. 諸郡縣苦秦法, 爭殺長吏以應涉.

(4) 謁者從東方來, 以反者聞. 二世怒, 下之吏. 後使者至. 上問之. 曰, 羣盜鼠竊狗偸, 不足憂也. 上悅.

(5) 陳勝以所善陳人武臣爲將軍, 耳·餘爲校尉, 使徇趙地. 至趙, 武臣自立爲趙王.

제12과 劉邦·項羽

(1) 沛人劉邦起於沛. 父老爭殺令, 迎立爲沛公. 沛邑掾·主吏, 蕭何·曹參爲收沛子弟得三千人.

(1) 패(沛) 출신, 유방이 패에서 들고 일어나자, 그곳의 어른들이 다투어 〈진나라가 임명한〉 수령(守令)들을 살해하고,

유방(劉邦)을 영입(迎入)하고, 패공(沛公)으로 받들었다. 이에, 패읍(沛邑)의 연(掾)을 지내던 소하(蕭何)와 주리(主吏)인 조참(曹參)이 〈유방에 가담했으며〉 그들이 나서서 패읍 일대의 젊은이들 삼천 명을 모아 〈세를 부풀렸다.〉

| 어구 설명 | ○劉邦(유방) : 한(漢)나라의 고조, ○項羽(항우) : 초(楚)나라 출신인 영웅 호걸. (1) ○沛人劉邦起於沛(패인유방기어패) : 패(沛) 출신, 유방이 패에서 들고 일어나자, 「패(沛)」는 강소성(江蘇省)의 지명. ○父老爭殺令(부로쟁살령) : 〈그곳의〉 어른들이 다투어 〈진나라가 임명한〉 수령(守令)들을 살해하고, ○迎立爲沛公(입위패공) : 유방(劉邦)을 맞이하고 패공(沛公)으로 내세웠다. 「패공(沛公)」은 곧 「그곳의 지배자」라는 뜻. ○沛邑掾·主吏, 蕭何·曹參(패읍연·주리, 소하·조참) : 패읍(沛邑)의 연(掾)을 지내던 소하(蕭何)와 주리(主吏)인 조참(曹參)이 〈유방 패공에게 호응했다.〉 「연(掾)」은 「감옥의 소장」, 「주리(主吏)」는 「사무를 처리하는 속관(屬官)」이다. ○爲收沛子弟得三千人(위수패자제득삼천인) : 그들이 나서서 패읍(沛邑) 일대의 젊은이들 삼천 명을 모아 〈패공의 세력을 부풀렸다.〉 |

(2) 項梁者, 楚將項燕之子也. 嘗殺人, 與兄子籍, 避仇吳中. 籍字羽, 少時學書不成. 去學劍. 又不成. 梁怒. 籍日, 書足以記姓名而已, 劍一人敵, 不足學. 學萬人敵. 梁乃教籍兵法.

(2) 항량(項梁)은 초(楚)나라의 장군, 항연(項燕)의 아들이다. 전에 사람을 죽였음으로, 형의 아들 항적(項籍)과 함께, 원수를 피해서, 오(吳)나라에 와 있었다. 항적의 자가 우(羽)다. 〈즉 항적(項籍)이 바로 항우(項羽)다.〉 항우는 어려서 글을 배웠으나, 성취하지 못했다. 〈그래서〉 검법을 배웠으나, 역시 성공하지 못했다. 항량이 노하고 꾸짖자, 항우가 말했다. 「글은 이름을 쓸 줄 알면 충분하다.〈그 이상 더 배울 것도 없다.〉 검술은 한 사람을 적으로 삼고 싸우는 것이다.〈그러니〉 배울 가치가 없다.〈나는〉만 명을 적으로 하고 〈싸워서 이기는〉〈병법을〉 배우겠다.」〈그래서〉 항량은 항우에게 병법을 가르쳐주었다.

어구 설명 (2) ㅇ項梁者, 楚將項燕之子也.(항량자 초장항연지자야) : 항량(項梁)은 초(楚)나라의 장군, 항연(項燕)의 아들이다. ㅇ嘗殺人(상살인) : 전에 사람을 죽였음으로, ㅇ與兄子籍(여형자적) : 형의 아들 항적(項籍)과 함께, ㅇ避仇吳中(피구오중) : 원수를 피해서, 오(吳)나라에 와 있었다. ㅇ籍字羽(적자우) : 항적의 자가 우(羽)다. 즉 항적(項籍)이 바로 항우(項羽)다. ㅇ少時學書不成(소시학서불성) : 항우는 어려서 글을 배웠으나, 성취하지 못했다. ㅇ去學劍. 又不成.(거학검 우불성) : 〈그래서〉 검법을 배웠으나, 역시 성공하지 못했다. ㅇ梁怒(양노) : 항량이 노하고 꾸짖자, ㅇ籍曰(적왈) : 항우가 말했다. ㅇ書足以記姓名而已(서족이기성명이이) : 글은 이름을 쓸 줄 알면 충분하다.〈그 이상 더 배울 것도 없다.〉 ㅇ劍一人敵, 不足學.(검일인적 부족

학) : 검술은 한 사람을 적으로 삼고 싸우는 것이다. 〈그러
니〉 배울 가치가 없다. ㅇ學萬人敵(학만인적) : 만 명을 적
으로 하고 〈싸워 이기는〉〈병술을〉 배워야 한다. ㅇ梁乃敎
籍兵法(양내교적병법) : 〈그래서〉 항량은 항우에게 병법을
가르쳐주었다.

(3) 會稽守殷通, 欲起兵應陳涉, 使梁爲將. 梁使籍斬通, 佩其印綬. 遂擧吳中兵, 得八千人. 籍爲裨將. 時年二十四.

(3) 회계의 수령 은통(殷通)이, 무력으로 일어서려고 〈야심
을 품고〉 진승(陳勝)에 호응을 하려고 했다. 〈그래서〉 항량
(項梁)을 대장으로 삼았다. 〈그러나〉 항량(項梁)은 항우(項
羽)를 시켜서, 은통(殷通)을 베어 죽이고, 〈은통의〉 인수(印
綬)를 탈취하여 자기가 찼다. 그리고 마침내, 오나라에서 무
력을 바탕으로 봉기했으며, 즉시 8천 명의 병사를 얻었으며,
항우(項羽)를 비장(裨將)으로 삼았다. 그때의 그의 나이 24
세였다.

어구 설명 (3) ㅇ會稽守殷通(회계수은통) : 회계의 수령 은통(殷通)
이, 「會稽(회계)」는 강소성(江蘇省)의 지명, 당시는 진(秦)
의 군(郡)이었다. ㅇ欲起兵應陳涉(욕기병응진섭) : 〈은통
이〉 무력으로 봉기하고, 진승(陳勝)에 호응을 하려고 했
다. ㅇ使梁爲將(사량위장) : 〈그래서〉 항량(項梁)을 대장으
로 삼았다. ㅇ梁使籍斬通(양사적참통) : 항량(項梁)은 항우

(項羽)를 시켜서, 은통(殷通)을 베어 죽이고, ○佩其印綬
(패기인수) : 〈은통(殷通)의〉 인수(印綬)를 탈취하여 자기
가 찼다. 「인수(印綬)」의 「인(印)」은 관인(官印), 「수(綬)」
는 관인을 매다는 줄이다. 여기서는 「항량이 은통을 죽이
고, 그의 관직을 가로챘다.」는 뜻이다. ○遂擧吳中兵(수거
오중병) : 마침내, 오나라 땅에서 무력을 바탕으로 봉기했
다. ○得八千人(득팔천인) : 항량은 8천 명의 병졸을 얻었
으며, ○籍爲裨將(적위비장) : 항우(項羽)를 비장(裨將)으
로 삼았다. ○時年二十四(시년이십사) : 그때의 항우의 나
이 24세였다.

| 백문 | 제12과 劉邦 · 項羽

(1) 沛人劉邦起於沛. 父老爭殺令, 迎立爲沛公. 沛邑掾主吏, 蕭何 ·
曹參爲收沛子弟得三千人

(2) 項梁者, 楚將項燕之子也. 嘗殺人, 與兄子籍, 避仇吳中. 籍字
羽, 少時學書不成. 去學劍. 又不成. 梁怒. 籍曰, 書足以記姓名
而已, 劍一人敵, 不足學. 學萬人敵. 梁乃敎籍兵法.

(3) 會稽守殷通, 欲起兵應陳涉, 使梁爲將. 梁使籍斬通, 佩其印綬.
遂擧吳中兵, 得八千人. 籍爲裨將. 時年二十四.

제13과 弑殺亂世

(1) 齊人田儋, 自立爲齊王. 趙王武臣, 使將韓廣略

燕地. 廣自立爲燕王. 楚將周市, 定魏地, 迎魏公子
咎, 立爲魏王.

(1) 제(齊)나라 사람, 전담(田儋)이 스스로 제나라의 왕이 되
었다. 조(趙)나라 왕이 된, 무신(武臣)이 장군 한광(韓廣)을
시켜 연(燕) 땅을 공략하게 했다. 그러자 한광은 스스로 연
나라의 임금이 되었다. 초나라의 장군 주시(周市)가 위(魏)
나라를 평정하고, 위나라의 공자 구(咎)를 맞이하여 위왕(魏
王)이 되게 했다.

어구 설명 (1) ㅇ齊人田儋, 自立爲齊王.(제인전담 자립위제왕) : 제(齊)
나라 사람, 전담(田儋)이 스스로 제나라의 왕이 되었다. ㅇ趙
王武臣, 使將韓廣略燕地.(조왕무신 사장한광략연지) : 조
(趙) 나라 왕이 된 무신(武臣)이 장군 한광(韓廣)을 시켜 연
(燕) 땅을 공략하게 했다. ㅇ廣自立爲燕王(광자립위연왕) :
그러자 한광이 스스로 연나라의 임금이 되었다. ㅇ楚將周
市, 定魏地,(초장주시 정위지) : 초나라의 장군 주시(周市)가
위(魏)나라를 평정했다. 「주시(周市)」를 「주불(芾)」이라고 읽
기도 한다. ㅇ迎魏公子咎, 立爲魏王.(영위공자구 입위위왕)
: 위나라의 공자 구(咎)를 맞이하여 위왕(魏王)이 되게 했다.

(2) 二年, 吳廣爲其下所殺. 陳勝爲其御莊賈所殺. 以降秦.

(2) 진(秦)나라 2세, 즉 호해(胡亥), 2년에, 오광(吳廣)이 자

기 부하에게 피살되었다. 진승(陳勝)은 자기의 어자(御者),
장가(莊賈)에게 피살되었다. 〈장가(莊賈)는〉 진(陳)나라에게
투항했다.

어구 설명 (2) ○二年, 吳廣爲其下所殺.(이년 오광위기하소살) : 진
(秦) 나라 2세, 즉 호해(胡亥) 2년에, 오광(吳廣)이 자기 부
하에게 피살되었다. ○陳勝爲其御莊賈所殺(진승위기어장
가소살) : 진승(陳勝)은 자기의 어자(御者), 장가(莊賈)에게
피살되었다. ○以降秦(이강진) : 그리고 〈장가(莊賈)는〉 진
(陳)나라에 투항했다.

(3) 秦將章邯擊魏. 齊楚救之. 齊王儋・魏王咎, 與周市, 皆敗死.

(3) 진(秦)나라의 장군 장감(章邯)이 위(魏)나라를 공격했다.
제(齊)와 초(楚)가 위(魏)를 구했다. 〈그러나 결국〉 제왕(齊王)
전담(田儋), 위왕(魏王) 구(咎)가, 주시(周市)와 함께 패하고
죽었다.

어구 설명 (3) ○秦將章邯擊魏(진장장감격위) : 진(秦)나라의 장군 장
감(章邯)이 위(魏)나라를 공격했다. ○齊楚救之(제초구지)
: 제(齊)와 초(楚)가 위(魏)를 구했다. 〈그러나 결국 패하
고,〉 ○齊王儋・魏王咎, 與周市, 皆敗死.(제왕담・위왕구
여주시 개패사) : 제왕(齊王) 전담(田儋), 위왕(魏王) 구(咎)
가, 주시(周市)와 함께 패하고 죽었다.

(4) 趙王武臣, 爲其將李良所殺. 張耳·陳餘, 立趙歇爲王.

(4) 조왕(趙王) 무신(武臣)이 자기의 장군 이량(李良)에게 피살되었다. 장이(張耳)와 진여(陳餘)가 조헐(趙歇)을 임금으로 세웠다.

어구 설명 (4) ㅇ趙王武臣, 爲其將李良所殺.(조왕무신 위기장이량소살) : 조왕(趙王) 무신(武臣)이 자기의 장군 이량(李良)에게 피살되었다. ㅇ張耳·陳餘, 立趙歇爲王.(장이·진여 입조헐위왕) : 장이(張耳)와 진여(陳餘)가 조헐(趙歇)을 임금으로 세웠다.

(5) 居鄹人范增, 年七十, 好奇計. 往說項梁曰, 陳勝首事. 不立楚後而自立. 其勢不長. 今君起江東, 楚蠭起之將, 爭附君者, 以君世世楚將, 必能復立楚之後也. 於是項梁求得楚懷王孫心, 立爲楚懷王, 以從民望.

(5) 거소(居鄹) 사람, 범증(范增)은 나이 70세로, 기묘한 계략을 잘 세웠다. 그가 항량(項梁)을 보고 말했다. 「진승(陳勝)이 처음으로 거사를 했으나, 초나라의 후손을 내세우지 않고, 자신이 올라 임금이 되었다. 그래서 세(勢)가 오래 가지 못하고 〈망한 것이다.〉 지금 공(公)이 강동에서 의거(義

舉)하자, 초(楚)나라에서 벌떼처럼 많은 장수들이 일어나, 다투어 당신에게 가세한 것은, 그대의 집안이 대대로 초나라의 장군이었음으로, 반드시 〈그대가〉 초나라의 후손을 임금으로 세울 거라고 믿기 때문이다.」〈여기까지가 범증의 말이다.〉 그래서 항량은 초회왕(楚懷王)의 손자, 심(心)을 찾아서, 그를 초회왕(楚懷王)이라 올려 세우고, 백성들의 소망에 따랐다.

어구 설명 (5) ㅇ居鄛人范增(거소인범증) : 거소(居鄛) 출신인 범증(范增)은, 「거소(居鄛)」는 「안휘성(安徽省)」의 지명. ㅇ年七十好奇計(연칠십호기계) : 나이 70세로, 기묘한 계략을 잘 세웠다. ㅇ往說項梁曰(왕설항량왈) : 범증이 항량에게 가서 말했다. ㅇ陳勝首事(진승수사) : 진승(陳勝)이 처음 거사를 했으나, ㅇ不立楚後而自立(불립초후이자립) : 초나라의 후손을 내세우지 않고, 자신이 올라 임금이 되었다. ㅇ其勢不長(기세부장) : 그래서 그들의 세가 오래 가지 못하고 〈망한 것이다.〉 ㅇ今君起江東(금군기강동) : 지금 그대가 강동(江東)에서 의거(義擧)하자, 「강동(江東)」은 장강(長江) 동부 지대, ㅇ楚蠭起之將(초봉기지장) : 초(楚)나라에서 봉기(蜂起)한 여러 장군들이, 蠭은 蜂의 고자(古字). 봉기(蜂起) ; 벌떼같이 일어남. 많은 사람들이 한꺼번에 들고 일어남. ㅇ爭附君者(쟁부군자) : 다투어 당신에게 붙는 것은, ㅇ以君世世楚將(이군세세초장) : 그대의 집안이 대대로 초나라의 장군이었으며, ㅇ必能復立楚之後也(필능부립초지후야) : 반드시 〈그대가〉 초나라의 후손을 임금으로

세울 거라고 믿기 때문이다. 〈여기까지가 범증의 말이다.〉
ㅇ於是項梁求得楚懷王孫心(어시항량구득초회왕손심) : 그
래서 항량(項梁)은 초회왕(楚懷王)의 손자, 심(心)을 찾아
서, ㅇ立爲楚懷王, 以從民望.(입위초회왕 이종민망) : 그를
초회왕(楚懷王)이라 올려 세우고, 백성들의 소망에 따랐
다.

| 백문 | 제13과 弑殺亂世

⑴ 齊人田儋, 自立爲齊王. 趙王武臣, 使將韓廣略燕地. 廣自立爲
燕王. 楚將周市, 定魏地, 迎魏公子咎, 立爲魏王.

⑵ 二年, 吳廣爲其下所殺. 陳勝爲其御莊賈所殺. 以降秦.

⑶ 秦將章邯擊魏. 齊楚救之. 齊王儋·魏王咎, 與周市, 皆敗死.

⑷ 趙王武臣, 爲其將李良所殺. 張耳·陳餘, 立趙歇爲王.

⑸ 居鄡人范增, 年七十, 好奇計. 往說項梁曰, 陳勝首事. 不立楚後
而自立. 其勢不長. 今君起江東,
楚蠭起之將, 爭附君者, 以君世世
楚將, 必能復立楚之後也. 於是項
梁求得楚懷王孫心, 立爲楚懷王,
以從民望.

항우(項羽)

제14과 李斯滅族

(1) 趙高與丞相李斯有隙. 高侍二世, 方燕樂婦女居前, 使人告丞相斯, 可奏事. 斯上謁. 二世怒曰, 吾嘗多閒日, 丞相不來. 吾方燕私, 丞相輒來.

⑴ 환관(宦官) 조고(趙高)와 승상(丞相) 이사(李斯)는 사이가 좋지 않았다. 〈하루는〉 조고가 이세를 모시고 잔치를 벌이고 있었으며, 앞에는 여자들이 있었다. 〈바로 그때에, 간악한 조고가〉 사람을 시켜서 이사에게 「지금 상주(上奏) 하는 게 좋다.」고 말했다. 〈그래서〉 이사는 올라가 알현하고 〈정사를 상주했다.〉 그러자 이세는 화를 내고 말했다. 「전에 내가 한가할 때는 승상이 오지 않고, 내가 사사롭게 연락하자, 바로 나타나 〈나의 흥을 망치는가?〉」

어구 설명 제14과 ㅇ李斯滅族(이사멸족) : 승상(丞相) 이사(李斯)가 멸족(滅族)되다. ⑴ ㅇ趙高與丞相李斯有隙(조고여승상이사유극) : 환관(宦官) 조고(趙高)와 승상(丞相) 이사(李斯)는 사이가 벌어졌다. 隙(틈 극) ; 사이가 틀어짐. 갈라지다. 분쟁, 싸움. 隟은 고자(古字). 隙은 속자. ㅇ高侍二世(고시이세) : 조고가 「호해(胡亥), 이세왕(二世王)」을 모시고 ㅇ方燕樂(방연악) : 바야흐로, 잔치를 벌이고 즐겁게 놀고 있었다. ㅇ婦女居前(부녀거전) : 〈그 연회 자리에는〉 여자들이 앞에 있었다. 〈즉 여자들을 앞에 놓고 연락(宴樂)하고 있

었다.〉ㅇ使人告丞相斯可奏事(사인고승상사가주사) : 간악
한 조고가 사람을 시켜서 승상인 이사에게 「지금 정사(政
事)를 임금에게 상주(上奏) 할 수 있다.」고 말했다. 〈즉 조
고가 이사를 죄에 빠뜨리게 한 것이다.〉ㅇ斯上謁(사상알)
: 이사는 올라가 알현하고 〈정사를 상주했다.〉ㅇ二世怒曰
(이세노왈) : 이세는 화를 내고 말했다. ㅇ吾嘗多閒日, 丞
相不來.(오상다한일 승상불래) : 전에 내가 한가할 때는 승
상이 오지 않고, ㅇ吾方燕私, 丞相輒來.(오방연사 승상첩
래) : 바야흐로 내가 사사롭게 연락하고 있을 때에, 승상이
갑자기 나타나 〈나의 흥을 망치는가?〉

(2) 高曰, 丞相長男李由, 爲三川守與盜通. 且丞相
居外, 權重於陛下. 二世然之, 下斯吏, 具五刑, 腰
斬咸陽市. 斯出獄, 顧謂中子曰, 吾欲與若復牽黃
犬, 俱出上蔡東門, 逐狡兔, 豈可得乎. 遂父子相哭.
而夷三族.

(2) 〈간악한 조고가 성난 임금에게 부채질하며〉 말했다. 「승
상의 장남, 이유(李由)는 삼천(三川)의 군수(郡守)이면서 도
적들과 내통하고 반란을 부축이고 있습니다. 또 승상은 조정
밖에서는 그 권세가 폐하보다 더 큽니다.」 이세, 호해는 그
렇다고 인정하고, 〈이사를〉 형리(刑吏)에게 넘겨 벌을 주게
했다. 이사는 다섯 가지 형벌을 다 받았다. 〈그리고 마지막
으로〉 요참(腰斬)을 함양(咸陽) 거리에서 받기 위하여, 감옥

에서 나오자, 이사는 둘째 아들을 돌아보고 말했다. 「나는
너와 함께, 누런 사냥개를 끌고, 고향인 상채(上蔡)의 동문
으로 나가, 교활한 토끼 즉 조고(趙高)를 쫓아 잡고자 했거
늘, 〈이제는〉 그러지 못하게 되었구나.」 드디어 부자가 서로
통곡을 했다. 그리고 삼족(三族)이 다 처형되었다.

여구 설명 (2) ○高曰(고왈) : 〈간악한 조고가 성난 임금에게〉 말했
다. ○丞相長男李由(승상장남이유) : 승상의 장남, 이유(李
由)는, ○爲三川守與盜通(위삼천수여도통) : 삼천(三川)의
군수(郡守)이면서 도적들과 내통하고 〈반란을 부축이고 있
다.〉 ○且丞相居外(차승상거외) : 또 승상은 조정 밖에서
는, ○權重於陛下(권중어폐하) : 권세가 폐하보다 더 크다.
○二世然之(이세연지) : 이세왕, 호해는 그렇다고 인정하
고, ○下斯吏(하사리) : 형리(刑吏)에게 넘겨 벌을 주게 했
다. ○具五刑(구오형) : 〈이사는〉 다섯 가지 형벌에 처해졌
다. 「오형(五刑)」은, 「묵형(墨刑), 의형(劓刑 : 코를 베는
형), 월형(刖刑 : 발뒤꿈치를 자르는 형), 궁형(宮刑 : 거세
하는 형), 대벽(大辟 : 사형)」을 차례로 가한다. ○腰斬咸陽
市(요참함양시) : 〈마지막으로〉 요참(腰斬 : 허리를 베어
죽이는 사형)을 함양(咸陽) 거리에서 받게 되었다. ○斯出
獄(사출옥) : 사형을 받기 위해, 감옥에서 나오자, ○顧謂
中子曰(고위중자왈) : 이사는 둘째 아들을 돌아보고 말했
다. ○吾欲與若復牽黃犬(오욕여약부견황견) : 나는 너와 함
께, 누런 사냥개를 끌고, ○俱出上蔡東門(구출상채동문) :
상채(上蔡)의 동문으로 나가, 「상채(上蔡)」는 하남성(河南
省)에 있는 이사(二斯)의 고향. ○逐狡兎(축교토) : 교활한

토끼 즉 조고(趙高)를 쫓아 잡고자 했거늘, 「욕(欲)」은 여기까지 걸린다. ○豈可得乎(기가득호) : 〈이제는〉 그러지 못하게 되었구나. ○遂父子相哭(수부자상곡) : 드디어 부자가 서로 통곡을 했다. ○而夷三族(이이삼족) : 그리고 삼족(三族)이 다 처형되었다. 「이삼족(夷三族)」은 「본인의 가족, 부친의 가족, 처가의 가족을 모조리 죽이는 형벌」이다.

| 백문 | 제14과 李斯滅族

(1) 趙高與丞相李斯有隙. 高侍二世, 方燕樂婦女居前, 使人告丞相斯, 可奏事. 斯上謁. 二世怒曰, 吾嘗多閒日, 丞相不來. 吾方燕私, 丞相輒來.

(2) 高曰, 丞相長男李由, 爲三川守與盜通. 且丞相居外, 權重於陛下. 二世然之, 下斯吏, 具五刑, 腰斬咸陽市. 斯出獄, 顧謂中子曰, 吾欲與若復牽黃犬, 俱出上蔡東門, 逐狡兎, 豈可得乎. 遂父子相哭. 而夷三族.

제15과 指鹿爲馬

(1) 中丞相趙高, 欲專秦權, 恐羣臣不聽. 乃先設驗, 指鹿獻於二世曰, 馬也. 二世笑曰, 丞相誤邪, 持鹿爲馬. 問左右, 或默, 或言. 高陰中諸言鹿者以法. 後羣臣皆畏高, 莫敢言其過.

(1) 내시, 환관(宦官) 조고(趙高)가 진나라의 권력을 전횡하려고 했다. 그러나 여러 신하들이 듣지 않을 것을 겁내고 바로 먼저 시험을 꾸미며,〈신하들의 태도를 떠보았다.〉그는 사슴을 이세(二世)에게 바치며,「말입니다.」라고 말했다. 이세가 웃으며 말했다.「승상이 틀렸소. 사슴을 가리켜 말이라 하시오.」〈그리고 임금이〉좌우에 있는 신하에게 일일이 물어보았다.〈그러자〉어떤 신하는 침묵한 채 가만히 있고, 어떤 신하는〈말이다 혹은 사슴이다 하고〉대답을 했다. 조고는「사슴이라고 바르게 말한 자들」을 은밀히 법에 걸어 처단했다. 그 후로는 모든 신하들이 조고를 두려워하고, 감히 그의 허물을 말하지 못했다.

어구 설명 제15과 ㅇ指鹿爲馬(지록위마) : 사슴을 가리켜 말이라고 한다. (1) ㅇ中丞相趙高(중승상조고) : 대궐 안에 드나드는 승상, 즉 내시, 환관(宦官), 조고(趙高). ㅇ欲專秦權(욕전진권) : 진나라의 권력을 전횡하려고 했다. ㅇ恐羣臣不聽(공군신불청) : 여러 신하들이 듣지 않을 것을 겁을 내고, ㅇ乃先設驗(내선설험) : 그래서, 먼저 시험을 꾸미며,〈신하들의 태도를 떠보았다.〉ㅇ持鹿獻於二世曰, 馬也.(지록헌어이세왈 마야) :〈조고가〉사슴을 이세에게 바치며,「말입니다.」라고 말했다. ㅇ二世笑曰(이세소왈) : 이세는 웃으며 말했다. ㅇ丞相誤邪(승상오사) : 승상이 틀렸소. 邪(간사할 사) ; 옳지 아니하다. 위배되다. ㅇ指鹿爲馬(지록위마) : 사슴을 가리켜 말이라 하시오. ㅇ問左右(문좌우) :〈그리고 임금이〉좌우에 있는 신하에게 일일이 물어보았다. ㅇ或默,

或言.(혹묵 혹언) : 어떤 신하는 침묵한 채 가만히 있고, 어떤 신하는 〈말이다 혹은 사슴이다 하고〉 대답을 했다. ㅇ高陰中諸言鹿者以法(고음중제언록자이법) : 〈그러자〉 조고는 「사슴이라고 바르게 말한 자들」을 은밀히 법에 걸어 처단했다. ㅇ後羣臣皆畏高(후군신개외고) : 그 후로는 모든 신하들이 조고(趙高)를 두려워하고, ㅇ莫敢言其過(막감언기과) : 감히 그의 허물을 말하지 못했다.

| 백문 | 제15과 指鹿爲馬

(1) 中丞相趙高, 欲專秦權, 恐羣臣不聽. 乃先設驗, 持鹿獻於二世曰, 馬也. 二世笑曰, 丞相誤邪, 指鹿爲馬. 問左右, 或默, 或言. 高陰中諸言鹿者以法. 後羣臣皆畏高, 莫敢言其過.

제16과 羽上將軍

(1) 項梁與秦將章邯戰敗死. 宋義先言其必敗, 梁果敗.

(1) 항량(項梁)이 진(秦)의 장군 장감(章邯)과 싸우다가 패하고 죽었다. 송의(宋義)가 앞서 항량이 반드시 패한다고 말했거늘, 과연 항량이 패하고 죽었다.

어구설명 제16과 ㅇ項羽爲上將軍(항우위상장군) : 항우가 상장군

즉 총사령관이 되다. (1) ㅇ項梁與秦將章邯戰敗死(항량여
진장장감전패사) : 항량(項梁)이 진(秦)의 장군 장감(章邯)
과 싸우다 패하고 죽었다. ㅇ宋義先言其必敗(송의선언기
필패) : 송의(宋義)가 앞서 항량이 반드시 패한다고 말했
으며, ㅇ梁果敗(양과패) : 항량이 과연 패하고 죽었다.

(2) 秦攻趙. 楚懷王以義爲上將, 項羽爲次將, 救趙. 義驕. 羽斬之領其兵, 大破秦兵鉅鹿下, 虜王離等, 降秦將章邯·董翳·司馬欣. 羽爲諸侯上將軍.

(2) 진나라가 조나라를 공격하자, 초회왕(楚懷王)이 송의(宋
義)를 상장군으로 삼고, 항우(項羽)를 부장군(副將軍)으로 삼
고, 조나라를 구하게 했다. 상장군 송의(宋義)가 교만하게
굴고, 〈싸움도 잘 하지 못했음으로〉 항우가 그를 베어 죽이
고, 병사와 지휘권을 차지했다. 그리고 진군(秦軍)을 거록
(鉅鹿)에서 크게 격파하고 〈진나라의 장군〉 왕리(王離) 등을
포로로 잡고 또 진나라의 장군「장감(章邯), 동예(董翳), 사
마흔(司馬欣)」을 항복하게 만들었다. 그리하여 항우는 제후
들의 상장군이 되었다.

어구 설명 (2) ㅇ秦攻趙(진공조) : 진나라가 조나라를 공격하자, ㅇ楚
懷王以義爲上將(초회왕이의위상장) : 초회왕(楚懷王)이 송
의(宋義)를 상장군으로 삼고, ㅇ項羽爲次將(항우위차장) :
항우(項羽)를 부장군(副將軍)으로 삼고, ㅇ救趙(구조) : 조

나라를 구하게 했다. ○義驕(의교) : 상장군 송의(宋義)가 교만하게 굴고 〈싸움도 잘 하지 못했음으로〉 ○羽斬之領其兵(우참지령기병) : 항우가 송의를 베어 죽이고, 병사와 지휘권을 자기가 차지했다. ○大破秦兵鉅鹿下(대파진병거록하) : 그리고 진군(秦軍)을 거록(鉅鹿 : 河北省)에서 크게 무찔렀다. ○虜王離等(노왕리등) : 〈진나라의 장군〉 왕리(王離) 등을 포로로 잡고, ○降秦將章邯·董翳·司馬欣(강진장장감·동예·사마흔) : 진나라의 장군「장감(章邯), 동예(董翳), 사마흔(司馬欣)」을 투항하게 만들었다. ○羽爲諸侯上將軍(우위제후상장군) : 항우는 제후들의 상장군이 되었다.

| 백문 | 제16과 **項羽爲上將軍**

(1) 項梁與秦將章邯戰敗死. 宋義先言其必敗, 梁果敗.

(2) 秦攻趙. 楚懷王以義爲上將, 項羽爲次將, 救趙. 義驕. 羽斬之領其兵, 大破秦兵鉅鹿下, 虜王離等, 降秦將章邯·董翳·司馬欣. 羽爲諸侯上將軍.

제17과 嬰殺趙高

(1) 先是, 趙高數言, 關東盜無能爲. 及秦兵數敗, 高恐二世怒, 遂使壻閻樂弑二世於望夷宮, 立[公子嬰]

爲秦王. 二世之兄子也. 嬰旣立, 族殺趙高.

(1) 전에 조고가「함곡관(函谷關) 동쪽의 도적들 즉 반란군
(叛亂軍)은 아무 짓도 못한다.」고 여러 차례 말하고 임금을
속였다. 〈그런데〉 진(秦)나라 군대가 수차 〈반란군에게〉 패
하자, 조고는 이세(二世)가 노할 것을 겁내고 드디어 자기의
사위 염락(閻樂)을 시켜서 이세를 망이궁(望夷宮)에서 시살
(弑殺)했다. 그리고 공자 영(嬰)을 진나라 왕에 앉혔다. 영
(嬰)은 바로 이세 호해(胡亥)의 형, 즉 부소(扶蘇)의 아들이
다. 영(嬰)은 임금이 되자, 조고 일가를 멸족했다.

어구 설명 제17과 ㅇ嬰殺趙高(영살조고) : 진(秦)나라의 삼세(三世)
임금, 영(嬰)이 조고(趙高)를 죽이다. (1) ㅇ先是(선시) : 이
전에, 줄곧, ㅇ趙高數言(조고수언) : 간악한 내시, 조고가
여러 차례 말했다. ㅇ關東盜無能爲(관동도무능위) :「함곡
관(函谷關) 동쪽의 도적들 즉 반란군(叛亂軍)은 아무 짓도
못한다.」고 여러 차례 말하고 임금을 속였다. ㅇ及秦兵數
敗(급진병수패) : 〈그런데〉 진(秦)나라 군대가 수차 〈반란
군에게〉 패하자, ㅇ高恐二世怒(고공이세노) : 조고(趙高)
는 이세가 노할 것을 겁내고, ㅇ遂使壻閻樂(수사서염락) :
드디어, 자기의 사위 염락(閻樂)을 시켜서, ㅇ弑二世於望
夷宮(시이세어망이궁) : 이세를 망이궁(望夷宮)에서 시살
(弑殺)했다. ㅇ立[公子嬰]爲秦王(입공자영위진왕) : 그리고
공자 영(嬰)을 진나라 왕에 앉혔다. ㅇ二世之兄子也(이세
지형자야) : 영(嬰)은 이세(二世) 호해(胡亥)의 형, 즉 부소
(扶蘇)의 아들이다. ㅇ嬰旣立, 族殺趙高.(영기립 족살조고)

: 영(嬰)은 임금이 되자, 조고(趙高)를 멸족(滅族)했다.

| 백문 | 제17과 **嬰殺趙高**

(1) 先是,趙高數言, 關東盜無能爲. 及秦兵數敗, 高恐二世怒, 遂使
閻閻樂弑二世於望夷宮, 立[公子嬰]爲秦王. 二世之兄子也. 嬰
旣立, 族殺趙高.

제18과 沛公寬大

(1) 初楚懷王與諸將約. 先入定關中者王之. 當時秦
兵强. 諸將莫利先入關. 獨項羽怨秦殺項梁, 奮願與
沛公先入關. 懷王諸老將皆曰, 項羽爲人, 慄悍猾
賊. 獨沛公寬大長者. 可遣. 乃遣沛公.

(1) 처음에 초회왕(楚懷王)은 여러 장수와 약속을 했다. 「누
구든지 먼저 진(秦)에 들어가 정복하는 자를 그곳의 임금으
로 삼겠다.」〈그러나〉그때에는 진나라의 무력이 강했음으
로, 장수들은 먼저 관중에 들어가는 것을 좋게 생각하지 않
았다. 오직 항우(項羽)만이 진(秦)이 〈자기의 숙부〉 항량(項
梁)을 죽인 것을 원한으로 삼고, 분개하여 패공(沛公)과 함
께 먼저 관중에 들어가려고 소망했다. 회왕과 여러 장수들이
다같이 말했다. 「항우는 사람됨이, 성미가 가혹하고 또 잔인

하다. 오직 패공(沛公)만이 관대하고 남의 장(長) 될 수 있
다.」고 말하고 패공을 파견하기로 결정했다.

여구 설명 제18과 ○沛公寬大(패공관대) : 유방(劉邦) 패공(沛公)은
성품이 관대하다. (1) ○初楚懷王與諸將約(초초회왕여제장
약) : 처음에 초회왕(楚懷王)은 여러 장수와 약속을 했다.
○先入定關中者王之(선입정관중자왕지) : 누구든지 먼저
진(秦)에 들어가 정복하는 자를 그곳의 임금으로 삼겠다.
「관중(關中)」은 진의 영토 섬서성(陝西省)이다. 동에는 함
곡관(函谷關), 서에는 산관(散關), 남에는 무관(武關), 북에
는 소관(蕭關)이 있다. 이 네 관문 안의 땅이므로, 관중(關
中)이라 했다. ○當時秦兵强(당시진병강) : 그때에는 진나
라의 무력이 강했음으로, ○諸將莫利先入關(제장막리선입
관) : 여러 장수들은 〈아무도〉 먼저 관중에 들어가는 것을
좋게 생각하지 않았다. ○獨項羽怨秦殺項梁(독항우원진살
항량) : 오직 항우(項羽)만이 진(秦)이 〈자기의 숙부〉 항량
(項梁)을 죽인 것을 원한으로 삼고, ○奮願與沛公先入關
(분원여패공선입관) : 분개하여, 패공(沛公)과 함께 먼저
관중에 들어가려고 소망했다. ○懷王諸老將皆曰(회왕제로
장개왈) : 회왕과 여러 장수들이 다같이 말했다. ○項羽爲
人(항우위인) : 항우는 사람됨이, ○慄悍猾賊(율한활적) :
성미가 가혹하고 또 잔인하다. ○獨沛公寬大長者. 可
遣.(독패공관대장자 가견) : 오직 패공(沛公)만이 관대하고
남을 지배할 수 있다. ○乃遣沛公(내견패공) : 그러므로 패
공을 파견하기로 결정했다.

| 백문 | 제18과 沛公寬大

(1) 初楚懷王與諸將約. 先入定關中者
王之. 當時秦兵强. 諸將莫利先入
關. 獨項羽怨秦殺項梁, 奮願與沛公
先入關. 懷王諸老將皆曰, 項羽爲
人, 慄悍猾賊. 獨沛公寬大長者. 可
遣. 乃遣沛公.

진(秦)나라 조고趙高)

제19과 酈食其

(1) 高陽人酈食其, 謂沛公麾下騎士曰, 吾聞沛公慢
而易人, 多大略. 此眞吾所願從游. 騎士曰, 沛公不
好儒. 客冠儒冠來者, 沛公輒解其冠, 溲溺其中. 未
可以儒生說也.

(1) 고양(高陽) 사람 역이기(酈食其)가 패공(沛公) 휘하에 있
는 기사(騎士)에게 말했다. 「내가 들은 바 패공은 교만하고
남을 업신여기지만 그는 계략이 많고 원대하다고 들었소. 그
런 분이 바로 내가 유세(遊說)를 하고 싶은 사람이오.」 그러
자 기사가 말했다. 「패공은 유학자를 좋아하지 않습니다. 손
님 중에 유학자의 관을 쓴 사람이 있으면 패공은 즉시 그 관

을 벗겨서, 그 관 속에 오줌을 눈다오. 그러므로 그대도 유
학자로서 유세를 하지 마시오.」

어구 설명 (1) ○高陽人酈食其(고양인력이기) : 고양(高陽 : 河南省)
사람 역이기(酈食其)가, ○謂沛公麾下騎士曰(위패공휘하
기사왈) : 패공(沛公) 휘하에 있는 기사(騎士)에게 말했다.
○吾聞(오문) : 내가 들은 바, ○沛公慢而易人(패공만이이
인) : 패공은 교만하고 남을 업신여기지만, ○多大略(다대
략) : 그는 계략이 많고 원대하다고 〈들었소. ○此眞吾所
願從游(차진오소원종유) : 그런 분이 바로 내가 유세(遊說)
를 하고 싶은 사람이오. ○騎士曰(기사왈) : 기사가 말했
다. ○沛公不好儒(패공불호유) : 패공은 유학자를 좋아하
지 않습니다. ○客冠儒冠來者(객관유관래자) : 손님 중에
유학자의 관을 쓴 사람이 있으면, ○沛公輒解其冠(패공첩
해기관) : 패공은 즉시 그 관을 벗겨서, ○溲溺其中(수익기
중) : 그 관 속에 오줌을 눈다오. ○未可以儒生說也(미가이
유생설야) : 〈그러므로 그대도〉 유학자로서 유세를 하지
마시오.

(2) 食其令騎士第入言之曰, 人皆謂食其狂生. 生自
謂我非狂生. 沛公至高陽傳舍, 召生入. 沛公方踞床,
使兩女子洗足而見生. 生長揖不拜, 曰, 足下必欲誅
無道秦, 不宜倨見長者. 於是沛公輟洗, 起攝衣, 延
生上坐謝之. 生爲沛公, 說下陳留. 後常爲說客.

(2) 역이기는 기사로 하여금, 그대로 들어가 〈다음과 같이〉 말하게 했다. 「남들은 역이기를 미친 학자라고 말하지만 본인자신은 미친 사람이 아니라고 말합니다.」〈그 말을 듣고〉 패공은 고양(高陽) 사람들의 객사에 가서, 역이기를 불러오게 했다. 〈역이기가 나타났을 때〉 패공은 평상에 걸터앉아서, 두 여자로 하여금 발을 씻게 하고 있었다. 〈그런 자세로 역이기를 맞이하자〉 역이기는 서서 두 손을 마주 잡고 읍례(揖禮)를 올릴 뿐, 허리를 굽히고 절을 하지 않고 말했다. 「패공(沛公)께서 반드시 무도한 진(秦)을 치기를 원하신다면, 연장자를 그와 같이 걸터앉은 거만한 태도로 대하시면 안 됩니다.」 그러자 패공은 발 씻던 것을 멈추고 일어나 의복을 갖추어 입고 정중하게 역이기를 상좌에 모셔 앉히고, 무례를 사과했다. 역이기는 패공을 위해서, 진류(陳留)의 사람들이 〈패공을 지지하게〉 설득하였다. 그 후에도 항상 〈패공을 위해서〉 각지를 돌면서 유세했다.

어구 설명 (2) ○食其令騎士第入言之曰(이기령기사제입언지왈) : 역이기는 기사로 하여금, 그대로 들어가 〈다음과 같이〉 말하게 했다. 「제(第)」는 「지(只)」와 같다. ○人皆謂食其狂生(인개위식기광생) : 〈기사가 패공에게 한 말이다.〉 「남들은 역이기를 미친 서생이라고 말하지만」 ○生自謂我非狂生(생자위아비광생) : 「그 서생 자신은 미친 사람이 아니라고 말합니다.」 ○沛公至高陽傳舍(패공지고양전사) : 패공은 고양 사람이 묵는 객사에 가서, ○김生入(소생입) : 학자, 역이기를 불러오게 했다. ㅇ沛公方踞床(패공방거상) : 〈역이기가 나타났을 때〉패공은 평상에 걸터앉아서, ㅇ使兩女子洗足(사량여자세족) : 두 여자로 하여금 발을 씻게 하고 있었다. ㅇ而見生(이견생) : 그런 자세로 역이기를 맞이했다. ㅇ生長揖不拜(생장읍불배) : 역이기는 서서, 두 손을 마주 잡고 읍례(揖禮)를 올릴 뿐, 허리를 굽히고 절을 하지 않고, ㅇ曰(왈) : 말했다. ㅇ足下必欲誅無道秦(족하필욕주무도진) : 패공(沛公)께서 반드시 무도한 진(秦)을 치려고 원하신다면, ㅇ不宜倨見長者(불의거견장자) : 연장자(年長者)를 그와 같이 걸터앉은 거만한 태도로 대하시면 안 됩니다. ㅇ於是沛公輟洗(어시패공철세) : 그러자 패공은 발 씻던 것을 멈추고, ㅇ起攝衣(기섭의) : 일어나 의복을 갖추어 입고, ㅇ延生上坐謝之(연생상좌사지) : 정중하게 역이기를 상좌에 모셔 앉히고, 무례를 사과했다. ㅇ生爲沛公, 說下陳留.(생위패공 설하진류) : 역이기는 패공을 위해서, 진류(陳留)의 사람들이 〈패공을 지지하게〉설득하였다. ㅇ後常爲說客(후상위설객) : 그 후에도 항상 〈패공을 위해서〉각지를 돌면서 유세했다.

| 백문 | 제19과 酈食其

(1) 高陽人酈食其, 謂沛公麾下騎士曰, 吾聞沛公慢而易人, 多大略. 此眞吾所願從游. 騎士曰, 沛公不好儒. 客冠儒冠來者, 沛公輒解其冠, 溲溺其中. 未可以儒生說也.

(2) 食其令騎士第入言之曰, 人皆謂食其狂生. 生自謂我非狂生. 沛公至高陽傳舍, 召生入. 沛公方踞床, 使兩女子洗足而見生. 生

長揖不拜, 曰, 足下必欲誅無道秦, 不宜倨見長者. 於是沛公輟
洗, 起攝衣, 延生上坐謝之. 生爲沛公, 說下陳留. 後常爲說客.

제20과 秦亡

(1) 張良從沛公西. 沛公大破秦軍, 入關至霸上. 秦王
子嬰, 素車白馬, 繫頸以組, 出降軹道旁. 秦自始皇
二十六年倂天下, 二世三世而亡. 稱帝止十有五年.

(1) 장량(張良)이 패공(沛公)을 따라
서쪽으로 갔으며 패공은 진군(秦軍)을
결정적으로 격파하고, 관중(關中)에
들어가 패수(覇水) 강가에 도달했다.
진왕(秦王) 자영(子嬰)은 백가가 끄는
장식이 없는 흰 수레를 타고 목에는
오라 줄을 걸어 매고 궁전에서 나와
지도(軹道 : 陝西省)라는 역(驛)에서
투항했다. 진나라는 진시황 26년에

장량(張良)

천하를 병합한 이래, 이세, 삼세에 와서 망했다. 황제라고 칭
한 기간이 오직 15년 뿐이다.

어구 설명 ⑴ ○張良從沛公西(장량종패공서) : 장량(張良)이 패공(沛公)을 따라 서쪽으로 갔으며, ○沛公大破秦軍(패공대파진군) : 패공은 진군(秦軍)을 결정적으로 격파했다. ○入關至霸上(입관지패상) : 관중(關中)에 들어가 패수(霸水) 강가에 도달했다. ○秦王子嬰(진왕자영) : 진왕(秦王) 자영(子嬰)은, ○素車白馬(소차백마) : 백가가 끄는 장식이 없는 흰 수레를 타고, ○繫頸以組(계경이조) : 목에는 오라 줄을 걸어 매고, ○出降軹道旁(출강지도방) : 궁전에서 나와 지도(軹道 : 陝西省)라는 역(驛)에서 투항했다. ○秦自始皇二十六年(진자시황이십륙년) : 진나라는 진시황 26년에, ○併天下(병천하) : 천하를 병합한 이래, ○二世三世而亡(이세삼세이망) : 이세, 삼세를 지나 망했다. ○稱帝止十有五年(칭제지십유오년) : 황제라고 칭한 것이 오직 15년 뿐이다.

| 백문 | 제20과 秦亡

⑴ 張良從沛公西. 沛公大破秦軍, 入關至霸上. 秦王子嬰, 素車白馬, 繫頸以組, 出降軹道旁. 秦自始皇二十六年併天下, 二世三世而亡. 稱帝止十有五年.

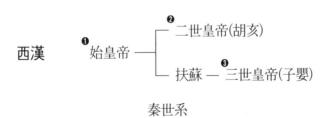

秦世系

색인(索引)

[ㅇ]

[ㅈ]

版權所有　明文堂印　圖書出版

[漢文講座]

新完譯 十八史略 (上)

太古·三皇·五帝·夏·殷·周·春秋·戰國·秦 篇

初版 發行 : 2006年 3月 30日
修正再版 印刷 : 2016年 8月 5日
修正再版 發行 : 2016年 8月 10日
講　　述 : 張基權
發行者 : 金東求
發行處 : 明文堂(1923.10.1 창립)
　　　　서울시 종로구 윤보선길 61 (안국동)
　　　　우체국 010041-31-001194
　　　　Tel　(영) 733-3039, 734-4798　(편) 733-4748
　　　　Fax　734-9209
　　　　Homepage : www.myungmundang.net
　　　　E-mail : mmdbook1@hanmail.net
　　　　등록 1977. 11. 19. 제1~148호
• 낙장 및 파본은 교환해 드립니다.
• 불허복제

값 25,000원
ISBN 89-7270-807-0　94150
ISBN 89-7270-052-5 (세트)